"十三五"国家重点图书出版规划项目
2017年主题出版重点出版物

复兴之路
中国改革开放40年回顾与展望丛书

大国大金融

中国金融体制改革40年

曹远征◎著

南方出版传媒
广东经济出版社
— 广州 —

图书在版编目（CIP）数据

大国大金融：中国金融体制改革40年/ 曹远征著. —广州：广东经济出版社，2018.3
ISBN 978－7－5454－5775－9

Ⅰ. ①大… Ⅱ. ①曹… Ⅲ. ①金融体制－经济体制改革－研究－中国Ⅳ. ①F832.1

中国版本图书馆CIP数据核字（2017）第208761号

出 版 人：姚丹林
责任编辑：郑秋瑛　谭　莉
责任技编：许伟斌

Daguo Dajinrong
Zhongguo Jinrong Tizhi Gaige 40 Nian

出版发行	广东经济出版社（广州市环市东路水荫路11号11～12楼）
经销	全国新华书店
印刷	中华商务联合印刷（广东）有限公司 （深圳市龙岗区平湖镇春湖工业区中商大厦）
开本	787毫米×1092毫米　1/16
印张	22　2插页
字数	351 000字
版次	2018年3月第1版
印次	2018年3月第1次
书号	ISBN 978－7－5454－5775－9
定价	58.00元

如发现印装质量问题，影响阅读，请与承印厂联系调换。
发行部地址：广州市环市东路水荫路11号11楼
电话：（020）38306055　37601950　邮政编码：510075
邮购地址：广州市环市东路水荫路11号11楼
电话：（020）37601980　营销网址：http://www.gebook.com
广东经济出版社新浪官方微博：http://e.weibo.com/gebook
广东经济出版社常年法律顾问：何剑桥律师
·版权所有　翻印必究·

复兴之路——中国改革开放40年回顾与展望丛书

编 委 会
EDITORIAL BOARD

|编委会主任|
魏礼群

|编委会副主任|
张卓元　迟福林

|编　　委|
（按姓氏汉语拼音排序）

蔡　武　曹远征　常修泽
迟福林　贾　康　李晓西
隆国强　宋洪远　宋晓梧
王　珺　魏礼群　张卓元
郑新立

总序
PREFACE

坚定不移推进改革开放
实现中华民族伟大复兴

实现中华民族伟大复兴,是中华民族近代以来最伟大的梦想。这个梦想,凝聚了几代中国人的夙愿,体现了中华民族和中国人民的整体利益,是每一个中华儿女的共同期盼。为了实现中华民族伟大复兴的中国梦,中国共产党人进行了长期不懈的奋斗和极为艰辛的探索。经过深刻总结历史经验,科学认识中国国情,顺应时代发展潮流,终于找到了一条正确道路。这条道路,就是中国特色社会主义道路,而改革开放则是中国特色社会主义道路最鲜明的特征。

1978年底,中国共产党召开具有重大历史意义的十一届三中全会,开启了改革开放的伟大征程。改革开放是我们党在新的时代条件下带领人民进行的新的伟大革命,目的就是要解放和发展生产力,加快推进国家现代化;就是要推动我国社会主义制度的自我完善和发展,赋予社会主义新的生机活力;就是要在坚持和发展中国特色社会主义的伟大事业中,实现国家富强、人民幸福、民族振兴。回顾改革开放的历史进程,我们党和人民锐意推进改革,从农村到城市、从经济领域到其他各个领域,成功实现了从高度集中的计划经济体制到充满活力的社会主义市场经济体制的伟大历史性转变；我们不断扩大对外开放，从建立经济特区到开放沿海、沿江、沿边、内陆地区，再到加入世界贸易组织、主动参与经济全球化和提出"一带一路"倡议，从大规模"引进来"到大踏步"走出去"，成功实现了从封闭半封闭到全方位开放的伟大历史性转变。我们在深化经济体制改革的同时，不断深化政治体制、行政体制、文化体制、社会体制、生态文明体制改革和党的建设制度改革，在推进国家治理体系和治理能力现代化方面不断迈出新的步伐。

改革开放以来，我国经济社会发展创造了人类史上的伟大奇迹，经济总量连续跃上几个大台阶，综合国力大幅提升，全国人民总体上过上小康生活，城乡面貌焕然一新。同时，我国政治建设、文化建设、社会建设、生态文明建设等各领域各方面都取得了举世公认的巨大成就，中国的国际地位越来越高，影响力越来越大。现在，我们比历史上任何时期都更接近中华民族伟大复兴的目标。实践充分证明，改革开放是当代中国一切发展进步的动力之源，是全国人民大踏步赶上时代潮流的重要法宝，是坚持和发展中国特色社会主义的必由之路，是实现国家现代化和中华民族伟大复兴中国梦的关键抉择。

习近平总书记指出："改革开放只有进行时，没有完成时。没有改革开放，就没有中国的今天，也就没有中国的明天。"这是对我国改革开放以来走过道路的深刻总结，也是实现未来更加美好目标的根本遵循。无论过去、现在和将来，坚持和发展中国特色社会主义都必须坚定不移地依靠改革开放。具有重大历史意义的中国共产党第十九次全国代表大会即将隆重召开，这是在全面建成小康社会决胜阶段召开的一次十分重要的大会。当前，我国不仅处于全面建成小康社会、实现第一个百年奋斗目标的决胜阶段，还处于为实现第二个百年奋斗目标，即建成社会主义现代化强国奠定基础的关键时期。我们必须按照习近平总书记治国理政新理念新思想新战略，在已经取得历史性成就的基础上，不忘初心，继往开来，坚定不移地推进改革开放的伟大事业，为我国未来发展开辟更为广阔的前景，继续沿着中华民族伟大复兴的康庄大道奋勇前进。

2018年，我国将迎来改革开放40周年。为此，广东经济出版社、中国（海南）改革发展研究院联袂策划并组织出版"复兴之路——中国改革开放40年回顾与展望丛书",献礼党的十九大,献礼我国改革开放40周年。这套丛书共13本,分别针对行政体制改革、计划投资体制改革、现代市场体系建设、所有制结构改革、农村改革、财税体制改革、金融体制改革、对外开放、社会体制改革、文化体制改革、环保体制改革等重点领域,从不同角度客观记录我国改革开放40年的历史进程,并展望改革开放的未来趋势。

这套丛书的主编和作者大多是相关领域知名的专家学者,也是我国改革开放的亲历者、见证者,这套丛书集结了他们长期亲历和研究我国改革开放的重要成果,凝聚了他们对改革开放伟大事业的一腔热情。广东经济出版社对这套丛书的出版给予了全力支持;作为以直谏中国改革为己任的改革智库,中国(海南)改革发展研究院为此书的策划、出版作出了重要贡献。作为编委会主任,我对为这套丛书付出艰辛努力的各位编委会成员、作者,对出版社的领导、编辑表示由衷的感谢!

这套丛书跨越多个领域,力图客观地反映改革开放伟大历程中的理论探索与实践经验,意义重大且任务艰巨,难免有不足之处,欢迎读者批评指正。

魏礼群

2017年7月

目 录

绪 论 /1
  第一节　中国金融体制改革的历史地位 /1
  第二节　中国金融体制改革的起点、特征与推进方式 /6
  第三节　中国金融体制改革的顺序安排 /10
  第四节　中国金融体制改革的新进度 /27
  第五节　大国大金融 /34

第一章　中国金融体制改革的历史起点与基本线索 /41
  第一节　市场取向的经济体制改革与金融体制改革的基本任务 /41
  第二节　中国渐进式改革与金融体制改革的配合方式 /44
  第三节　中国金融体制改革的主要历程与推进路径 /47
  第四节　中国金融改革的下一步 /71

第二章　中国商业银行的改革与发展 /80
  第一节　中国商业银行改革的起点 /81
  第二节　中国商业银行改革的进程 /83
  第三节　中国商业银行的现状与未来发展 /112

第三章　中国资本市场的改革与发展 /119
  第一节　中国资本市场的缘起 /119
  第二节　中国资本市场的形成与发展 /124
  第三节　中国资本市场的问题和挑战 /145
  第四节　中国资本市场的未来走向 /150

第四章　中国保险业的改革与发展 /154
  第一节　经济体制转轨下的中国保险业改革发展逻辑 /154
  第二节　市场经济体制逐步建立下中国保险业的发展 /159
  第三节　中国保险业发展展望与建议 /173

第五章　中国农村金融的改革与发展　/ 180
　　第一节　计划经济体制的农村金融安排　/ 180
　　第二节　农村金融体制的改革与发展　/ 183
　　第三节　中国农村金融改革的成就与挑战　/ 192
　　第四节　发展普惠金融　/ 202

第六章　中国金融市场的发展与利率市场化　/ 210
　　第一节　利率市场化改革的动因及内涵　/ 210
　　第二节　渐进式放开利率管制之路　/ 213
　　第三节　建立和完善市场利率形成机制　/ 225
　　第四节　推动中央银行利率调控方式改革　/ 232

第七章　汇率市场化与国际收支资本项目开放　/ 238
　　第一节　计划经济和市场经济下的汇率形成机制　/ 238
　　第一节　人民币汇率市场化改革的历史进程　/ 242
　　第三节　人民币国际化下资本项目开放的创新经验　/ 261
　　第四节　建立人民币利率和汇率的平价关系　/ 268

第八章　中国金融监管体制的改革与重塑　/ 275
　　第一节　金融监管及金融监管体制改革　/ 276
　　第二节　中国金融监管体制的演进过程　/ 278
　　第三节　全球金融监管新趋向与中国金融监管体制改革新指向　/ 282
　　第四节　建立宏观审慎管理框架下金融监管新体制　/ 287

第九章　积极参与完善国际经济金融治理　/ 294
　　第一节　现行国际治理体系与中国的融入、参与和建设　/ 294
　　第二节　现行国际金融治理的缺陷与改革方向　/ 305
　　第三节　推进发展中国家经济金融的务实合作　/ 315
　　第四节　打造人类命运共同体　/ 325

后记　/ 331

参考文献　/ 333

绪 论

以1978年召开的党的十一届三中全会为标志,中国踏上了改革开放的新长征,至今已近40年。40年来,中国人民在中国共产党的领导下,着眼未来,锐意进取,使中国的面貌为之一新。如今,中国已成为世界第二大经济体和第一大贸易体,中国人民的生活水平和质量有了极大的提升,中国已成为有国际影响力的大国。这一切充分彰显了以改革开放为标志的中国特色社会主义的道路魅力和历史影响。作为中国改革开放的重要组成部分之一的金融体制改革,不仅见证了中国改革开放的历程,更以自身改革旋律汇入总谱,为中国特色的社会主义市场经济体制建设作出了应有的贡献。

第一节
中国金融体制改革的历史地位

金融机构、金融产品、金融市场以及为支持金融运行的基础设施和包括法律法规在内的监管制度,构成现代金融体系的主要内容。历史经验表明,早在人类出现商品货币关系之前,金融活动就已产生。但是,真正意义上的金融运行则发生在工业革命后的西方国家。由于机器大工业的出现,大规模集中生产的工厂制度得以确立,通过标准化主流工业技术的社会化生产使单个自有资本的积累远远不能满足需要,依靠单个资本的积累需要转向社会资本的积聚。在这种情况下,催生了现代银行业。利用杠杆经营的银行类金融机构将信用无限延展,将遥远角落的点滴资金集腋成裘，汇成支持大工业发展的资本。而信用向空间地域和时间维度的延伸所带来的信用风险，又促使银行类金融机构需要管理风险，其中一个办法就是利用资本市场进行时点上的对冲。股票、债券及其衍生工具开始出现，并迅速发展，不仅在融资上有力地支持经济发展，而且对风险的管控更加有效。反过来，资本市场的发展又进一步促使信用关系的延伸。金融与实体经济互为表里、相辅相成、相互促进。在推动技术进步和产业升级的同时，金融产品多样化，使经营不同金融产品的金融机构风格化，形成多层次、期限和结构不同的品种丰富的金融市场体系。

金融活动的内涵是信用，体现为社会成员之间的债权债务关系。信用的延伸，从整体上看，取决于市场经济的发展与深化。市场经济是契约关系，当契约由短期延伸到长期、由地域延伸到世界时，信用便随之向空间和时间扩展。从金融自身来看，要使这一扩展中的信用关系得以良好维持并顺畅运行，取决于包括内在交易规则及外在监管制度在内的一整套制度安排。从这个意义上讲，金融发展的高度依赖于市场经济体制的发展和制度建设，因市场经济体制的完善而完善，因内在交易规则和外在监管制度的细化而深化。

由上，现代金融活动既是社会化大生产的产物，也是市场经济关系深化的体现。相形之下，发展中国家之所以是发展中的，不仅在于其工业化程度低，从而导致其社会化生产水平不高，还在于其广泛存在的自然经济状态，从而使市场经济关系不发达。这可以从百年前中国的经济状况中窥见一斑。按购买力平价计算，鸦片战争前的中国的GDP（国内生产总值）占世界的1/3。明清时期的苏州，已有千人的织布工厂；宋代的汴梁，就有全球最发达的城市；甚至在隋唐，就有横贯中国南北的京杭大运河。但这些都是传统自然经济外延式发展的结果，男耕女织、耕读之家的自给自足的小农经济仍然是其本质。制造技术发达的手工业也仅是为皇家服务，城市只不过是封建统治的行政中心。与这一自然经济状态相适应，当时中国的货币制度是金属本位的，货币仅仅用于支付的，是流通手段，而不是信用创造。与之相对应，在金属本位的条件下，典型的金融机构是钱庄、票号，它们主要处理汇兑等业务，目的是保证支付。虽然也有信用放款，但放款的对象多集中于商品流通领域的商家巨贾或贩夫走卒，不仅期限短，而且不稳定，更重要的是放款的目的不是为促进社会化大生产的工业资本的形成,而是赚取高额的利息,而高昂的资金成本甚至成了阻碍工商业发展的桎梏。在中国,其代表就是山西票号,尽管其网点分布全国,但其宗旨还是汇通天下。

落后是要挨打的,鸦片战争后,伴随着西方列强对华战争的屡战屡胜,在洋货像潮水一样涌进中国的同时,外商开始在中国从事近代产业的投资。外资投资初始于出口及其相关产业,以船舶修造业最为突出。在这个领域,外资首先使用了机器和机械动力。随着通商口岸向长江沿岸和北方港口的延伸,外资投资的机器工业也随之延伸到内陆的轻工业,通商口岸也因之成为中国近代工业的中心。与之相适应,在通商口岸出现了第一批外资金融机构。这些金融机构的出现最初是为了方便中外贸易所必需的信用关系的建立,是贸易融资,随后深入到外商产业投资的金融支持上,是产业融资。洋行成为银行,成为中国最早出现的商业银行。而在中日甲午战争前,中国尚没有一家民族银行,外资银行独占中国金融。

外资所带来的机器大工业和现代金融业急剧地瓦解着中国的自然经济秩序。在外资的竞争下,传统农业萎缩,传统手工业破产,传统的钱庄、票号也不敌竞争对手,即使是维持了千年以上的京杭漕运行业,也被保险业支持下的火轮所打败。

残酷的事实使中国意识到工业化的重要意义,也意识到自身体制的落后性,除旧布新、富国强兵成为民族的向往。以"师夷之长"的洋务运动和"戊戌变法"为开启,建立民族工业、建立民族金融机构成为振兴中华的重要组成部分。

随着中日甲午战争的失败、《马关条约》的签署,中国被迫解除了机器进口的禁令,民间开始投资机器工业,以工厂制度为标志的近代民族工业开始兴起,构成了为其资本积聚提供服务的银行业的强大需求。与此同时,随着八国联军打入北京,清政府财政以及连同支持财政的钱庄、票号的破产,需要重建金融体系。这在正反两方面构成了中国近代金融兴起的土壤和条件。1897年,中国历史上第一家现代金融机构——中国通商银行成立;1905年,以整顿币制,推行纸币,以济财政为目的的清政府改革产物——大清户部银行成立,并演变成为后来的中国银行。以此为起点,中国现代民族金融业的历史也仅仅百年出头。

百年来,民族金融业在夹缝中挣扎。新中国成立前,饱受三座大山的压迫和战乱的侵扰，民族金融奄奄一息，即使是最早成立的中国通商银行，也仅剩一些房产，有名而无实。新中国成立后，虽迎来一段民族金融的发展时期，但囿于高度集中的计划经济体制的自我强化，金融发展的市场经济基础渐渐不复存在。尤其在"文化大革命"中，中国金融机构仅剩中国人民银行一家，不仅使金融徒有其名，而且使国民经济走到了崩溃的边缘。

百年民族金融业的发展史，既表明了工业化是发展中国家现代化的必然之路，也预示了社会化大生产的市场经济体制将取代包括自然经济、计划经济等在内的其他经济体制的历史趋势。更为重要的是，它还反映了一个事实，即发达与不发达的差距的重要标志就是金融体制和金融发展的现代化水平。从世界范围来看，如果说"二战"后初期因工业差距的巨大，这一标志尚不明显，但经过战后几十年的发展，发展中国家的工业化水平持续提高，使今天全球GDP中发达国家与发展中国家几乎各占一半，以制造业为代表的工业化水平的差距已不再明显，发达和不发达的差距因此而基本体现在金融发育程度及发展水平上。与金融发展相关的体制安排、金融机构治理机制及管理水平、金融市场的完善程度以及与这些相关的包括法律法规在内的监管制度建设，成为发展中国家经济社会发展的关键。它决定着一个国家的发达与不发达，同时也成为发达国家与发展中国家国际竞争的重要领域。从这个意义上讲，建立符合市场经济要求的现代金融体制、提升金融发展水平、完善金融体系，既是中国经济迈向发达经济的必然之路，也是中华民族复兴的历史追求。

专栏一

中国银行简史

在当今中国众多的银行和金融机构中，中国银行拥有超过百年的历史，是中国历史最为悠久的银行，也是近代中国第一家现代金融机构，被视为中国金融业发展的代表和缩影。20世纪初的清朝末年，中国政治、社会、经济一派衰败景象，在帝国主义列强的觊觎和侵略下，中华民族陷入风雨飘摇之中，大清政府不得不进行改革。1905年，在五大臣出洋建议的基础上，清政府成立大清户部银行，目的是整顿币制，推行纸币，以济财政。辛亥革命后，中华民国政府成立。1912年2月，经孙中山先生批准，大清户部银行改组为中国银行。从1912年至1949年的38年间，中国银行的职能发生了三次变化：1912—1928年，中国银行使当时政府中央银行的职能；1928年，中国银行被改为政府特许的国际汇兑银行；1942年，中国银行成为发展国际贸易的专业银行。在此过程中，中国银行坚持以服务社会民众、振兴民族金融为己任，历经磨难，艰苦奋斗，在民族金融业中长期处于领先地位，并在国际金融界占有一席之地。

1949年，中华人民共和国成立，新中国政府接管了中国银行，同年12月，中国银行总管理处由上海迁至北京。1950年，中国银行总管理处归中国人民银行总行领导。1953年10月27日，中央人民政府政务院公布《中国银行条例》，明确中国银行为中华人民共和国中央人民政府政务院特许的外汇专业银行。

1979年3月13日，经国务院批准，中国银行从中国人民银行中分设出来，同时行使国家外汇管理总局职能，直属国务院领导。中国银行总管理处改为中国银行总行，负责统一经营和集中管理全国外汇业务。1983年9月，国务院决定让中国人民银行专门行使中央银行职能，随后中国银行与国家外汇管理总局分设，各行其职，中国银行统一经营国家外汇的职责不变。至此，中国银行成为中国人民银行监管之下的国家外汇外贸专业银行。

改革开放以来，中国银行的各项业务得到了长足发展，跨入了世界大银行的前列。1994年初，根据国家金融体制改革的部署，中国银行由外汇外贸专业银行开始向国有商业银行转化。

2003年，国家选择中国银行作为国有独资商业银行股份制改革的两家试点银行之一。

2004年8月26日，经国务院、银监会批准，中国银行以汇金公司独家发起的方式，整体改建为中国银行股份有限公司。在此基础上，引进了战略投资者，进一步加强内部管理，深化内部改革，转变经营机制，取得新的发展。

2006年6月1日和7月5日，中国银行股份有限公司分别在香港联合交易所

> 和上海证券交易所上市。
>
> 2011年,中国银行入选全球系统重要性银行,这是当时中国及新兴市场国家唯一入选的金融机构。
>
> 资料来源:中国银行网站http://www.boc.cn/aboutboc/ab1/200808/t20080814_972.html

第二节
中国金融体制改革的起点、特征与推进方式

中国是一个发展中的社会主义国家。作为发展中国家,工业化进而经济现代化是其历史诉求,金融发展是这一诉求的组成部分。除一般意义上的现代金融活动外,发展中国家金融的重要使命,是通过特殊的金融安排加速资本形成以实现快速的工业化。为此,发展中国家普遍采取了扭曲市场、扭曲价格的金融体制,并因此有别于发达国家的典型金融体制。作为社会主义国家,一如其他传统的社会主义国家,改革开放前,中国采取的是高度集中的计划经济体制。在这一体制下,工厂是政府的生产单位,有关人财物、产供销的一切由计划安排、由财政主导。尽管有较为完备的金融基础设施,但几乎没有金融活动,即使有类似金融的安排,也是从属于财政的,金融充其量是财政主导下的核算工具。一旦中央计划经济体制开始改革并向市场经济体制过渡,反映在财政领域,就是要使金融活动从财政活动中分离出来,不仅要建立独立于财政的金融体系,而且金融机构还能自主经营、自我发展,在商业上可持续。

上述构成了中国金融体制改革的历史起点,并因这一历史起点所蕴含的路径依赖,使中国金融体制改革近40年来始终呈现出"新兴+转轨"的特征。

从新兴的角度观察,中国经济发展的基本轨迹是劳动无限供给下的二元经济的

发展。由于现代工业部门具有较高的劳动生产率,能支付较高的劳动报酬,从而吸引着大量从事传统农业的劳动力向工业部门转移。这一过程既是工业在国民经济中比重持续提高的过程,也是农村劳动力持续减少的过程,并体现为与工业化相伴的城市化。1978年,尽管中国工业已成为国民经济中的主导部门,但中国的人口构成依然是农民占绝大比例,工业劳动力占整个社会劳动力的比重甚低,人均国内生产总值以及人均收入依然处在不发达国家行列,普遍贫困仍是基本社会现象。这意味着,当时中国的工业化仍在早期阶段,通过工业化实现经济现代化任重而道远。反映在金融领域,为工业化筹措资金仍是第一要务。为此,如同其他发展中国家的初期发展阶段,金融人为地扭曲市场和价格安排便顺理成章。在对内方面,通过牌照控制,在维持已有金融机构垄断经营的同时,促使其扩大规模,以方便动员储蓄;通过产业政策进行信贷配给,对期望建立的行业给予充足的资金供应,甚至通过建立国有金融机构对战略性行业进行财政贴息贷款;通过限制交易类资本市场业务,在避免资金成本升高的同时,鼓励商业银行业务的发展,并便于实施存贷利差控制。在对外方面,通过本币低估、外币高估、鼓励出口、限制进口,以积累外汇顺差;通过资本管制,鼓励资本流入,限制资本流出,甚至通过多种优惠政策,吸引外资流入,以加速工业发展。

从转轨的角度观察,高度集中的计划经济体制是对人财物、产供销的高度控制,体现在实物形态是产品计划,体现在价值形态是财政统一安排,金融活动既无基础也无必要。从客观上讲,这种体制要求中央计划机关无所不知、无所不能。然而,人不是上帝,资源配置失误频频发生,比例失调、效率低下、浪费严重就成为这种体制下的常态。1978年,尽管中国在高度集中的指令计划的安排下,已初步形成完整的工业体系,但这种体系是不均衡的,农轻重的比例严重失调:轻工业过轻,重工业过重,农业十分薄弱。资源配置效率低下,致使以票证为代表的实物配给盛行于中国经济的各个领域,人民的生活始终处于低水平状态。这一切成为市场取向经济体制改革的动因。反映在金融领域,这一改革就是将金融与财政相分离。但如同其他中央计划经济国家的早期改革,从财政分离出来的金融机构仍由政府主导,即使创建的新金融机构,也多是国家出资的国有金融机构。这些金融机构的治理结构雷同于传统的国有企业，具有行政级别，服从于政府安排，政府与之是父子关系，从而预算软约束就成为其通病。负盈不负亏，只能生没有死，迥然有别于在市场经济条件下优胜劣汰的竞争性商业金融机构。

由上，所谓"新兴+转轨"，是指具有发展中国家系统性特征的金融安排，加之传统中央计划经济国家普遍存在的预算软约束的父子关系混合物。更为重要的是，所谓"新兴+转轨"混合在一起，会产生更具特色的第三类问题：

如果一味地强调金融的市场化安排，例如，放开金融准入，自由竞争并使价格自由化，固然可以有效地消除预算软约束的父子关系，但是资本匮乏工业化的早期阶段，自由竞争所产生的利率市场化，通常会使融资成本升高，这对工业化尤其是对资本突击性的重化工业的资本形成不利，会阻碍通过工业化实现经济现代化目标的实现。其实，很多发展中国家尤其是拉丁美洲国家，其经济发展受阻并掉入中等收入陷阱的原因，或多或少与金融自由化相关。

如果一味地强调金融为工业化服务，那么政府对金融市场的行政干预似乎就是必须的。而用政府行政手段控制金融资源的做法既简洁又明快，特别是对具有中央计划传统的国家来说，这更是轻车熟路。其结果，自然是将金融当作财政使用。在政府的干预下，即使民间的金融机构也要依赖于政府的支持，尤其是财务支持，久而久之也会对金融机构的预算约束日益趋软，甚至重蹈父子关系的覆辙。其实，在很多传统的中央计划经济国家，尤其是在这些国家经济转轨的早期，这一直是令人困惑而棘手的问题。

在中国金融体制改革中，"新兴""转轨"和"新兴+转轨"这三类相关但又相互区别的问题，构成了其改革的复杂性。这些问题既不同于其他发展中国家的问题，又不同于传统中央计划经济转轨国家的问题。从发展中国家的角度观察，金融体制改革是随着工业化的成长而自然发育的过程，是爬梯子。从传统中央计划经济转轨国家的角度观察，金融体制改革是随着行政管制的放松、经济的分权而恢复的过程，是倒爬梯子。但这都不适用于中国。从这个意义上讲，中国金融体制改革只能立足于中国国情，在探索中前进，并在前进中逐渐清楚改革的阶段目标，以及达成目标的路径和方法。而阶段目标的首尾连贯，使改革成为一个持续深化的过程，并因此呈现为渐进式的改革过程。

回顾近 40 年中国金融体制改革的历程，尽管渐进式改革在理论上有众多缺陷，但中国的渐进式金融体制改革实践至今尚未出现过重大失误，未犯过颠覆性错误，中国金融经受了 2008 年金融危机的考验便是最好的证明。由此，中国渐进式金融体制改革推进方式的经验是值得认真总结的。

如果把中国金融体制改革视为一个多目标的系统，那么，其推进方式就是一项处理多目标的系统工程。它具有以下含义：

第一，目标是多重的。中国金融体制改革的目标有总目标、主目标和分目标之别。所谓总目标，是指向的规定性。金融体制每项改革措施指向应是统一的市场经济，以此避免重复往返式的原地踏步。所谓主目标，是该阶段改革的重心，是突破口。金融体制改革要围绕着这一主目标，进而相应地进行配套。所谓分目标，是金融内在规律的使然。只有遵循这些规律，金融体制改革的操作才能有序进行。目标的多重性，决定了其主次关系，因而改革需要统筹协调各领域，形成错落有致的改革安排。从总体上讲，中国金融体制改革是配合经济改革的配套改革。

第二，目标是缠绕的。改革是个整体，这意味着各目标尽管有主次之分，但互相并不独立。主目标的达成有利于分目标的深化，而分目标实现的滞后或单兵突进，也会影响整个改革的进程。例如 1992—1993 年的金融乱集资，不仅是造成经济过热的原因，也是导致至今中国房地产泡沫破裂的唯一一例——海南房地产泡沫破裂的始作俑者。目标的缠绕性，决定了协调的重要性。这一协调性不仅要求各项改革步调协同，而且要求其保持足够的弹性，有时需要以退为进。如同其他改革一般，中国金融体制改革也是在摸索中前进，试错成为其特征。

第三，目标是递进的。试错意味着改革是个学习的过程，在改革中学习改革。学习不仅是总结经验教训，更是把握目标在过程中显露并加以确定。换言之，上一步改革为下一步改革开辟了可能性空间，而下一步改革是上一步改革的目标自然演进。由此可知，每一步改革都是过渡环节，每个阶段目标都是有限的，本阶段与下阶段的目标相连，步步推进、环环相扣、首尾相接，使改革具有了稳定的形式，改革的深化成为平稳的过程。至今，中国金融体制改革尚未出现重大挫折，仍在前行。

第四，目标是交替的。既然每一步都是过渡性安排，就意味着要审时度势，在过渡中确定下一目标，寻找新的突破口。在这种情况下，分目标有可能成为主目标，在重点环节和重点领域突破将改善改革的整体态势。目前，金融体制改革也成为新的重点环节和重点领域。

由上，从总体上看，就中国金融体制改革而言，推进方式就是依照上述多目标处理方式，小步快跑，不断过渡。尽管每一个过渡环节并不是最终的理想状态，但首尾相接的过程使改革不断逼近最终目标。它体现了一个朴素而深刻的经济学原则：改革的成本是预付的，改革的收益是预期的。只要改革的收益能时时处处覆盖改革的成本，改革的动力就会持续维持，改革的过程就会像滚雪球一样，持续深化，改革因之具有了稳定的推进形式。这也就是中国经济体制改革十分强调改革要使人民群众得到实惠的原因。

第三节
中国金融体制改革的顺序安排

如前所述，1978年，当工业产值在社会总产值中名列第一的同时，农村劳动力仍是全社会劳动力的主体，这意味着二元经济并未有效地向工业一元化方向转化，反而呈现出断裂的状况。它表明，借助国家力量的动员型的工业化道路已走到尽头，改革成为历史的必然。从这个意义上讲，改革就是摒弃国家工业化模式，重新寻找一条实现工业化的道路。它构成了整个经济体制改革的出发点，同时也决定了其组成部分之一的金融体制改革的基本路径。

摒弃国家工业化模式，并不是放弃工业化，而是摒弃用国家行政力量来动员经济，即用市场经济体制取代传统的以行政命令为特征的计划经济体制。反映在宏观上，就是由竞争性的价格机制来进行资源配置；反映在微观上，就是自负盈亏、优胜劣汰的自由企业制度。这意味着作为市场配置资源的重要组成部分——金融，要从国家行政中分离出来，即建立独立于财政的金融体系；同时也意味着金融机构的自主经营、自负盈亏和自我发展。这两项改革任务既是一个整体，同时又相对分离。中国金融体制改革正是把握了这一契机，用分步走的办法安排了改革的顺序。

这一顺序可以这样表述：由于工业化是基本诉求，从财政分离出来的金融机构并不急于寻找其商业化经营方式，而是在完善金融体系的同时，着力支持工业化的发展。反映在金融机构上，就是由国家建立工商银行、农业银行、中国银行、建设银行四大专业银行，服务特定的领域。但它们仍是准行政的政府附属机构，不仅治理机制雷同于政府，而且受政府指挥，用货币指标配合产业政策，进行信贷配给；反映在金融市场上，就是政府在限制准入的同时对已有的金融机构进行利差控制，定价存款和贷款利率，以此来保证工业资金成本便宜化；反映在金融产品上，就是存贷优先，控制其他金融产品的发展，使金融资源以成本最低的方式进行筹措。而由于当时工业生产的主体是国有企业，于是金融资源主要配给到国有部门，这既是支持工业化的需要，也是为发展工业化国有企业改革的需要。金融部门在这个意义上既满足了加速工业化筹措资本的需要，又配合了20世纪90年代之前中国经济体制的转轨。需要指出的是，1978年以前，中国尽管采取了高度集中的计划经济体制，但区别于苏联与东欧等传统计划经济国家，中国的工业水平不仅低，而且深刻地存在着二元经济结构。以行政命令为特征的计划经济体制把这二元强制地捆绑在一起。一方面，通过农产品的统购统销，压低农产品价格，提高工业品价格，形成剪刀差，以此来加大对农业剩余的获取，加速工业资本的积累；另一方面，通过人为地划分城市户籍和农村户籍，利用三级所有的人民公社制度，将农村劳动力强制留在农村，以减少劳动力流动的机会成本，并借此压低工业部门的工资水平，在加大工业利润的同时，加快工业资本的积累。其结果是，在工业尤其是重工业畸形发展的同时，农业停滞，农村凋敝，城乡严重对立，二元经济呈断裂之势，这也决定了中国经济体制改革从农村开始，从放松行政管制入手。一旦放松对农村的行政管制，农民的种田积极性就得以发挥，中国的农产品产量就会大幅上升，加之农产品统购统销政策的松动，使得农产品价格上升，农民的货币收入就得以迅速增加。受工业化规律的支配，农民开始投资工业，促进了乡镇企业的大发展，中国的工业化因此由非典型的国家工业化模式转向典型的亚洲工业化模式。

民间投资的乡镇企业的治理结构和行为都有别于传统的国有企业，它们的目标是利润最大化，而不是预算最大化；它们的行为是市场导向的，而不是政府导向的。体现在资金筹措上，就是国有企业寄望于国家财政拨款，等、靠、要；乡镇企业则只能依靠自筹，找市长不如找市场。由此可知，乡镇企业为中国金融的发展提供了新的契机。民间集资、民间借贷、民间金融机构开始涌现。事实上，中国经济发展最快的沿海地区也是民间金融活动最活跃的地区。在深圳证券交易所最早的老五股中，深保安就是乡镇企业集资的结果，而深发展就是农村信用社转型的结果。

在政府主导金融从财政中独立出来的同时，市场导向的非正规金融的发生与发展，以及经济的快速成长也促使金融机构及其类型迅速增多。到20世纪90年代初，除了工商银行、农业银行、中国银行、中国人民建设银行四大专业银行外，还有了股份制银行、区域性商业银行、城市和农村信用社。除了间接融资机构外，还有了包括信托、证券及保险等在内的直接融资机构，金融体系初具规模。

更为重要的是，政府主导的正规金融机构与市场导向的"非正规"金融机构的双轨并存，如同国有企业和乡镇企业的双轨并存一般，代表市场的"非正规"金融活动，至少在边际上影响着整个金融体制发展的趋向：

第一，市场取向的金融机构，尤其是非银行金融机构推动了金融市场的萌芽与发育。那些"非正规"的金融活动促使了利率的市场化，使在官方利率与汇率之外，还出现了市场利率和汇率，并且黑市交易活跃。尤其值得指出的是，早期的集资活动逐渐构成了中国证券市场的胚胎。

第二，金融市场的发育以及由此所带来的竞争，使政府主导的金融机构，尤其是四大专业银行的行为发生了变化，它们不再完全拘泥于官方限定的准金融业务和官定利率、汇率，纷纷开始从事其他业务，并自定价格，出现了"中国银行上岸，农业银行进城，工商银行下乡，建设银行进厂"的现象。中国最早的正规非银行金融机构几乎都是由专业银行投资兴办的,其产品价格虽然不是完全雷同于黑市,但却有别于官定利率和汇率,呈现出"灰市"。例如,协议利率、外汇交易市场的"手拉手"汇率等。

第三,由于无论市场导向还是政府主导的金融机构都开始具有商业化的倾向,影响了为工业化提供支持的基础设施、进出口以及农业发展的廉价资金供应,从而有必要将这些职能分离出来,成立专门的机构。

第四,由于金融市场的出现以及市场取向性金融机构的增多,使政府行政权力代行监管的有效性大打折扣,不得不改弦更张。监管从大一统的人民银行分离出来,形成依靠专业监管能力进行监管的行业监管。市场发育的程度不同,决定了分离的顺序,首先是证监会,随后是保监会和银监会,形成分业监管的格局。

由于中国金融市场的迅速发展,1993年,中国共产党十四届三中全会在明确提出社会主义市场经济改革总目标的同时,由国务院颁布金融体制改革的决定,其目标是"建立在国务院领导下,独立执行货币政策的中央银行宏观调控体系,建立政策性金融与商业性金融分离,以国有商业银行为主体、多种金融机构并存的金融组织体系,建立统一开放、有序竞争、严格管理的金融市场体系"。

1994年是中国金融体制改革的分水岭。此前的金融体制改革的主要任务是建立起独立于财政的金融体系,其政策的策略还是"摸着石头过河"。通过实验,取得经验并逐步推广,改革的状态呈现出以破为主。而新一轮改革则明确了目标,是在目标引导下有序、有步骤地进行改革。改革的状态由以破为主转为以立为主,边改革边规范,制度建设与改革并行,其明显的特征是法治的建设。自20世纪90年代起,中国相继出台了《中华人民共和国中国人民银行法》《中华人民共和国证券法》《中华人民共和国保险法》《中华人民共和国商业银行法》等诸多法律,使金融市场的运行置于法治的轨道上。这标志着独立于财政的市场取向性的金融体系基本建成。

专　栏　二

1993 年《国务院关于金融体制改革的决定》

1993 年 12 月国务院印发的《国务院关于金融体制改革的决定》（国发〔1993〕91 号）是我国金融发展历程中的一项重要文件，正式确立了我国独立的中央银行宏观调控体系和政策性银行与商业银行相分离、以国有商业银行为主体的金融体系，并深刻影响了此后我国金融业的发展方向。具体内容如下：

国务院关于金融体制改革的决定

国发〔1993〕91 号

各省、自治区、直辖市人民政府，国务院各部委、各直属机构：

为了贯彻党的十四届三中全会决定，适应建立社会主义市场经济体制的需要，更好地发挥金融在国民经济中宏观调控和优化资源配置的作用，促进国民经济持续、快速、健康发展，国务院决定改革现行金融体制。金融体制改革的目标是：建立在国务院领导下，独立执行货币政策的中央银行宏观调控体系；建立政策性金融与商业性金融分离，以国有商业银行为主体、多种金融机构并存的金融组织体系；建立统一开放、有序竞争、严格管理的金融市场体系。

一、确立强有力的中央银行宏观调控体系

深化金融体制改革，首要的任务是把中国人民银行办成真正的中央银行。中国人民银行的主要职能是：制定和实施货币政策，保持货币的稳定；对金融机构实行严格的监管，保证金融体系安全、有效地运行。

（一）明确人民银行各级机构的职责，转换人民银行职能。

1. 中国人民银行是国家领导、管理金融业的职能部门。总行掌握货币发行权、基础货币管理权、信用总量调控权和基准利率调节权，保证全国统一货币政策的贯彻执行。人民银行总行一般只对全国性商业银行总行（目前主要指专业银行总行）融通资金。

2. 按照货币在全国范围流通的要求,需要对人民银行各级机构的业务实行集中统一管理。人民银行的分支机构作为总行的派出机构,应积极创造条件跨行政区设置,其基本职责是:金融监督管理、调查统计分析、横向头寸调剂、经理国库、发行基金调拨、外汇管理和联行清算。

(二)改革和完善货币政策体系。

1. 人民银行货币政策的最终目标是保持货币的稳定,并以此促进经济增长;货币政策的中介目标和操作目标是货币供应量、信用总量、同业拆借利率和银行备付金率。

2. 实施货币政策的工具是:法定存款准备金率、中央银行贷款、再贴现利率、公开市场操作、中央银行外汇操作、贷款限额、中央银行存贷款利率。中国人民银行根据宏观经济形势,灵活地、有选择地运用上述政策工具,调控货币供应量。

3. 从一九九四年开始对商业性银行实施资产负债比例管理和资产风险管理。

4. 人民银行要建立完善的调查统计体系和货币政策预警系统,通过加强对宏观经济的分析和预测,为制定货币政策提供科学依据。

5. 建立货币政策委员会,增强货币政策制定的科学性。

(三)健全金融法规,强化金融监督管理。

1. 抓紧拟订《中华人民共和国银行法》、《中国人民银行法》、《票据法》、《保险法》等法律草案,提交全国人大审议。

2. 抓紧制定和完善对各类金融机构的管理条例和监管标准,并依法规范监管方式。监管的主要内容是:注册登记管理、法定代表人资格审查、业务范围界定、资本充足率、资产流动性和资产风险度等。

3. 对未经中国人民银行批准擅自设立金融机构和经营金融业务的,要依法查处。

4. 要进一步加强稽核监督。中国人民银行要对全国性金融机构进行严格稽核,必要时可对其分支机构实行稽核;人民银行分支机构要加强对辖区内金融机构的稽核。发现违规行为,要认真查处。

（四）改革人民银行财务制度。

取消人民银行各级分支机构的利润留成制度和缴税制度，人民银行总行和各级分支机构实行独立的财务预算管理制度。人民银行各级分支机构每年编制的财务收支计划，由总行批准后执行。各项收支相抵后，实现利润全部上缴中央财政，亏损由中央财政拨补。人民银行系统的财务决算报告要经财政部审核，并接受国家审计。人民银行分支机构工作人员（除工勤人员外）实行行员等级工资制。

二、建立政策性银行

建立政策性银行的目的是：实现政策性金融和商业性金融分离，以解决国有专业银行身兼二任的问题；割断政策性贷款与基础货币的直接联系，确保人民银行调控基础货币的主动权。政策性银行要加强经营管理，坚持自担风险、保本经营、不与商业性金融机构竞争的原则，其业务受中国人民银行监督。

（一）组建国家开发银行，管辖中国人民建设银行和国家投资机构。

1. 国家开发银行办理政策性国家重点建设（包括基本建设和技术改造）贷款及贴息业务。国家开发银行只设总行，不设分支机构，信贷业务由中国人民建设银行代理。中国人民建设银行的政策性业务分离出去以后，转变为以从事中长期信贷业务为主的国有商业银行。国家开发银行投资机构，用国家核拨的资本金向国家重点建设项目进行股本投资。

2. 国家开发银行的财务统一对财政部，经财政部批准，可以调剂各法人之间的资本金与利润。其管辖机构的负责人，由国家开发银行行长提名，报国务院任命。

3. 国家开发银行根据筹资能力和项目风险情况，与国家计委和国家经贸委反复协商后，共同确定重点建设投资和贷款计划，并组织实施。

4. 国家开发银行的资金来源主要是：（1）财政部拨付的资本金和重点建设基金；（2）国家开发银行对社会发行的国家担保债券和对金融机构发行的金融债券，其发债额度由国家计委和人民银行确定；（3）中国人民建设银行吸收存款的一部分。

5. 调整中国人民建设银行的组织结构，将现在的中国投资银行并入中国人民建设银行国际业务部。

6. 制订《国家开发银行条例》和《国家开发银行章程》。国家开发银行从一九九四年开始运作。

（二）组建中国农业发展银行，承担国家粮棉油储备和农副产品合同收购、农业开发等业务中的政策性贷款，代理财政支农资金的拨付及监督使用。

1. 中国农业发展银行为独立法人，其资本金从现在的中国农业银行资本金中拨出一部分解决。中国农业发展银行接管现中国农业银行和中国工商银行的农业政策性贷款（债权），并接受相应的人民银行贷款（债务）。

2. 中国农业发展银行可在若干农业比重大的省、自治区设派出机构（分行或办事处）和县级营业机构。

3. 中国农业发展银行的资金来源主要是：（1）对金融机构发行的金融债券；（2）财政支农资金；（3）使用农业政策性贷款企业的存款。

4. 制订《中国农业发展银行条例》和《中国农业发展银行章程》，一九九四年夏收前完成组建工作。

中国农业发展银行成立后，中国农业银行转变为国有商业银行。

（三）组建中国进出口信贷银行。

1. 中国进出口信贷银行为独立法人，其资本金由财政部核拨。

2. 中国进出口信贷银行的业务是为大型机电成套设备进出口提供买方信贷和卖方信贷，为中国银行的成套机电产品出口信贷办理贴息及出口信用担保，不办理商业银行业务。中国进出口信贷银行的资金来源主要是财政专项资金和对金融机构发行的金融债券等。

3. 中国进出口信贷银行只设总行，不设营业性分支机构，信贷业务由中国银行或其他商业银行代理。中国进出口信贷银行可在个别大城市设派出机构（办事处或代表处），负责调查统计、监督代理业务等事宜。

4. 制订《中国进出口信贷银行条例》和《中国进出口信贷银行章程》。中国进出口信贷银行从一九九四年开始运作。

（四）政策性银行要设立监事会，监事会由财政部、中国人民银行、政府有关部门代表和其他人员组成。监事会受国务院委托，对政策性银行的经营方针及国有资本的保值增值情况进行监督检查；对政策性银行行长的经营业绩进行监督、评价和记录，提出任免、奖惩的建议。

三、把国家专业银行办成真正的国有商业银行

（一）在政策性业务分离出去之后，现国家各专业银行（中国工商银行、中国农业银行、中国银行和中国人民建设银行）要尽快转变为国有商业银行，按现代商业银行经营机制运行。第一，贯彻执行自主经营、自担风险、自负盈亏、自我约束的经营原则；第二，国有商业银行总行要强化集中管理，提高统一调度资金的能力，全行统一核算，分行之间不允许有市场交易行为；第三，一般只允许总行从中央银行融资，总行对本行资产的流动性及支付能力负全部责任；第四，国有商业银行中的国有资产产权按国家国有资产管理的有关法规管理。

允许国有商业银行之间有业务交叉，开展竞争。国有商业银行的一切经营活动必须严格遵守国家有关金融的法律法规，并接受中央银行的监管。

国有商业银行总行设立监事会，监事会由中国人民银行、政府有关部门代表和其他人员组成。监事会受国务院委托，对国有商业银行的经营方针、重大决策及国有资产保值增值的情况进行监督检查，对国有商业银行行长的经营业绩进行考核，提出任免、奖惩的建议。

国有商业银行不得对非金融企业投资。国有商业银行对保险业、信托业和证券业的投资额，不得超过其资本金的一定比例，并要在计算资本充足率时从其资本额中扣除；在人、财、物等方面要与保险业、信托业和证券业脱钩，实行分业经营。国有商业银行的分行、支行没有投资权。

（二）我国商业银行体系包括：国有商业银行、交通银行以及中信实业银行、光大银行、华夏银行、招商银行、福建兴业银行、广东发展银行、深圳发展银

行、上海浦东发展银行和农村合作银行、城市合作银行等。所有商业银行都要按国家有关金融的法律法规完善和发展。

（三）积极稳妥地发展合作银行体系。合作银行体系主要包括两部分：城市合作银行和农村合作银行，其主要任务是为中小企业、农业和发展地区经济服务。

1. 在城市信用社的基础上，试办城市合作银行。城市合作银行只设市行和基层行两级，均为独立法人。要制订《城市合作银行条例》，并按此组建和改建城市合作银行。试办城市合作银行，要分期分批进行，防止一哄而起。

2. 有步骤地组建农村合作银行。根据农村商品经济发展的需要，在农村信用合作社联社的基础上，有步骤地组建农村合作银行。要制订《农村合作银行条例》，并先将农村信用社联社从中国农业银行中独立出来，办成基层信用社的联合组织。农村合作银行目前只在县（含县）以下地区组建。国有商业银行可以按《农村合作银行条例》向农村合作银行参股，但不能改变农村合作银行的集体合作金融性质。

3. 农村合作基金会不属于金融机构，不得办理存、贷款业务，要真正办成社区内的资金互助组织。对目前已办理存、放款业务的农村合作基金会，经整顿验收合格后，可转变为农村信用合作社。

（四）根据对等互惠的原则，经中国人民银行批准，可有计划、有步骤地引进外资金融机构。外资金融机构要按照中国人民银行批准的业务范围开展经营活动。

（五）逐步统一中资金融机构之间以及中资金融机构与外资、合资金融机构的所得税税率。金融机构的所得税为中央财政固定收入。

（六）金融机构经营不善，允许破产，但债权债务要尽可能实现平稳转移。要建立存款保险基金，保障社会公众利益。

四、建立统一开放、有序竞争、严格管理的金融市场

（一）完善货币市场。

1. 严格管理货币市场，明确界定和规范进入市场的主体的资格及其行为，防止资金从货币市场流向证券市场、房地产市场。

2. 所有金融机构均可在票据交换时相互拆借清算头寸资金。凡向人民银行借款的银行（包括所属分支机构），拆出资金的期限一般不得超过七天；商业银行、合作银行向证券公司、信托投资公司、财务公司、租赁公司拆出资金的期限一般不得超过七天。凡不向人民银行借款的银行拆出资金、非银行金融机构之间的资金拆借，不受上述限制，但要逐渐过渡到通过票据进行。

3. 中国人民银行要制定存、贷款利率的上下限，进一步理顺存款利率、贷款利率和有价证券利率之间的关系；各类利率要反映期限、成本、风险的区别，保持合理利差；逐步形成以中央银行利率为基础的市场利率体系。

4. 人民银行要严格监管金融机构之间的融资活动，对违反有关规定者要依法查处。

（二）完善证券市场。

1. 完善国债市场，为人民银行开展公开市场业务创造条件。财政部停止向中国人民银行借款，财政预算先支后收的头寸短缺靠短期国债解决，财政赤字通过发行国债弥补。政策性银行可按照核定的数额，面向社会发行国家担保债券，用于经济结构的调整。邮政储蓄、社会保障基金节余和各金融机构的资金中，要保有一定比例的国债，全国性商业银行可以以此作为抵押向人民银行融通资金。

2. 调整金融债券发行对象，金融债券停止向个人发行。人民银行只对全国性商业银行持有的金融债券办理抵押贷款业务。

3. 完善股票市场。在企业股份制改造的基础上规范股票的发行和上市；完善对证券交易所和交易系统的管理；创造条件逐步统一法人股与个人股市场、A股与B股市场。

五、改革外汇管理体制，协调外汇政策与货币政策

外汇管理是中央银行实施货币政策的重要组成部分。我国外汇管理体制改革的长期目标是实现人民币可兑换。根据我国目前的实际情况，并参照国际上的成

功经验，近期实施的改革措施是：

（一）一九九四年实现汇率并轨，建立以市场汇率为基础的、单一的、有管理的人民币浮动汇率制度。

（二）取消外汇留成，实行结汇和售汇制。

（三）实现经常项目下人民币有条件可兑换。

（四）严格管理和审批资本项下的外汇流出和流入。

（五）建立全国统一的外汇交易市场，外汇指定银行为市场的交易主体。中国人民银行根据宏观经济调控的要求，适时吞吐外汇，平抑汇价。

（六）停止发行并逐步收回外汇兑换券。严格禁止外币标价、结算和流通。

（七）中国人民银行集中管理国家外汇储备，根据外汇储备的安全性、流动性和营利性的原则，完善外汇储备的经营机制。

外汇管理体制改革的具体实施，按国务院有关规定执行。

六、正确引导非银行金融机构稳健发展

要明确规定各类非银行金融机构的资本金数额、管理人员素质标准及业务范围，并严格审批，加强管理。要适当发展各类专业保险公司、信托投资公司、证券公司、金融租赁公司、企业集团财务公司等非银行金融机构，对保险业、证券业、信托业和银行业实行分业经营。

（一）保险体制改革要坚持社会保险与商业保险分开经营的原则，坚持政企分开。政策性保险和商业性保险要分别核算，把保险公司办成真正的保险企业，实现平等有序的竞争。保险业要逐步实行人身险和非人身险分别经营；发展一些全国性、区域性、专业性的保险公司；成立再保险公司；采取多种形式逐步发展农村保险事业。要适当扩大保险企业资金运用的范围和自主权，适当提高保险总准备金率，以增强保险企业的经济实力。要建立保险同业公会，加强行业自律管理。

（二）信托投资公司的资金来源，主要是接受长期的、大额的企业信托和委托存款，其业务是办理信托贷款和委托贷款、证券买卖、融资租赁、代理和咨询业务。

> （三）企业集团财务公司主要通过发行商业票据为企业融通短期资金。
>
> （四）证券公司不得从事证券投资之外的投资，进入一级市场和二级市场的证券公司要加以区分，证券公司的自营业务与代理业务在内部要严格分离。
>
> 七、加强金融业的基础建设，建立现代化的金融管理体系。
>
> （一）加快会计、结算制度改革。金融机构要按照国际通用的会计准则，改革记账基础、科目设置和会计核算体系，改革统计监测体系。要建设现代化支付系统，实现结算工具票据化，扩大信用卡、商业汇票、支票、银行本票等支付工具的使用对象和范围，增强票据使用的灵活性、流动性和安全性，减少现金使用。
>
> （二）加快金融电子化建设。要加快人民银行卫星通讯网络的建设，推广计算机的运用和开发，实现联行清算、信贷储蓄、信息统计、业务处理和办公的自动化。金融电子化要统一规划，统一标准，分别实施。
>
> （三）加强金融队伍建设。要更新从业人员的知识结构，加速培养现代化金融人才；要实行适合金融系统特点的干部人事制度和劳动工资制度，建立约束机制和激励机制。
>
> 1993年12月25日

随着制度的规范、金融体系的成型，人们日益深刻地意识到，金融体制的微观基础，总体上依然是非市场化或半市场化的，金融机构能否持续地商业化经营成为金融发展和改革的关键。这不仅是因为只有金融机构自负盈亏才能自主发展，金融市场才能有序竞争，才能有统一开放的金融市场体系，而且更为突出的是，一方面，长期以来为支持国有企业的改革，金融机构起到了外部稳定器的作用，负担了整体改革中相当大的成本，体现为巨额的不良资产。而高不良资产率和低资本充足率，已使银行陷入资不抵债的境地。另一方面，中国金融业又面临加入WTO后的国际金融业的激烈竞争。面对国内金融机构的窘态以及外资金融机构竞争的威胁，旨在改革金融机构治理机制的金融体制微观基础再造因此提上议事日程。

需要说明的是，进入20世纪，中国经济的发展以及改革的深入，为金融机构的治理机制改革创造了有利环境。一方面,中国的工业化进入中长期,而且民营经济已开始成为经济增长的重要贡献者,占据了GDP和就业的较大比重,国有经济部门不必再为工业化竭尽全力;另一方面,随着国有企业改革的深入,抓大放小,国有经济的布局也发生了深刻的变化,更多地集中于基础设施及战略性行业。不仅国有企业的数目大大减少,而且其经营状况发生了质的变化,摆脱了全面亏损,进入持续盈利的状态。总之,以民营经济为代表的市场经济的发展,需要市场化的融资安排,而国有经济部门改革所带来的盈利状况改善,也不再需要财政性的金融扶持,金融机构自身企业化改造的条件终于成熟。

与以往的改革相比,此次改革从金融机构产权结构调整入手,重塑其治理机制,改造其内部流程,建立可持续经营的商业化基础,使金融机构真正成为市场的主体。这一系列改革工程由三个相对独立又相互关联的部分组成:

第一,以清理资产负债表为契机,重塑国家与金融机构的关系。其核心是建立有限责任机制。国家通过中央汇金投资有限责任公司(以下简称"中央汇金公司")行使出资人权利,并以出资额为限承担有限责任,以此割断国家与企业的"父子关系"。金融机构将自担风险、自主经营、自负盈亏。

第二,以股份制改造为突破口,建立良好的公司治理结构。通过引进战略投资者,建立股东会、董事会,并由董事会聘任管理层,由管理层聘用员工,形成现代企业制度。为了使这一机制长期稳定持续,通过商业银行海内外资本市场公开上市这一措施,以强化市场纪律的约束。

第三,以银监会成立为抓手,建立独立于政府的第三监管体系,实现行政权力与监管的分离,强化专业监管。

2004年1月1日,以中央汇金公司成立为标志,改革先由中国银行和建设银行启动,随后波及各类金融机构,既包括商业银行,也包括非银行金融机构,并以2012年中国光大银行国内公开上市告一段落,历时8年。这轮改革使中国金融机构面貌一新,其经营理念、经营方式、资本充足率、风险管理能力、科技水平都上了一个台阶,构成了中国金融体系成功抵御2008年全球性金融危机的基础。

中国金融体制改革的上述顺序安排,是在尊重金融运行基本规律的同时,立足中国的国情,用分步走的方式逐渐进行的。它充分体现了中国经济体制改革的基本方式与特色——双轨制,通过放松行政管制,在计划轨外形成市场轨,实现一轨变两轨。在两轨并存的情况下,利用市场力量的边际作用,在壮大市场轨的同时,逐步消化计划轨,进而使两轨变为以市场经济为基础的一轨。

专 栏 三

改革开放以来党中央、国务院关于金融体制改革的主要决定与前四次全国金融工作会议内容

改革开放以来,随着中国市场经济体系的建立和金融业的重塑与发展,国家先后召开多次重要会议,研究制定金融领域的重大决策和改革举措。其中具有代表性的会议与事件如下:

1983年9月17日,国务院发布《国务院关于中国人民银行专门行使中央银行职能的决定》(国发〔1983〕146号),决定由中国人民银行单一行使中央银行职责,同时设立中国工商银行,经营原中国人民银行办理的工商信贷和储蓄等经营性业务。这一决定标志着我国金融机构体系的重大变革,即中央银行体制的正式建立。加上此前先后组建和恢复经营的中国农业银行、中国人民建设银行和中国银行,至此,传统的人民银行"大一统"金融体制被打破,以中国人民银行为核心、四大专业银行为主体的金融机构体系正式形成,这是我国现代金融体系和国有商业银行发展的历史起点。

1993年,党的十四次代表大会确定了深化经济体制改革、建立社会主义市场经济新体制的目标。1993年国务院印发《国务院关于金融体制改革的决定》,提出"建立一个适应市场经济要求的、在国务院领导下、独立执行货币政策的中央银行宏观调控体系;建立政策性金融与商业性金融相分离,以国有商业银行为主体、多种金融机构并存的金融组织体系;建立统一开放、有序竞争、严格管理的金融市场体系"的目标。为此,国务院先后批准设立了三家政策性银行,承担原专业银行办理的政策性金融业务。1995年颁布的《中华人民共和国中国人民

银行法》以国家立法形式确定了中国人民银行的执行金融监管、金融宏观调控和金融服务三项职能和货币发行权等四项权限。同年颁布实施的《中华人民共和国商业银行法》明确了中国工商银行、中国农业银行、中国银行、中国人民建设银行四家银行是实行"自主经营、自担风险、自负盈亏、自我约束"的国有独资商业银行。同时,在1992年成立国务院证券委和证监会的基础上,进一步明确证监会的监管职能与机构编制,负责对国内的证券期货和证券交易所进行统一管理。

1997年亚洲金融危机爆发,国有企业大面积陷入经营困境,国有商业银行不良资产剧增,银行的资产质量成为影响国家经济和金融安全的重要因素。1997年11月,国家召开了第一次全国金融工作会议,议定的主要改革措施包括:第一,成立金融工作委员会,对全国性金融机构组织关系实行垂直领导,中国人民银行进行机构改革,撤销省分行并成立9个大区行,改革四家国有独资商业银行的干部任免制度;第二,补充商业银行资本金,中央政府于1998年发行2700亿元特别国债补充四家国有独资商业银行的资本金,1999年成立四家资产管理公司,剥离国有商业银行不良资产约1.4万亿元;第三,推行资产质量五级分类制度,以取代原先的"一逾两呆"分类方法,同时取消贷款规模管理,实行资产负债比例管理、按照审慎会计原则提取贷款损失准备金等措施;第四,1998年成立保监会,负责对保险业进行监管,分业监管的体制进一步确立。

经过前期的第一轮注资和不良资产剥离,四大国有银行的经营情况有所改观。但由于国有商业银行的历史包袱太重,管理体制和经营机制等深层次问题没有得到根本解决,不良资产仍在增加,资本充足率进一步下降。2002年2月,党中央、国务院召开第二次全国金融工作会议,提出按照"产权清晰、权责明确、政企分开、管理科学"的现代金融企业制度要求,把国有商业银行改造成治理结构完善、运行机制健全、经营目标明确、财务状况良好、具有较强国际竞争力的现代金融企业,并形成关于加强金融监管和国有银行改革的具体思路,最终推动了国有独资商业银行的股改和上市。会议议定并推进了如下事项:第一,国务院成立国有独资商业银行综合改革专题工作小组,由人民银行牵头研究国有商业银行的改革问题;第二,成立中央汇金公司,运用外汇储备对中国建设银行、中国银行和中国工商银行三家银行进行注资,并作为国有资本出资人代表行使控股股东职责;第三,国务院审批同意几家试点银行的股份制改革实施总体方案,包括财务重组、股份制改造、建立现代公司治理框架、引进战略投资者、境内外公开上市等关键步骤;第四,2003年成立银监会,从中国人民银行中分离出对银行业的监管职能,进一步对银行业开展专业化监管;第五,对农村信用社进行改革,确立了"因地制宜、分类指导"的总体方针,此后,农村信用社的改革在全国全面铺开。

2007年,在金融改革发展面临新形势、金融业处于重要转折期的背景下,第三次全国金融工作会议召开。会议提出要把金融改革发展推向新阶段,全面深化金融改革,促进金融业持续健康安全发展,并提出如下工作举措:第一,在中国工商银行、中国银行、中国建设银行和交通银行成功上市的基础上,继续深化国有银行改革,巩固发展成果,推进中国农业银行股份制改革,强化为"三农"服务的市场定位和责任。第二,按照分类指导、"一行一策"的原则,推进政策性银行改革。首先推进国家开发银行改革,全面推行商业化运作,主要从事中长期业务,同时推进其他商业银行和金融资产管理公司改革。第三,加快农村金融改革发展,完善农村金融体系,建立适应"三农"特点的多层次、广覆盖、可持续的农村金融体系,共同发挥商业性金融、政策性金融、合作性金融和其他金融组织的作用。第四,加快发展资本市场和保险市场,构建多层次金融市场体系,扩大直接融资规模和比重。第五,进一步完善人民币汇率形成机制,加强外汇储备经营管理,拓展外汇储备使用渠道和方式,采取综合措施促进国际收支基本平衡。第六,积极推进金融业对外开放,优化金融业开放结构,推进资本市场对外开放,促进中外资金融企业公平竞争。

2012年1月,在国际金融危机发生、蔓延、深化的情况下,国家召开第四次全国金融工作会议,强调坚持金融服务实体经济的本质要求,坚持市场配置金融资源的改革导向,会议的主要内容包括:第一,努力为经济社会发展提供更多优质的金融服务,要求金融行业提升服务功能,扩大服务覆盖面,加大对薄弱领域的金融支持。第二，深化金融机构改革，着力加强公司治理，建立规范有效的激励约束机制，推进股权多元化。第三，加强和改进金融监管，防范系统性金融风险。银行业要建立全面审慎的风险监管体系，证券业要完善市场制度、强化行为监管，保险业要加强偿付能力监管。第四，防范化解地方政府性债务风险，妥善处理存量债务，规范地方政府举债融资机制。第五，扩大金融对外开放，有序推进人民币资本项目可兑换，提高外汇储备经营管理水平。加快上海国际金融中心建设，参与全球经济金融治理。

第四节
中国金融体制改革的新进度

既然改革是一个持续深化的过程，那么，改革的下一个目标就会在这个过程中自然显露出来。2008年发生的全球金融危机为中国金融体制改革的深化提出了新的目标和任务。

此次金融危机爆发于美国，却波及全球，发展中国家深受其害。它在很大程度上表明了发展中国家金融体系的脆弱性，同时也表明现有的国际货币体制存在严重的缺陷。中国是一个发展中的大国，作为发展中的经济体，有深度的可以对冲风险的金融市场尚属其短板；作为大国，中国有义务也有能力为改善国际货币体系的治理机制做出贡献。这两点归结在一起，就出现了中国利率市场化的加速和人民币国际化的发展，使中国金融体制改革进入了新的阶段。

利率市场化是金融市场发展的必然。从微观上观察是自负盈亏、自主发展，自主的金融机构竞争性地向市场提供金融产品。从宏观上观察，竞争性的金融产品的涌现形成一条贯穿货币市场、信贷市场、资本市场的收益率曲线。这一曲线引导着包括风险在内的金融资源的配置。如前所述，自20世纪90年代后，随着中国金融体系的初步形成以及金融机构市场取向的强化，利率的作用与意义开始突显出来，构成金融体制改革深化的目标,并于1993年在国务院《国务院关于金融体制改革的决定》中被明确提出。

自1993年以来,中国金融利率市场化改革持续推进,其基本轨迹一如其他政策,仍以渐进为原则。其目标可以概括为"放得开,行得成,调得了"。其顺序是"先非银行机构,后银行;先外汇,后本币;先大额,后小额;先贷款,后存款"。2008年全球金融危机爆发前后,中国除商业银行的存贷款利率仍受严格管制外,其他金融产品如债券、信托、外汇等的价格都是市场化定价。尤为重要的是,中国金融市场的短端利率,即反映为同业拆借市场的SHIBOR利率,一推出就是随行就市的。

正是在这一基础上,全球金融危机爆发后,中国加快了利率市场化的进程。在党的十八届三中全会决议中,确立了利率市场化的新目标,建立健全国债收益率曲线。2013年贷款利率开始下浮30%,存款利率上浮10%,2014年彻底放开贷款利率,2015年又以建立存款保险制度为依托,放开存款利率。至此,如果仅从"放得开"的角度观察,中国已不存在利率管制,利率定价还给了市场,由金融机构根据自己的资金情况和风险管理能力自主定价,极大地调动了金融机构的积极性,使金融机制创新、管理创新和产品创新源源不断。据不完全统计,仅中国商业银行提供的理财产品就超过了4万种,而银行间债券市场成为中国最大的固定收益市场。各种金融产品的活跃交易使上海成为名副其实的金融中心。

人民币国际化则是全球金融危机后世界对中国提出的新需求。现行的国际货币体系是以美元为中心的体系,国际贸易的计价与结算、国际金融的交易和国际储备的形成多以美元为手段。这客观地造成了其他国家,尤其是亚洲新兴经济体的三个错配。首先是货币错配。亚洲国家多是出口导向型国家,相互之间的贸易十分巨大,但贸易结算货币却依赖美元,一旦美元供应不足,即使得相互间的贸易难以进行。其次是期限错配。亚洲国家多是经济成长快速的国家,急需资本的支持,尤其是长期资本的支持,但流入亚洲国家的资本却以短期资本为主,出现了期限错配,一旦短期资本流出,不仅经济增长难以为继,而且会出现重大金融风险。最后是结构错配。亚洲国家是储蓄率较高的国家,同时又需要投资,但囿于金融基础设施的孱弱和金融体系的落后，储蓄不能为本国所动员，却大幅度流向国外，表现为巨额外汇储备投资放在发达国家金融市场，并由发达国家再以直接投资或间接投资的形式回投本国，出现了储蓄与投资的结构错配。这三个错配构成亚洲国家抵御外部冲击的脆弱性。这既是1998年亚洲金融危机的成因之一，也是亚洲国家深受2008年全球金融危机伤害的重要原因。此次金融危机发生在美国，造成美元国际流动性的严重不足，致使亚洲国家的正常贸易和投资以及金融体系的稳定性都出现了严重的困难。为避免未来可能发生的外部冲击，这些国家需要分散美元的风险，而中国是第二大经济体、第一大贸易体，是亚洲国家主要的贸易投资伙伴，人民币因此成为这些国家替代美元的首选货币。

人民币国际化既是中国作为大国适应世界需要而承担的国际义务，同时也是对中国金融体制新的挑战。人民币国际化是主权货币国际化。作为主权货币国际化，要求该货币是全面可兑换货币，国际收支资本项目是完全开放的；要求该国的国际收支具有持续稳定的逆差形成机制，形成提供货币流动性的方式，以维持该货币的国际流动性任务；要求该国具有深度的金融市场，以便于各国从事交易并利于该国中央银行承担全球中央银行的责任。这对于金融体系尚处在发育过程的中国来说，不谛为高难度动作，并集中体现在国际收支资本项目的开放上。

发展中国家的经验表明，金融的发生、发育、发展的趋向是市场化。本币的价格由金融机构竞争性定价，外币的价格由国际资金的自由流动决定，其指向是国际收支资本项目的开放。但是，国际资本项目一旦开放，国际资本的频繁流动就会导致本币对外币价格的急剧波动，并有可能引发类似1998年的亚洲金融危机。也正是由于这一原因，中国在1996年满足国际货币基金第八条款要求即实现国际收支经常项目开放的情况下，推迟了以人民币全面兑换为标志的资本项目开放。

面对上述国际收支资本项目开放的两难局面，为满足人民币国际需要，中国选择了一条立足于国情的特殊的人民币国际化路线。这条路线可以这样来描述：在经常项目中的货物贸易首先开启人民币的跨境计价和结算，以满足金融危机后亚洲国家开展贸易的现实需要，在取得经验的基础上，扩大人民币在经常项目中的使用范围以及使用对象，进而再相机决定开放其他国际收支科目，尤其是资本项目的金融科目循序渐进，逐步扩大。这实际上是中国以往改革开放经验的再次沿用。

2009年7月2日，人民币跨境货物贸易结算在5个城市365家企业中对港澳和东盟进行试点，随后扩展到全国所有省份的所有企业，使用地区也扩展到全世界，使用范围不仅限于货物贸易，还扩展到服务贸易。在经常项目使用人民币获得成功的情况下，2012年后人民币的使用又扩展到跨境直接投资上。目前，人民币的国际使用不仅用于经常项目，也用于资本项目；不仅广泛用于国际贸易，而且出现了快速成长的离岸人民币金融市场，用于国际投融资。

在不完全具备主权货币国际化条件下的人民币，通过上述特殊路线的安排，在满足国际需要的同时，也创造了新鲜的经验。这一新鲜经验充分体现在国际收支资本项目可首先实现本币项目的开放，进而创造条件，实现对外币的可兑换上。深刻含义在于：人民币目前在全球不能完全自由使用，但却可以广泛使用，人民币因此而被国际社会纳入 SDR，成为全球主要储备货币之一。利率市场化和人民币国际化的相向而行，为中国金融体制改革和金融市场深化带来了新的契机。利率和汇率是平价关系，同是资本的价格。人民币国际化要求人民币利率市场化，而人民币利率的市场化也要求人民币汇率自由化，两者推动的结果就是上海自由贸易区的改革试验和上海国际金融中心建设的加速。

上海是人民币本币中心。上海自由贸易区的改革核心是建立连接人民币离岸市场与在岸市场的桥梁。根据上海自由贸易区的安排，任何一家内资和外资企业在上海自由贸易区注册，都可自动获得两个银行账户，即全国各类企业通行的一般账户和上海自由贸易区专有的自由贸易账户。在初始阶段，这两个账户的功能是相同的，境外的资金，无论是外汇还是人民币，都可通过这两个账户依照监管的要求流出、流入。但随后，自由贸易账户将会开始发生变化，试验在该账户人民币与外汇的可兑换。按照 IMF 的口径，资本账户共有40个科目，中国目前大多数资本项目科目都开放了，仅有3个科目，也是最重要的资本行为主体科目仍然在加以管制。它们是：跨境直接投资、中国居民对外负债和中国资本市场开放。随着人民币国际化的深入，目前这3个科目虽然对外币还在管制，但对人民币已经不再管制。换言之，外商对华投资或中国企业对外投资可以自由地用人民币进行，中国居民可以进行跨境人民币贷款、跨境人民币发债，中国资本市场可以通过沪港通、深港通进行人民币交易。如果在3个科目下，使用外币的条件与使用人民币的条件对等，就是国际收支资本项目全面可兑换。如果这3个科目逐一进行这种安排，将使国际收支资本项目可兑换有序、有节奏地进行，从而实现风险可控。这正是上海自由贸易区自由贸易账户所做的实验，一旦实验成功，将逐一移植到一般账户上，这就意味着中国国际收支资本项目的管制将全面解除。

上海是中国的金融中心，各银行的金融交易集中于此，形成了市场基准利率——SHIBOR，即上海同业拆借利率。自2008年爆发金融危机以来，上海同业拆借利率不仅决定着资金的成本，而且引导着资金的走向，成为中国金融市场的风向标和货币政策制定的重要依据。与此同时，上海还是中国资本交易的集中之地，除股票、债券等基础品种外，还是期货和金融衍生品的交易中心。尤其是近年来，以债券为代表的固定收益产品的丰富化、多样化，使金融市场交易日益活跃。上述种种，使上海开始出现完整的市场收益率曲线，它连接了货币市场、信贷市场和资本市场。中国的利率市场化就是以上海金融市场为标志的。在人民币国际化的条件下，上海自贸区、上海金融市场的对外开放，意味着上海成为人民币的国际金融中心。事实上，2016年中国向世界各类金融机构开放境内银行间债券市场，鼓励境外机构在境内发行熊猫债，并于2017年宣布在香港及内地实行人民币债券通，吸引了大批外资，尤其是外国中央银行投资人民币固定收益产品。由此，人民币的利率趋势开始引导人民币的汇率走势。如果人民币的收益率曲线即人民币的利率能覆盖全球的人民币市场，人民币的汇率问题就变成人民币的利率问题，人民币将成为名副其实的"锚货币"，这将为国际货币体系的改革做出新贡献。与此同时，中国的金融将与世界的金融融为一体，并影响着世界金融的发展格局，引领着世界金融的潮流。

专栏四

党的十八大、十九大以来国家有关金融改革的表述与第五次全国金融工作会议内容

2012年以来，面对错综复杂的国际金融环境和国内经济金融形势，党的十八大、十八届三中全会、党的十九大和中共中央政治局多次就金融改革与发展问题作出多项重大决定。十八大报告提出："深化金融体制改革，健全促进宏观经济稳定、支持实体经济发展的现代金融体系，加快发展多层次资本市场，稳步推进利率和汇率市场化改革，逐步实现人民币资本项目可兑换。加快发展民营金融机构。完善金融监管，推进金融创新，提高银行、证券、保险等行业竞争力，维护金融稳定。"

十八届三中全会作出的《中共中央关于全面深化改革若干重大问题的决定》指出："完善金融市场体系，扩大金融业对内对外开放。在加强监管前提下，允许具备条件的民间资本依法发起设立中小型银行等金融机构。推进政策性金融机构改革。健全多层次资本市场体系，推进股票发行注册制改革，多渠道推动股权融资，发展并规范债券市场，提高直接融资比重。完善保险经济补偿机制，建立巨灾保险制度。发展普惠金融。鼓励金融创新，丰富金融市场层次和产品。完善人民币汇率市场化形成机制，加快推进利率市场化，健全反映市场供求关系的国债收益率曲线。推动资本市场双向开放，有序提高跨境资本和金融交易可兑换程度，建立健全宏观审慎管理框架下的外债和资本流动管理体系，加快实现人民币资本项目可兑换。落实金融监管改革措施和稳健标准，完善监管协调机制，界定中央和地方金融监管职责和风险处置责任。建立存款保险制度，完善金融机构市场化退出机制。加强金融基础设施建设，保障金融市场安全高效运行和整体稳定。"

2017年4月25日，中共中央政治局就维护国家金融安全进行集体学习，中共中央总书记习近平在主持学习时强调，金融安全是国家安全的重要组成部分，

是经济平稳健康发展的重要基础。维护金融安全，是关系我国经济社会发展全局的一件具有战略性、根本性的大事，须充分认识金融在经济发展和社会生活中的重要地位和作用。

在这一精神指导下，2017年7月，第五次全国金融工作会议召开，中共中央总书记、国家主席、中央军委主席习近平出席会议并发表重要讲话。会议强调，金融是国家重要的核心竞争力，金融安全是国家安全的重要组成部分，金融制度是经济社会发展中重要的基础性制度。必须加强党对金融工作的领导，坚持稳中求进的工作总基调，遵循金融发展规律，紧紧围绕服务实体经济、防控金融风险、深化金融改革三项任务，创新和完善金融调控，健全现代金融企业制度，完善金融市场体系，推进构建现代金融监管框架，加快转变金融发展方式，健全金融法治，保障国家金融安全，促进经济和金融良性循环、健康发展。会议提出做好金融工作要把握好四项重要原则：第一，回归本源，服从服务于经济社会发展；第二，优化结构，完善金融市场、金融机构、金融产品体系；第三，强化监管，提高防范化解金融风险的能力；第四，市场导向，发挥市场在金融资源配置中的决定性作用。会议强调，为实体经济服务是金融的天职，防止发生系统性金融风险是金融工作的永恒主题。会议决定设立国务院金融稳定发展委员会，强化人民银行宏观审慎管理和系统性风险防范职责。会议要求扩大金融对外开放，坚持党中央对金融工作的集中统一领导。

2017年10月18~24日，中国共产党第十九次全国代表大会在北京举行，对于金融工作，大会提出："深化金融体制改革，增强金融服务实体经济能力，提高直接融资比重，促进多层次资本市场健康发展。健全货币政策和宏观审慎政策双支柱调控框架，深化利率和汇率市场化改革。健全金融监管体系，守住不发生系统性金融风险的底线。"

第五节
大国大金融

金融的内涵是信用，其实现形式是杠杆，杠杆的加长就是信用的扩展。与此同时，杠杆的加长是向未来的延伸和向空间地域的扩张，而未来是不确定的、空间的信息是不对称的，不确定性和不对称性就是风险。从这个意义上讲，使用杠杆经营信用的金融机构就是风险管理和配置机构。

从全球金融发展的实践来看，管理这种不确定性所带来的风险手段分为时间和空间两种。一种是跨时间配置风险，即通过积累良好的流动性资产将风险化解或推向未来。其风险管理点是流动性，只要资产收益产生现金流并能覆盖利息，杠杆就会维持。换言之，只要资产的现金流贴现为正，资金的时间价值就会显现。这种通过跨时间配置风险的经营方式就是典型的商业银行业务。另一种是利用资本市场进行时点上的风险对冲，即资产负债业务，它是用金融产品买卖来覆盖不确定性概率，大概率事件用股票、债券等基础产品的买卖来对冲；小概率事件则用衍生产品的买卖来对冲。其风险管理的要点是金融产品的创新，通过创设满足不同金融风险偏好的金融产品来活跃市场交易，用交易将风险分散在市场参与者身上。换言之，只要市场不丧失交易对手，风险就可溢价，通过风险升贴水，风险就可分散。这种通过对冲方式配置风险的经营方式就是典型的投资银行业务，即资本市场业务。

由上，风险管理就成为现代金融机构的核心竞争力。当商业性金融机构仅注意微观细节或无力把握系统性风险时，外部监管就显得格外重要。发达国家的历史经验表明，20世纪30年代的大危机，是从金融肇始的。在没有防火墙的情况下，资本市场的波动通过杠杆传到商业银行，造成了包括金融机构、金融市场在内的全面的金融危机，并导致全球性的经济危机。自那以后，金融需要监管成为共识。当风险难以识别时,最好的办法就是将市场断开,使跨时间配置风险的业务与通过市场对冲风险的业务不产生交叉,即采取分业经营监管的模式;反之,则可以采取混业经营、综合监管的模式。从这个意义上讲,识别风险、管理风险就成为现代金融体系的核心要义,这也是发展中金融与发达金融的基本区别,也成为中国建设现代金融体系的努力方向。

经过近40年的改革开放,中国经济取得了举世瞩目的成就。根据IMF的研究,按现行市场汇率计算,中国的GDP已是世界第二位;但若按购买力平价方法计算,中国的GDP已超过美国,成为世界第一位。根据同样的研究,按现行市场汇率与价格计算,中国人均GDP由1980年的205.1美元增加到2016年的8000美元以上,37年增长了近40倍,中国已进入中上收入国家行列。按购买力平价方法计算,中国人均GDP则由1980年的251美元增加到2016年的15000美元以上,增加了近60倍,中国已进入高收入国家行列。

党的十九大指出,经过长期努力,中国特色社会主义进入了新时代,这是我国发展新的历史方位。我国社会主要矛盾已经转化为人民日益增长的美好生活需要和不平衡不充分的发展之间的矛盾。改革开放后,中国共产党在社会主义现代化建设方面提出了"解决温饱——达到小康——基本实现现代化"的"三步走"战略目标。在前两个目标提前实现的基础上,又提出"全面建成小康社会——基本实现现代化"的"两个一百年"奋斗目标。党的十九大提出了"第二个百年"奋斗目标的两个阶段安排:第一阶段,2020—2035年,基本实现社会主义现代化,这比改革初期提出21世纪中叶基本实现现代化的目标提前了15年;第二阶段,从2035年到21世纪中叶把我国建设成富强民主文明和谐美丽的社会主义现代化强国。从党的十九大到二十大,是"两个一百年"奋斗目标的历史交汇期。我国经济已由高速增长阶段转向高质量发展阶段,正处在转变发展方式、优化经济结构、转换增长动力的攻关期,建设现代化经济体系是跨越关口的迫切要求和我国发展的战略目标。

第五次全国金融工作会议提出,金融是国家重要的核心竞争力,金融安全是国家安全的重要组成部分,金融制度是经济社会发展中重要的基础性制度。这充分说明金融是国之重器,是国民经济的血脉。中国金融业需要遵循新时代中国特色社会主义的根本要求,在实现中国梦的伟大进程中,进一步深化金融体制改革,履行历史使命,助力实现中国梦。

中国经济的高速成长使中国的经济社会急剧转变,并深刻地影响着中国金融,集中体现在两个方面:一是中国已摆脱中下等收入国家的窘态,贫穷不再是普遍现象,全面小康指日可待,随着居民收入的持续增长,进入高收入国家行列是大概率事件;二是中国的工业化已经到了中后期,反映在工业品种上,中国工业不仅门类齐全,而且主要产品产量居世界前列,中国不仅向全世界出口一般工业制成品,而且出口整套设备及装备。

中国人均 GDP 进入中上等收入国家行列,且居民收入还在持续提高中,不仅使中国居民恩格尔系数持续下降和服务消费上升,而且中国居民除维持现在和将来的消费外,还有日益增长的收入剩余。这使其与过去相比,风险偏好发生了变化。过去中国人极度厌恶风险,现在因为有了投资需求,所以呈现出包括资本市场在内的各种理财产品日益旺销的局面。

中国进入工业化中后期,意味着企业已开始成熟化,巩固其资产负债表日益重要,表现为企业负债日益远端化,债券融资日益成为企业负债的重要形式。两相综合,中国金融结构呈现出由以间接融资为主向直接融资转变的态势,表现为金融"脱媒"现象的广泛化。以社会融资规模指标为例,其中贷款的比重日趋下降,而其他融资方式的比重却日益上升。

中国金融结构由间接融资向直接融资方向的转变,既预示着社会整体信用的扩张、杠杆的加长以及风险因素的增多,又预示着金融机构的监管当局需要更加注重对风险控制能力的建设,以保证金融机构和金融体系的自身稳定性。对金融机构,尤其是商业银行而言,社会杠杆的加长需要使用新的金融工具来管理风险,其中利用资本市场对冲风险是题中应有之义。由此,出现了金融机构跨市场经营的现象。当产品层次上出现交叉,呈现出混业状态时,大资产管理则成为其标签。对监管当局而言,当市场出现产品的交叉、呈现出混业状态时,意味着一般意义上分业监管的有效性大大降低,需要从整体上提升其风险的辨识能力,从功能和行为监管层次加强综合管理，从而减少重复监管和监管空白，提高监管的有效性，防范系统性金融风险。我国当前的金融监管仍以机构监管为主，也就是监管部门对金融机构的市场准入、稳健经营、风险管控和市场退出进行监管。而功能监管是对相同功能、相同法律关系的金融产品按照同一规则由同一监管部门监管。行为监管是指对于从事金融活动的机构，要求其开展业务必须有金融牌照，从事哪项业务就要领取哪种牌照。对有牌照的机构进行监管，对没有牌照但从事金融业务的更要监管，对无照经营的则要进行严厉打击。打个比方，行为监管就如同城管大队，不管你销售什么产品，无论是卖食品还是卖百货，都要遵循同一种卖法。相同金融产品不按照同一原则统一监管是造成监管空白、产生监管套利的重要原因，也是导致当前金融秩序混乱的重要原因。因而，树立功能监管与行为监管的理念是金融稳定的重要基石。为此，监管体制的调整也是题中应有之义。由此，中国经济的新阶段、金融结构的新变化，也要求中国金融监管体制进行新改革。

从更广阔的角度观察，旨在加强风险管理能力的金融机构新机制和监管能力新体制建设，并不是中国独有的问题。2008年爆发的全球性金融危机，使人们将风险管理和控制问题提升到前所未有的高度。不同于生产过剩型的传统经济危机，金融危机是资产负债表衰退危机，是快速去杠杆造成的。而杠杆的持续加长却有着深厚的历史原因。在20世纪30年代大危机前，尤其在19世纪，世界经济还处于自由竞争的市场经济时代，相应的，金融市场也是自由竞争的。生产过剩是这个时代的常态，相应的，金融机构倒闭、金融市场波动也是这个时代的常态。20世纪30年代的大危机使人们意识到对经济金融的宏观管理的重要性，并由此奠定了现代市场经济的基础：市场经济+以财政政策和货币政策为代表的宏观调控。财政政策和货币政策是旨在管理总需求的政策，在生产过剩，即总需求不足为常态的情况下，扩张性财政货币政策也就成为常态。其中货币又是作用于社会各部门资产负债表的政策，当增加货币供应后，降低了整个社会的融资成本，社会各部门就会提高负债或扩大负债，以用于消费和投资，有效需求不足的现象就会相应缓解。其逻辑结果就是扩张性货币政策的持续使用，而持续使用就会使社会各部门的负债持续增长，整个社会的杠杠就会持续加大加长。随着杠杆的加大加长，整个社会的资产负债能力的脆弱性也日益加大，一有风吹草动，就会出现以快速地去杠杆为代表的金融危机。

杠杆是金融危机的基因，而杠杆的加大加长是金融危机的基础。

这既是2008年金融危机的现实，也是对当下中国金融体系的警告。事实上，为了应对2008年全球性金融危机，中国启动了号称"四万亿"的巨大经济刺激计划。计划的实施在稳定经济增长的同时，使中国社会总杠杆率大幅上升，尤其是中国企业的杠杆率已位于全球第一位。中国杠杆率的急剧升高，使金融风险加大成为人们不得不重视的问题，以防范区域性金融风险为基本内容的"去杠杆"因之也成为当前供给侧结构性改革的重要内容之一。

肇始于发达国家的2008年全球金融危机和当下中国出现的高杠杆金融风险，使发展中的中国金融体系开始与发达的金融体系同时面对一个问题：如何在提高总需求的扩张性宏观经济政策与整个社会资产负债可持续性之间寻找平衡？宏观审慎管理的概念由此提出，推动着金融风险控制和金融监管实践的深入。一方面，全球修订金融体系的风险控制标准，形成了《巴塞尔协议Ⅲ》，提出了包括构建缓释资本在内的新的金融运行规范，要求各国在2019年前付诸实施；另一方面，为加强金融系统的稳定性，各国相继展开了完善金融监管体制的相关改革，在修改法律法规的同时，重新配置监管资源，特别是强化逆周期调节功能。

从目前各国的宏观审慎管理实践来看，其核心是对中央银行职能的重新认识和重新定位。中央银行诞生于自由竞争的市场经济时代，其产生的原因在于金融市场的不稳定性。其最初的定位是银行的银行，职能是最后贷款人，即通过向全社会提供最终的流动性以维持债权债务关系的稳定，避免杠杆的快速衰退。但随着时间的推移，总需求不足的问题日益突显，应运而生的货币政策在强化的同时，逐渐减化或漠视了中央银行的最初定位，片面的扩张性货币政策使社会成员的资产负债表无限制扩张，终于使杠杆难以为继。2008年爆发的金融危机重新唤醒了中央银行在金融稳定中的职责。由于中央银行货币政策和金融稳定的操作工具是一套工具，因此，中央银行能否把握总需求与加杠杆之间的关系、权衡其利弊就成为关键。金融管理体制的重塑以此为中心展开。

一是加强和改进中央银行宏观调控职能。党的十九大提出,"健全货币政策和宏观审慎政策双支柱调控框架,深化利率和汇率市场化改革。健全金融监管体系,守住不发生系统性金融风险的底线"。这是中央文件中第一次提出"双支柱"的相关表述。"双支柱"指的是货币政策和宏观审慎管理政策的调控框架。货币政策主要针对整体经济和总量问题,而宏观审慎政策则直接作用于金融体系。传统的中央银行政策框架是以货币政策为核心的,货币政策的主要目标是稳定物价,防止通货膨胀。金融危机的发生说明单独依靠货币政策,保持物价稳定并不能有效管理风险,保持金融稳定。金融体系中的系统性风险主要来源于金融的顺周期特性和跨市场传染。为此,需要进一步加强中央银行的宏观审慎管理职能,通过差别化准备率、宏观审慎评估体系(MPA)、跨境资本流动逆周期管理、房地产差别化信贷政策等工具,有效减缓因金融体系顺周期波动和跨市场风险传染所导致的系统性金融风险,保持金融稳定。

二是金融监管体系改革。2017年第五次全国金融工作会议提出,设立国务院金融稳定发展委员会,作为国务院统筹协调金融稳定和改革发展重大问题的议事协调机构,强化人民银行宏观审慎管理和系统性风险防范职责。切实落实部门监管职责。金融稳定发展委员会的主要职能是:落实党中央、国务院关于金融工作的决策部署;审议金融业改革发展重大规划;统筹金融改革发展与监管,协调货币政策与金融监管相关事项,统筹协调金融监管重大事项,协调金融政策与相关财政政策、产业政策等;分析研判国际国内金融形势,做好国际金融风险应对,研究系统性金融风险防范处置和维护金融稳定重大政策;指导地方金融改革发展与监管,对金融管理部门和地方政府进行业务监督和履职问责;等等。设立金融稳定发展委员会,将统筹系统性风险防控与重要金融机构监管,对综合经营的金融控股公司、跨市场跨业态跨区域金融产品,明确监管主体,落实监管责任,统筹监管重要金融基础设施,统筹金融业综合统计,全面建立功能监管和行为监管框架,强化综合监管,并统筹政策力度和节奏,防止叠加共振。这有助于解决当前金融监管不协调、监管缺失、执法不严等问题,适应跨行业、跨市场金融产品的创新发展,加强监管协调、补齐监管短板,有效防控系统性金融风险,促进金融体系健康发展,提高金融业服务实体经济的水平。委员会的办公室设在中国人民银行，赋予了央行更重要的职责，将协调"三会"共同推进金融监管。

从目前各国宏观审慎管理的效果来看，也采用了类似的改革模式，对原有监管体制进行再造。如英国采用的"双峰"监管模式，即把宏观审慎管理与行为监督监管相分离。英国的中央银行——英格兰银行除履行宏观稳定总需求的货币政策外，还负责对杠杆进行监管，以保证金融体系的稳定性。而其他，诸如各类金融机构合规性、标准性的行为监管，则由另一家机构统一负责。这对中国监管体制改革形成了有益借鉴。

一百多年前，鸦片战争的炮声在虎门响起，中国一步步沦为半殖民地半封建社会。积弱积贫，令人扼腕，通过工业化实现经济的现代化因此也就具有了特别的意义。1949年新中国的成立，使中国有了独立自主实现工业化的机会，但高度集中的计划经济体制和囿于历史条件的闭关自守，使中国的工业化发展步履蹒跚。1978年，当中国经济面临崩溃的边缘时，中国人民果敢地选择了改革开放。近40年的改革开放使中国的工业化、经济的现代化大业基本成形。与之相伴，中国金融从无到有、从小到大，已蔚然成势。金融机构门类齐全，金融产品创新层出不穷，金融市场规模与日俱增，人民币成为广泛使用的国际货币。这不仅标志着中国成为金融大国，而且中国金融开始面临的和发达国家金融面临的同一个问题。从这个意义上说，中国金融终于与世界金融同步，开始应对共同的挑战。

中国是世界第二大经济体，按照现有的发展速度，不远的将来中国将成为第一大经济体。中国的经济问题就是世界的问题，中国的金融发展将对世界产生重大的影响。在当下去经济全球化逆风兴起的关口，包括金融体制改革在内的中国改革为世人所关注，"中国方案"再次被推到聚光灯下，中国再次走到历史抉择的重要时刻。而中国共产党第十九次代表大会的胜利召开为这一抉择指明了方向、规划了路径，即将开启改革开放的又一次长征。

长征是艰难的。但是我们有上次长征的经验，过险滩、闯激流、披荆斩棘、奋力前行，终于成就今日的辉煌。近40年改革开放的历史告诉我们，只要坚持改革，曙光就在前面。以史为鉴，我们对未来的新长征充满信心。

第一章
中国金融体制改革的历史起点与基本线索

中国特色的渐进式改革道路，不仅开启了计划经济向市场经济的转轨，取得了举世瞩目的成就，而且开创了一种有别于苏联和东欧激进式改革的新模式。其中，中国金融体制改革在整个经济体制改革战略中的安排，无论地位、目标、内容、作用还是步骤都别具特色。探讨这一安排的内在逻辑与联系，总结其中的经验教训，对认识中国金融体制的演化进程、把握未来发展趋势都具有重要意义。

第一节
市场取向的经济体制改革与金融体制改革的基本任务

经济体制是以经济增长为目标而不断释放经济活力的制度性框架。经济史的研究表明，有效的经济体制或制度是促进并保障经济增长的关键（诺斯，1973）。有效率的制度在经济发展中的作用，主要是为经济组织（个人）的行为选择提供明确的结果预期，使其行为具有个人理性与社会理性的统一，使社会发展沿着有序轨道进行。

制度对经济发展的促进和保障作用体现在以下两点：

第一，经济增长的激励机制，其基础是产权制度。有效率的产权结构能够提供有效的激励，促进经济增长（阿尔钦，德姆塞茨，1972）。要发挥制度的激励作用，就得要求经济行为主体的权利和责任必须明确，并且是相互对称的，亦即产权清晰。一种有效率的制度，能够最大限度地使个人努力、个人收益和个人责任具有正相关性，从而使其拥有足够的激励去从事创造性的生产活动，又有足够的约束尽可能地避免错误。

第二，资源配置机制，即如何让资源配置最有效率，其基础是价格机制和交易费用。在竞争性市场中，价格由供求关系决定，是调节资源配置的信号，也是决定收入分配和激励个人作出最优选择的机制。而在交易和社会经济活动的过程中必然产生交易费用，此时有效界定生产交易边界和产权，进而能够降低交易费用的制度可以实现经济增长的持续性（科斯，1937），亦即制度虽然不能消除交易费用，但有效的制度能够降低市场中的不确定性、抑制人的机会主义行为倾向，从而降低交易成本。

在工业化的历史条件下，人类现实运行中的经济体制只有两类：计划经济体制和市场经济体制。从逻辑上讲，这两种体制的初衷都是希望经济增长具有平稳性和可持续性。但是，不同体制对经济增长动力机制和资源配置机制的制度安排却迥然不同，使其对工业化中或工业化后的经济活动所提供的制度有效性不尽相同，经济发展的结果也因之相距甚远。

就计划经济而言，在经济增长的动力机制上，它强调经济活动参与者的利益高度一致性，基于这种一致性，产权制度的安排必然是"一大二公"，全社会只能有一种产权安排方式即公有制，即使还存在其他形式的产权安排，也要创造条件向同一产权安排形式过渡。在公有制条件下，对经济活动参与者的激励只能是巩固和提高利益一致性的精神激励，并以此来克服"偷懒者"和"搭便车"的道德风险。在资源配置机制上，既然经济活动参与者的利益高度一致，那么，如果信息完全对称，在资源稀缺的条件下，使用计划这只"看得见的手"来进行资源配置，其效率可能优于市场配置。换言之，其社会交易费用将会是最低的。

在这样的制度安排框架下，计划经济的基本体制形式是高度集中的命令经济体系，即企业是附属于政府行政的生产单位，资源是通过行政手段进行配置的，价格只是作为核算工具，经济活动高度行政化，一切依据计划指令行事，结果使得经济运行呈现出财政主导性特征，并且不存在典型意义上的金融活动，所谓金融机构是从属于财政体系的，根据指令拨付资金，履行结算义务。

经验表明，在特定的历史条件下，计划经济赖以运行的条件是可以达成的。以中国为例，1949年新中国成立，空前高涨的政治热情使人们长远利益的一致性暂时模糊或抑制了短期个人利益之间的差异。而在工业化初期阶段，经济结构尚不复杂，信息的采集和处理相对简单。

然而，特定的历史条件毕竟不是常态。首先，计划经济在经济增长的动力机制上存在着严重的激励不兼容问题。经济动力本质是经济主体的激励问题，经济主体的利益决定着它的行为目标。在计划经济条件下，产权结构的单一性制度安排假定不存在利益差异，但这是不真实的，计划当局的目标函数、经理人的目标函数和职工的目标函数都存在明显差异。利益的差异不仅会导致经理和职工为了自身利益的最大化而损害整个集体的利益，而且也可能出现计划当局过分注重近期目标函数而损害长远利益的情况。

其次，计划经济在资源配置机制上存在着严重的信息不完全问题。在计划体制下，信息传递采取纵向方式，信息搜集只有政府部门的积极性而没有企业的积极性，必然会出现信息搜集不完全和信息失真的问题；加之不存在价格竞争，价格关系因此成为纯粹的数量关系，失去了信息传递的信号功能。其结果是，计划经济条件下的决策需要建立庞大的统计系统，信息传递和计划执行的特点决定了获取信息的高成本。

计划经济体系的上述弊端在特定历史条件结束时就已经开始显现。早在20世纪50年代，实行中央计划经济体制的国家就已开始尝试在不突破计划经济体制框架下的改良型的"改革"，比如苏联和东欧地区。而中国自20世纪50年代开始，也推行了以"下放管理权"为主要方式的改良。但这样的改革却使计划经济体制的弊端更加凸显，不仅不能实现经济的腾飞，还会带来种种冲突、混乱和腐败。这是因为计划调节是事后调节，而对事前发生的经济活动进行事后调节很难奏效。更为重要的是，一味强调计划的严密性，必然会使经济活力窒息，僵死和无效率成为必然结果。与此同时，受计划经济体制框架内产权结构的约束，行政性分权并不能改善体系内的激励机制，反而招致混乱，结果形成了恶性循环，即一放就乱、一乱就收、一收就死，最终只得回到侧重于精神激励的老路上。而脱离物质利益的一味的精神激励不仅不能克服增长动力的衰减，反而极易使经济动力政治化，导致社会的动荡，"文化大革命"就是明证。正反两方面的事实告诫人们，在计划经济体制框架内进行改良是一种无出路的行为，市场经济体制取代计划经济体制成为历史的必然。

一旦对计划经济体制实施市场取向性的政策，反映在金融领域，就需要在宏观和微观两个层面上实现重大的变革。首先，在宏观层面上，金融的功能应从财政体系中分离出来，形成适应市场经济需要的独立的金融体系。其次，在微观层面上，金融机构不应再是政府附属的行政单位，而应成为自负盈亏、自担风险的金融企业。独立于财政的金融体系再造和对传统金融机构的企业化改造构成了金融体制改革的两大基本任务，并成为市场取向性经济体制改革的重要组成部分。

第二节
中国渐进式改革与金融体制改革的配合方式

所谓市场取向性的经济体制改革，其目标是改变原有计划体制下的经济增长的动力机制和资源配置机制。然而，这一调整和转变却面临着一个重大的问题，即确保经济的平稳有序运行。如果短期内因经济活动赖以支撑的制度性框架调整和转变幅度过大，则不利于经济的稳定，并与改革的目标相悖；如果调整和改变的幅度过小，则不足以影响整个体制框架，而于事无补，这也与改革的初衷相悖。于是，从促进经济增长和宏观经济稳定等多角度出发，寻求最佳的改革路径就成为改革战略选择的要义。

从国际经验看，苏联和东欧地区将经济体制转轨与政治体制变革紧密联系在一起，他们认为宪政规则根本性改变是转轨的核心，而经济体制改革是促使宪政规则改变的重要工具和组成部分。在这个大前提下，以快速的私有化和行政管制系统的全面放开为主旨的自由化，是加速形成理想宪政规则经济制度的最佳形式，并因此成为经济体制改革的主要目标,相应的宏观经济的稳定和发展只是兼顾目标并且是外在的。换言之,宏观经济的稳定从属于建立新的宪政规则。而在中国、越南等国家,改革以经济增长为目标,制度的变化是手段和实现方式,并不寻求宪政规则的大幅度变革,宏观经济稳定不仅是必要的,而且是内在的,并由此成为改革战略考虑的重要组成部分。在以经济建设为中心的前提下,逐渐推进经济体制改革应具有稳定的特征,其路径是价格的逐步放开,国有企业逐步转换经营机制来形成市场的主体和基础环境。这样,就形成了一种双轨制的"增量改革"方式。它由两个部分组成:第一,作为计划经济基础的国有经济(存量部分)仍然按照命令经济的规则运转;第二,新成长起来的民营经济成分虽然仍在不同程度上依附或隶属于基层政府,但其供产销规则大体上是市场导向的。

以双轨制为代表的渐进式改革对中国的体制转轨和经济平稳发展起到了良好的推进作用。它的好处主要表现在:第一,保持了仍是国民经济主体部分的国有经济的稳定,使国家经济生活不致发生大的波动,为改革推进创造了合适的环境;第二,在稳定的经济环境中逐步发展起一批具有活力的民营企业,使人民群众和广大干部从切身利益中直接感受到改革的成效;第三,通过示范效应和竞争压力,促进原国有部门进行改革。总之,渐进式改革使得存量国有经济和增量非国有经济之间的发展相互促进,创造了一条在推进市场化改革的同时保持经济增长和社会稳定的独有路径。

体现在金融方面,计划经济体制和市场经济体制下的金融安排是不同的。在计划经济体制下,所有的经济活动都是计划指令性的,企业不关心生产什么、生产多少、如何生产,只关心上级的命令,此时,企业成了附属于政府的一个生产单位。在中国,20世纪80年代的工厂都不是真正意义上的企业,没有独立核算、自负盈亏和承担风险的能力,而为了组织生产的方便,企业里存在与政府平行的行政级别,所有生产活动都是计划性的。因此,在计划经济体制下,经济运行呈现出财政主导性特征。而在市场经济环境下,经济活动取决于竞争性市场的价格信号,价格既包括商品价格也包括要素价格,企业家组织生产,通过产品和劳务来实现财务目标。在要素组合过程中,所有要素都是面向未来的,而未来会产生不确定性,所以金融活动在这种环境下产生,经济运行呈现出金融主导性特征。由此可以理解,1978年以前中国事实上没有真正意义上的金融机构,只有中国人民银行,而中国人民银行的主要职能之一是料理国库。这种体制下当然也不会有商业银行,所有的金融活动都表现为财政特征。为此,在从计划经济向市场经济转轨的过程中,中国金融改革的目标和任务,宏观上表现为建立独立的金融体系,微观上表现为对金融机构进行企业化改造,打造真正的金融机构。如何配合经济体制改革进程,有序协调推进金融体制改革,并在各个阶段推行不同的政策安排,配合当时的体制改革和经济发展,成为中国金融改革的核心内容和重要特点。

在支持经济发展和保持宏观经济稳定的约束下,中国金融体制改革也同时呈现出政府主导性的渐进式特点。这集中体现在以下几个方面:

第一,从属整体改革战略的需要,金融体制改革的两项基本任务为:宏观上建立独立于传统财政体系的金融体系,微观上对原金融机构进行企业化改造。实践中,这两项任务被相对分离开来,逐一进行。其配合的方式是,当整体改革的重心在工业部门的微观层次时(企业改革),金融体制改革在宏观层次予以配合;当整体改革的重心在宏观层次时,金融体制改革则在以金融机构企业化改造为中心的微观层次予以配合。

第二,根据加速工业化、促进经济增长及稳定宏观经济条件的需要,在配合整体改革战略的同时,金融体制每一层次的改革都不是一步到位的,而是视改革和发展的进展情况来调整其推进的速度和力度。例如,在金融体制宏观层次的改革中,尤其是在改革的早期阶段,考虑到资金成本对促进资本形成的重要性,利率及汇率的控制是必要的,信贷规模、利差控制和外汇管制等行政手段依然保留。在金融体制微观层面的改革中,包括外资在内的非国有成分,无论在股权比例上,还是在机构准入上,都进行了严格的限制。

第三,出于同样的考虑,参照其他部门改革的经验,采用"双轨"的办法推进金融体制改革,即在稳定推进原有国有银行体系改革的同时,适时放开并鼓励以资本市场为代表的非银行金融市场及机构的发展。

综上所述,中国金融体制改革与整体改革相辅相成的内在联系形成了一个有机体，造就了中国改革帕累托最优改进的稳定形式，在总体渐进的同时，不排除某一局部的激进性。这也是中国金融改革的独有特点，即推进改革的同时要兼顾经济的发展和稳定，在建立市场化金融体制的过程中需要保持对经济发展的支持，从而在不同时期推行不同的政策安排，走出一条独具特色的"新兴+转轨"的金融改革之路。

第三节
中国金融体制改革的主要历程与推进路径

如前所述，在总体改革战略指导下的中国金融体制改革的推进是分阶段进行的。在改革的早期阶段，出于加速工业化和促进经济增长的需要，经济体制改革的重心是建立工业部门的现代化企业制度。首先是从原国有企业的分配制度入手，放权让利，进而承包，最终建立以产权纽带为中心的股份制企业。与之相适应，在这一阶段，金融部门的改革旨在建立独立于原有财政体系的市场取向性的金融体系，目的在于创造与企业改革相适应的外部环境。在改革的后期阶段，当工业部门现代企业制度已基本建立时，改革的重心便逐渐转移到建立并完善包括财税、社保、医疗、教育及政府行政体制方面，不仅对原金融机构的企业化改造提出了要求，同时也为其缔造了改革的外部环境。以国有商业银行为代表，以股份制改造为中心的金融机构企业化改造便不可逆转。以此为线索，从时间上看，中国金融体制改革大致可分为三个阶段，即：1978—2003年，宏观层面的金融体制改革；2003—2008年，微观层面的金融体制改革；2008年以来对金融体制和市场的进一步改革与深化。

第一阶段（1978—2003年），建立独立于财政的市场取向的金融体系。

1978年以前，我国实行高度集中的计划经济体制，在这一体制下，金融活动从属于财政活动，中国人民银行附属于财政，金融活动与财政活动合为一体，金融业务与金融机构高度一元化，在这个"大一统"的金融体系中，只有中国人民银行一家金融机构。中国人民银行既承担国家职能，也从事日常商业性金融业务，具有政府机关和企业的双重性质。而随着市场取向性经济体制改革的展开和深化，原有的高度一体的财政金融体制开始出现革命性的变化：

第一，中央银行和商业银行的典型双层银行体系开始形成并确立。1983年9月，国务院决定由中国人民银行单一行使中央银行职责，1984年1月1日，中国人民银行的营业性业务被分离出来组建中国工商银行，中国工商银行与此前恢复或新建的中国银行、中国人民建设银行和中国农业银行一同开始形成中国专业银行体系，面向企业和居民提供商业性金融服务。以此为开始，中国人民银行开始具备中央银行的功能，专注于宏观调控、金融监管和为银行提供支付清算服务等，成为银行的银行。与此相适应，财政对国有企业不再拨款，改为由银行贷款（拨改贷）。至此，金融的功能与财政的功能得到初步分离，独立于财政的金融体系初见端倪。

分业经营、分业监管的金融体系开始形成并确立。在建立双层银行体系的基础上，20世纪80年代中期，在发展和壮大四大国有专业银行的同时，借鉴其他部门"双轨"的改革经验，一方面，允许国有法人股份制或地方性银行机构的发展；另一方面，采取试验的办法，鼓励诸如信托、保险、证券等非银行金融机构的发展。这不仅丰富了传统银行的层次，而且因非银行金融机构的出现和发展，初步形成了金融体系，并由于这一体系的形成，中国人民银行开始具备监管职能，随后又逐步成立了专门的监管机构。

专 栏 一

中国人民银行的历史沿革与中央银行体系的建立

中国人民银行的历史渊源，可以追溯到第二次国内革命战争时期。1931年11月，在江西瑞金召开的"全国苏维埃第一次代表大会"上，通过决议成立"中华苏维埃共和国国家银行"（简称"苏维埃国家银行"），并发行货币。从土地革命、抗日战争时期一直到新中国成立前夕，各根据地建立了相对独立、分散管理的根据地银行,并各自发行在本根据地内流通的货币。1948年12月1日,以华北银行为基础,合并北海银行、西北农民银行,在河北省石家庄市组建了中国人民银行,并发行人民币,中国人民银行成为新中国成立后的中央银行,人民币成为法定本位币。

中国人民银行成立60多年来,特别是自改革开放以来,在体制、职能、地位、作用等方面,都发生了巨大而深刻的变化。

一、中国人民银行的创建与国家银行体系的建立(1948—1952年)

1948年12月1日,中国人民银行在河北省石家庄市宣布成立,1949年2月由石家庄市迁入北平。1949年9月,中国人民政治协商会议通过《中华人民共和国中央人民政府组织法》,把中国人民银行纳入政务院的直属单位系列,接受财政经济委员会指导,与财政部保持密切联系,赋予其国家银行职能,承担发行国家货币、经理国家金库、管理国家金融、稳定金融市场、支持经济恢复和国家重建的任务。

在国民经济恢复时期,中国人民银行在中央人民政府的统一领导下,着手建立统一的国家银行体系:一是建立独立统一的货币体系,使人民币成为境内流通的本位币,与各经济部门协同治理通货膨胀;二是迅速普建分支机构,形成国家银行体系,接管官僚资本银行,整顿私营金融业;三是实行金融管理,疏导游资,打击金银外币黑市,取消在华外商银行的特权,禁止外国货币流通,统一管理外汇;四是开展存款、放款、汇兑和外汇业务,促进城乡物资交流,为迎接经济建设做准备。

二、计划经济体制时期的国家银行(1953—1978年)

在统一的计划体制下,自上而下的人民银行体制,成为国家吸收、动员、集中和分配信贷资金的基本手段。随着社会主义改造步伐的加快,私营金融业纳入公私合营银行轨道,形成了集中统一的金融体制,中国人民银行作为国家金融管理和货币发行的机构,既是管理金融的国家机关,又是全面经营银行业务的国家银行。

为与高度集中的银行体制相适应,从1953年开始,建立了集中统一的综合信贷计划管理体制，即全国的信贷资金，不论是资金来源还是资金运用，都由中国人民银行总行统一掌握，实行"统存统贷"的管理办法，银行信贷计划纳入国家经济计划，成为国家管理经济的重要手段。高度集中的国家银行体制，为大规模的经济建设进行全面的金融监督和服务，并逐渐形成了长期资金归财政、短期资金归银行，无偿资金归财政、有偿资金归银行，定额资金归财政、超定额资金归银行的体制。

三、从国家银行过渡到中央银行体制（1979—1992年）

1979年1月，为了加强对农村经济的扶植，我国恢复了中国农业银行；同年3月，为适应对外开放和国际金融业务发展的新形势，改革了中国银行的体制，中国银行成为国家指定的外汇专业银行；同时设立了国家外汇管理局；之后，又恢复了国内保险业务，重新建立了中国人民保险公司；各地还相继组建了信托投资公司和城市信用合作社，出现了金融机构多元化和金融业务多样化的局面。

随着经济的日益发展和金融机构的增加，迫切需要加强金融业的统一管理和综合协调，由中国人民银行来专门承担中央银行的职责，成为完善金融体制、更好发展金融业的紧迫议题。1982年7月，国务院批转中国人民银行的报告，进一步强调"中国人民银行是我国的中央银行，是国务院领导下统一管理全国金融的国家机关"，以此为起点，开始了组建专门的中央银行体制的准备工作。

1983年9月17日，国务院作出决定，由中国人民银行专门行使中央银行的职能，并具体规定了中国人民银行的10项职责。从1984年1月1日起，中国人民银行开始专门行使中央银行的职能，集中力量研究和实施全国金融的宏观决策，加强信贷总量的控制和金融机构的资金调节，以保持货币稳定；同时，新设中国工商银行，中国人民银行过去承担的工商信贷和储蓄业务由中国工商银行专业经营；中国人民银行分支行的业务实行垂直领导；建立存款准备金制度和中央银行对专业银行的贷款制度，初步确定了中央银行制度的基本框架。

四、逐步强化和完善现代中央银行制度（1993年至今）

1993年，按照国务院《国务院关于金融体制改革的决定》，中国人民银行进一步强化金融调控、金融监管和金融服务职责，划转政策性业务和商业银行业务。

1995年3月18日，全国人民代表大会通过了《中华人民共和国中国人民银行法》，首次以国家立法的形式确立了中国人民银行作为中央银行的地位，标志着中央银行体制走向了法制化、规范化的轨道，是中央银行制度建设的重要里程碑。

1998年，按照全国金融工作会议的部署，改革中国人民银行管理体制，撤销省级分行，设立跨省区分行，同时，成立中国人民银行系统党委，对党的关系实行垂直领导，干部垂直管理。

2003年，按照党的十六届二中全会审议通过的《关于深化行政管理体制和机构改革的意见》和十届人大一次会议批准的国务院机构改革方案，将中国人民银行对银行、金融资产管理公司、信托投资公司及其他存款类金融机构的监管职能分离出来，并和中央金融工委的相关职能进行整合，成立中国银行业监督管理委员会。

有关金融监管职责调整后，中国人民银行新的职能正式表述为"制定和执行货币政策、维护金融稳定、提供金融服务"。同时，明确界定："中国人民银行为国务院组成部门，是中华人民共和国的中央银行，是在国务院领导下制定和执行货币政策、维护金融稳定、提供金融服务的宏观调控部门。"

资料来源：中国人民银行网站 http：//www.pbc.gov.cn/rmyh/105226/105433/index.html

第二，推进专业银行向商业银行转变。20世纪90年代上半期和中期，以党的十四大和十四届三中全会为依据，金融改革与建立社会主义市场经济基本框架平行发展，主要特征就是建立符合市场经济的金融市场和组织结构的基本框架。

1993年，党的十四届三中全会和国务院《国务院关于金融体制改革的决定》提出"建立在国务院领导下，独立执行货币政策的中央银行宏观调控体系；建立政策性金融与商业性金融分离，以国有商业银行为主体、多种金融机构并存的金融组织体系；建立统一开放、有序竞争、严格管理的金融市场体系"的目标。当时，中国工商银行、中国农业银行、中国银行、中国人民建设银行四大行仍是专业银行，分别服务于工商业、农业、国际业务和项目建设等行业或领域，相互之间没有充分的竞争。同时，四大行也仍然负责自己领域内的政策性业务，这影响了国有银行的商业化运作，不利于社会主义市场经济下市场主体作用的发挥。为此，国家决定建立以国有商业银行为主体的金融体系，同时决定成立三家政策性银行，即国家开发银行、中国进出口银行、中国农业发展银行，专门承担政策性服务，四大行只承担商业性业务，同时，四大行不再按专业领域划分业务，相互之间可以展开竞争，以便提升服务质量。1995年7月，《中华人民共和国商业银行法》正式颁布实施，从法律上明确了中国工商银行、中国农业银行、中国银行、中国人民建设银行四家银行是实行"自主经营、自担风险、自负盈亏、自我约束"的国有独资商业银行。1995年颁布的《中华人民共和国中国人民银行法》，以国家立法的形式确立了中国人民银行的中央银行地位。

第三，建立证券交易所，发展资本市场，并推出分业监管体系。1990年，上海、深圳证券交易所成立，中国人民银行颁布《证券公司管理暂行办法》，明确提出证券公司是专门经营证券业务的金融机构，金融业分业经营的雏形开始出现。随着非银行金融机构数量的增多、规模的扩大，监管的重要性日益凸显。为了控制多层次金融体各业态之间的风险传递，1993年，分业监管作为原则明确写入国务院的有关文件，证监会随后成立。1998年、2003年中国保监会和银监会先后成立，标志着作为中央银行的中国人民银行不再承担监管的职能，而专门负责金融宏观调控、实施货币政策和维护金融稳定。此时，中国分业经营、分业监管的金融体制最终确立。

第四，金融市场开始发育并丰富化。随着包括银行和非银行金融机构的出现和发展，金融市场也开始发育。根据观察，以20世纪90年代为分界线，中国金融市场发育出现了质的飞跃。90年代之前，金融市场基本处于自发状态，不仅市场分割严重，而且交易极不规范。90年代以后，以上海、深圳证券交易所的成立为标志，自发的区域性市场开始成为规范统一的全国性市场，并日益丰富化，包括证券、期货、外汇资金和贵金属等在内的专业市场不断发展。1998年《中华人民共和国证券法》颁布，相关法规体系和会计规则日益完善，上市公司数量快速增长，二级市场交易日趋活跃，股票市场得到较快发展。

第五，应对亚洲金融危机冲击并推进相关改革。1997年，泰国率先爆发金融危机，随后危机迅速蔓延到东南亚和韩国等地区，对中国也产生了持续多年的影响。在此期间，中国金融系统的主要任务是整改和稳定。当时我国处于社会主义市场经济的早期阶段，金融领域存在许多混乱的情况，比如会计标准没有建立、商业银行贷款分类方法不科学、财务纪律不规范、银行资本金不足等，在亚洲金融危机的冲击下一些金融机构经营困难，部分机构破产倒闭，最典型的案例是海南发展银行的倒闭和广国投的破产。在此期间，国家对金融秩序进行了有效的治理和整顿，以稳定局面。同时，也顺应金融运行的需要，对金融体系的组织机构进行调整，建立了金融机构的垂直管理体系和统一法人制度，调整了中央与地方之间的管理关系。

第二阶段（2003—2008年），以国有银行股份制改造为代表的金融机构微观机制再造。

进入21世纪，中国金融体系的基本成型，标志着金融体制改革的第一项任务，即独立于财政的市场取向金融体系已基本完成。但是，金融体系的微观基础总体上依然是非市场化或半市场化的，其明显的特点就是金融机构还不是经营货币的企业。在此前的改革中，以国有银行为代表的金融机构虽然也进行过改革的努力，例如，将多级法人制改为一级法人制，将"一逾两呆"改为五级分类，成立了专门针对银行呆坏账的不良资产管理公司，同时也相应地进行了坏账剥离和资本金注入，但是，相对于其他部门而言，其微观基础再造还是明显滞后，最突出的一点就是没有建立以产权为纽带的现代企业制度，其治理结构依然雷同于政府机构，其经营理念仍是传统计划的，而不是基于市场竞争的，由此决定了金融机构没有自担风险的机制，无法自负盈亏。这在四大国有专业银行身上体现得比较突出，主要表现为：一是不良贷款率过高，如2003年底，四大国有商业银行的不良贷款率达到20.4%；二是资本金不足，如2003年底，中国农业银行的资本充足率估计仅为4%；三是经营效率低下，中国银行业的成本收入比远远高于国际平均水平，员工和分支机构的创利能力差;四是风险审核系统和风险管理系统技术落后,制约了银行开拓高回报的业务渠道;五是信息科技落后,主要表现为数据处理中心互不兼容,不同银行间不能有效处理及共享信息资源。

金融体系微观基础再造滞后,除金融机构内部因素影响外,更重要的是由于中国经济体制渐进式改革的特点所致。在改革的早期阶段,国有工业企业是改革的重心,为支持这一改革,金融机构承担了外部稳定器的作用,主要发挥融资渠道的功能,而现代金融机构的风险管理功能则被漠视。因此,金融体系承担了整体改革相当大的成本,支持和援助改革的进行。据2002年国有专业银行清产核资时的初步统计,80%不良贷款形成的原因在于国有企业或国家政策,只有20%的不良贷款是由银行本身的原因造成的。在金融体系支持和援助整体经济体制改革的前提下,金融机构既无动力也无必要进行企业化改造。

然而,进入21世纪,金融体系非市场化或半市场化的微观基础已难以维持。一方面,高不良贷款率和低资本充足率使银行陷入资不抵债的境地,亚洲金融危机的发生更使得中国的金融风险引起人们的重点关注;另一方面,中国金融业也面临着加入WTO后竞争趋于激烈化的挑战,根据入世协议,中国将在5年内向外国商业银行全面开放中国市场。面对国内金融机构的窘境和加入WTO后外资金融机构竞争的威胁,中国必须开始对金融机构进行企业化改造,使之尽快成为真正的市场主体。中国金融体制改革由此进入微观基础再造即金融机构企业化改造的新阶段。

2004年1月1日,以中央汇金公司成立并向中国银行和中国建设银行各注资225亿美元为标志,拉开了专业银行企业化改造的大幕。与过去的改革相比较,此次改革是从产权结构调整入手,重塑银行内部流程,再造机制,把银行真正办成经营货币的企业。在这一总目标的统领下,有三个相对独立又相互关联的分目标呈现出来:

第一,以清理银行资产负债表为契机,重塑国家资本与银行的关系。其核心环节是建立有限责任机制,即国家通过中央汇金公司行使出资人权利,并以出资额为限承担有限责任。自此,国家不再对银行的经营好坏承担无限责任,银行的经营业绩由银行负责,自担风险。鉴于当时国有专业银行资不抵债的状况,并考虑到形成这一局面的政策原因，这一有限责任关系的建立是通过国家向商业银行注资并承担剥离坏账进行的。

第二，以股份制改造为契机形成良好的公司治理结构。通过剥离国有银行坏账，向银行注资建立符合商业银行经营要求的健康的资产负债表，不仅一次厘清了国家与银行的关系，而且使银行有了可供商业化经营的基础。但是，这不能保证注资和剥离坏账就是最后的晚餐，因为尚未形成自担风险、自负盈亏的机制，为此就要从调整产权结构入手，进行股份制改造，以建立良好的公司治理结构。具体的措施是引进国内外战略投资者，建立董事会并由董事会聘任管理层，通过在海内外市场的公开上市，以加强对市场纪律的约束，保证银行沿着商业化轨道谨慎运营。以2005年中国建设银行率先上市为起点，此后中国银行、中国工商银行、中国农业银行先后完成上市，至2012年光大银行上市，标志着这一过程正式完成。

第三，推进商业银行的流程再造和业务重组，提升市场竞争力。在进行财务重组和股份制改造的同时，加快推进商业银行的业务流程再造，建立面向市场的经营管理体系。原先银行的流程和机构设置行政化程度较高，主要仿照政府机构的架构设计，对于客户和业务流程的支持性都不够。在此轮改革中，各银行按照商业化机构的要求，对自身的业务与机构设置进行调整，建立了前、中、后台相分离的管理体系和业务流程，搭建全面风险管理体系，提升信贷管理能力与管控质量，建立和完善内控机制，加强风险防控，开展人力资源提升工作，构建市场化的人才体系，并加大IT投入，提升信息科技实力。自此，商业银行建立了不同于政府机构的市场化的经营管理体系，经营实力大大增强。

专　栏　二

中国银行业发展概况

银行业是我国金融体系的主体。截至2016年底，我国银行业共有法人机构4399家，从业人员409万人。我国银行业金融机构包括1家国家开发银行、2家政策性银行、5家大型商业银行、12家股份制商业银行、134家城市商业银行、

1114家农村商业银行、8家民营银行、40家农村合作银行、1125家农村信用社、1家邮政储蓄银行、4家金融资产管理公司、39家外资法人金融机构、1家中德住房储蓄银行、68家信托公司、236家企业集团财务公司、56家金融租赁公司、5家货币经纪公司、25家汽车金融公司、18家消费金融公司、1443家村镇银行、13家贷款公司以及48家农村资金互助社。伴随着中国经济的持续增长,我国银行业也取得了飞速的发展,经营实力不断增强。根据英国《银行家》杂志公布的2016年全球1000家大银行排行榜,共有119家中资银行入围,其中17家中资银行跻身前100名,4家银行进入前10名,中国工商银行连续四年蝉联榜首。

一、资产负债情况

截至2016年底,银行业金融机构资产总额为2323000亿元,是2003年的8.4倍,年均增长17.8%;负债总额为2145000亿元,是2003年的8.1倍,年均增长17.4%。从机构类型看,资产规模较大的依次为:大型商业银行、股份制商业银行、农村中小金融机构和城市商业银行,占银行业金融机构资产的份额分别为37.3%、18.7%、12.2%和12.9%。

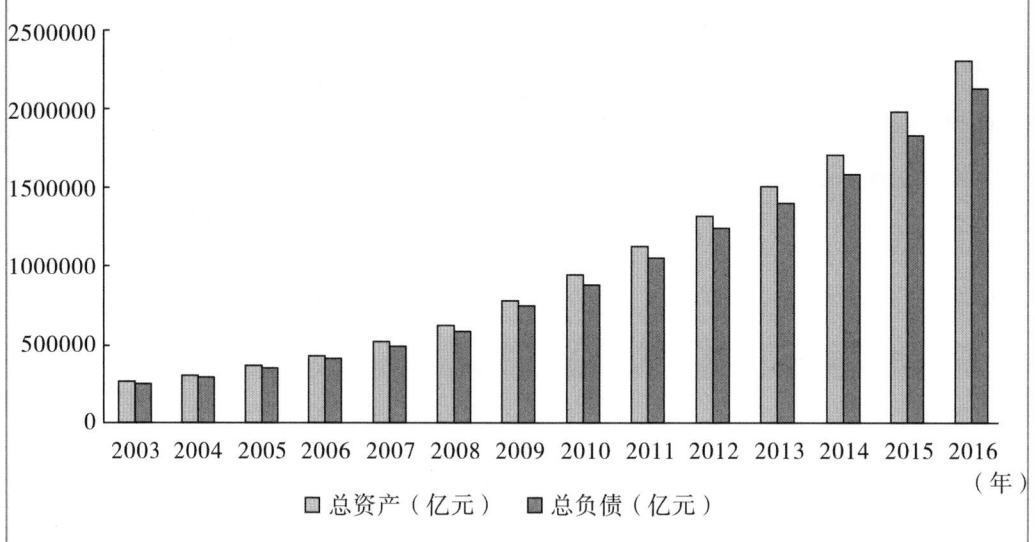

图1-1 中国银行业金融机构资产负债总量(2003—2016年)

二、存贷款情况

截至 2016 年底,银行业金融机构本外币各项存款余额为 1555000 亿元,是 2003 年的 7.1 倍,年均增长 16.2%。其中储蓄存款 607000 亿元,是 2003 年的 5.5 倍,年均增长 14%。本外币各项贷款余额为 1121000 亿元,是 2003 年的 6.6 倍,年均增长 15.6%;其中短期贷款余额为 371000 亿元,中长期贷款余额为 634000 亿元,分别是 2003 年的 4.2 倍、9.4 倍。

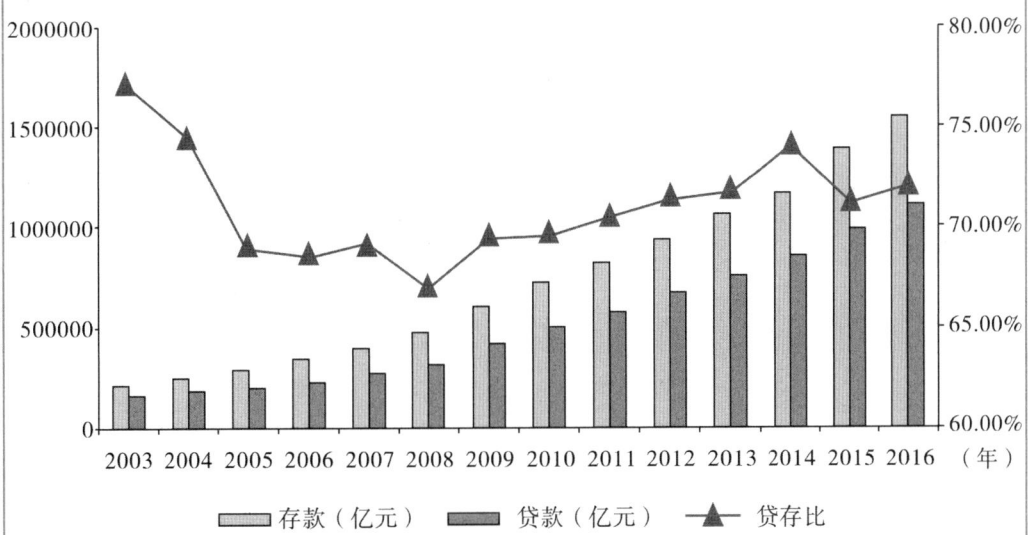

图 1-2 银行业金融机构存贷款余额(2003—2016 年)

三、资本充足率情况

自 2013 年起,我国商业银行开始正式执行《商业银行资本管理办法(试行)》。截至 2016 年底,商业银行核心一级资本充足率为 10.75%,一级资本充足率为 11.25%,资本充足率为 13.28%,杠杆率为 6.25%。

四、资产质量与风险抵补能力

截至 2016 年底,商业银行不良贷款余额为 15100 亿元,不良贷款率为 1.74%;损失准备金余额为 26700 亿元,拨备覆盖率为 176.40%,贷款拨备率为 3.08%。

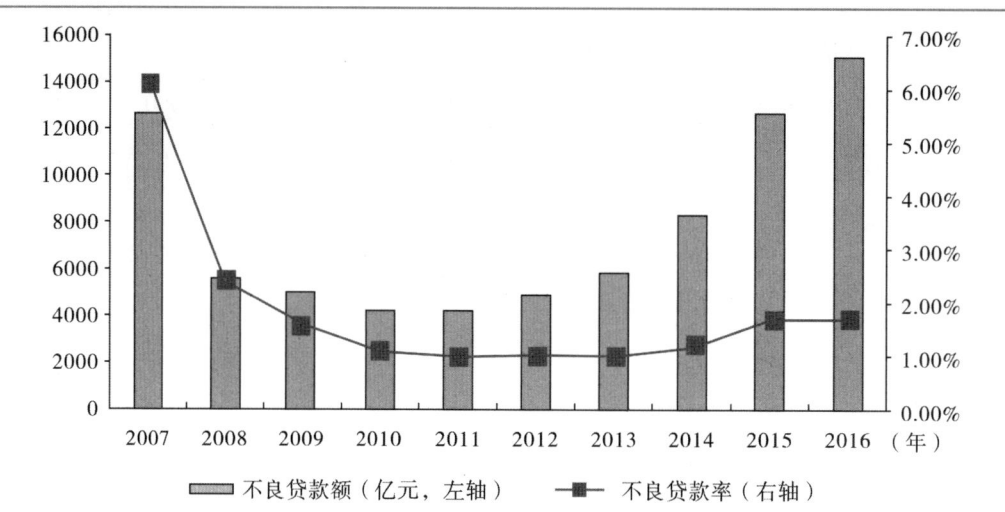

图1-3 商业银行不良贷款额与不良贷款率（2007—2016年）

五、净利润情况

2016年，银行业金融机构实现净利润21000亿元，是2007年的4.7倍，年均增长18.76%，其中商业银行实现净利润16500亿元。银行业金融机构平均资本利润率为12.61%，平均资产利润率为0.96%，其中商业银行平均资本利润率为13.88%，平均资产利润率为0.98%。

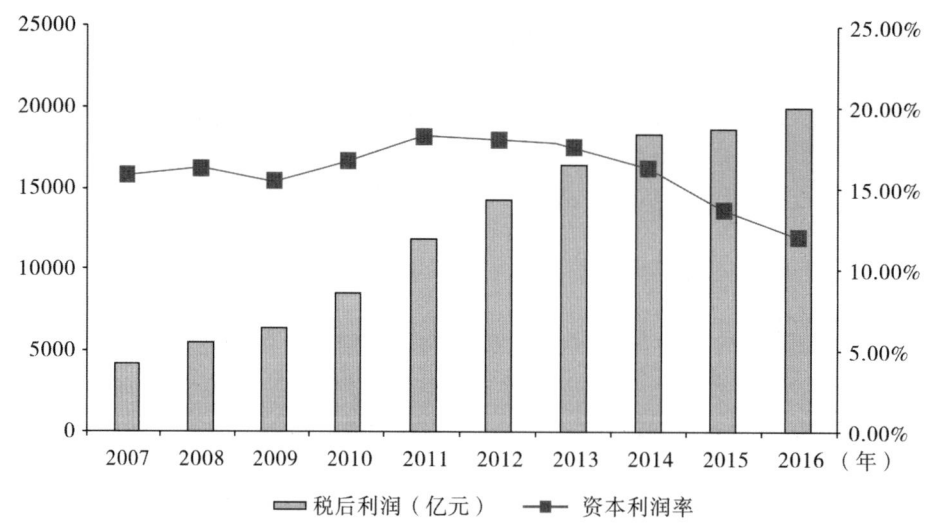

图1-4 银行业金融机构税后利润与资本利润率（2007—2016年）

资料来源：中国银行业监督管理委员会网站http://www.cbrc.gov.cn及中国银监会2016年报。

第四,以银监会成立为契机,实现行政与监管的分离,建立独立于政府行政权的第三方专业监管,强化外部监管。长期以来,国有专业银行作为政府行政的附属机构,对其金融业务的监管自然由行政代行,以行政替代监管。监管质量不高一直是中国金融体系的一大弊端。2003年,中国银监会成立,强化以资产负债和资本充足率为主要内容的商业银行专业监管,这有助于银行风险管理水平的提高,相应地提高了银行的资产质量和经营水平。

第五,以规范化和专业化为目标,推进其他各类金融机构和金融市场的改革与健康发展。除了银行体系,我国的证券和保险市场也存在许多不规范的情况,积累了许多问题,比如证券市场波动大、上市公司质量不高、市场运行不够规范、保险公司普遍面临利差损等。为此,国家对这些金融机构进行了同步的改造和提升,一是按照现代企业制度建立公司治理结构,提升透明度,并推动经营情况较好的金融机构上市,提升财务实力,加强财务和风险管理。二是推动农村信用社改革,采用类似大型国有银行改革的办法,进行合并和重整,增加资本金,完善公司治理。三是推动股权分置改革,2005年彻底解决了困扰股市多年的法人股不能流通的根本性问题,为股票市场的长远健康发展奠定了基础。

以上金融改革基本任务的完成,既使独立的金融体系和金融机构企业化改造相对分离、分别进行,又使其本身呈现出渐进的特点。这一独特的金融体制改革安排既满足了整体改革平稳推进的需要,同时也创造了自身改革的条件。随着金融体制改革的持续推进,适合于中国经济运行和发展的完整的金融体制已开始显现:

在政府行政层面,表现为中国人民银行充当中央银行的角色,其目标是保持人民币的币值稳定,使用货币供应量、利率、汇率等货币政策工具,促进经济健康持续发展。

在专业监管层面,表现为金融监管机构即银监会、证监会、保监会分别行使分业监管的职能,其目标是按照金融机构的类型进行功能监管,使用金融许可证、高级管理人员任职资格及其他专业监管措施工具,保障金融机构的合理合法运营。

在金融机构层面,银行、证券公司、保险公司、财务公司、信托公司、基金公司等金融机构组成,其目标是成为股东利益最大化的营利机构,使用的工具就是以风险控制为中心的商业化运营体系。

综上所述，经过这一阶段的金融改革与发展，与典型的市场经济金融体系相比，中国金融体系已基本健全，不仅有完善的货币政策和监管体系，而且有类型各异、扮演不同角色的银行金融机构和非银行金融机构。更为重要的是，随着这些机构逐渐走上市场化、专业化的运行轨道，市场机制逐渐开始在生产要素配置方面发挥基础性作用，中国金融由此掀开新的一页。

专栏三

中国的金融监管体系

目前，我国金融机构体系是以中国人民银行、银监会、保监会、证监会为监管主体，以银行金融机构及非银行金融机构为监管对象的金融机构体系。

我国金融业实行分业经营、分业监管，中国人民银行、银监会、证监会和保监会分别监管银行业、证券业和保险业。2017年第五次全国金融工作会议提出设立国务院金融稳定发展委员会，进一步加强对金融监管的统筹协调，加强风险防范，补齐监管短板。

一、中国人民银行的金融稳定与宏观审慎监管

1983年9月，中国人民银行剥离商业银行业务，专门行使中央银行职能。中国人民银行的主要职责是金融监管与货币政策。实行总分行制，其分支机构按照总行的授权，负责本辖区的金融调控和货币政策的执行。在总行和分支机构之间，银行业务和人事干部实行垂直领导、统一管理，地方政府需保证和监督央行贯彻执行国家的方针政策，但不能干预央行的职责。国家外汇管理局是中国人民银行代管的国务院直属局，代表国家行使外汇管理职能。

二、银监会与银行业监管

根据十届人大一次会议通过的《关于国务院机构改革方案的决定》，国务院决定设立银监会，2003年4月28日，银监会正式挂牌。银监会的成立，标志着银行监管工作进入了一个新的阶段，有利于银行业监管水平的提高。同时，将银行监管职能从中国人民银行中分离出来，有利于中国人民银行履行宏观调控职

能,更好地执行货币政策。

银监会整合了中国人民银行对银行、资产管理公司、信托投资公司及其他存款类金融机构的监管职能。作为国务院直属的正部级事业单位,银监会将根据授权,统一监督管理商业银行、政策性银行、信托公司、农村合作金融机构、金融资产管理公司、金融租赁公司、企业集团财务公司、汽车金融公司和货币经纪公司等金融机构。银监会既要防范银行业的系统性风险,也要防范个别银行机构的非系统性风险,其主要职责包括:制定银行业监管的规章制度和办法,统一编制并按规定公布全国银行业数据、报表,通过各种手段监管和审批各个银行机构及其分支机构的准入、业务与高级管理人员的任职资格;等等。

三、证监会与证券市场监管

1992年10月,国务院证券委员会和中国证券监督管理委员会(简称"证监会")宣告成立,标志着中国证券市场统一监管体制开始形成。1997年11月,中央召开全国金融工作会议,决定对全国证券管理体制进行改革,将原由中国人民银行监管的证券经营机构划归证监会统一监管。1998年4月,根据国务院机构改革方案,决定将国务院证券委员会与证监会合并。经过这些改革,基本形成了集中统一的全国证券监管体制。1999年7月1日,《中华人民共和国证券法》正式实施。

2004年8月修订的《中华人民共和国证券法》规定,证监会的职责是依法对证券市场实行监督管理,维护证券市场秩序,保障其合法运行。主要包括:依法制定有关证券市场监督管理的规章、规则,并依法行使审批或者核准权;依法对证券的发行、交易、登记、托管、结算进行监督管理;依法对证券发行人、上市公司、证券交易所、证券公司以及中介公司等机构的证券业务活动进行监督管理;依法制定从事证券业务人员的资格标准和行为准则,并监督实施;依法监督检查证券发行和交易的信息公开情况;依法对违反证券市场监督管理法律、行政法规的行为进行查处;等等。

四、保监会与保险行业监管

保监会于1998年11月成立,是全国商业保险机构的主管部门,为国务院直属正部级事业单位。1995年我国颁布了《中华人民共和国保险法》。

2009年2月修订的《中华人民共和国保险法》规定，保监会的职责是对保险业实施监督管理，维护保险市场秩序，保护投保人、被保险人和受益人的合法权益。主要包括：拟定保险业规章制度和发展方针政策，制定行业发展战略和规划；审批监管保险公司、保险代理公司等保险中介机构及其分支机构的设立、分立、经营变更、解散以及破产清算等；审批境外保险机构代表处的设立和境内保险机构和非保险机构在境外设立保险机构；会同有关部门审批保险资产管理公司的设立；制定保险从业人员的基本资格标准；审批各类险种的保险条款和保险费率；监管保险公司的偿付能力和市场行为；负责统一编制并按规定公布全国保险业的数据、报表，并按照国家有关规定予以发布；制定保险行业信息化标准；建立保险风险评价、预警和监控体系，跟踪分析、监测、预测保险市场运行状况等。

五、国务院金融稳定发展委员会与监管统筹协调

2017年7月，第五次全国金融工作会议提出设立国务院金融稳定发展委员会，作为国务院统筹协调金融稳定和改革发展重大问题的议事协调机构。2017年11月，国务院金融稳定发展委员会召开第一次全体会议，学习贯彻党的十九大精神，研究部署相关工作。国务院金融稳定发展委员会的主要职责是：落实党中央、国务院关于金融工作的决策部署；审议金融业改革发展重大规划；统筹金融改革发展与监管，协调货币政策与金融监管相关事项，统筹协调金融监管重大事项，协调金融政策与相关财政政策、产业政策等；分析研判国际国内金融形势，做好国际金融风险应对，研究系统性金融风险防范处置和维护金融稳定重大政策；指导地方金融改革发展与监管，对金融管理部门和地方政府进行业务监督和履职问责等。

第三阶段（2008年至今），应对国际金融危机挑战，并构建市场化、国际化的现代金融体系。

第一，建立宏观审慎管理框架，有效应对国际金融危机。在基本完成对国有银行的股份制改造、金融市场发展的微观机制即将成型之时，以次贷危机为导火索的国际金融危机爆发，引发全球金融市场的大幅动荡。中国的金融改革和发展也直面这一大冲击，中国必须主动采取行动以提升风险防范与应对能力，应对全球金融的挑战，并配合国家在此期间推出的一揽子经济刺激计划，主要表现在宏观政策和一些结构性的金融支持政策方面。经过对国有银行的改制之后，我国金融机构的实力大大提升，财务状况明显改善，抗风险能力显著提高，这为我国成功应对2008年全球金融危机创造了有利的基础和重要的条件。同时，以应对金融危机为契机，我国也顺势推进建立与全球金融治理体系相接轨的金融监管秩序的工作，并全面构建市场化、国际化的现代金融体系。

金融危机发生后，国际金融领域改革的一项重要内容，是针对全球金融危机给宏观调控和金融体系带来的重大挑战，在金融领域开展深层次的纠正和改进。主要包括：对于引发金融危机发生的根源，比如资本不充足、杠杆率过高、衍生产品交易过多等加以纠正，对相关金融市场进行改造，特别是加强了对金融体系中自营交易部门杠杆率的监管，增加金融稳定措施。这其中的一项重要工作是建立健全宏观审慎管理框架。在宏观方面，除了运用货币供应量、利率等具有逆周期调节效果的传统货币政策工具之外，还引入了逆周期调节的创新手段，如建立逆周期的资本缓冲制度和动态损失准备制度等。在微观方面，主要侧重于加强金融监管改革，改进原有的资本协议、杠杆率、拨备计提等监管政策和工具，提高金融机构的资本质量和资本充足率，建立与经济周期调节相适应的杠杆率要求，推进会计制度、评级机构、衍生品交易和清算体系等的改革，加强对影子银行的监管等，其目的是将这些微观层面的监管机制纳入宏观管理框架内，减缓顺周期影响，减少对经济波动的影响。中国也按此方向，加快建立和推进以宏观审慎管理框架为中心的金融体系改革，包括根据《巴塞尔协议Ⅲ》的原则制定商业银行新资本协议并推进实施，推出对金融机构的宏观审慎评估体系（MPA）等。

第二，构建市场化、国际化的现代金融体系。国际金融危机后期，国家金融改革的方向是加快推动金融业的市场化、国际化、多元化发展。党的十八届三中全会明确提出，让市场在金融资源配置中起决定性作用。显然，如何让市场在金融资源配置中起决定性作用是其中非常重要的内容，要达到这一目标，就要实现利率和汇率的市场化。

一是利率市场化。推行利率市场化改革经过了多年长期的努力，2004年，国家按照"先贷款后存款、先大额后小额、先外币后本币"的思路，开始启动利率市场化进程。在经历金融危机的短暂中断后，又开始加快推进。通过近些年的改革，国内商业银行的贷款利率已经完全放开。金融市场上的其他利率，如债券、拆借、票据和外币存贷款的利率，此前都已完全放开，2015年中国人民银行取消了存款利率的上限管理，国家对利率的管理已经全面放开。应该说，放开各项存贷款利率仅仅是利率市场化的第一步，更长远的目标是"形得成，调得了"，这要求金融市场进一步发展完善，通过竞争形成代表市场水平的均衡利率，并打通货币市场、信贷市场和资本市场，形成我国的收益率曲线。央行通过对货币市场的操作和引导，调控利率水平，并通过对金融机构资产负债表产生影响，将货币政策的效果向远端传导。

二是汇率市场化。我国的汇率市场化改革经历了较长时期。早在1994年，我国就进行了双轨合一的外汇体制改革，1996年中国宣布经常项目可兑换，并开始酝酿逐步实现资本项目可兑换，但当时条件尚不成熟，随后又遇到了亚洲金融危机，汇率体制改革一度被搁置。党的十六届三中全会确定了人民币汇率体制改革的总体目标，即建立健全以市场供求为基础的、有管理的浮动汇率制度，使人民币汇率在合理均衡的水平上保持基本稳定。按照这一要求，我国于2005年推进汇率体制改革，开始实行以市场供求为基础、参考一篮子货币进行调节、有管理的浮动汇率制度。经过2007年、2012年和2014年的三次调整，人民币兑美元交易价每天浮动幅度由3‰逐步扩大至2%，同时，中国人民银行逐步退出常态化的外汇干预。新的汇率体制要求人民币汇率更充分地反映经济基本面，其中一个重要内容就是要反映国际经常项目收支的平衡情况，即汇率主要由外汇市场的供求关系决定。随着人民币加入SDR（特别提款权），成为国际储备货币，人民币的汇率也需要有更广泛的代表性，因此，2015年8月以来，国家进一步改革人民币汇率形成机制，形成"收盘价+一篮子汇率+逆周期因子"的定价机制。

三是金融市场开放和人民币国际化。经过多年的发展，我国的金融体系市场化程度更高、更健全，金融运行健康稳定，为加快金融市场开放和国际化的步伐创造了有利条件。近年来，金融领域的国际化进展发展较快，一是在2014年、2016年和2017年先后推出了沪港通、深港通和债券通，实现了上海证券交易所和香港联交所的互联互通；二是人民币国际化势头加快、人民币资本项目可兑换加快推进、人民币离岸市场快速发展、金融机构国际化发展步伐加快。2015年11月，人民币正式加入国际货币基金组织的特别提款权（SDR），成为国际主要储备货币之一。这是国际社会对中国经济和金融领域市场化、国际化发展的重要认可。

人民币国际化成为近年来中国金融对外开放的重要领域和主要成果。人民币国际化正式起步于2008年的全球金融危机，金融危机期间西方国家金融市场一度非常疲弱，加之金融危机导致的货币不稳定，市场对美元信心不足，流动性也比较缺乏，欧元、日元的波动也比较大，所以全球金融危机对主要国际货币造成了负面影响。而中国经济仍然保持稳定和较高速度的增长，与周边国家的贸易与投资也快速发展，人民币受到了各国的欢迎。首先是韩国出于稳定的需要，主动要求和中国开展货币互换，随后陆续有20多个国家提出和中国开展货币互换，包括发达国家也参与进来。从2014年开始，中国分别与欧央行及英国、瑞士等国的央行做了货币互换安排，并在20多个国家指定了人民币清算行，进一步方便了人民币的跨境使用。

在国内金融改革顺利推进的基础上，为了进一步支持人民币国际化，我国也开始加快资本项目改革。早在1996年，我国就宣布了经常项目可兑换。在资本项目方面，还有很多项目尚不可兑换，比如股票、债券、基金等投资项下还无法开展，境内主体借入外债、外商直接投资和国内对外投资都需要事前审批。近年来，对资本项目方面的很多管理都已逐步放开。同时，金融危机后国际社会对资本项目可兑换的概念也发生了改变，资本项目放开并不意味着完全不管，事中事后可以采取为稳定跨境资本流动而推出的宏观审慎管理措施，特别是在反洗钱、反恐融资和偷逃税等方面。此外，新兴国家和发展中经济体也可以采取措施防止短期资本过度投机。我国按此理念，加快推进资本项目可兑换的基础性工作，包括开放银行间债券与外汇市场、设立上海等自贸区，更好地支持贸易与投资便利化、人民币国际化和

"一带一路"建设。

自 2008 年国际金融危机爆发以来，中国金融体系不仅经受住了金融海啸及其后续影响的冲击，而且逆流而上，出台了一大批金融改革措施。以上海自贸区为代表的金融改革试验开始推进，这既意味着中国国际收支资本项目开放和人民币全面可兑换的进程加快，更意味着中国金融市场开始与国际金融市场接轨。2016 年 10 月 1 日人民币被正式纳入 SDR，2017 年中国债券市场先后被纳入彭博和花旗全球债券指数，表明人民币已成为国际货币，中国金融市场已成为世界金融市场的重要组成部分。

专　栏　四

中国资本市场的发展成就

1990 年 12 月，上海证券交易所、深圳证券交易所开始营业，标志着集中交易的证券市场开始形成。20 多年来，中国资本市场从无到有、从小到大、从封闭到开放，取得了快速发展，基础性制度建设不断加强，建立了较为完善的法律法规、市场组织和市场监管体系，服务国民经济发展全局，成为社会主义市场经济体系的重要组成部分，在经济社会发展中发挥着越来越重要的作用。

一、股票市场的规模

截至 2016 年底，沪深两市上市公司有 3052 家。沪深两市总市值为 50.8 万亿元，居全球第二位，仅次于美国；流通市值为 39.3 万亿元，流通市值占总市值的 77.4%。沪深两市总市值占 2016 年国内生产总值（GDP）的 68.3%。

二、融资情况

直接融资，市场化配置资源是证券市场的一项重大职能。20 多年来，随着中国资本市场的发展，证券市场的融资功能得到了充分发挥，逐步改变了我国一直依赖银行直接融资的局面，推动了我国金融体系的改革和上市公司治理结构的完善。2016 年，我国 A 股市场融资额达到 13300 亿元，1992—2016 年，中国证券市场累计融资额达 88000 亿元。

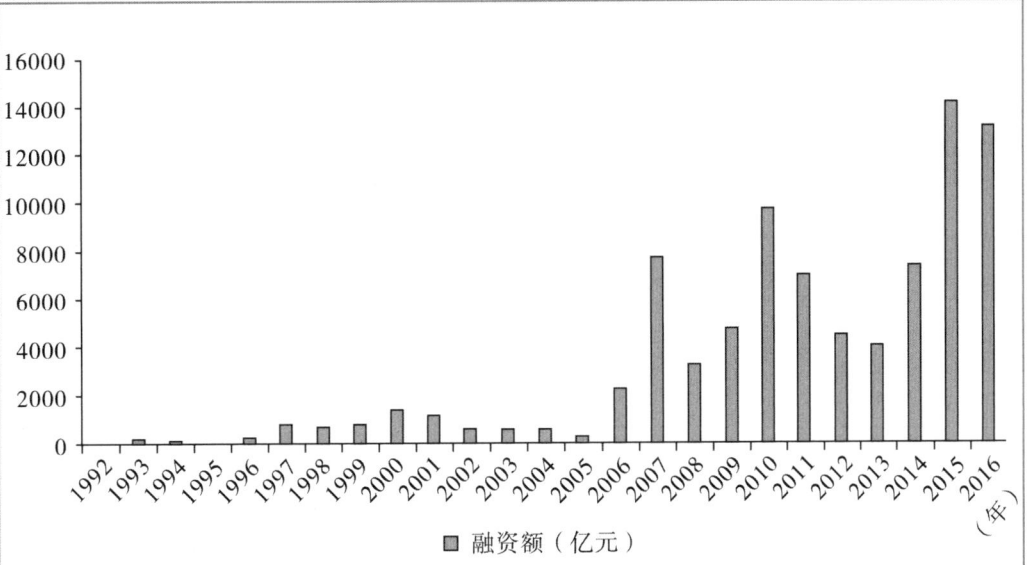

图 1-5 A股市场历年融资额（1992—2016 年）

三、上市公司情况

中国证券市场经过 20 多年的发展，境内上市公司数量从最初的"老八股"和"老五股"发展到现在超过 3000 家，增长迅速。1992—2016 年，中国上市公司由 53 家发展至 3052 家，上市公司数量在 26 年间增长了 56.6 倍。

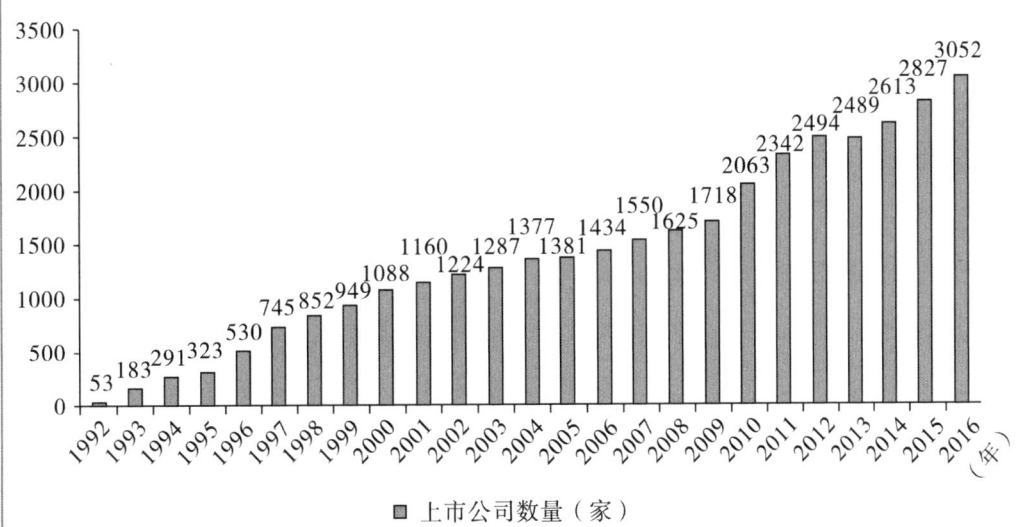

图 1-6 我国境内上市公司数量变化情况（1992—2016 年）

四、股票市场投资者情况

截至2016年底,A股投资者数量为1.17亿户,较上年增长18.47%。专业机构持有已上市流通A股市值的14.49%,同比上升0.23个百分点;自然人持有已上市流通A股市值的29.36%,同比下降0.46个百分点;一般机构持有已上市流通A股市值的56.15%,同比上升0.23个百分点。2016年,沪深两市股票总成交金额为127万亿元,是1993年的35000倍。

五、交易所债券市场的发展情况

中国于1981年7月重新开始发行国债。1982年,少量企业开始自发地向社会或企业内部集资并支付利息,最初的企业债开始出现。1987年,国务院颁布《企业债券管理暂行条例》,当年企业债总额度为30亿元,到1992年发行量近700亿元,创历史最高水平。自2000年以来,中国债券市场规模持续扩大,交易规则逐步完善,交易所债券市场的债券品种和市场规模持续增长,交易方式也进一步完善。

截至2016年底,交易所债券市场托管面值为78917亿元,同比增长97%。交易所债券市场公司债券品种有7363只,其中政府债券817只,政策性金融债2只,企业债1817只,公司债4117只,可转债17只,可交换债82只,资产支持证券511只。2016年,交易所债券市场现货成交金额51270亿元,同比增长51.15%;回购成交金额233.58万亿元,同比增长83.2%。

六、证券交易所的建设与发展

1990年成立的上海证券交易所、深圳证券交易所逐步采用了无纸化交易平台,按照价格优先、时间优先的原则,实行集中竞价交易、电脑配对、集中过户,在市场透明度和信息披露方面远远优于以往的黑市和区域性柜台交易,交易成本和风险大大降低。相应的,两家交易所的登记结算公司分别建立了无纸化存托管制度以及高度自动化的电子运行系统。为了减少价格波动,交易涨跌的幅度限制经过了多次调整,从1996年12月开始,上交所、深交所实行10%的涨跌停板制度。

随着市场的发展,上海证券交易所、深圳证券交易所的交易品种逐步增加,除股票外，还陆续增加了国债、权证、企业债、可转债、封闭式基金等，上市公司数量、总市值和流通市值、股票发行筹资额、投资者开户数、交易量等都进入了快速发展阶段。截至2015年底，上海证券交易所、深圳证券交易所的市值分别位列全球第四、第五位。

七、证券中介机构的发展情况

随着全国性证券市场的形成和扩大，证券中介机构也随之增加。1992年10月，依托中国工商银行、中国农业银行、中国人民建设银行，华夏证券股份有限公司、南方证券有限公司、国泰君安证券股份有限公司3家全国性证券公司成立。此后，证券公司数量急剧增加。这些证券公司股东的背景基本上都是银行、地方政府和有关部委，其业务包括证券承销、经纪、自营和实业投资等。此外，信托投资公司也兼营证券业务，商业银行也参与国债的承销和自营。

截至2016年底，全国共有证券公司129家，境内外上市的证券公司合计达29家。证券公司总资产为5.79亿元、净资产为1.64万亿元、注册资本为4349亿元，2016年实现净利润1234.45亿元。

八、证券投资基金的出现和发展

从1991年开始，就出现了一批投资于证券、期货、房地产等市场的基金（后统称为"老基金"）。它们依托于地方政府或银行分支机构，向公众募集资金。到1996年底，"老基金"共有78只，均为封闭式基金，总规模约66亿元，投资范围涵盖证券、房地产和资金拆借，其中房地产投资占相当大的比重，流动性比较小。有的基金在交易所挂牌交易，往往成为投机炒作的对象，给市场造成一定的混乱。1997年11月，《证券投资基金管理暂行办法》颁布，规范了证券投资基金的发展，同时开始对"老基金"进行清理。

截至2016年底，全国共有109家基金管理公司，其中有79家设立了专户子公司。基金管理公司总资产为1346亿元，净资产为974亿元，管理资产合计15.53万亿元。其中，管理公募基金规模为9.16万亿元，存续产品3873只；基金公司专户规模为5.1万亿元；受托管理全国社会保障基金规模为8621亿元；受托管理企业年金规模为4081亿元。

近年来,我国面向特定投资者提供资产管理的私募基金行业也取得了快速发展。截至 2016 年底,基金业协会登记的私募基金管理人共 17433 家,已备案私募基金 46505 只,认缴规模为 10.24 万亿元,实缴规模为 7.89 万亿元,私募基金从业人员 27.2 万人。

九、期货与衍生品市场的发展情况

1990 年 10 月,郑州粮食批发市场开业并引入期货交易机制,成为中国期货交易的开端。1992 年 10 月,深圳有色金属交易所推出中国第一个标准化期货合约——特级铝期货标准合同。1992 年 12 月,上交所向证券公司推出国债期货交易。此后,我国期货市场出现一些混乱情况,部分企业挪用资金过度投机,地下交易和欺诈时有发生。1995 年 "327 国债期货事件" 后国家进一步加强对期货市场的监管,规范交易行为,加强风险控制。1999 年我国发布《期货交易管理暂行条例》及配套管理办法,初步建立了期货市场的法规体系。2008 年 1 月,中国第一个贵金属期货品种黄金期货在上海期货交易所上市。2010 年 4 月,首个股指期货品种沪深 300 指数合约挂牌上市,在我国金融衍生品发展史上具有标志性意义。

截至 2016 年末,中国期货市场品种总数达到 52 个,其中商品期货 46 个,金融期货 5 个,金融期权 1 个。2016 年,期货市场共成交 41.38 亿手,同比增长 15.71%,成交金额为 195.63 万亿元,同比减少 64.69%。其中,商品期货累计成交 41.19 亿手,成交金额为 177.42 万亿元,同比分别增长 27.34% 和 30.17%,分别占期货市场的 99.54% 和 90.69%。

截至 2016 年底,全国共有期货公司 149 家,总资产(含客户资产)为 5439.41 亿元,注册资本为 568.90 亿元,净资产为 911.53 亿元,客户保证金为 4342.35 亿元,实现净利润 65.67 亿元。

第四节
中国金融改革的下一步

中国金融体制改革的过程,是一个不断突破旧体制,推进金融市场化和促进金融发展的过程。通过对中国金融体制改革和发展历程的回顾,我们可以看出,在向市场化现代金融体系迈进的过程中,各个阶段的目标、政策和举措相互配合、协调推进,体现出"新兴+转轨"的重要特征:第一,在转轨的早期,首要目标是建立独立于财政体系的金融体系,以适应市场经济的发展需要。在此过程中,为支持经济稳定和发展,金融要配合整体改革战略进程,采取一些特殊的手段,如利率、汇率管制和准入限制。第二,在改革的进程中,参考其他部门改革的经验,采用"双轨"的渐进式方式,对国有银行部门以稳定发展为主,对非银行金融机构和资本市场适时放开并鼓励发展,形成增量改革动力。第三,在独立的金融体系建立后,不断消除原先市场中存在的各种扭曲,加快推进规范化、专业化改革,并下决心解决在转轨过程中国有银行留下的财务包袱和窟窿问题,建立现代公司治理体系,同时对金融体系中的其他领域进行调整和优化,不断夯实市场基础,提升金融机构的竞争力。在各方面条件得到改良、改革的条件进一步具备后,再加快市场化、国际化发展的步伐,建立与国际相接轨的现代金融体系。

与此同时,中国金融体制改革的过程就是一个金融不断创新的过程。从创新的角度看,改革任务的提出蕴含于改革的过程。从总体上看,中国金融已经完成了"转轨"的任务,基本建立起了面向未来的市场化的金融体系轮廓,但其内涵、实质和发展质量还有待加强,当前"新兴"的特征还比较明显,未来的重点是发展和提升,从"形似"转向"神似"。尤其是当面对金融与实体经济领域循环不畅等突出问题时,金融服务实体经济能力需要加强、防范化解金融风险的任务更加凸显。展望未来,中国金融体制改革有以下几个方面的问题进入人们的视野:

第一，加强金融对实体经济的支持。党的十九大提出"深化金融体制改革，增强金融服务实体经济能力"。第五次全国金融工作会议提出金融要回归本源，服从服务于经济社会发展，把为实体经济服务作为出发点和落脚点。金融与实体经济是相互促进、相互发展的，它们的关系如同皮跟毛，实体经济是皮，金融是毛，金融是依托于实体经济的，两者相辅相成。实体经济是金融的根基，服务实体经济是金融的天职。党的十八大以来，我国金融业不断取得新的发展，金融服务实体经济的能力稳步提升。但是，也必须看到，近一段时期特别是近几年，我国金融业在服务实体经济方面存在着一些突出的问题，"脱实向虚"现象有所增加，融资难融资贵问题比较突出，导致实体经济循环不畅，影响了供给侧结构性改革的成效；一些金融乱象频频出现，给金融系统的稳定埋下了隐患。要加强服务实体经济，金融业一是要转变方式，优化结构，优化融资结构体系，促进融资便利化，降低实体经济成本，提高资源配置效率；二是要加快直接融资发展，提升直接融资特别是股权融资的比例，加快资本市场改革，形成融资功能完备、市场监管有效、投资者权益得到充分保护的多层次资本市场；三是要调整间接融资结构，提升大型银行和中小型金融机构的竞争力，促使金融机构降低经营成本，清理规范中间业务环节，避免变相抬高实体经济融资成本；四是要建设普惠金融体系，加强对小微企业、"三农"和偏远地区的金融服务，推进金融精准扶贫，鼓励发展绿色金融；五是要审慎创新、稳健发展，依法合规开展创新业务，扎根于为实体经济服务，杜绝打着创新的名义搞资金体内循环、"脱实向虚"，甚至金融诈骗。

第二，坚持底线思维，防止发生系统性金融风险。底线思维在党的十九大报告和第五次全国金融工作会议中被反复提出。近年来，中国经济面临"三期叠加"问题，经济供给侧结构性改革也持续推进，使当前和今后一个时期我国金融领域处在风险易发高发期，在国内外多重因素压力下，风险点多面广，呈现隐蔽性、复杂性、突发性、传染性、危害性特点，结构失衡问题突出，潜在风险和隐患正在积累，脆弱性明显上升，既要防止"黑天鹅"事件发生，也要防止"灰犀牛"风险发生。总体来看，我国金融领域的风险包括三个层面：一是宏观层面的金融高杠杆率和流动性风险。目前我国宏观杠杆率和企业部门杠杆率已高于国际警戒线，部分国有企业债务风险突出,"僵尸企业"市场出清迟缓。二是微观层面的金融机构信用风险。近年来不良贷款有所上升,债券市场信用违约事件明显增加。三是跨市场跨业态跨区域的影子银行和违法犯罪风险。一些金融机构和企业利用监管空白进行套利,理财业务多层嵌套,资产负债期限错配,存在隐性刚性兑付。为此,未来应坚持问题导向,将防止发生系统性金融风险作为金融工作的永恒主题。总体来看,防范金融风险需要坚持四项原则:一是回归本源,服从服务于经济社会发展,避免金融"脱实向虚"和自我循环滋生、放大和扩散风险;二是优化结构,完善金融机构、金融市场、金融产品体系,夯实防控风险的微观基础;三是强化监管,提高防范化解金融风险的能力,将金融风险对经济社会的冲击降至最低;四是市场导向,发挥市场在金融资源配置中的决定性作用,减少各种干预对市场机制的影响。

第三,根据新形势构建现代金融管理体系。随着利率市场化和金融脱媒的快速发展,国内金融混业趋势进一步显现,许多金融机构已经高度混业化,影子银行规模迅速膨胀,套利投机有所泛滥,对分业经营、分业监管的体制提出巨大挑战。当前我国的系统性金融风险总体可控,但不良资产风险、流动性风险、影子银行风险、外部冲击风险、房地产泡沫风险、政府债务风险、互联网金融风险等正在积累。金融监管不协调、监管缺失等问题不断暴露,不能适应跨行业、跨市场金融产品的创新发展。为此,一方面,需要根据党的十九大的要求,健全货币政策和宏观审慎政策双支柱的调控框架,助力新时代的金融稳定与发展。双支柱的调控框架既是反思国际金融危机的重要成果,也是当前和今后一段时期我国维护金融稳定的迫切需要。下一步,既要明确货币政策和宏观审慎政策的职责分工,明确政策目标、评估、工具、实施、传导和治理架构,也要从维护金融稳定这一目标出发加强两者的协调配合。需要进一步完善宏观审慎评估体系,将影子银行、房地产金融、跨境资本流动、互联网金融等纳入宏观审慎评估,动态监测评估金融体系风险压力。另一方面,要推进金融监管体系改革。第五次全国金融工作会议提出设立国务院金融稳定发展委员会,强化中国人民银行宏观审慎管理和系统性风险防范职责。未来我国的金融监管改革,要坚持协同防范、统筹协调的原则,补齐监管短板,健全监管制度,有效防范系统性金融风险。一是通过设立金融稳定发展委员会，明确责任追究机制，分解落实金融监管的各项责任，建立自上而下的联合监管问责机制，确保国务院金融稳定发展委员会的工作不仅限于监管信息沟通，而是切实推动解决当前一行三会之间金融规则不一致、对金融机构和产品的监管标准不统一、金融监管存在真空等问题，切实提升金融监管的权威性和有效性；二是加强中国人民银行的宏观审慎管理职能，负责牵头执行国务院金融稳定发展委员会的各项工作，并协调其他监管机构，实现无缝监管，同时承担维护金融稳定的最终职能；三是加强功能监管和行为监管，以功能监管为基础，将宏观审慎融入功能监管的监管体系，将从事类金融业务的市场主体纳入行为监管框架，明确业务规范、监管要求，实现金融监管在微观层面的完整、互补、清晰，在宏观层面的协调和整体稳定。

第四，推进金融供给侧改革，稳步降低实体经济杠杆率，特别是降低国有企业杠杆率。2009年的"四万亿"刺激计划将我国带入债务扩张周期，到2016年底，我国内地的整体杠杆率达到254%，其中非金融企业部门的杠杆率达到170.8%，位居全球主要经济体前列①，且国有企业杠杆率更高。高杠杆率导致金融资源的低效配置，引发了经济的结构性问题，并抬升了经济的系统性风险。推进实质性的去杠杆需要主动进行结构性改革，国家在供给侧结构性改革中提出"三去一降一补"的主要办法，其中去杠杆是重要一项。当前宏观经济企稳、去产能的推进和PPI（工业品出厂价格指数）上行为降低企业杠杆率提供了良好的环境，未来通过金融改革推进企业去杠杆，将成为推进供给侧改革的抓手。重点是开展以下几方面工作：一是控制货币总量，坚定执行稳健的货币政策，既要支持实体经济的有效资金需求，防止去杠杆速度过快和利率高企给中小企业带来冲击，并导致总需求快速下滑，也要避免过度放水，推升债务和杠杆水平，重点是为结构调整和转型升级营造中性适度的货币金融环境，为结构性改革拓展时间和空间；二是把握好去产能和去

---

① 数据来源于国际清算银行（BIS）。在其对42个样本地区的统计中，我国内地非金融企业杠杆率在全部地区中排名第四，仅次于卢森堡的343.3%、爱尔兰的267.2%和中国香港的213.8%，远高于美国、日本、英国等发达国家。而卢森堡、爱尔兰和中国香港都是全球著名的离岸金融中心，杠杆率一直很高，不能作为比较对象。所以总体来看，我国内地非金融企业杠杆率已经处于世界最高水平。

杠杆之间的政策协调，平衡供给侧改革与防范金融风险的关系，通过加快去产能来提升企业的盈利情况和现金流，为去杠杆创造条件；三是以改革加快僵尸企业出清并约束地方政府债务，从负债端控制杠杆率的持续攀升，在国企领域推动僵尸企业的出清，重组企业的资产负债表，并控制地方政府隐形债务的无形扩张。

第五，推进金融市场和金融机构的改革开放。从我国金融市场的发展经验看，改革开放既提高了金融体系的整体健康性，也促进了金融机构和市场的结构优化。金融开放有利于金融创新，提升对实体经济的服务能力；有利于提高经济效益，防控系统性金融风险；是中国积极参与国际经济治理的客观要求，能够助力人民币国际化与"一带一路"建设。为此，需要从更高层面认识金融业对外开放的意义，坚持扩大对外开放的大方向，不断推动有关政策改革，更好实现"三驾马车"的对外开放：一是贸易投资的对外开放；二是深化人民币汇率形成机制改革；三是减少外汇管制，稳步推进人民币国际化，便利对外经济活动，稳妥有序地实现资本项目可兑换。同时，在维护金融安全的前提下，放宽境外金融机构的市场准入限制，在立足国情的基础上促进金融市场规制与国际标准进一步接轨和提高。

第六，促进资产管理业务的规范健康发展。近年来，我国的资产管理业务呈现出迅猛发展的态势，特别是 2012 年监管放松以来，整个行业产品类型不断丰富、参与机构日趋众多、管理规模不断攀升，对促进直接融资发展、拓宽居民投资渠道、改进金融机构经营模式、支持实体经济融资需求等发挥了重要的积极的作用。但与此同时，规则差异、产品嵌套等问题也逐渐呈现，资金空转现象持续增加，资金池运作、刚性兑付等不规范行为时有发生，对影子银行业务监管不足，金融风险值得所有人关注。下一步，我们急需对资产管理行业进行全面管理与规范，加强顶层设计，将宏观审慎管理与微观审慎监管相结合，将机构监管和功能监管相结合，统一同类产品的监管标准，切实防范跨行业、跨市场风险传递。一是统一标准规制，消除套利空间，针对不同机构执行不同监管标准的问题，强化功能监管和穿透式监管，同类产品适用同一标准，遏制产品嵌套导致的风险传递。二是引导资产管理业务回归本源，有序打破刚性兑付，资产管理机构不应承诺保本保收益，逐步减少预期收益型产品的发行，加快向净值型产品转型，使资产价格的变化及时反映基础资产的风险。三是加强流动性管理，控制杠杆水平，强化单独管理、单独建账、单独核算的要求，使产品期限与所投资资产存续期相匹配。四是消除多层嵌套，规范通道业务，各类机构在开展资产管理业务时要执行同一标准，限制层层委托下的嵌套行为，防止受托机构提供规避投资范围和杠杆约束的通道服务。五是加强"非标"业务管理，防范影子银行风险，将银行表外理财产品纳入广义信贷范围，加强表外业务风险管理，控制并逐步压降"非标"投资规模。六是建立综合统计制度，为穿透式监管创建基础，建设覆盖全面、标准统一、信息共享的综合统计体系，准确反映行业全貌和风险情况。

第七，加快利率市场化进程。党的十八届三中全会提出，市场要在资源配置中发挥决定性作用。利率是金融中最核心的决定因素，因而，推进利率的市场化改革成为金融改革的重要目标。当前中国尽管已经放开了对利率的各类管制，取得了巨大的进展，但相对利率市场化的目标而言仅完成了第一步。中国的利率市场化不仅是取消利率管制的过程，更是建立健全市场利率形成机制的过程。未来利率市场化的发展目标，一是引入金融机构之间真正竞争的机制，通过各机构之间的竞争和交易，形成代表市场供求水平的利率；二是打通货币市场、信贷市场和资本市场的间隔，使得不同期限、不同类型的资金和产品可以在市场上相互流通与影响，并将货币市场利率的变化，通过金融机构自身的资产负债表产生影响，最终传导到信贷和资本市场，形成期限完整、覆盖不同市场的收益率曲线；三是完善基准利率体系，提升 SHIBOR 在基准利率中的基础和引导性作用；四是推动中央银行利率调控方式改革，货币政策不仅要继续注重流动性数量的管理和调节，更要不断强化对市场利率的引导作用，中央银行通过各类货币政策工具，对货币市场利率产生影响，并进而影响信贷和资本市场利率。

第八，继续推进人民币国际化和资本账户开放。2009 年以来，人民币国际化已经取得了长足发展，人民币成为国际社会认可的储备货币。下一步，要进一步推动人民币向交易和储备货币转变，发挥其在全球金融体系中的国际货币职能。一是以上海自贸区为核心，加快建立人民币的国际金融中心，加快金融市场特别是债券市场的发展和对外开放，为境外主体提供稳定、有深度、层次丰富的人民币固定收益市场，使得本币市场成为国际市场；二是进一步推进资本账户开放，按照"先本币、后外币"的顺序推进更多领域的改革，提高人民币的可兑换程度，为人民币的国际使用提供更多便利；三是加强区域货币合作，将当前人民币以双边合作为主的局面向多边合作机制推进，其中重要的一项是以《清迈协议》为基础，使人民币率先成为东盟和亚洲区域的储备货币；四是进一步完善人民币汇率形成机制，扩大人民币汇率浮动区间，形成由市场决定的汇率水平，特别是发挥利率在人民币汇率中的决定作用；五是研究建立人民币在国际收支顺逆差中间的调节机制，更加主动地发挥国际货币的职能，为国际社会提供流动性，承担作为国际主权货币国家的责任；六是配合"一带一路"倡议，加快推进本币在"一带一路"中的使用，进一步动员本地储蓄、降低汇率风险，扩大人民币在"一带一路"沿线国家和区域内的使用。

第九，加快资本市场的发展，优化金融结构。一直以来，中国的金融结构以间接融资为主导，即便近年来大资管和金融脱媒有了快速发展，依然未能摆脱银行在其中的核心作用。以间接融资为主的结构导致我国总体杠杆率较高、金融风险上升、融资效率较低，不利于创新型企业的发展。当前的资本市场仍然存在发展阶段较为初级、金融工具不够完善、市场还不够发达等问题。为此，下一步应加快资本市场的步伐，补齐资本市场短板，增强金融市场服务实体经济的能力，努力建设具有国际竞争力的多层次资本市场体系；积极推动债券市场发展，扩大债券融资规模，特别是加强长期债券市场的发展，解决期限错配问题，并使收益率曲线向远端延伸，丰富债券市场品种，统一监管标准，更好地满足不同企业的发债融资需求；加快股票市场建设，拓展多层次、多元化、互补型股权融资渠道，改革股票发行制度，加大股本融资力度，积极有序发展股权融资，稳步提高直接融资比重，降低企业部门的整体杠杆率；加快衍生品和期货市场发展的步伐，丰富交易种类，增加风险管理工具；加强对中小投资者权益的保护，完善市场化并购重组机制；深化市场互联互通，完善金融基础设施。

第十，进一步完善金融机构的公司治理体系。当前我国的金融机构仍然以国家持股为主导，市场资本参与程度不高，在一定程度上制约了金融机构的经营行为。

金融机构之间的市场化竞争还不够，表现出同质化倾向，影响了金融市场的运行基础。未来，我国需要加快金融机构的混合所有制改革，引入更多的民间资本，进一步完善公司治理结构，建立竞争性的行业发展格局。

第十一，加快普惠金融业务的发展，使金融服务惠及更多客户群体。根据联合国《2030可持续发展议程》，人类都有权利享受金融服务，但目前的金融体系仍然以商业性安排为主，大量的低收入贫困人口无法获得金融服务。因此，能否创新服务方式和手段，服务贫困人口，帮助其脱困致富是未来普惠金融发展对我们提出的新的挑战。为此，一是要建立一整套的普惠金融服务安排，通过互助、基层组织担保、金融机构优惠安排、提供商业配套性服务和支持等创新性的方式，向更多低收入群体提供服务，这一方式应不同于传统的商业化金融服务。二是按照惠及大众的要求，遵循"赤道原则"等服务标准，推进绿色金融发展，通过金融支持科技进步，从而通过金融向市场提供更多正向外部性，惠及整个经济和社会的可持续发展。

专 栏 五

中国金融领域的主要法律法规

随着我国经济的发展和金融行业的不断壮大，为保证金融安全运行和健康发展，我国不断加强金融业的法治建设，持续健全金融法制，依法加强金融监管，先后制定了多项金融行业的法律法规和行政管理规定。制定法律法规的目标主要包括三个方面：一是维护国家金融安全和金融业的稳健运行；二是保护当事人（投资人）的利益；三是促进金融业的公平竞争。

我国现行金融法律体系具有以下特征：从体系结构上看，我国现行金融法律体系主要由法律、行政法规、部门规章和规范性文件组成。20年来，我国已经初步形成了"以全国人大及其常委会制定的人民银行法、银行业监督管理法、证券法、保险法、信托法、证券投资基金法、票据法等金融基本法以及国务院制定的金融行政法规为核心，金融管理和监管部门制定的部门规章和规范性文件为主体,金融方面的司法解释为补充的金融法律法规体系"。

我国已经颁布实施的金融业的法律主要有:《中华人民共和国中国人民银行法》《中华人民共和国商业银行法》《中华人民共和国保险法》《中华人民共和国票据法》《中华人民共和国担保法》《中华人民共和国证券法》《中华人民共和国信托法》《中华人民共和国银行业监督管理法》《中华人民共和国证券投资基金法》《中华人民共和国反洗钱法》《中华人民共和国企业破产法》。

金融业的法规和条例主要有:《中华人民共和国人民币管理条例》《中华人民共和国外汇管理条例》《存款保险条例》《金融资产管理公司条例》《中华人民共和国外资金融机构管理条例》《中华人民共和国外资银行管理条例》《商业银行资本管理办法》《非金融机构支付服务管理办法》《金融机构反洗钱规定》《商业银行内部控制指引》《金融租赁公司管理办法》《股票发行与交易管理暂行条例》《证券公司监督管理条例》《期货交易管理条例》《保险公司管理规定》《再保险业务管理规定》《保险资金运用管理暂行办法》《农业保险条例》等。

第二章
中国商业银行的改革与发展

商业银行是金融体系的重要组成部分。商业银行健康有序地发展,对于金融业乃至整个国民经济都具有关键性的作用。中国商业银行的改革和发展是在整个经济改革开放的大背景下进行的。改革开放前,中国采取的是高度集中的计划经济体制,金融从属于财政,这与大多数国家的金融发展道路显著不同。这一时期,中国的银行业主要服务于国民经济的恢复和社会主义事业的建设,经过公私合营改造,形成了"大一统"的银行经营体制,中国人民银行既承担发行人民币、组织和调节货币流通的中央银行的职责,又承担统一管理国家金融机构和金融运作的职能,同时还是开展存款、贷款、汇兑和外汇业务的商业性银行,中国银行、交通银行、农业银行先后并入中国人民银行。金融资源主要集中用于实现国家经济发展目标,金融活动从属于财政安排,"文革"更是导致银行的作用被削弱、货币被批判,中国人民银行也一度被并入财政部。20世纪70年代末期,中国开始改革开放,经济体制从计划经济向市场经济转变,银行系统也开始恢复,银行的作用得到发挥。改革开放近40年,中国的经济总量已跃居世界第2位,市场活力日渐增强,中国商业银行经营业绩、资产规模、存款规模、引进外资规模等成倍扩张,取得了举世瞩目的显著成就。中国工商银行、中国农业银行、中国银行、中国建设银行四大商业银行全部进入全球500强企业,其中,中国工商银行一度成为全球最大的银行。然而,在新的历史时期和新的国际环境下,中国的商业银行业也面临着新的挑战。唯有深化改革,加强创新驱动,主动适应新常态,才能在新的经济形势下保持竞争优势,提高国际竞争力。

第二章
中国商业银行的改革与发展

第一节
中国商业银行改革的起点

中华人民共和国成立之后，由于历史大环境的原因，中国走上了计划经济道路。计划经济体制的本质要求"人财物、产供销"高度一体，全面计划，依照指令执行。在实物形态上是产品产量计划，在价值形态上是财政计划。银行是作为政府的附属物出现的，它依附于财政，成为财政的会计、出纳，以及政府实现经济扩张的工具，或者成为政府实现财政平衡的手段。反映在行政架构上，中国人民银行内设于财政部，服从于财政部的领导。在这一时期，中国人民银行与国际货币基金组织、世界银行、亚洲开发银行等国际金融机构鲜有往来。作为中国人民银行下设国外业务局的中国银行的海外机构，仅是起代表和联络作用。从属于财政的中国人民银行是全国的信贷中心、结算中心和现金中心，既管理货币又直接经营城乡金融业务。中国人民银行总行统一掌握信贷资金管理，包括资金来源和资金运用。中国人民银行集行使中央银行各项职能与操办具体商业银行业务等功能于一身，既是国家管理金融的行政机关，也是国家集中办理全部信用业务的经济组织。中国人民银行根据国家下达给企业的生产计划与财政预算的平衡制订信贷收支计划，以国家的劳动工资计划与农副产品采购计划为标准制订现金发行计划，形成了以中国人民银行为中心的金融活动"大一统"的局面。在这个局面下，计划决定一切。在这种运行框架中，服从上级命令代替利润最大化成了我国当时银行运行的基本规则。

这种从属于财政的金融制度安排使我国银行业的所有制结构、业务经营方式和管理手段趋向于一元化、单调化和简单化，严重窒息了经济活力。统收统支的财务管理要求企业 3 万元人民币以上的支出都要层层上报，更遑论自主发展的投融资安排了。企业财务甚至连修厕所的钱都付不起，一时成为坊间笑谈。与此同时，这种服从于计划的金融制度安排，也严重扭曲了经济结构。在传统的"第一部类"优先增长的计划安排下，资金优先提供给重工业，致使"重工业过重、轻工业过轻、农业严重滞后"的结构失衡、比例失调的局面更为严重。微观企业活力很大，宏观经济比例失调，使国民经济走到了崩溃的边缘。它构成中国经济体制市场取向改革的历史起点。反映在金融体制上，就是构建独立于财政、符合市场经济运行规律的金融体系。特别是"文化大革命"的十年浩劫，使有关的货币发行、信贷管理、结算管理、现金管理、金库条例等金融活动的基本制度遭受严重破坏，亟待恢复。这使中国银行业改革与其他政策同步展开。在中国第十一届三中全会召开后的次年，即1979年2月23日，国务院发布了《关于恢复中国农业银行的通知》，从此拉开了我国金融改革的序幕。1978—1984年是中国开始构造其金融基础的时期。在这一时期，中国人民银行从财政部独立出来，开始行使中央银行职能，中国农业银行、中国银行和中国人民建设银行于1979年先后或恢复重建，或从中国人民银行中分离出来。以1984年中国工商银行成立为标志，中国银行业在组织体系上发生了基础性的变化，"大一统"的局面被彻底打破，中国人民银行基本不再从事商业银行业务，而成为银行的银行，开始行使中央银行职能，形成以中央银行为领导、国家专业银行各有分工的格局。

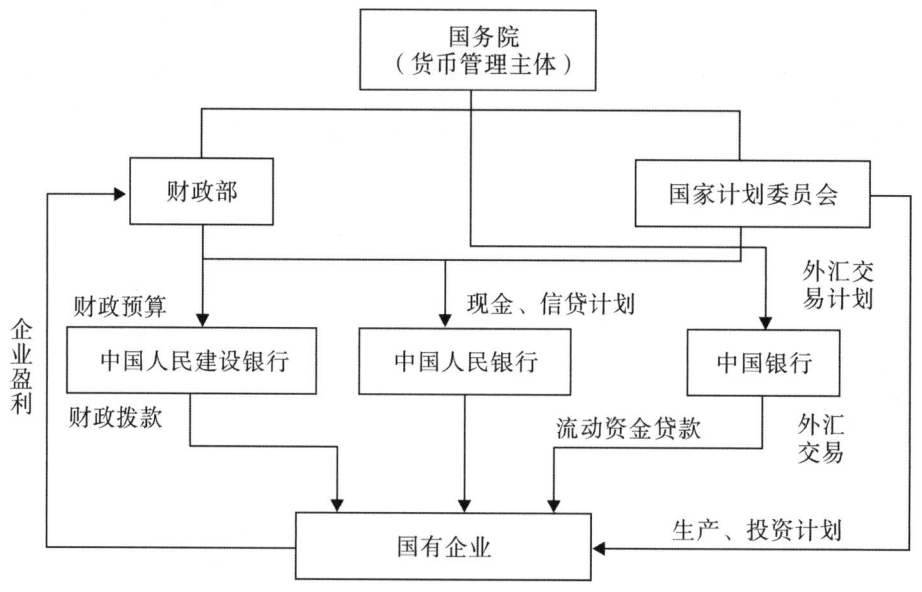

图 2-1 改革开放前中国的银行体系

与此同时，中国银行业也开始摆脱闭关自守、长期封闭的状态，开始与世界接触。1978年初，我国银行的海外分支机构只在香港、澳门、伦敦、新加坡4地设置，仅在中国银行设立且都隶属中国人民银行。随着对外开放大门的打开，在海外主要金融中心和重要城市增设分支机构就成为现实的选择，作为国家外汇外贸专业银行的中国银行承担了这一责任。1979年6月，中国银行卢森堡分行正式营业。随后，中国银行纽约分行，以及巴黎、东京代表处也相继成立。1983年，中国银行港澳地区的机构在发挥整体优势方面取得重大突破，1983年1月，中国银行香港分行和其他13家中资银行及其附属单位对外统称"港澳中银集团"，作为中国银行总行的派出机构，统一领导管理港澳各行、各公司及附属单位。

1978—1984年，中国金融新格局的形成，是金融体制改革的第一次突破，初步实现了财政资金与信贷资金的分离，奠定了中央银行与专业银行的架构，形成了专业银行各司其职的体系。但是，从严格意义上讲，这还不是市场经济体制的金融体系。中央银行不仅与财政有着千丝万缕的联系，还有盈利目标，中国工商银行、中国农业银行、中国银行、中国人民建设银行四大银行是国家专业银行，其建立并非按照商业银行的思路与模式而是按照计划经济的行业分工安排。这四家专业银行仍分别在农村、外汇、基本建设和工商企业流动资金四大领域承担着政府职能，不仅本身具有行政垄断性，而且其业务品种和资金价格也是由政府决定的。凡此种种，显然与市场经济的发展需要存在着重大的矛盾和冲突，并由此构成中国商业银行改革的逻辑与现实起点。

第二节
中国商业银行改革的进程

自1984年以来，中国商业银行改革的进程大致可分为三个阶段：1984—1993年是第一阶段，其主要特征是中国银行业快速发展，银行体系初步形成。在这一阶段，专业银行不仅资产规模扩张，而且覆盖全国的网络格局初步形成。与此同时，各种类型的银行，如股份制银行、区域性银行等中小银行也开始涌现，银行体系开始成型。1994—2003年是第二阶段，其主要特征是银行业开始向商业银行转型。这不仅体现在包括专业银行在内的各类银行机制和体制的改革和调整上，也体现在政府为转型创造的法律和政策环境上。2004年至今为第三阶段，其主要特征是商业银行的治理机制再造，通过股份制改造和上市安排，使商业银行成为真正的商业银行，为其可持续经营奠定基础。

第一阶段（1984—1993年），银行体系的形成。

1984—1993年是我国银行业快速发展的10年，银行业规模迅速扩大，银行业体系逐渐形成。在这期间，随着经济体制改革的不断深入，金融体制改革的重点聚焦在两方面：一是加强金融秩序管理，理顺金融系统各方面的关系；二是灵活运用各种经济手段搞活金融。

第一，专业银行的改革。国家专业银行自建立起，就开始在改革方面进行多番探索，新的竞争格局开始显现。专业银行原有的分工格局逐步被打破，各个银行开始实行"一业为主，适当交叉"的发展模式，"工商银行下乡，农业银行进城，中国银行上岸，建设银行进厂"成为写照。在相互竞争的环境下，各专业银行的服务态度和服务质量得到大幅提升。相应地，中国人民银行放松了各专业银行交叉经营的限制，制定了"银行可以选择企业，企业也可以选择银行"的政策措施，鼓励四家专业银行之间开展适度竞争。

1986年11月，国务委员兼中国人民银行行长陈慕华明确提出，"七五"期间金融体制改革的主要任务之一，是要使专业银行和其他金融机构分阶段逐步实现企业化经营，把银行定义为"经营货币的特殊企业"，首次明确了专业银行改革的方向——企业化经营。

所谓国家专业银行企业化经营，其改革目标和其他行业的改革目标是相同的，即自主经营、自负盈亏、自担风险、自求平衡。首先是进行信贷资金管理体制转型，实行"统一计划、划分资金、实贷实存、相互融通"的信贷管理体制。实际上，新的信贷资金管理是要把中央银行与各专业银行之间的资金往来由原来的计划分配改为信贷关系,目的是要解决专业银行在信贷资金上吃中央银行大锅饭的现状,促使专业银行逐步实现资金平衡,同时赋予其更多的信贷经营权。

体制改革的另一个重点是改革银行组织架构,实行政企分开、简政放权,扩大原有专业银行城市机构的各项职能,为资金的横向融通创造有利条件。在这个过程中,值得提及的是,承包责任制引入银行进行试点,即国家与银行签订合同,完成合同后剩下的利润在国家与银行之间分成。尽管中国农业银行的承包制试点在1990年宣告结束,但这是对专业银行性质和发展方向的一种探索,为以后制定专业银行向商业银行转变的改革提供了经验。

在国家专业银行恢复成立之后的几年间,银行的各项业务有了较快的发展,除资产规模迅速扩大外,专业银行的网点迅速增多,初步覆盖全国。与此同时,虽然专业银行尝试了一些改革,但多属试验性的,除了交叉办理储蓄业务外,国家专业银行仍然主要办理国务院所规定的各自的业务,各家专业银行的职责和业务依然分工明确,其经营机制也未发生根本转变,自主经营、自负盈亏、自担风险、自求平衡仍然任重道远。

第二,邮政储蓄的建立。经国务院批准,邮政部门自1986年4月1日起在全国各地分期分批逐步恢复开办储蓄业务。由于全国邮局网点众多,邮政储蓄的建立可以更好地为广大人民群众服务。邮电部与中国人民银行达成的协议是邮政储蓄款交存中国人民银行统一支配,中国人民银行根据邮局交存的储蓄款,按月累计日平均余额的0.22%作为手续费付给邮政,由开户邮局与银行结算。个人在邮政储蓄的利息按照国家统一规定计付,由邮局支付给储户,邮局按实际支付利息与中国人民银行结算。邮政储蓄业务开办后业绩良好,储蓄网点发展迅速。

第三,股份制银行相继成立。1984年党的十二届三中全会提出"有计划的商品经济",对城镇和个体工商户经济、中外合资和私有经济等非国有经济形式进行松绑,国民经济的所有制构成开始发生变化,国有企业虽然仍占据主导地位,但其在数量上已经出现逐步减少的趋势,而非国有经济和私营企业的日渐壮大,要求银行业要跟上经济发展的现实。在已有专业银行难以满足需要的情况下,1986年7月,国务院发布了《国务院关于重新组建交通银行的通知》,确定交通银行是以公有制为主的股份制全国性综合银行。1987年4月，交通银行正式对外营业，成为中国第一家全国性的国有股份制商业银行，也是第一家可以从事银行、保险、证券业务的综合性商业银行。

作为全国性的大银行，交通银行的分支机构与国有专业银行按照行政区域设置的方式不同，交通银行是按照经济区域设置的，这在某种程度上打破了行政区划的限制。同时，交通银行也是一家实行股份制经营的综合性银行，其业务包含人民币业务和外汇业务、银行存贷业务和信托保险投资业务，为银行业的改革作出了行之有效的试验和探索。

在交通银行成立后，我国掀起了兴建股份制银行的浪潮。在四大专业银行体系之外组建新型股份制商业银行，目的是要在"国有独资"的体制下，引入新的市场竞争性的银行机构，促进金融业整体实力和服务水平的提高。同时，以创新股份制银行作为金融改革的试点，探索并积累综合型银行的发展经验，以期引导四大专业银行进行企业化改革。

各家股份制银行在体制与运营模式方面不尽相同。例如，中信实业银行在产业资本和金融资本深层融合方面进行了积极尝试，打破了传统资金管理模式和融资渠道的约束。通过产融结合，产业资本直接拥有或控制大量银行资本，从而摆脱原有资金总量的束缚和外在信用制度的牵制，增加视野领域的资金投入，扩大生产规模，同时，借助金融杠杆效应迅速扩大其经营范围和规模，实现企业规模扩张。

招商银行也是在这一时期成立的。为了给招商局集团和蛇口工业区提供各种优质的金融服务，招商局希望能在原蛇口财务公司的基础上，创建一家由企业持股、按市场规律运作的商业银行。在这个背景下，招商银行于1987年正式成立。招商银行立足深圳，辐射全国。特别是，招商银行利用其毗邻香港、主要股东在境外设有机构的优势，率先试点开办了离岸业务。1989年，招商银行开始重点研究开办离岸业务的可行性，决定将离岸业务作为其外向型发展的突破口。在国家外汇管理局的支持下，1989年7月，招商银行离岸业务正式开办，招商银行成为新中国第一家开办离岸业务的银行。

当然，股份制银行的体制机制创新并非一帆风顺，广东发展银行和兴业银行都在成立初期遇到了或多或少的困难。广东发展银行是在改革开放前期为适应广东省综合改革试验区经济发展的需要，探索金融体制和企业体制改革新路而成立的一家股份制银行。建行初期，广东发展银行对分支机构实行"多级法人"管理体制，各分行均为独立法人，分支机构自筹资本金、自主经营、自负盈亏。虽然这种体制有利于为广东发展银行提供足够的资金，但是，总行管理的系统性和统一性薄弱，在组织、财务核算等方面极不规范。

1988年成立的兴业银行是在福建省福兴财务公司的基础上组建而成的。与其他股份制银行不同，兴业银行在开业后受到原有公司债务和知名度的影响，其发展内忧外困，加之物价闯关失败后国家进行全面治理整顿，信贷规模萎缩，因此银行的机构设置和业务发展受到严格的限制。

1991年邓小平视察上海，他提出："金融很重要，是现代经济的核心，金融搞好了，一着棋活，全盘皆活。"1992年，随着中国建立社会主义市场经济和金融改革开放目标的提出，银行业开始了新一轮扩容，又一次掀起了建立股份制银行的热潮。

这一时期成立的三家股份制银行包括：首家有外资参股的股份制商业银行光大银行、首家由工业企业开办的商业银行华夏银行、长三角新兴的股份制银行浦东发展银行。

综上，在这一时期我国开始推行四大专业银行交叉经营模式，股份制银行如雨后春笋般蓬勃发展（如表2-1所示）。经过这一时期的发展，我国的银行体系基本建成并为后续的发展打下基础。但是，国家专业银行并不是"真正意义上的商业银行"，股份制和区域性银行刚刚起步，如何处理好政策性业务和商业信贷业务之间的关系，更好地为实体经济服务成为亟待解决的问题，它预示了下一阶段深化改革的方向和任务。

表2-1 1987—1993年设立的股份制商业银行

设立目的	银行	设立时间	总行所在地
实施上海经济发展战略，把上海建设成为全国经济金融中心	交通银行	1987年	上海

(续表)

设立目的	银行	设立时间	总行所在地
促进地区经济发展，并未深入参与国际经济循环服务	招商银行	1986年	深圳
	深圳发展银行	1987年	深圳
	广东发展银行	1988年	广州
	兴业银行	1988年	福州
尝试产业资本和金融资本的深层融合，打破传统资金管理模式和融资渠道的制约	中信实业银行	1987年	北京
	光大银行	1992年	北京
	华夏银行	1992年	北京
专门经营房地产信贷、结算业务，为住房建设筹集和融通资金，促进住房商品化，为住房制度改革服务	烟台住房储蓄银行	1987年	烟台
	蚌埠住房储蓄银行	1987年	蚌埠
为开发浦东、振兴上海、发展长江流域及沿海经济，把上海尽早建成国际经济中心、金融中心、贸易中心之一而服务	上海浦东发展银行	1993年	上海

数据来源：Wind，中国银行国际金融研究所

第二阶段（1994—2003年），银行业向商业银行转型。

1994—2003年是我国银行业向商业银行转型的过渡时期。通过这一转型，真正意义上的商业银行体系和制度基础得到初步奠定。1993年，党的十四届三中全会提出"建立社会主义市场经济"的改革目标，当年的12月25日，国务院根据中共中央十四届三中全会通过的《关于建立社会主义市场经济体制若干问题的决定》的精神，发布《国务院关于金融体制改革的决定》，提出建立政策性银行，并"把国家专业银行办成真正的国有商业银行"，从1994年1月1日起开始执行。由此开始了建立适应社会主义市场经济体制的金融组织体系、金融市场体系和金融宏观调控监管体系的新一轮改革。

第一，成立政策性银行。1994年，国家开发银行、中国进出口银行和中国农业发展银行先后成立，专门接受中国人民建设银行、中国银行、中国农业银行和中国工商银行四家国家专业银行的政策性业务，实现政策性金融与商业性金融相分离。同时，四大专业银行过去的专业分工更加弱化，业务交叉和市场化竞争进一步发展。

政策性金融和商业性金融分开是国家专业银行实现商业转化的基本前提。1993年12月25日颁布的《国务院关于金融体制改革的决定》，明确了组建国家开发银行、中国进出口银行和中国农业发展银行三大政策性银行的政策框架。

1994年3月，国家开发银行（简称"国开行"）正式成立。作为中国最大的政策性银行，国开行的主要任务是建立长期稳定的资金来源，办理政策性国家重点建设项目的贷款及贴息业务。国开行成立初期，由于业务功能不全、风险意识不强，特别是政策性金融依旧是国家财政的延伸，信贷风险不断累积，到1997年底，国开行的不良贷款额已经高达40%。此后，国开行开始向政策性金融的市场化转轨，由此转型成为开发性金融机构。

国开行成立后不久，1994年4月，中国进出口银行成立。其成立的主要目的是为大型机电成套设备进出口提供买方信贷和卖方信贷，为中国银行的成套机电产品出口信贷办理贴息和出口信用担保，即为扩大机电产品和成套设备等资本性货物出口提供政策性金融支持。如今，中国进出口银行已是既支持进出口，又提供发展援助与对外投资的新型国际经济合作银行。

1994年4月，中国农业发展银行（简称"农发行"）成立。成立初期的农发行，主要承担国家粮棉油储备和农副产品合同收购、农业开发等业务中的政策性贷款，代理财政支农资金的拨付及监督使用。1998年，国务院对农发行业务范围作出调整，农发行集中精力于收购资金的供应和管理，并落实粮棉油流通体制改革的相关措施。这也是随着粮食流通体制改革和国家宏观经济政策调整而变化的。

专栏一

政策性银行的成立与发展

政策性银行是指由政府发起、出资成立,为贯彻和配合政府特定经济政策和意图而进行融资和信用活动的机构。政策性银行不以营利为目的,专门为贯彻、配合政府社会经济政策或意图,在特定的业务领域内,直接或间接地从事政策性融资活动,充当政府发展经济、促进社会进步、进行宏观经济管理的工具。政策性银行不同于政府的中央银行,也不同于其他商业银行,它的重要作用在于弥补商业银行在资金配置上的缺陷,从而健全与优化一国金融体系的整体功能。

中华人民共和国成立后,国家对民国时期的银行进行了全面整顿,当时的政策性业务主要由中国人民银行负责。1978年改革开放后,国家采取了多项举措,使国内银行业呈现出多元化发展局面。1978—1994年,国家的政策性业务主要由中国工商银行、中国农业银行、中国银行和中国人民建设银行承担。

1993年12月25日,国务院发布《国务院关于金融体制改革的决定》,提出深化金融改革,将中国工商银行、中国农业银行、中国银行、中国人民建设银行四大行建设成国有大型商业银行,从四大行中剥离出政策性业务,组建了专门承担政策性业务的专业银行即政策性银行。

1994年,中国政府设立了国家开发银行、中国进出口银行、中国农业发展银行三大政策性银行,这三大政策性银行均直属国务院领导。其成立时间及主要业务如下:

1994年3月17日,国家开发银行在北京成立,注册资本为500亿元人民币,主要承担国内开发型政策性金融业务。

1994年7月1日,中国进出口银行在北京成立,注册资本为33亿元人民币,主要承担大型机电设备进出口融资业务。

1994年11月8日,中国农业发展银行在北京成立,注册资本为200亿元人民币,主要承担农业政策性扶植业务。

为适应市场化、国际化新形势,充分利用服务国家战略、依托信用支持、市场运作、保本微利的优势,进一步完善开发性金融运作模式,政策性银行又经历了新一轮的改革与发展。2007年12月31日,中央汇金公司和国家开发银行在北

> 京签署协议,向国家开发银行注资 200 亿美元。2008 年 2 月,国务院批准了国家开发银行的改革实施总体方案。2008 年 12 月 16 日,国家开发银行股份有限公司在京挂牌成立,成为第一家由政策性银行转型而来的商业银行,标志着我国政策性银行改革取得重大进展。
>
> 2015 年,政府工作报告首次明确"发挥好开发性金融、政策性金融在增加公共产品供给中的作用"。2015 年 4 月 12 日,官方宣布,由中国央行会同有关单位提出的国家开发银行、中国进出口银行、中国农业发展银行的改革方案,已经正式获得批准。其中,国家开发银行被明确定位为开发性金融机构,而中国进出口银行、中国农业发展银行则进一步明确了政策性银行的定位。

第二,银行业的法律相继出台。1994—1997 年,我国相继出台了《中华人民共和国中国人民银行法》《中华人民共和国商业银行法》和《中华人民共和国外资金融机构管理条例》等法律文件,从法律层面规范金融机构的业务行为。

1995 年 7 月 1 日,《中华人民共和国商业银行法》正式生效。这部法律对商业银行的性质、功能及商业银行与政府、企业、中央银行以及商业银行之间的关系作了详细规定。具体来看,包括确立分业管理、分业经营的原则;明确法人财产制度的原则;保护银行信贷自主权,任何单位和个人不得强令商业银行发放贷款或者提供担保;要求商业银行实行审贷分离、分级审批制度等。

《中华人民共和国商业银行法》旨在保护商业银行、存款人和其他客户的合法权益,规范商业银行的行为,提高信贷资产质量,加强监督管理,保障商业银行的稳健运行,维护金融秩序,促进社会主义市场经济的发展。

第三,国家专业银行转型为国有商业银行。为了推进国有商业银行的改革,1993 年 12 月颁布的《国务院关于金融体制改革的决定》明确提出:"将政策性金融与商业性金融分离,把国家专业银行办成真正的商业银行。"据此确立了改革的方向性原则和要求:贯彻执行自主经营、自担风险、自负盈亏、自我约束的经营原则;国有商业银行总行要强化集中管理,提高统一调度资金的能力,全行统一核算,分行之间不能有市场交易行为;总行对本行资产的总流动性及支付能力负全部责任；允许国有商业银行之间有业务交叉，在一定范围内开展良性竞争；国有商业银行不得对非金融企业投资，对保险业、信托业和证券业的投资额不得超过其资本金的一定比例，并要在计算资本充足率①时从其资本额中扣除；在人、财、物等方面与保险业、信托业和证券业脱钩，实行分业经营。

在这一背景下，1994—1997年四大银行在内部治理、机构调整、资金管理等方面进行了转型与改革。

一是强化统一法人制度。国家专业银行的机构设置大致按行政区划与行政机构对应设置，其省级分行和计划单列市分行在现实中以法人资格经营管理，基本上自主决定贷款、拆借等经营业务，有时甚至自行对外投资和开办新业务。在向商业银行转型的过程中，各家专业银行相继集中了资金管理权和贷款管理权，推行授权授信的管理制度，强化内部控制。

二是走向分业经营。从1994年起，四大银行被要求在人、财、物等方面与保险业、信托业和证券业脱钩，实行分业经营。经过两年的努力，原来与银行挂钩的证券机构经过股本重组后，与银行基本脱钩。与此同时，从1995年5月起，四大银行与所属信托投资公司开始脱钩。分业经营的展开，使这些银行的内部管理得到了加强。

三是资产负债比例管理。1994年初，中国人民银行下发通知，在四大银行建立"限额下的资产负债比例管理"，在业务运营中建立一系列比例指标体系，以控制银行资金流动，使之在总量上均衡、结构上优化，增强银行自我约束与自我发展的能力。1997年，中国人民银行发布了《关于改进国有商业银行贷款规模管理的通知》，从1998年起全面推行资产负债比例管理。

四是调整组织机构体系。按行政区划层层设置的专业银行机构在经过一系列调整与改革后，同一地区重复设立的支行被精简，一地多设的管理机构被合并，管理层次被缩减。与此同时，银行开始逐步打破行政区划，按照商业银行经营管理的要

---

① 资本充足率，又叫资本风险（加权）资产率 [Capital to Risk (Weighted) Assets Ratio, CRAR]，是一家银行的资本总额对其风险加权资产的比率。资本充足率是保证银行等金融机构正常运营和发展所必需的资本比率。

求,按经济区划设置二级分行及以下分支机构。

五是改善内部治理结构。四大银行开始逐步构筑约束和激励相结合的内部管理体制,如建立贷款约束机制,实行审贷分离制度①;建立行员制,突出技术性,淡化行政级别观念;完善法人治理结构,规范内部监督结构;等等,以提高商业银行的运作效率,逐步建立按现代企业制度运行的国有商业银行运行机制。至此,通过商业化改革的初步探索,四大银行的面貌都发生了巨大的变化(如表2-2所示)。

表2-2 四大商业银行存贷款份额变化

年份	四大银行存款总量（亿元）	四大银行贷款总量（亿元）	四大银行存款占比	四大银行贷款占比
1993	25242.72	28314.74	85.20%	85.95%
1994	33017.79	32827.36	81.58%	80.44%
1995	41737.72	39078.76	77.49%	77.33%
1996	52708.02	47437.27	76.87%	77.57%
1997	60885.78	52888.44	73.90%	70.60%
1998	71078.84	61631.88	74.27%	71.23%
1999	80347.47	65086.07	73.86%	69.44%
2000	88958.05	64450.69	71.85%	64.86%

数据来源:《中国金融年鉴(2001)》

第四,股份制商业银行快速发展。在这10年中,股份制银行发展迅速,同时,城市商业银行也相继成立。当然,改革的过程也并非一帆风顺,例如,海南发展银行成为改革开放以来首家被关闭的银行。

民生银行是中国首家主要由非公有制企业发起的全国性股份制商业银行,它突

---

① 审贷分离制度指将贷款的推销调查信用分析、贷款的评估审查发放、贷款的监督检查风险监测收回三个阶段分别由三个不同的岗位来完成。

破了金融领域的国有垄断和对民营资本的限制。从体制上看，民生银行从成立之初就具有明晰的产权结构，与大股东在业务、人员、资产、机构和财务等方面完全独立，具有独立完整的业务及自主经营能力；从成立伊始就确立了较好的公司治理架构，明确了股东大会、董事会、监事会的职责。同时，基本杜绝了关联贷款。因此，在经历了初期的探索阶段后，随之而来的是银行新的发展阶段。

1993—2000年，除了海南发展银行遇到了发展的瓶颈外，多数银行规模迅速扩张，效益明显增加，股份制银行更具备商业银行的基本要求，主要表现在以下几个方面：

一是不断完善公司治理。总体而言，多数股份制商业银行在发展初期就完成了初步的股份制改造，实行董事会领导下的行长负责制，股东、董事会、行长职能明确，权益上相互制衡。通过在不同主体间实施资产分割，使资产主体清晰化、人格化，形成互相制约的组织结构体系，实现所有权对经营权的约束与制衡，促进责、权、利的有机结合，使其在经营活动中真正具有内在动力和外在活力，改善了专业银行因产权主体缺位造成的银行对资产效益最大化及自身发展缺乏内在动力、缺乏对管理人员行之有效的责任制约机制等问题。

二是按效益原则设置机构。四大专业银行从中央到基层是按照行政区划设置分支行的，而非按照经济区域划分，易受地方政府的行政干预。一些股份制商业银行开始打破按行政区划层层设置分支机构的传统做法，形成了在沿海、沿江、沿边等对外开放程度大、货币化程度高的经济中心城市的机构网络。

三是经营机制灵活。四大专业银行并非独立按照市场原则运作的经济单位，其人事权、经营权都不同程度地受到政府的控制与干预。在业务上，专业银行受中国人民银行的直接领导，执行政府规定的宏观经济管理目标，还不能独立地制定与执行其商业性经营目标。同时，由于专业银行采取政府行政部门的结构与级别，因此政府能够通过直接干预专业银行的重大经营决策来实现其对银行的有效控制。股份制商业银行建立后，按照稳健经营原则，实行以资金比例控制制度、资产质量监控制度和财务分析制度为主要内容的资产负债比例管理和风险控制制度，推进内部组织管理体制的改革，力图成为真正的企业性组织，以提高银行的商业竞争力。

四是实行一级法人制①。多数股份制银行在成立之初即实行一级法人制。在总分行管理体制下，由总行对全行在人事任免、业务政策、综合计划、基本制度、资金调度等方面实行统一领导，负责监控全行的经营与资金运营情况，从而有利于银行在业务经营中形成统一的决策意见。交通银行和广东发展银行曾经使用过多级法人制，但是效果不好，影响了整体运营效率。两家银行分别在1994年和1995年改为实行一级法人制。

第五，城市商业银行兴起。《国务院关于金融体制改革的决定》明确我国商业银行体系包括：国有商业银行、交通银行、中信实业银行、光大银行、华夏银行、招商银行、福建兴业银行、广东发展银行、深圳发展银行、上海浦东发展银行和农村合作银行等。同时，提出积极稳妥地发展合作银行体系。从此，在城市信用社基础上建立城市合作银行、在农村信用社基础上建立农村合作银行相继进行。

1995年，国务院发布《国务院关于组建城市合作银行的通知》，决定在35个大中城市逐步展开。城市合作银行规模迅速扩大，截至1996年末，已有18个城市合作银行开始营业，注册资本总计90.02亿元。1998年3月，城市合作银行更名为城市商业银行，完成由合作制向股份制的转变。

城市商业银行的建立，改变了城市信用社分散经营、风险抵御能力较弱等问题，初步建立起现代商业银行制度，确保了大中城市经济、金融秩序稳定，进一步完善了金融组织体系，促进地方发展。但是，成立初期的城市商业银行仍然有许多问题亟待解决，如多年累积的风险还没有完全暴露、部分分支机构管理缺失、历史包袱重等。在这一时期，城市商业银行呈现出各地发展不平衡的特点。

第六，亚洲金融危机爆发与国有商业银行的进一步转型。四大国有商业银行作为中国金融市场的主导力量，无论是其资产规模还是市场份额，都具有绝对优势。四大银行占中国金融市场份额的50%以上，一直是中国经济的主要融资来源，对国有企业来说尤为重要。但是，由于政府干预、法律环境薄弱、大型商业银行客户

---

① 法人是具有民事权利能力和民事行为能力，依法独立享有民事权利和承担民事义务的组织。在一些企业组织关系中，不仅公司具有法人地位，它们的下属机构也具有准法人的地位。这些下属机构就是二级法人，没有独立的法人资格，但可以享有某些法人的权利。

群管理不善等外部原因与银行自身公司治理不规范、经营管理不善、金融市场发展滞后、外部监管不足、考核机制不健全等内部原因，使四大银行存在不良贷款比例过高、资本充足率不足等问题。

这些问题亟待国家进行顶层设计，从根本上加以解决。特别是1997年爆发的亚洲金融危机暴露了银行的很多弊端，银行与监管机构开始强调从自身角度审视当时所存在的种种问题。基于此，1997年12月，中共中央、国务院发布《中共中央、国务院关于深化金融改革，整顿金融秩序，防范金融风险的通知》，提出"必须把国有商业银行办成真正的商业银行"。首先，国有银行资本充足率普遍较低，1997年6月底，本外币风险资产达5万亿元，资本净额仅有1700亿元，资本充足率仅3.5%左右，远远低于国际8%的标准。银行必须有充足的资本金以随时弥补经营损失和应对意外情况的发生。

因此，四大银行转型的第一步是补充资本金。中国人民银行在与财政部多次协商后，形成由财政部发行2700亿元特别国债、所筹资金用来补充四大银行资本金的具体方案，即：首先，中国人民银行将银行法定存款准备金从13%调低到8%，降低的5个百分点给四大银行"创造"出2700亿元的资金。其次，财政部发行2700亿元特别国债，四大银行用释放的资金购买特别国债，财政部在得到2700亿元后，再将其作为资本金注入四大银行。

在进行注资后，四大国有银行的不良贷款率仍居高不下。截至1997年6月底，四大国有银行不良贷款已突破1万亿元，占全部贷款的25.6%；不良贷款率已达30.21%，其中逾期贷款率17%，呆滞贷款率10.47%，呆账贷款率2.74%。1998年末，四大国有银行的不良贷款率仍在上升，达到32.34%。四大国有银行不良贷款率成为危及中国金融稳定的最大障碍。

成立金融资产管理公司，正是中央政府为改变国有银行不良贷款比率过高的现状而进行的一种积极探索。1999年相继成立了中国信达资产管理公司（1999年4月20日）、中国东方资产管理公司（1999年10月15日）、中国长城资产管理公司（1999年10月18日）、中国华融资产管理公司（1999年10月19日）等四家金融资产管理公司。设立资产管理公司的主要目的是改善国有银行资产负债结构，集中处理和管理不良资产，划分新旧账，对新的贷款实行严格的责任制。同时，通过资产管理公司对符合条件的企业实行债转股等方式，减免国有大中型企业的债务负担，支持国有大中型企业的改革。四家资产管理公司分别从四大国有商业银行和国家开发银行剥离了约1.4万亿元不良贷款，使四大国有银行的不良贷款比率下降了10个百分点，从而极大地降低了国有商业银行不良贷款的负担。资产管理公司的成立，无疑将进一步推动国有企业改革。通过企业改组、债务重组、上市等，有助于加快国有企业转换经营机制的步伐。

表2-3 1998—2003年国有商业银行的不良资产率（单位：%）

银行	1998年	1999年	2000年	2001年	2002年	2003年
中国建设银行	NA	NA	20.27	19.35	15.17	9.12
中国工商银行	NA	NA	34.43	29.78	25.69	21.23
中国农业银行	NA	NA	NA	42.12	36.5	30.66
中国银行	39.34	28.78	27.2	27.51	22.49	16.29
实际平均				31.02	26.1	20.36

数据来源：各行年报

专栏二

四大国有资产管理公司的成立与发展情况

1. 成立

为解决国有独资银行长期积累的不良资产的问题，国务院于1999年成立了四家直属国务院的资产管理公司：中国华融资产管理公司、中国长城资产管理公司、中国东方资产管理公司和中国信达资产管理公司，专门负责对应解决中国工商银行、中国农业银行、中国银行、中国建设银行不良资产的问题，为四大银行发展成为大型商业银行奠定了基础。

2. 主要业务

资产管理公司通过旗下子公司开展各类业务，例如，中国华融资产管理公司旗下就拥有华融湘江银行、华融证券、华融信托、华融租赁、融德资产、华融渝富、华融期货、华融置业、华融致远投资、华融汇通资产10家子公司，提供全牌照多功能的一揽子服务。

（1）不良资产处理。金融资产管理公司可以最大限度地保全资产、减少损失，收购并经营银行剥离的不良资产，开展追偿债务，资产租赁、转让、重组业务，按照公开、竞争原则，通过招标、拍卖、竞价模式处置资产。

（2）信托业务。在四大资管公司中，中国信达资产管理公司直接参与房地产信托，而其他三家公司则通过收购上游因信托应收款或发放第二期信托计划，或者提供增信、过桥资金方式参与信托。

（3）投资银行业务、直投业务。帮助企业进行债务重组和资产重组、债券转股权或者阶段性持股、进行资产证券化等。在资产管理范围内进行上市推荐、股票债券承销、担保、直接投资、商业借款；也可以向金融机构借款和向中国人民银行申请再贷款。

（4）其他商业银行、期货、金融租赁、保险、基金领域业务。

3. 股份制改制和上市

华融：中国华融资产管理公司改制为中国华融资产管理股份有限公司，注册资本为258.35亿元，财政部控股98.6%，中国人寿保险（集团）参股1.94%，2015年10月23日在香港主板上市。

长城：2016年11月25日，财政部、全国社保基金和中国人寿保险共同设立中国长城资产管理股份有限公司，注册资本为431.5亿元，其中财政部持股97%，社保基金持股2%，中国人寿持股1%。

东方：2016年9月23日，财政部和全国社会保障基金共同设立国有综合金融服务集团，中国东方资产管理公司改制为中国东方资产管理股份有限公司。

信达：2013年，中国信达资产管理公司引入社保基金、UBS AG、中信资本和渣打四家战略投资者，合计持有16.54%股份，在香港主板上市，它也是国内首家登陆国际资本市场的金融资产管理公司。

与此同时，银行内部的管理机制也在与国际接轨，各大银行均采取资产负债比例管理和贷款的五级分类法。自1998年1月1日起，各商业银行依法筹集的资金，在缴纳准备金、留足备付金、按计划进度归还中国人民银行再贷款和购买政策性金融债券后，由商业银行自主使用，按照信贷原则和国家有关政策发放贷款。在不良贷款管理方面，原有的四级分类法已无法充分反映贷款风险的问题，1998年，在深化国有独资商业银行改革时，新的五级分类法应运而生。五个级别分别为正常贷款、关注贷款、次级贷款、可疑贷款和损失贷款。其中后三类合计为不良贷款。使用信用风险五级分类法对贷款质量进行分类，重视还款保证能力，比四级分类法更全面，同时对信贷人员的素质要求也更高。

在一系列改革方针的指导下，四大国有商业银行的经营状况得到了大幅改善。截至2002年末，四大国有商业银行的总资产达14.45万亿元，同比增长11.27%。

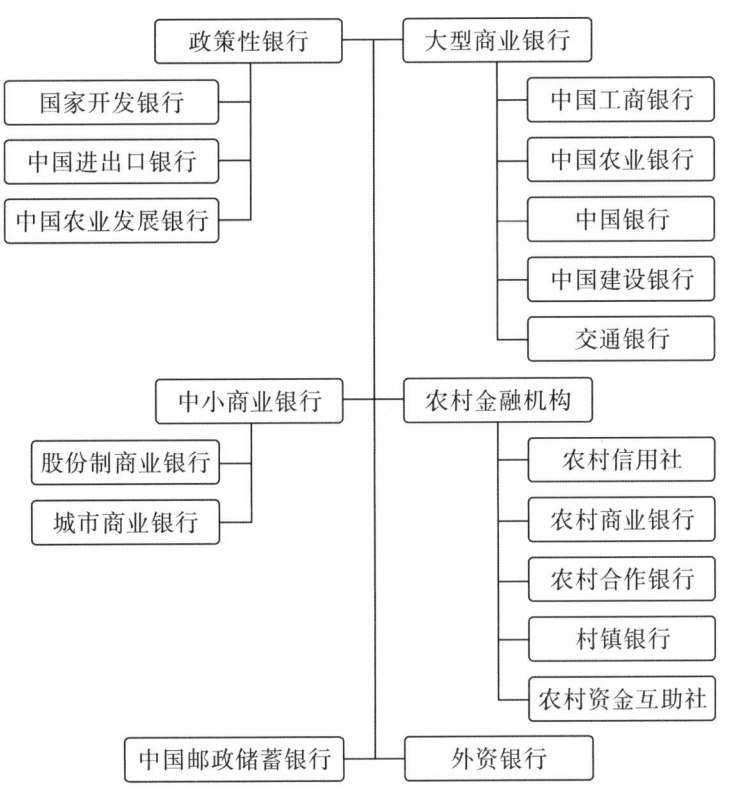

图2-2 中国银行业金融机构体系

数据来源：WIND，中国银行国际金融研究所

各项存款为11.84万亿元,同比增长12.27%。按照贷款质量四级分类法划分,四大国有商业银行境内账面不良贷款为17023.23亿元,比上一年度减少623.33亿元。此外,2002年四大国有商业银行共计盈利302亿元,比上年多盈利71亿元。四大国有商业银行的财务状况持续好转,内部制度逐步完善。

与此同时,需要指出的是,国有商业银行这一阶段的改革主要是在处置不良资产、加强内部管理等技术层面上进行,尚未根本触及体制机制等深层次问题,它预示着银行改革进一步深化的方向和任务。

第三阶段(2004年至今),商业银行的治理机制再造。

进入21世纪,随着社会主义市场体制改革的深化以及中国加入WTO,中国的经济面貌发生了深刻变化。一方面,党的十五届四中全会在《中共中央关于国有企业改革和发展若干重大问题的决定》中提出:"国有资本通过股份制可以吸引和组织更多的社会资本,放大国有资本的功能,提高国有经济的控制力、影响力和带动力。国有大中型企业,尤其是优势企业,宜于实行股份制的,要通过规范上市、中外合资和企业互相参股等形式,改为股份制企业,发展混合所有制经济,重要的企业由国家控股。"中国商业银行的服务对象与服务内容已与过去大为不同了。另一方面,随着中国加入WTO,以金融业为重要内容的服务业开放也势在必行。中国的商业银行开始面临国际同行的竞争。新的历史背景、新的经营环境,要求商业银行进行根本性的改革,对其治理机制进行再造。其中,对国有商业银行而言,可通过股份制改造,并逐步在交易所上市,以建立商业化的公司机制;对中小股份制商业银行和城市商业银行而言,可通过引进战略投资者等改革措施,完善法人治理结构,规范业务流程,提升竞争力。为建立商业银行良好的公司治理机制,新一轮的改革在三个相互关联、相辅相成的方面同时展开。一是打破预算软约束①,隔断银行与政府、财政的父子关系。在这一改革中,政府虽然向银行注入资本金,但是是

---

① 向企业提供资金的机构(政府或银行)未能坚持原先的商业约定,使企业的资金运用超过它的当期收益范围的现象,被亚诺什·科尔奈(János Kornai, 1986)称为"预算软约束"。广义的预算软约束是指当一个预算约束体的支出超过了它所能获得的收益时,预算约束体没有被清算而破产,而是被支持体救助得以继续存活下去。

"最后的晚餐",政府仅是出资人,并以出资额为限,承担有限责任。二是建立受市场机制约束的现代银行机制。通过建立股东大会、董事会、监事会,形成新的治理结构,并面向市场相应地完善内部管理流程,确保可持续经营。三是建立独立的第三方专业监管体系,加强资产负债比监管,并要求资本充足。

第一,中国工商银行、中国农业银行、中国银行、中国建设银行四大行的股份制改造及上市。在这种情况下,新的改革共识形成:中国工商银行、中国农业银行、中国银行、中国建设银行要商业化必须公司化,公司化的最佳实践是股份制,而在资本市场上市尤其在境外上市,可强化市场纪律约束,巩固公司治理机制。

2002年2月,第二次全国金融工作会议召开。会议明确国有独资商业银行改革是中国金融改革的重中之重,改革的方向是按现代金融企业的属性进行股份制改造,并提出"具备条件的国有独资商业银行可改组为国家控股的股份制商业银行,条件成熟的可以上市"。之所以选择股份制改造并上市为四大国有商业银行的改革方向,是吸取了过去改革的经验教训。2003年末,在新的改革共识下,中国工商银行、中国农业银行、中国银行、中国建设银行四大行股份制改造拉开序幕,按照核销已实际损失掉的资本金、剥离处置不良资产、外汇储备注资、境内外发行上市的财务重组"四部曲",一行一策,有条不紊地展开。

区别于以往,这一次政府对工、农、中、建四大行的资本金注入不再是通过发行巨额特别国债来进行,而是借助于日益庞大的外汇储备,对其进行创造性的运用。2003年12月16日,国务院批准设立中央汇金公司,这家以外汇储备注册成立的国有独资投资公司,注册资本为450亿美元。国务院明确中央汇金公司代表国家对重点金融机构进行财务重组并履行出资人职能。该公司负责向银行注资,并作为出资人督促银行落实各项改革措施,完善公司治理结构,力争让股权资产获得有竞争力的投资回报和分红收益。

专栏三

中央汇金公司的成立与国有银行的股份制改革

1. 国有银行股份制改革的背景与意义

2002年2月，第二次全国金融工作会议提出，"必须把银行办成现代金融企业，推进国有独资商业银行的综合改革是整个金融改革的重点""具备条件的国有独资商业银行可改组为国家控股的股份制商业银行，条件成熟的可以上市"。对国有商业银行实行股份制改造、加快处置不良资产、充实资本金、创造条件上市是国有银行改革的目标。

2. 中央汇金公司注资

（1）成立：2003年12月16日，中央汇金公司注册成立。注册资本来自财政部，并通过运营央行的外汇储备等资金对国有银行进行注资，完成股份制改革。

（2）注资中国银行：2004年1月6日，中央政府创造性地运用外汇储备注资大型商业银行。2004年8月24日，中国银行股份有限公司正式成立。

（3）注资中国建设银行：中央汇金公司拿出450亿美元（合计3724.65亿元人民币）外汇储备注资中国银行和中国建设银行，并引进战略合作伙伴，标志着国有商业银行股份制改革拉开序幕。2004年9月21日，中国建设银行股份有限公司正式对外挂牌，标志着中国银行和中国建设银行的股份制改造已经完成。

（4）注资交通银行：2004年，交通银行通过定向募股方式，补充资本金191亿元，其中财政部、中央汇金公司和社保基金分别投资50亿元、30亿元和100亿元。交通银行通过财务重组由股份制商业银行改制为国有商业银行，为建立真正的现代金融公司治理结构积累了经验、奠定了基础。

（5）注资中国工商银行：2005年4月，中央汇金公司用150亿美元外汇储备对中国工商银行注资。

（6）注资中国农业银行：2008年11月，中央汇金公司用190亿美元对中国农业银行注资。

3. 完成股份制改革：引入战略投资人和后续上市

在成功改制和引进战略投资者的基础上，国有商业银行开始公开发行股票并上市。2005年，交通银行、中国建设银行在H股上市；2006年，中国银行、中国建设银行分别在H股和A股上市；2007年，交通银行和中国建设银行又实现了在A股上市；2010年，中国农业银行最终实现在A股和H股上市，完成了国有银行的股份制改革。

4. 股份制改革的"汇金模式"

在国有银行股份制改革过程中，如何处理国资管理、委托代理、政企分开等问题是建立完善的国有资本授权经营体制的关键。政府行使国有资本监管职能、国有出资代表根据政府授权享有股东权利和履行股东义务，而国有企业经营主体要通过市场化方式实现经营收益。而且中央汇金公司积极探索浮动不缺席、不越位的有效行权方式，坚持做符合市场化准则的积极股东，在政府和国有企业经营二者之间起到了连接带和隔离带的作用，实现了股份制改革这一市场化行为与国有资本有效管理的统一。

在中央汇金公司以出资人的角色利用国家外汇储备进行注资的同时，为减轻国有商业银行的财务包袱，国家通过核销原有资本金以及返还当年利润等方式对冲坏账，并对剩余不良资产再次进行剥离。值得注意的是，这次剥离与亚洲金融危机时期的不良资产剥离不同，前一次的1.4万亿元不良资产绝大部分是政策性贷款，从而按账面价值剥离，简单地将资产按原值直接划转给资产管理公司，基本上是一种行政行为。而这次剥离则引入市场机制，四大资产管理公司除了接受划转的一部分损失类不良资产外，其余不良资产按原值50%的对价通过市场公开竞标购买进行，进而组成类型不同的资产包在境内外拍卖出售。

这样做的部分原因是：资产管理公司难以在不发达的中国市场上销售出所有的由不良贷款转变而来的资产，从而将部分标的转售给境外投资者。例如，四家资产管理公司之一、中国工商银行的不良资产对口接收者华融资产管理公司，曾将大量不良贷款组合出售给了由摩根士丹利和高盛领衔的国际财团。这也是中国金融市场对外开放的新尝试。在中央汇金公司注资、国家剥离不良资产的基础上，国有商业银行完成了财务重组,使资产负债表开始健康化。为巩固这一成果,国有商业银行开始了以引进战略投资者为标志的股份制改造。首先是引进经营经验丰富且有严格市场纪律约束的境外战略投资者。中国建设银行、中国银行、中国工商银行均在公开上市之前引进了境外战略投资。紧接着,为使四大商业银行变成真正的市场竞争主体,需要进一步完善其产权结构和公司治理,而强化股东利益所带来的监督约束机制是必然选择。为此,需要进一步吸收非国有股权资本参与其中,上市尤其是境外上市是实现这一目的的最佳途径。

表2-4 国有商业银行引入战略投资者一览表

银行名称	战略投资者	入股时间	金额	持股比例（%）
中国建设银行	美国银行	2005年8月	25亿美元	9.13
		2005年10月	5亿美元	
		2008年6月	145.2亿港元	
		2008年11月	548.24亿港元	
	淡马锡	2005年8月	14.66亿美元	5.66
		2005年10月	10亿美元	
中国银行	苏格兰皇家银行	2005年12月	30.48亿美元	8.25
	瑞士银行集团		4.92亿美元	1.33
	亚洲开发银行		0.74亿美元	0.20
	淡马锡		15.24亿美元	4.13
		2006年6月	5亿美元	
中国工商银行	美国高盛集团	2006年4月	25.822亿美元	4.9
	德国安联集团		10亿美元	1.9
	美国运通公司		2亿美元	0.4

数据来源:根据公开资料整理,中国银行国际金融研究所

表 2-5 国有商业银行国内外上市一览表

银行名称	中国建设银行		中国银行		中国工商银行		中国农业银行	
股份类别	H股	A股	H股	A股	H股	A股	H股	A股
发行时间	2005年10月27日	2007年9月25日	2006年6月1日	2006年7月5日	2006年10月27日	2006年10月27日	2010年7月16日	2010年7月15日
总发行量（亿股）	304.59	90	294.04	64.94	407.0	149.5	254	255.71
发行价格	2.35港元	6.45元	2.95港元	3.08元	3.07港元	3.12元	3.2港元	2.68元
总融资额（亿美元）	169.55		136.77		219.68		221	

数据来源：根据公开资料整理，中国银行国际金融研究所

2005年，中国建设银行率先在香港上市；2006年6月和7月，中国银行分别在香港和上海上市；2006年10月27日，中国工商银行在沪、港两地同时上市；2007年9月，中国建设银行回归A股市场。

2010年7月，随着中国农业银行在上海敲响钟声，四大国有银行的股份制改革顺利实现了"A+H上市"的目标。截至2013年底，四大国有银行的资本充足率均超过11.5%，不良贷款率下降到1.5%以下，税后利润总额超过8000亿元。目前来看，这场以产权改革为核心、以股份制改造为标志、以建立现代商业银行制度为目的的新一轮改革基本实现了改革的初衷。中国人民银行行长周小川称："上市是彻底改造大型商业银行公司治理机制的重要环节，改革取得了阶段性的成功。"具体体现在以下几个方面：

一是初步建立了相对规范的现代公司治理架构。一方面，在股改的过程中，银行的治理架构不断细化清晰，各部门有了更为明确的分工和职责。股东大会、董事会、监事会和高级管理层之间既各司其职又相互制衡。所有权和经营权的分离也使得银行的经营管理更加专业化和规范化，银行的经营效率大幅度提高。另一方面，

国有商业银行用引进战略投资者的方式，充分学习战略投资者带来的先进的管理模式和经营理念，使银行的内部控制和风险管理制度更加完善，其应对危机的能力有了大幅度的提升。

二是财务状况明显好转。从银行资金的角度来看，由于股票发行和上市工作已基本完成，因此银行从资本交易市场筹得了大量的资金，建立起了市场化的资本金补充机制。财务状况的明显好转，也给银行的经营带来了更大的发展空间和更多的发展机遇，银行抗风险的能力显著增强，这些都在一定程度上提升了我国资本市场的国际地位。

三是经营管理能力和市场竞争力逐渐增强。各银行围绕"以客户为中心"的经营管理理念，不断改进办事流程，提高工作效率和服务质量，加快理念、技术、产品的创新，不断提升自身的核心竞争力，促进了自身业务水平的不断提高。与此同时，结合引进的战略投资者，国有银行不断开拓新的业务渠道，加强金融创新，提高金融服务质量，与飞速发展的经济和社会需求有效协调统一，不断满足居民日益增长的投资和业务需求。

专栏 四

国有控股商业银行的上市安排

1. **国有控股商业银行上市的主要流程**

先通过将国有独资银行改制为多元投资主体的股份有限公司，再通过将国有控股商业银行上市来实现商业银行的股份制改革。在上市过程中大多会引入多元化的投资主体，进行资产重组改制，然后实现上市。

2. **国有控股商业银行上市的可操作模式**

操作模式可以分为整体上市、分拆上市、联合上市、买壳上市等四种模式。

（1）整体上市模式：是指每一家国有银行分别以其整体资产进行重组改制为股份制商业银行，然后以商业银行总行的名义上市，其中深圳发展银行、上海浦东发展银行、中国民生银行和招商银行都是按照这一模式上市的。此模式操作较简单,又保持了国有运营的完整性,使得筹措的资金能有效地在全行范围使用,但是,此模式对上市主体的资产质量、财务指标都有较高要求。

(2) 分拆上市模式:分为业务分拆、地区分拆、跨境分拆。业务分拆即把国有商业银行的一部分业务进行改组、成立子公司而后上市;地区分拆是国有控股商业银行将金融发达地区的分行从同一法人主体中分离出来,用于组建股份有限公司,然后进行上市,而原国有商业银行总行继续存在并依照持有的股份数额对上市银行行使相应的股权;跨境分拆是将国有商业银行在境内外拥有的子公司、互认的分支机构等上市,此模式可以单独采用,也可以与前两种模式共同采用。

分拆上市模式最大的缺点是会造成上市部分和未上市部分的业务隔断,从而出现费用成本核算、利润分配等问题。例如,交通银行分拆其全资附属子公司交行国际在香港上市,其中90%为国际发行,仅10%在香港发行。再如中国银行子公司中银航空租赁在香港上市,上市后中国银行仍持有60%的股权。

(3) 联合上市模式:是指同一地区的几家国有控股商业银行联合新建一家股份制上市商业银行进行上市。这种模式有利于减少区域竞争和行政干预,但组织实施较为困难,资金往来有利益冲突,使其难以取得协同效应。例如,江苏银行是在江苏省内无锡、苏州、南通等10家城市商业银行的基础上合并重组而成的现代股份制商业银行,开创了地方法人银行改革的新模式。

(4) 买壳上市、借壳上市模式:借壳上市是指不直接挂牌上市而是通过与境内外另一家上市公司的特殊关系来达到上市的目的,例如,通过资产、业务注入、控股等方式实现。买壳上市是指国有商业银行收购境内外上市公司部分或全部股权以取得上市地位,通过注入资产实现上市。例如,中国工商银行收购了友联银行,将其香港分行的业务注入,并将其更名为中国工商银行(亚洲)有限公司,通过"买壳"实现部分上市。

3. 国有控股商业银行上市中的问题分析

(1) 在国有控股商业银行股份制改革中引入的战略投资人的成本收益可能不匹配。在上市锁定期结束后,投资者有可能转变为关注短期溢价的投资人。

> （2）垄断大型国有银行上市后，创新动力仍然不足。
>
> （3）上市后出现银行经营指标、压力问题。
>
> （4）由于国有控股商业银行规模较大，直接融资过程存在困难，因此，如何在维持市场流动性充裕的前提下顺利融资是国有控股银行融资面临的问题。

第二，股份制银行的"升级改造"。在1995年中国民生银行和海南发展银行获准设立8年后，全国性股份制商业银行再次扩容。恒丰银行、浙商银行和渤海银行自2003年起先后或改制或新成立。这一时期，全国性股份制商业银行对内开放与对外开放相结合，引进境外战略投资者，在海内外公开上市，积极实施国际化战略，面貌焕然一新。

最近10年股份制银行具有以下两方面特点。一是大量引入战略投资者并且公开上市。近10年里，外资银行大规模进入中国，除设立分支机构外，还大规模地参股中资机构。从国有商业银行到股份制商业银行，从城市商业银行到农村商业银行，都能看到外资银行的身影。总体而言，这些外资银行作为战略投资者，不仅快速进入中国这个全球最大的新兴市场，而且由于这些年中国经济的快速发展和银行业盈利的高速增长，基本都获得了不同程度的收益。

表2-6 股份制商业银行引入境外战略投资者一览表

银行	投资方	批准时间	参股金额	持股比例（%）
交通银行	汇丰银行	2004年8月	17.47亿美元	19.15
		2005年6月	4.31亿美元	
中国光大银行	亚洲开发银行	1996年10月	0.2亿美元	3
浦发银行	花旗银行	2002年12月	0.675亿美元	5
中国民生银行	国际金融公司	2004年7月		1.08
	新加坡亚洲金融控股私人有限公司（淡马锡控股）	2004年11月	1.07亿美元	4.55

(续表)

银行	投资方	批准时间	参股金额	持股比例（%）
兴业银行	恒生银行	2004年3月	2.08亿美元	15.98
	新加坡政府	2004年3月	0.65亿美元	5
	直接投资公司	2004年3月	0.52亿美元	4
深圳发展银行	美国新桥资本	2004年9月	1.5亿美元	17.89
渤海银行	渣打银行	2005年12月	1.23亿美元	19.99
华夏银行	德意志银行	2006年3月	13.275亿元	7.02
	德意志银行卢森堡股份有限公司	2006年3月	5.445亿元	2.88
	萨尔·奥彭海姆银行		7.704亿元	4.08
广东发展银行	花旗集团	2006年12月	56.71亿元	20
	IBM信贷公司	2006年12月	13.44亿元	4.74
中信银行	西班牙对外银行	2006年11月	48.85亿元	—
恒丰银行	新加坡大华银行	2008年6月	1.15亿美元	15.38

数据来源：根据公开资料整理，中国银行国际金融研究所

二是股份制银行快速扩张。2003年后，新成立或改组而成的3家股份制银行在本地站稳脚跟后迅速向全国布局。而此前成立的9家股份制商业银行在此期间继续增设网点，进一步完善了各自在全国的网络。除了在国内布局外，一些股份制商业银行还积极"走出去"，开始了国际化战略的谋划，在海外扩张方面也进行了积极的尝试。

第三，农村商业银行的兴起与城市商业银行的改革。2003年后，农村金融改革的核心是产权制度的改革。2003年，深化农信社改革方案出炉，同时，银监会制定了《农村商业银行管理暂行规定》，规定农村商业银行是由辖区内农民、农村工商户、企业法人和其他经济组织共同发起成立的股份制地方性金融机构。设立农村商业银行的具体条件是：发起人不少于500人；全辖区信用社资产总规模在10亿元以上；不良贷款比例在15%以下；注册资本不低于5000万元，资本充足率达到8%。同时，对此前农村商业银行股权结构和公司治理结构的规定予以适度调

整。随着2006年底银行业的全面对外开放，对农村商业银行的诸多限制已取消。

1995年6月和12月，深圳市商业银行和上海银行相继组建，标志着城市商业银行正式登上中国金融舞台。此后，城市商业银行如雨后春笋般发展壮大。在2003年至今的10多年中，最突出的是城市商业银行引入境内外战略投资者、公开上市和重组改制。

2001年我国加入WTO后，外资金融机构开始大规模地进入中国这个全球最大的新兴市场，而从城市信用社转变而来的城市商业银行为了尽快向现代商业银行转变，选择了与具有一定实力的外资银行合作，另一些城市商业银行则展开了与全国性股份制银行的合作，力图在吸收和优化资本结构的同时，引进先进的经营管理理念、经营方式和好的产品，以提高市场竞争力。

表2-7 城市商业银行引进境内外战略投资者一览表

时间	中方银行	境内外投资者	参股比例（%）	投资金额
1999年9月	上海银行	国际金融公司	5	2.12亿元
2001年11月	南京市商业银行	IFC	15	2.19亿元
2001年12月	上海银行	汇丰银行	8	5.18亿元
		上海商业银行（香港）	3	1.94亿元
		IFC	7	2.04亿元
2004年10月	西安市商业银行	加拿大丰业银行、IFC	各2.5	各0.5376
2005年3月	北京银行	荷兰国际集团	19.9	17.8投资金额
2005年4月	杭州市商业银行	澳大利亚联邦银行	19.9	6.25亿元
2005年12月	天津市商业银行	澳大利亚澳新银行	19.9	1.12亿美元
2006年1月	宁波市商业银行	新加坡华侨银行	12.2	5.7亿元
2007年7月	青岛市商业银行	意大利联合圣保罗银行	19.99	10.4亿元
2007年10月	成都市商业银行	马来西亚丰隆银行	19.99	19.5亿元

(续表)

时间	中方银行	境内外投资者	参股比例（%）	投资金额
2008年12月	重庆市商业银行	香港大新银行	17	6.94亿元
2008年8月			3	1.57亿元

资料来源：根据公开数据整理，中国银行国际金融研究所

随着业务的发展，城市商业银行资本金不足的问题日渐显露，为此，一些城市商业银行采取公开上市的方式进行融资。目前有南京银行、宁波银行、北京银行等城市商业银行和农村商业银行在A股市场上市。这意味着部分城市商业银行和农村商业银行实现了从信用社向现代商业银行的转变，为二者的资本金补充难题找到了一个解决办法，同时，其品牌和影响力得到提升，为下一步发展打下了坚实的基础。

表2-8 城市商业银行和农村商业银行上市情况

上市银行	上市时间	上市地点	发行股份（亿股）	募集资金（亿元）
南京银行	2007年7月	上交所	6.3	69
宁波银行	2007年7月	深交所	4.5	40.4
北京银行	2007年7月	上交所	12	146.9
江苏银行	2016年7月	上交所	11.5	72.4
贵阳银行	2016年8月	上交所	5.0	42.5
常熟农商行	2016年9月	上交所	2.2	9.5
江阴农商行	2016年9月	深交所	2.1	9.7
无锡农商行	2016年9月	上交所	1.8	8.3
杭州银行	2016年10月	上交所	2.6	37.7
上海银行	2016年11月	上交所	6.0	106.7
吴江农商行	2016年11月	上交所	1.1	7.2
张家港农商行	2017年1月	深交所	1.8	7.9

资料来源：根据公开数据整理，中国银行国际金融研究所

第三节
中国商业银行的现状与未来发展

经过30多年的金融改革，我国目前正稳步实现向现代商业银行转变的目标。以股份制商业银行为例，在政策倡导和中国银行业即将全面对外开放的现实压力下，大部分银行开始积极寻找合适的境外战略投资者。银行期望通过战略协议的签订、合作的加强，或达到补充资本金的"引资"目的；或达到优化股权结构、强化公司治理，推动流程再造、完善内部控制的"引制"效果；或达到引进技术、创新产品、拓展业务空间、加强风险管控的"引技"目的；或达到引进境外董事、高管和专家，改善员工经营管理理念、公司治理观念等"引智"效果。同时，能够增强自身的市场吸引力，提高品牌知名度，并提升银行的股权价值。在这个过程中，银行业的改革取得了相当大的成就，四大国有银行的商业化程度有了很大的提升。与此同时，多家股份制商业银行已经设立，其经营方式比较灵活，更接近真正意义上的现代商业银行。随着我国经济由高速增长转变为中高速增长，我国经济发展也进入了"新常态"①，我国银行业也要适应这一变化。总体来看，当前我国银行业呈现出以下几方面的特征：

第一，银行规模与利润增速放缓。中国银行业继续保持上升态势，但是，由于利率市场化、经济下行压力增大等原因，近年来银行总资产与总负债增速放缓。同时，由于互联网金融的发展，传统的银行业业务亦受到了冲击，银行纷纷推动金融创新，但是，由于监管对资本的扩充要求以及净利润增长幅度减缓，净利润增长速度滞后于资本增长速度，因此商业银行利润率持续呈现下滑态势。

---

① 2013年12月10日，在中央经济工作会议上习近平总书记首次提出"新常态"：我们注重处理好经济社会发展各类问题，既防范增长速度滑出底线，又理性对待高速增长转向中高速增长的新常态。

第二,受利率市场化的影响,银行存款成本提高。近年来,由于利率市场化与互联网金融的冲击,以及证券市场的发展,银行业存款流失现象严重,各银行纷纷通过提升存款付息率来保持存款份额。

第三,监管要求日益严苛,对银行业的要求也日益增加。近年来,监管机构对银行业经营运转和内控制度水平等均提出了更为严格的要求,通过颁布监管措施来规范银行业经营流程,引导商业银行建立健全信息披露机制和采取风险控制措施。

同时,当前我国商业银行体制改革仍存在一定的不足,主要包括以下几个方面:

第一,各商业银行业务的同质性较强,基本都以经营资产负债业务或利差业务为主,中间业务比重较少,客户没有分层,这是目前最大的问题。长期以来,我国商业银行一直处在一个利率管制、利差锁定的政策环境中。多年来,中国的利率始终受到严格的管制,存贷利差稳定在3个百分点左右。在经济上行的大背景下,银行仅需要按照国家制定的贷款利率发放贷款就可以获得相当的收益。因此,商业银行缺乏产品创新和客户拓展的内在动力,经营模式高度依赖利差,反映在利润表上的结果就是净利息收入占比畸高,非利息收入占比过低。然而,随着竞争的不断加剧,利率市场化、金融脱媒①已经接近尾声,这种过度依靠利差的同质化经营模式难以维系。同时,互联网对于传统银行业的冲击也迫切要求我国商业银行快速转变发展模式,积极寻求转变。

第二,虽然我国国有银行已经改制为股份制,但还存在国有股一股独大的问题,商业银行与国有企业的关系还没有彻底理清,政策性业务与商业性业务还没有完全分离,政府的职能还没有实现根本性的转换,在保证安全和流动的基础上追求利润的最大化,还没有成为我国国有商业银行的最高经营目标。虽然《中华人民共和国商业银行法》已经作出明确规定,声明商业银行要以安全性、流动性和效益性为经营原则,商业银行开展业务不受任何单位和个人的干涉,但是在实际操作中,由于产权关系尚不明晰,所有者与经营者的利益、责任尚不明确等原因,导致商业

---

① 金融脱媒又称"金融非中介化",是指随着经济金融化、金融市场化进程的加快,商业银行主要金融中介的重要地位在相对降低,资金供给绕开商业银行体系,直接输送给需求方和融资者。

银行尚未真正把盈利作为经营的根本目标,其安全性、流动性、效益性经营原则也难以真正落实到位。在一定程度上,商业银行仍是政府的工具,是国有企业的资金供给者。

第三,尚未建立起符合国际惯例和市场经济规则的,能够实现安全性、流动性、效益性经营原则的现代管理方式和内控制度,公司治理尚未完全理顺。一些商业银行仍然沿袭原来国家专业银行的管理模式和内控制度,并未形成真正的现代商业银行的经营模式,股东大会、董事会、监事会的责任尚未明确,董事长与经营最高负责人(行长)合二为一,所有权与经营权还没有真正分离,仅仅是拥有了股份有限公司的形式,而无法完全适应改革后的新情况、新环境,许多制度形同虚设,没有落实并真正发挥内控作用。

第四,金融结构以间接融资为主,发展方式以扩大资产规模为主。一直以来,高储蓄率是带来我国银行资产规模快速增长的重要因素。由于我国以间接融资为主,其市场主体主要集中于银行,于是企业和居民的投融资需求都向银行信贷集中,这为银行提供了不竭的庞大负债来源,并最终变成了投资。然而,如今银行业正处在剧烈而又深刻的变化过程中,过去的"发展红利"已经转变为"发展负债",粗放激进的传统模式已经难以为继。同时,互联网对于传统银行业的冲击也迫切要求我国商业银行快速转变发展模式,积极寻求转变。

第五,部分商业银行过于强调追求利润目标,普惠金融责任并未完全落实,农村、中小微企业融资需求得不到很好的满足。党的十八届三中全会明确提出发展普惠金融,这为金融业提出了新的发展方向。金融是现代经济的核心,大型商业银行作为我国金融资源配置的重要主体,承载着国有资本的意志,必须从国家发展战略的层面和构建和谐社会的高度,践行发展普惠金融的社会责任。然而,从当前的实践来看,发展普惠金融的主力仍然是具有"草根"性质的小型金融组织,如城市商业银行、农村商业银行、信用合作社等,大型商业银行在其中所占的份额并不大,总体上仍属于一个新角色、小角色,与其本应承担的普惠金融责任还有很大差距。

由此,我们可以对我国的商业银行改革作出进一步的思考:商业银行是不是一定是国有？银行规模是不是一定要大？还是要多层次？金融基础设施是不是必须由国家控制？商业化金融、开发性金融、政策性金融、普惠性金融之间的关系应该怎样安排？这些都是改革中需要继续深究的问题。

未来我国银行业的改革仍然面临着如何继续深化改革的艰巨挑战，完善现代公司治理、增强风险控制能力、提升综合竞争实力仍然是银行业改革的目标。特别是在"后危机时代"，国际经济形势持续低迷，国内经济面临着下行压力，深化改革、增强竞争力势在必行，这对银行业来说既是挑战也是发展机遇。总体而言，未来我国银行业面临两大发展趋势：一是跨市场多元化经营的特征更加明显，以资产管理业务为中心，同时不断拓展存贷业务之外的固定收益、资产证券化等业务；二是从以存贷业务为主转向以批发业务为主，产生一批专业化银行，各自擅长不同品种的业务，形成更加专业化、多层次的银行体系。以这两大趋势为背景，未来综合性金融控股公司将大量出现，这也要求银行甚至金融监管体系随之进行变革。

形成这种发展趋势主要有以下几个原因：第一，居民收入水平不断提高，理财需求随之增加。改革开放以来，我国的经济经历了日新月异的飞速发展，人民的收入水平不断提高，物质生活得到了极大的改善。以城镇居民可支配收入为例，我国城镇居民可支配收入由 2006 年的 11759 元迅速增长至 2016 年的 33616 元，增加近 2 倍，年均增长 11.08%。居民收入的增长不仅使其可用于投资的资金增加，而且也使其风险承受能力提高，进而风险偏好有所变化。相对于较低的存款利息率，居民开始偏好具有较高收益的理财产品。在此背景下，我国商业银行也开始由单一品种和服务向多样化品种和服务方向转变，大力发展理财业务，如此不仅可以抓住市场机遇、获取更多的利润，还起到了优化商业银行资产负债结构、化解风险的作用。

第二，随着企业规模的不断扩大，其对股票、债券等长期资本来源的需求也在不断上升。2005 年之前，我国商业银行以提供间接融资服务为主。在此期间，我国的社会融资规模基本由信贷规模决定，2002—2004 年的人民币信贷占全社会融资规模的比重分别达到了 91.9%、81.1% 和 79.2%，而 2014 年已降至 41.2%。当时的商业银行虽然也通过承销国债、票据贴现、委托贷款等方式为直接融资提供中间业务，但始终处于一个较小的规模中。随着资本市场的不断完善、公司债和股票融资规模的不断扩大，信贷资金占全社会融资规模的比重逐年缩减，使得银行业不得不在新的经济社会环境下调整战略，将传统的以存贷业务为主转变为以批发业务为主。与此同时，商业银行要适应互联网金融创新的趋势，积极拥抱互联网，将互联网思维引入银行的改革中，同时建立健全与各项创新相匹配的风险管控能力。

第三，国际化经营对商业银行的经营模式产生影响。自加入WTO以来，我国金融市场逐步开放，并融入国际金融体系当中，按照WTO指定的规则进行金融活动。也就是说，国内现有的许多监管模式或规定被国际规则强行冲破，而分业经营模式和监管制度则首当其冲。在开放的金融市场环境中，混业经营的外资银行可以依据《在华外资金融机构管理条例》从事外币投资业务。也就是说，分业经营下的我国商业银行在与外资银行竞争中遭遇了"不平等"，这种"不平等"将进一步加快我国商业银行混业经营的步伐，推动金融监管的改革。

未来，我国商业银行的发展还需要关注以下几个重要的理论问题和发展方向：

第一，商业银行监管不断加强，如何平衡好信用环境与赚取利润之间的关系？在我国，目前商业银行的主要风险依然是信贷风险，尤其是在国企债务打破刚性兑付以后，许多长期积累的风险突发性地暴露出来，造成了近两年来银行业利润增速呈现断崖式的下降。对于银行来说，稳健经营才会带来稳定的利润增长。因此，把风险防范放在第一位，做好风险管理、量化与评估有着十分重要和迫切的现实意义。然而，由于我国商业银行的金融产品创新较少，混业经营程度不高，竞争力较弱，因此，在严峻的国际金融形势下，仅靠商业银行自身的风险防范是不够的，仍然需要政府加强有效的监管来不断提高商业银行的运作效率和安全性。

第二，商业银行在实现经营目标的过程中，如何避免过度的"脱实向虚"，做好对实体经济的金融服务？加强商业银行对实体经济的服务，既符合国家经济政策的导向，也符合银行业自身的利益，是未来银行业转型发展的关键。需要注意的是，支持实体经济并不意味着简单地向实业提供间接融资，而是要在风险可控、商业可持续的前提下，向符合结构调整方向、有良好市场发展前景的企业提供信贷支持，同时，加大对小微企业、"三农"等金融服务薄弱环节的支持，挖掘潜在的金融需求。一些产能过剩行业,高能耗、高污染企业,则要有序退出。除了信贷支持以外,银行业还应完善各项金融服务,为企业提供支付、结算、理财等多方面服务。

第三,商业银行本身的经营如何转型,如何做好主动负债管理?商业银行通过实施主动负债管理,不仅能够减少存款波动对于银行经营稳定性的不良影响,还能够拓宽资金来源的渠道,促进资金的来源多样化,以分散风险。我国商业银行自20世纪80年代末引入资产负债管理①概念以来,对主动负债管理进行了一些尝试和探索。但由于种种原因,目前我国商业银行主动负债管理水平仍然很低,被动负债依然是商业银行负债的主要组成部分。因此,我国商业银行的负债管理必须实现由被动型向主导型的转变。

第四,利率市场化对风险管理提出了重大挑战,商业银行应该如何应对?稳健安全是银行业改革发展中不可缺少的一环。近年来,随着我国经济进入"新常态",存量的产能过剩领域贷款将逐步消化,支持企业兼并重组的贷款、支持过剩产能向境外转移的贷款、节能减排贷款的需求逐渐增加。未来商业银行要进一步强化风险监管,通过对行业和市场的研究以及风险组合的设计来提高风险识别能力,以保护存款人和其他客户的合法权益,坚决守住不发生系统性、区域性风险的底线。

<hr>

专 栏 五

商业银行领域相关法律法规

商业银行领域相关法律法规主要包括国家法规、部门规章、行业自律制度和银行内部制度等。

1. 国家法规

国家法规主要包括《中华人民共和国中国人民银行法》《中华人民共和国商业银行法》《中华人民共和国银行业监督管理法》《中华人民共和国反洗钱法》

---

① 银行资产负债管理,是指商业银行在可容忍的风险限额内实现既定经营目标,而对自身整体表内外资产和负债,进行统一计划、运作、管控的过程,以及前瞻性的选择业务决策的管理体系。

《贷款通则》《中华人民共和国信托法》《中华人民共和国证券法》《中华人民共和国担保法》等。

其他关于商业银行行业的法规和规范由中国人民银行、银监会、财政部、国家工商管理总局等有关部门制定。其中，最为主要的当属中国人民银行、中国银行业监督管理委员会（CBRC，简称"银监会"）。中国人民银行又称央行，其主要职责之一就是起草有关法律和行政法规草案，完善有关金融机构运行规则，发布与履行职责有关的命令和规章。成立于2003年4月25日的银监会根据国务院授权，统一监督管理银行、金融资产管理公司、信托投资公司以及其他存款类金融机构，维护银行业的合法、稳健运行。

2. 部门规章

部门规章主要包括《商业银行内部控制指引》《商业银行资本充足率管理办法》《商业银行集团客户授信业务风险管理指引》《个人定期存单质押贷款办法》《单位定期存单质押贷款办法》《非银行金融机构行政许可事项实施办法》《中国银行监督管理委员会行政处罚办法》《商业银行流动性风险管理办法（试行）》等。

3. 行业自律制度

行业自律制度主要包括《中国银行业自律公约》《中国银行业文明服务公约》《中国银行业柜面服务规范》《中国银行业客户服务中心服务规范》《中国银行业营业网点大堂经理服务规范》《中国银行业公平对待消费者自律公约》《中国银行业从业人员道德行为公约》等。

第三章
中国资本市场的改革与发展

金融市场通常可分为货币市场、信贷市场和资本市场。区别于以商业银行为中介的间接融资,资本市场是以各种有价证券的直接交易和直接融资为主要活动的市场,其中股票、债券又是资本市场的基本品种。

中国最早的股票是外商股票,最早的证券交易机构也是由外商开办的。从19世纪70年代开始,清政府的洋务派推进了中国本土股份制企业的兴起,中国自己的股票、债券和证券市场应运而生。1869年,中国成立了第一家证券公司,从事股票买卖。1872年,洋务派发起创立了轮船招商局并向社会公开招股,产生了第一家股份制企业并第一次发行股票。1918年,中国人创办的第一家证券交易所北京证券交易所开业。20世纪30年代,上海的证券市场一度非常活跃。但中华人民共和国成立后实行的计划经济体制使得资本市场失去了继续发展的土壤,北京证券交易所、上海证券交易所等机构纷纷被关停。1958年,中国也停止了内债的发行和向国外的借款。随后,中国度过了一段完全没有资本市场的时光。1978年后,随着改革开放的深入,资本市场才再度萌发。

第一节
中国资本市场的缘起

中华人民共和国成立后,为了实现快速发展重工业的赶超战略,我国建立起了以全民所有制企业为主导、"统收统支"为基本治理模式的计划经济体制。计划经济是财政主导的体制,财政预算既调节生产领域之外的分配关系,也调节生产领域之内的分配关系;不仅负责公共物品的提供,也负责为国有企业直接投入资金和弥补亏损。在这种体制下,国有企业的资金需求完全被财政"包办",不需要市场来承担融资功能,因而也就没有对资本市场的内在要求。

但随着社会主义经济建设条件的变化,原有的经济体制已经越来越不适应现代化建设的需要,成了阻碍生产力发展的桎梏。面对这种情况,1978年12月召开的党的十一届三中全会作出了把党和国家的工作重心转移到经济建设上来,实行改革开放的重要决策。自此,中国开始从计划经济体制向市场经济体制转轨。市场规则的逐步建立使得自由企业制度得到发展,企业不能完全依靠财政来解决资金需求,从而产生了融资的需求,这必然要求在经济体中建立原本缺乏的资金筹措渠道。于是,在政府和市场的共同推动下,不仅商业银行得到了迅速的发展,中国的资本市场也在转轨的大背景下悄然兴起。

中国资本市场萌发的最初形式就是兴办乡镇企业和城市集体企业的集资活动。比如,20世纪80年代初期,随着联产承包责任制在中国农村的大面积推广,农民种田的积极性普遍高涨,加之农产品收购价格的提高,农民的货币收入大幅上升。受工业化规律的支配,农民普遍开始投资工业,与此同时,随着人民公社的解体,原有的社队工业企业也需要改制,乡镇企业开始出现并迅速发展,集资活动也随之展开;为解决知识青年返城等城市就业压力问题,鼓励创办诸如街道企业等集体所有制企业也成为重要的举措。特别是1984年"中央1号"文件明确了乡镇企业的地位,而1987年"中央5号"文件又提出"在一个较长的时间内,个体经济和少量私人企业存在是不可避免的",第一次明确了私营企业的地位。尤其是1988年将"私营经济是社会主义公有制经济的补充"写入宪法修正案,开始对民营企业登记注册,并保护其合法权利和利益,民营企业由此得到快速发展。到1989年底,中国的民营企业已经发展到9万多个,从业人员达到164万人。1992年邓小平南方谈话提出"三个有利于"的标准,使民营经济进入第二个快速发展期。大量民营企业的不断崛起带来了对资金的迫切需求,自筹资金也就成为现实的手段。随着筹资活动的广泛化、多样化,资本市场的雏形开始孕育,许多企业发行了有价证券。有的还本付息，有的分红，有的还本付息还分红，有的甚至和招工指标、单位分房等福利捆绑在一起。与此同时，有价证券转让市场也自发地产生了，最著名的为成都的红庙子市场：短短数百米的一条街，各种票证，甚至白条都可以交易。高峰时刻，人流攒动、交易繁忙，热闹非凡。这种不规范的集资和无序的市场交易，一方面为工业化尤其是农村工业化筹措了资金，支持了非国有经济的发展，并为中国资本市场播下了种子；但是另一方面，无序的"野蛮生长"也扰乱着社会经济秩序，孕育着金融风险而亟待规范。

中国规范的资本市场发展始于国有企业的改革。国有企业是计划经济体制下的基本经济单位，国有企业的改革进程就是经济体制改革的微观基础再造过程。

1984 年，党的十二届三中全会标志着体制改革从农村转向城市。这次会议也对计划经济体制的弊端作了全面总结："政企职责不分，国家对企业统得过多过死，忽视商品生产、价值规律和市场的作用，分配中平均主义严重。""财政包揽一切"导致企业"干好干坏一个样"，企业缺乏内生驱动力，普遍效率低下。如何增强企业的活力，特别是增强全民所有制大中型企业的活力，是以城市为重点的整个经济体制改革的中心环节，也是经济体制转轨过程中需要解决的关键问题。

要破除国有企业低效困境，关键在于解决以下两个问题：一是要破除企业的"预算软约束"，同时解决企业资金来源问题。在"统收统支"的制度下，企业缺乏独立的经济核算，可以无偿使用国有资金，从而造成普遍性的"投资饥渴"和资金使用效率低下。二是要理顺企业治理结构，同时明确企业的责任主体的问题。在计划经济条件下，国有企业是国有独资的生产单位，既不是企业，也不是公司，国企内部没有建立起适应市场经济要求的治理结构。国有企业即全民所有制企业，虽说是"全民负责"，但实际上却是"全民不负责"，企业、职工都缺乏积极性、主动性、创造性，企业自然效率低下、缺乏活力。

为了解决以上两个问题，从微观层面激发经济活力，中国进行了一系列对国有企业改革的探索。1978—1992 年是国企改革的初步探索阶段，改革的措施更多的是在坚持不改变国有企业所有权的基础上，创新具体的经营激励方式。针对之前政企不分的状况，政府先后通过扩大企业经营自主权、利润递增包干、承包经营责任制、租赁制、利改税和股份制等多种方式进行试点改革，目的是将政府和企业的权、责、利分开，明确企业的利益主体地位，调动企业经营者的积极性。1979年，部分企业开始了扩权让利的试点。1981年后，工业企业实行以利润包干为主的经济责任制。1983—1986年先后推行了第一步、第二步利改税，同时进一步扩大了企业的自主权。从1987年开始，国有企业特别是国有大中型企业普遍推行了经营承包责任制，少数有条件的国有大中型企业也开始进行股份制试点。与此同时，还进行了税利分流，小企业包、租、卖等方面的改革试点。但是这一阶段改革的重点主要放在收入分配制度上，对产权制度改革的重视不够。承包制等方式可以在短期内调动积极性，却容易让经营者产生"短视"的行为，忽略企业的长期发展，产生"竭泽而渔"的新问题。

与此同时，为了破解企业的"预算软约束"，中国进行了"拨改贷"的尝试。自1984年开始，所有的企业投资活动不再由财政拨款，企业要向金融机构贷款。这就使得中国金融机构必须配合国有企业的改革而进行改革，也即从1984年开始出现了商业化取向的金融机构改革。虽然随着"拨改贷"的实施，企业的资金筹措从财政拨款改为银行贷款，但企业的"预算软约束"问题并没有得到真正解决。一方面，国有企业资本金不足，负债率畸高，国有企业累积起的巨大的还本付息负担，成为其亏损的重要原因；另一方面，在商业银行体系中也积累起巨大的不良贷款，使得银行为国有企业亏损"埋单"。

回顾这段时间的改革尝试，一方面，利润包干、承包制等尝试没能真正激发企业活力；另一方面，"拨改贷"的尝试也没能解决企业的"预算软约束"问题，只是将原本由政府直接承担的负担转嫁给了商业银行。到1991年末，国有企业出现了"三三制"的局面，即明亏、暗亏、盈利各占1/3。1991年9月，中央工作会议强调转换企业经营机制，之后国务院就不再鼓励企业搞承包，企业承包制宣告结束。

与此同时，股份制试点的企业却逐渐显示出活力，经受住了时间和市场的检验。自1983年开始，在实际需要的推动下，一些地区和部门开始引入并进行股份制试点。在此过程中，受传统观念的影响，股份制在一段时间内被人们视为"资本主义的洪水猛兽"，在激烈争论的大环境下缓慢发展。1987年党的十三大报告确定了股份制的合法地位，试点得以继续推行。到1991年底，全国进行股份制转制试点的3200家企业，每年的产值和税利都有大幅增长，明显高于其他国有企业，这说明股份制确实具有其他企业组织形式无法替代的优点。1992年中央提出要扩大股份制试点。党的十四大报告提出："股份制有利于政企分开、转换企业经营机制和积累社会资助金，要积极试点、总结经验、抓紧制定和落实有关法规，使之有秩序地健康发展。"自此以后，国有企业的股份制改革全面铺开，建立现代企业制度成为我国大中型国有企业改革的方向和目标。

国有企业的股份制改造一方面理顺了企业的治理结构，明确了国有企业所有权和经营权的关系；另一方面，通过股份制改造，企业可以通过发行股票、债券向社会公众募集资金，实现了资本集聚，解决了企业的长期资金来源问题，解决了国有企业一直以来的"预算软约束"问题。股份制改造成为破解国有企业低效困境难题的答案。

国有企业的股份制改革需要通过股票、债券进行融资，这就要求有这些有价证券发行和交易的市场安排作为支撑。可以说，中国资本市场的产生就是为了满足国企改革的融资需求，是在市场环境尚未成熟的条件下出发的。

国有企业股份制改造、公司股票和债券的发行及交易，为中国资本市场的产生提供了现实基础，但与此同时，中国资本市场也隐含着为国企改革服务的使命。这就决定了中国资本市场在产生之初就存在着一些"先天缺陷"，需要在发展的过程中"带病前行""边走边改"。首先，中国的资本市场是在国有企业实行股份制改革的基础上产生的，担负着转换国有企业经营机制和为国有企业股份制改造后筹集资金的重任，因此中国资本市场中存在着许多为了保证这一优先职能的特殊安排，例如股票发行的审批制。其次，受制于传统观念，国有企业股份制改造的前提是国有资产不流失，并在此基础上发挥国有资产的影响力，由此产生了"法人股""普通股"等在股份的划分和流通上的特殊安排，出现了"同股不同权、同股不同价"的股权分置问题。最后，中国资本市场是在市场经济体制尚未建立、金融市场环境尚不成熟的条件下起步的，一如其他新兴市场经济体，中国资本市场具有新兴特征,体现在市场具有单边性,"一股独大",而以债券为代表的固定收益市场十分薄弱,机构投资者少而炒作严重等方面。凡此种种,使中国资本市场具有"新兴+转轨"的特征,而有别于典型成熟的资本市场。由此也就决定了中国资本市场需要不断地深化改革,在规范中发展、在发展中规范,探索尝试,渐进推进,这成为中国资本市场发展的鲜明特色。

值得注意的是,虽然此时商业银行已经有所发展,但却无法满足工业化大生产的资金需求,资本市场有其发展的必要性。商业银行作为把"小钱"集聚起来变成"大钱"的机构,能够把居民部门的储蓄转换为企业投资,通过向企业发放贷款完成跨部门的资金流通。但银行体系提供的资金有两个问题:一是企业借贷受到杠杆率和还本付息负担的限制,容易提升企业风险,并且无法满足巨额资金要求;二是借贷资金大多期限较短,只能满足短期资金需求。工业化大生产的固定资产投资通常具有资金投入量大、建设工期长等特点,客观上要求有长期资金作为保障。资本市场的基本功能是提供一种将资金从储蓄者手中转移到投资者手中的机制,并且提供相对较为长期和稳定的资本。于是,企业对长期资本的需求成为推动中国资本市场产生的另一重要因素。但在市场发展初期,支持国有企业的股份制改革仍然是中国资本市场最重要的使命。

第二节
中国资本市场的形成与发展

中国资本市场的形成与发展是中国经济体制改革的重要组成部分,同样呈现出"双轨过渡,逐渐推进"的渐进式改革特点。最初,非国有经济因发展需要的集资活动,即资金不再由财政安排,而由企业向市场筹措,使资金在计划轨外出现了市场轨,一轨开始变两轨,自发的民间资金市场与政府计划安排资金双轨并存。随着市场力量的壮大,市场开始在边际上起引领作用,初步规范统一的资本市场开始出现，并在这一引领下，计划轨向市场轨不断靠拢，资本市场的行政色彩逐渐减少，规范程度不断提高，有专业监管的资本市场逐渐成形。随着中国资本市场在发展中规范、在规范中发展，其原始状态逐渐消失，其最初使命逐步淡化，成为服务于不同类型企业、无所有制歧视的典型的资本市场。

根据中国资本市场的上述发展变化，相应的，可将中国资本市场的形成与发展划分为以下四个阶段：第一阶段是 1978—1993 年。这是改革初期的探索阶段，股份制企业作为其中一种尝试开始出现，中国资本市场出现并初步发展。但由于是自发出现的，市场分散、产品混乱、交易无序，缺乏应有的监管。第二阶段是 1993—2003 年。这一阶段国家明确了国有企业的股份制改造和发展民营经济的大方向，资本市场由分散走向统一。以沪、深交易所的成立为标志，区域性的资本市场最终成为全国性的资本市场。以中国证监会的成立为标志，资本市场不但有了专业监管，而且监管垂直化，各地相应地设立了直属中国证监会的外派机构，中国资本市场成为统一的市场。第三阶段是 2003—2008 年。这一阶段是资本市场按照国际惯例和监管标准，边规范边发展的阶段。随着中国加入 WTO，资本市场需要按国际通行规则建立法制环境和市场化运作机制。为此，资本市场在早期发展中的特殊安排及不规范现象需要加以清理和整顿，一系列改革相继付诸实施，资本市场的历史遗留问题得到妥善处理，经济转轨的"烙印"开始逐渐淡化，中国资本市场的市场化程度大幅提高。第四阶段是 2008 年至今。在中国资本市场向着多层次、国际化方向不断发展的同时，国际金融危机的爆发也引发了人们对资本市场未来走向的深层次思考，诸如混业分业、功能监管与行为监管、资本市场与实体经济发展、防范风险与金融创新等问题开始进入中国资本市场的视野。而这些问题几乎是全球资本市场面临的共同问题。以中国 A 股被纳入 MSCI 为标志，中国资本市场终于与全球资本市场同步，开启了中国资本市场发展的新阶段。

第一阶段（1978—1993 年），股份制企业出现，以集资为目的的资本市场自发萌芽。

1980—1993 年是中国资本市场的萌芽阶段。1978 年党的十一届三中全会后，党的工作重点开始转移到经济建设上来。伴随着经济体制改革的推进，企业对资金的需求日益多样化。农村开始了对股份合作制的探索，城市的集体企业和国有企业也开始向社会公众发行股票筹集资金。股份制企业作为激发企业活力的一种尝试开始出现。为了发展经济、筹措资金，股票和债券市场得到了发展。但这一阶段政府并未对资本市场进行有效的引导和规范，市场交易环境仍未形成，资本市场处于一种自发进行的、缺少管理的状态中，市场秩序较为混乱。

第一，股份制企业开始出现。20世纪80年代，伴随着经济体制的转轨和国有企业的改革进程，少量企业开始自发地进行多种多样的股份制尝试，向社会或企业内部发行股票或进行债券集资，股份制企业开始出现。1980年1月，中国人民银行抚顺支行新居办事处向当地红砖厂成功发售280万元"红砖股票"，拉开了新时期中国资本市场建设的序幕。在经历了1984年社会总需求急剧膨胀，投资、消费失控的危机后，各部门就改革问题达成一致意见，认为企业体制改革必须转到企业经营机制的变革方面来。由此，各种经营责任制、承包制、租赁制纷纷出台，但在这些机制中企业的责任和利益关系都是通过谈判来确定的，具有较强的主观随意性，且企业只包盈不包亏，由此提出了股份制改革的课题。伴随经济体制改革从农村转向城市，国家提出要进一步放开搞活城市集体企业和国有小企业，允许职工投资入股、年终分红。但在这一阶段产生的股份制企业以集体企业和小型国有企业为主，国有大中型企业只有少数进行试点。

第二，发行证券种类不规范。这一时期，刚刚开始对证券的探索，整体来看比较混乱，股份制的试水也催生了五花八门的证券形式。此时发行的凭证既非股票也非债券，不仅还本付息还有分红。从发行的股票来看，大部分实行保本保息保分红且到期偿还，具有一定的债券特性；发行对象多为内部职工和地方公众；发行方式多为自办发行，没有承销商，还常常推出一些"促销优惠"措施，如抽奖等。从发行的债券来看，这一阶段所发行的国债周期长且无流动性，企业购券利息低，居民购券利息高；企业债券多面向企业内部发行，公开发行的次数和范围都很有限。

第三，证券二级市场尚未形成。这一时期，由于股份制企业和股票的自发出现，证券交易的需求也随之产生。随着股票、债券发行规模的不断扩大和投资者的增多，证券流通的需求日益强烈，但此时，市场才刚起步，证券交易大多自发进行，民间私下交易开始活跃，如成都红庙子市场等。1986年8月，沈阳市信托投资公司率先开办了代客买卖股票和债券及企业债券抵押融资的柜台交易业务，成为第一家办理债券买卖、转让业务的区域性市场。这标志着中华人民共和国第一次出现实质性的证券交易试点，但是其交易仅限于两张债券，且价格由政府确定，市场冷清，缺乏流动性。随后，股票和债券的柜台交易陆续在全国出现。银行和信托投资公司不仅承担了证券流通的职责，而且也包办了证券的发行。证券中介机构的缺位、证券交易的不规范使得证券价格的合理性难以保证，也造成了股票形式的改变，例如委托有关单位按照原价回收股票或规定股票的退还日期，实际上将股票形式转为短期债券形式，使得企业不敢发行股票和长期债券。之后，地方政府开始建立集中的交易场所，形成了众多的柜台交易市场。同时，财政系统也成立了一批证券公司，成为日后证券流通市场的基础。

第四，政府的指导和支持较少。政府在刚开始时采取放任发展和试点观察的态度，但随着一段时间对试点的探索和研究，市场逐步发展壮大、市场交易和整体环境混乱对市场的规范性产生了更高的要求，倒逼政府采取相应的措施来规范市场交易。1988年底，国家体改委、国务院生产办公室、国家计委及国务院相关部门和其他综合经济管理部门，在总结全国各地股份制改革经验和教训的基础上，借鉴国内外公司法和证券法，拟订了关于股份有限公司和有限责任公司的管理暂行办法和十几项改革文件，希望规范股份制，寻找国企改革的最佳模式。

第二阶段（1993—2003年），从区域性发展到全国统一的资本市场。

资本市场在股份制试点时产生了很多问题，如因缺乏统一管理导致股利过高、黑市交易猖獗等。为解决这些问题而采用的限价、限购、限制参与人数等行政手段又限制了股份制的进一步发展。随着国有企业股份制改造大方向的确立，缺乏管理和引导的资本市场已不能满足国有企业改革的需求，不仅无法为企业提供融资支持，而且无法为现代企业制度的建立提供机制保障，从而影响了整个经济体制改革的顺利进行。为保证经济体制改革的顺利推进，迫切需要建立起统一的交易所、上市和交易规则，并建立统一规范的监管体系予以保障。这一时期中央政府对股市的介入和主导就是试图在一个半市场化经济体内建立市场化金融制度，实现强制性制度变迁的尝试。① 以上海、深圳证券交易所的正式成立和试点为起点，中国区域性的资本市场开始形成。以中国证监会的出现为标志，中国资本市场经历了由区域性发展到形成全国统一资本市场的过程。

第一，明确发展资本市场的大方向。在资本市场建立的最初阶段，由于缺乏必要的管理和规范，中国资本市场出现了交易秩序混乱的情况，社会各界对于是否应该发展资本市场也存在激烈的争论。但邓小平在1992年南方谈话中明确指出："证券、股市，这些东西究竟好不好，有没有危险，是不是资本主义独有的东西，社会主义能不能用？允许看，但要坚决地试。看对了，搞一两年，对了，放开；错了，纠正，关了就是了。关，也可以快关，也可以慢关，也可以留一点尾巴。怕什么，坚持这种态度就不要紧，就不会犯大错。"自此明确了进行股份制改革和发展资本市场的方向。1993年12月《国务院关于金融体制改革的决定》提出："完善股票市场，在企业股份制改造的基础上规范股票的发行和上市；完善对证券交易所和交易系统的管理；创造条件逐步统一法人股与个人股市场、A股与B股市场。"这明确了股票市场的规范发展目标。自此，资本市场的发展步伐开始加快。

这一时期也明确了中国资本市场为国有企业改革的股份制试点服务的使命。1996年12月，中国证监会发布的《关于股票发行工作若干规定的通知》指出："各地、各部门在执行1996年度新股发行计划中，要优先考虑国家确定的1000家特别是其中的300家重点企业，以及100家全国现代企业制度试点企业和56家试点企业集团。"1997年9月，中国证监会又发布了《中国证券监督管理委员会关于做好1997年股票发行工作的通知》，进一步重申了企业上市的这一标准，并明确指出："为利用股票市场促进国有企业的改革和发展，1997年股票发行将重点支持关系国家经济命脉、具有经济规模、处于行业排头兵地位的国有大中型企业……国务院有关部门及直属总公司报送的企业必须是其直属或控股的企业。"这两个通知的下达，标志着政府不仅在实践中，而且在政策上已明确将资本市场作为国有大中型企业改革，特别是其筹集资金的重要手段。

---

① 李迅敏：《我国股票发行审核制度改革的机制设计》，《改革》，2008年第10期。

第三章
中国资本市场的改革与发展

第二,建立起全国统一的资本市场。1990年和1991年,上海证券交易所、深圳证券交易所先后正式成立,这标志着中国证券市场初步形成。但在最初的两三年时间里,仅仅局限在上海和深圳两地进行试点,且发行股票的企业以中小企业为主,上市交易的证券规模很小,且主要是债券类的交易标的,股票市场只得到有限发展,沪、深两市交易所上市公司数量从1990年底的10家增加到1992年底的53家。1993年,股票发行试点正式由上海、深圳推广至全国,由此打开了资本市场进一步发展的空间。在资本市场局部探索取得阶段性成果的基础上,国家允许各省可以选择试点企业在沪、深交易所上市发行,这标志着中国资本市场建设向全国全面铺开。在此期间,上市公司的数量也从291家发展到851家。① 资本市场的不断发展为企业治理结构的改善、效益的提升提供了越来越好的外部条件,促进了国有企业的改革进程。上市公司日益增多,股份制改造日益加快。到1998年,中国内地31个省(市、自治区)都拥有自己的上市公司,上市发行品种涵盖A股、B股以及H股、N股。到2003年,上市公司的数量已经发展到1287家。② 上市公司数

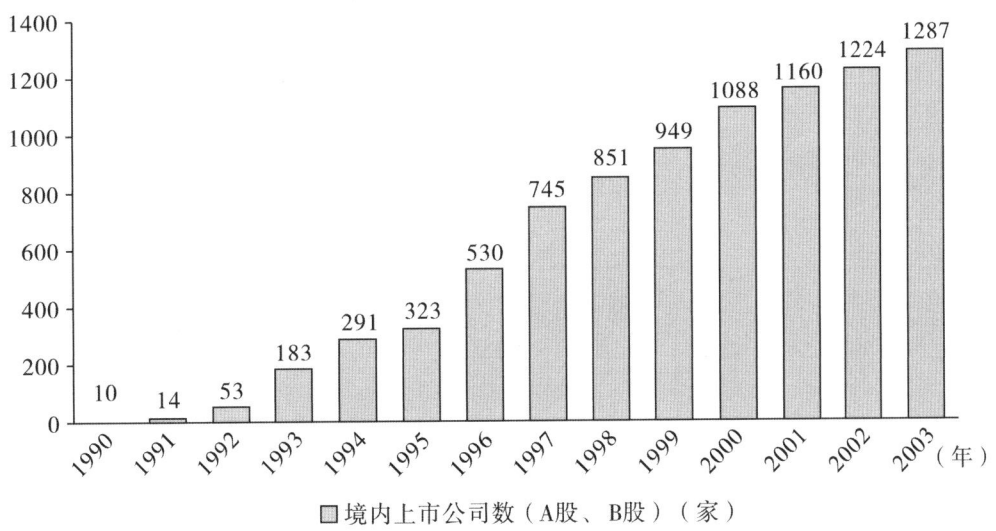

图3-1 1990—2003年境内上市公司数量③

---

① 数据来源:国家统计局网站。
② 数据来源:国家统计局网站。
③ 数据来源:WIND数据库、国家统计局网站。

量的增加有力地促进了沪、深证券交易所从地方性向全国性转变。与此同时，国债转让市场全部放开，衍生品市场也开始起步。但资本市场的功能和结构仍然存在缺陷，市场形式较为单一，市场单边运行，风险防范能力很弱。

在这一阶段，第一家证券自律性组织证券业协会成立，证券中介机构增加。深圳证券登记有限公司和上海证券中央登记结算公司分别成立，华夏证券、南方证券、国泰证券三家全国性证券公司成立。此后，证券公司数量急剧增加，但基本上依托银行、地方政府和国家部委成立。证券投资基金得到初步发展和规范。自1997年11月《证券投资基金管理暂行办法》颁布后，中国证监会开始受理设立基金管理公司和证券投资基金的申请，市场中的买方开始不断出现。但此时的资本市场参与主体内部治理结构普遍不规范，经常出现弄虚作假、操纵股市等违规行为。

第三，形成统一监管，确立基础规范。从1992年开始，上海、深圳两个公开发行试点城市采用抽签的方式限量发行股票，由于供求严重不匹配，一些发售网点出现了拥挤现象和内部交易的行为，甚至导致了深圳"8·10"事件的发生。在深圳"8·10"事件市场投资者抗议行动的当晚，国务院开会决定成立证监会。此前，中国资本市场的监管权是由中国人民银行行使的。1992年10月，国务院证券管理委员会和中国证券监督管理委员会成立，标志着中国资本市场开始逐步纳入全国统一监管框架。1993年后，由所在地政府管理下的证券交易所逐步划归中国证监会管理。1997年11月，中国金融体系进一步确定了银行业和证券业分业经营、分业管理的原则。1998年国务院机构改革之前，中国证券市场的政府主管机构既有证券专管机构，又有证券兼管机构。比如，国务院证券委就是证券专管机构，证券兼管机构则有国家计委、体改委、中国人民银行和财政部等国家机构。1998年3月，国务院进行了机构改革，取消了证券委、国家计委、体改委等机构，改设证监会为国务院下设的一个政府机构，专管证券市场的监督管理。至此，中国资本市场逐步建立了全国垂直领导的、集中统一的监管体系。

在舆论和市场的压力下，证券行业的立法和改革加速进行。中国本着"先发展、后规范"的理念，在实践中发现问题并积极解决，面对资本市场中出现的问题，积极出台相关政策打击非法交易和不规范交易行为。国家也加大了法律法规的保障力度,《中华人民共和国公司法》《期货经纪公司登记管理暂行办法》《证券投资基金管理暂行办法》等相继出台。1998年12月正式颁布《中华人民共和国证券法》,这是中国第一部规范证券发行与交易行为的法律,由此确认了资本市场的法律地位。但此时市场监管力度仍然较弱,证券法律法规体系仍需不断面对发展中出现的新问题、新情况。

专栏一

证监会成立的背景与历史情况(深圳"8·10"事件)[①]

1992年,由于前几年股票市场的示范效应,全国掀起了"股票热",最终引发了深圳的"8·10"事件。1992年8月6日,深圳对外公布将发售500万张新股认购抽签表;8月8日,来自全国各地的120多万人涌向深圳,在发售网点的窗口前通宵排队;8月9日,各网点开始发售股票认购证,结果不到1个小时就卖完了;8月10日,群众的不满情绪爆发出来,有些群众打着"反腐败、反舞弊、要求公正"的标语到深圳市政府门前游行示威,少数人乘机煽动人群闹事,搞打、砸、抢。

深圳"8·10"事件表明,股票市场是一个高风险的市场,哪怕一个技术性的问题,如果处理不当,都可能引发社会问题,甚至带来政治风险。深圳"8·10事件"的发生,震动了各有关部门,中共中央和国务院领导也感到了问题的紧迫性,意识到成立一个专门监管机构的必要性和重要性,于是就采取了特殊的办法,加快了研究建立统一监管机构的步伐。

1992年8月8~12日,国务院召开了部分省市负责人参加的股票市场试点工作座谈会。这次会议主要解决了两个问题:一是如何规范股份制和股票市场,慎重推进改革的问题;二是沪、深两市以外的企业到沪、深交易所上市的问题。因为在以前,只准许沪、深两市的企业在当地交易所上市。深圳"8·10"事件就发生在这次会议期间,到会议结束的时候,国务院就加快建立集中统一的证券监

[①] 刘鸿儒:《证监会诞生的台前幕后》,《中国经济周刊》,2009年第38、第39期。

> 管机构进程作出指示。
>
> 1992年10月12日,国务院办公厅下发《关于成立国务院证券委员会的通知》,中国证监会正式成立。

第四,国有企业的股权分置问题初现。中国的资本市场产生并服务于股份制企业改造的需求,带有明显的计划经济和行政控制色彩,因而中国企业的股份制改造产生了特有的问题,其突出代表是"同股不同权、同股不同利、同股不同价"的股权分置问题。1989年春夏之交的政治风波之后,股份制与私有化联系在了一起,当时的主流观点是股份制改革不是要把国有企业全部卖掉,从而产生了国有股不能流通的安排。由于当时界定25%的股票能够流通就算股份有限公司了,于是就只公开发行并上市25%。后来,民营公司上市时也效仿此法,从而形成了普遍的股权分置现象。1991年10月,中国人民银行、国务院政策研究室、深圳市人民政府和中国证券业协会在深圳联合举办了证券市场发展政策研讨会。会议提出发展证券市场必须坚持以公有制为主体,多种经济成分并存的方针,并明确提出"要防止出现动摇公有制经济主体地位,搞私有化倾向""保持公有股份在试点企业中的控股地位是必要的"。对公有制的机械理解造成了国有股"一股独大"且不能流通。这些"暂不流通"的国有股以及其他公开发行前的社会法人股、自然人股等非国有股份占总股本的2/3,从而在事实上形成了股权分置的格局。1992年五部委联合出台的《股份制企业试点办法》,规定了股份制企业的股权设置,根据投资主体的不同设置四种形式:国家股、法人股、个人股、外资股。为了保证公有制的主体地位,按惯例国家股的比例不能低于51%,国有股、法人股不能上市流通,从制度上使得股权分置现象进一步发展。

专栏二

股权分置情况的产生与改革[1]

股权分置是指因为特殊的历史原因和特殊的发展演变过程，中国 A 股市场的上市公司内部普遍形成了非流通股和流通股两种不同性质的股票，这两类股票形成了"同股不同价、同股不同权"的市场制度与结构。

1989 年初，全国各地搞股份制改革达到了一个小高潮，股份制改革发展势头良好。但此后发生的政治风波却让股份制改革的步伐延缓下来。大家对股份制如何搞、国企股份制改造是否改变社会主义属性等都产生了重大分歧。

为了既保证不失去对国有企业的控股权和不流失国有资产，又满足国有企业通过股份制改造补充资本金的需求，就产生了一些特殊安排。1991 年 10 月 21 日~23 日，中国人民银行、国务院政策研究室、深圳市人民政府和中国证券业协会在深圳联合举办了证券市场发展政策研讨会，提出了发展证券市场必须坚持的几项原则。其中第一条就是必须坚持以公有制为主体，多种经济成分并存的方针，并明确指出："在股份制试点过程中，既要积极稳妥，又要防止出现动摇公有制经济主体地位，搞私有化倾向。因此保持公有股份在试点企业中的控股地位是必要的，同时允许其他经济成分投资入股。"于是产生了在股份制企业中，按惯例国有股份不得低于 51% 的安排。当时认为如果国有股上市流通，必将使国有股转化为个人股，导致国家股权的削弱，改变社会主义属性，因此有了国家股、国有法人股、一般法人股及相关孳息股份暂不上市流通的安排。当时界定只要有 25% 的股票能够流通就算是股份有限公司了，于是大家就约定，公开发行并上市那 25% 的部分就行了，这就产生了股权分置现象。

2005 年 4 月 29 日，经国务院批准，中国证监会会同国资委、财政部、中国人民银行，正式启动股权分置改革试点，确立了"统一组织、分散决策"的操作

---

[1] 摘编自：(1) 中国证券监督管理委员会：《中国资本市场二十年》，中信出版社，2012 年版。(2) 王永泉：《我国股权分置问题原因探究》，《生产力研究》，2008 年第 15 期。

> 原则和"试点先行、协调推进、分步实施"的操作步骤。在 2 批共 46 家上市公司改革试点顺利完成后,证监会等五部委联合颁布了《关于上市公司股权分置改革的指导意见》,股权分置改革于 2005 年 9 月正式转入积极稳妥的推进阶段。2005 年 11 月,国务院领导同志主持召开股权分置改革座谈会,确定了 39 家央企控股上市公司和 11 个省市 135 家地方国资控股上市公司作为改革重点加快推进,使已改革公司的市值比例较快地占据主导地位,形成改革示范效应。之后在各方的密切配合下,存在各类复杂情况的上市公司逐一找到了解决股改难题的办法,在较短时间内完成了股权分置改革的任务。

第三阶段（2003—2008 年），加快深化改革的步伐，解决历史遗留问题。

中国的资本市场产生于经济体制改革的特殊历史进程，许多特殊问题都有着体制上的原因。随着资本市场的不断发展，这些体制上的特殊安排给资本市场的开放发展造成了困难。为了积极推进资本市场的改革开放和稳定发展，2004 年 1 月，国务院发布了《国务院关于推进资本市场改革开放和稳定发展的若干意见》，中国资本市场进入了一个新的历史阶段。该文件首次对中国资本市场的发展作了全面规划，提出将大力发展资本市场作为改革的重要任务，并着力推进股权分置改革、证券公司综合治理、审批制度改革等，促进中国资本市场的健康发展。从 2003 年到 2008 年的一系列改革措施，解决了资本市场的历史遗留问题，使得中国资本市场走上健康发展的道路。

第一，股票发行和定价制度的改革。与发达国家资本市场首先出现证券中介机构不同，我国由于资本市场中的发行人、投资者和中介机构等市场参与主体尚不成熟，为了保障市场秩序，同时尽量优先照顾国有企业的改制和融资需求，政府需要直接进入股票发行市场，这体现在证券发行方面就是在证监会成立后建立的股票发行审批制度。这个审批制度规定由证券主管机构确定全年发行额度，先分配给各省和各部委，再分配给企业，获得额度的企业还要向证券会报送发行申请，获批后才可以发行股票。监管机构代替投资者来对上市企业进行筛选和判断，但出于对帮助国有企业改革脱困、平衡部门和地区利益等方面的考虑，发行审批制度难以保证公平。获批上市的企业大多数为国有企业，政府既作为参与者又作为监管方，容易造成寻租和不透明，影响资本市场的整体效率。因此，股票发行开始采用额度指标管理的审批制度，实行企业主管部门同证监会两次审批。额度指标下达至地方政府或企业主管部门，由其在指标限度内推荐企业。之后又实施了指标控制，在控制发行规模的同时限制了上市公司的数量。在经历了"额度控制""指标控制"的审批制尝试后，以 2001 年《中国证监会股票发行核准程序》的实施为标志，证监会将推荐企业上市的权力通过"通道"下放至以券商为首的中介机构，2004 年进一步明确对发行人的辅导、调查和担保责任，开始实施"保荐制"的核准制。至此，券商通过竞争获取保荐人资格，并相对独立地发挥判断能力，证监会的权力进一步弱化，从实质性审核转向合规性审核，发行机制更加公正、透明。但英、美等发达国家的新股发行多采取注册制，我国的新股发行市场化进程尚未完成。

发行定价制度也先后经历了多次调整。20 世纪 90 年代，由证监会确定股票发行的数量、价格和市盈率，发行溢价率超过 300%。1996 年至《中华人民共和国证券法》实施前，采取 12～15 倍的固定市盈率来定价，此时溢价率仅略有下降，仍然有大量资金参与新股申购，中小投资者难以中签。随后证监会放松限制，新股定价开始突破 15 倍的市盈率限制。《中华人民共和国证券法》实施后，机构投资者开始参与发行人和承销商的协商定价，逐步形成了累计投标定价的方式。但在 2001 年国有股减持，使得不少股票跌破发行价，证监会又重新要求将发行市盈率控制在

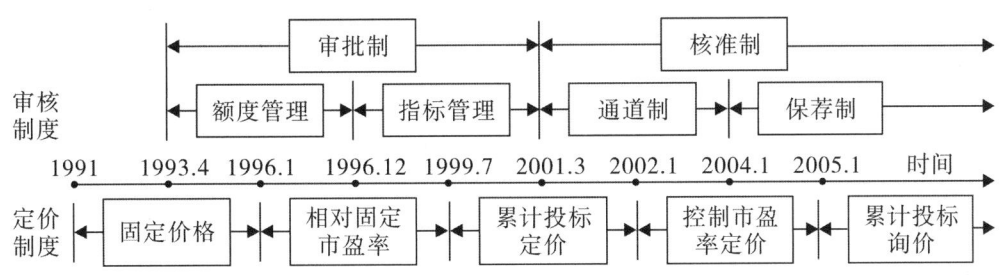

图 3-2　审核制度和定价制度阶段划分①

---

① 田利辉、张伟、王冠英：《新股发行渐进式市场化改革是否可行》，《南开管理评论》，2013 年 2 月 16 日。

20倍以下。这种定价方式实质上是市场化定价的暂时后退。自2005年开始实施询价制度后,定价制度又恢复了市场化的发展。但中介券商兼任了股票的保荐、承销和推荐职能,新股投资者处于完全的信息劣势,形成卖方市场,新股定价尚未完全市场化。

专栏三

公司上市审批制的形成、发展与改革方向[①]

1990年10月和1991年7月,深圳、上海证券交易所相继成立。1993年4月22日,证监会颁布《股票发行与交易管理暂行条例》,审批制度进入审批制下的额度管理阶段。国务院证券管理部门首先根据国民经济的发展需求和资本市场的实际情况确定IPO总额度,其次根据各个省级行政区域和行业在国民经济发展中的地位和需要来分配IPO额度,最后由省级政府或行业主管部门来选择和确定可以发行股票的企业。

1996年12月26日,证监会发布《关于股票发行工作若干规定的通知》,渐进调整了"额度制",确定了"总量控制、限报家数"的管理办法,由国务院证券管理部门确定在一定时期内应发行上市的企业家数,然后向省级政府和行业管理部门下达股票发行家数指标,省级政府或行业管理部门在上述指标内推荐预选企业,证券主管部门对符合条件的预选企业同意其上报发行股票正式申报材料并审核。此时,新股发行的"两级行政审批"没有实质性的改变,只是在限定发行额度的同时进一步限制了发行股票的企业家数。

2001年3月16日,证监会颁布《中国证监会股票发行核准程序》,实行了核准制下的通道制。每家证券公司一次只能推荐一定数量的企业申请发行股票,由证券公司将拟推荐的企业逐一排队、按序推荐。所推荐企业每核准一家才能再报一家。通道使用的快慢完全取决于证监会对拟发行公司申报材料的审核速度,

---

[①] 田利辉、张伟、王冠英:《新股发行:渐进式市场化改革是否可行》,《南开经济评论》,2013年2月16日。

> 具有很强的计划色彩，并未从根本上改变行政审批的性质。
>
> 2004年初，《证券发行上市保荐制度暂行办法》正式施行，新股审核进入保荐制阶段。保荐制是指由保荐人（券商）负责发行人的上市推荐和辅导，核实公司发行文件与上市文件所载材料是否真实、准确、完整，协助发行人建立严格的信息披露制度，并承担风险防范责任。然而，我国目前的保荐制仍然存在审核机构事前实质性审核问题和保荐人素质良莠不齐的问题。
>
> 需要指出的是，我国新股发行的市场化远未完成，审批制和核准制有着行政审批的性质，政府机构决定或者主导着新股的发行，证券管制机构的审核失误和权力寻租问题难以完全避免，新股发行审核制度需要继续深化改革，继续向着注册制的方向不断努力。

第二，股权分置改革基本完成。如上文所述，股权分置是在中国经济改革中产生的特殊问题，主要是由于早期对股份制的认识不统一，对资本市场的功能和定位的认识不统一，以及国有资本运营的观念还没有完全确立等原因造成的。[①] 一方面，在股权分置时期，多数公司呈现出国有股"一股独大"的特征，国家是最大的股东，政府控制着股东大会和董事会，但投资主体不确定导致控制力较弱，从而无法充分发挥股份制的机制优势。另一方面，非流通股股东关注资产净值增减，流通股股东关注二级市场股价变动，又造成了目标的不一致。

为了解决股权分置问题，克服传统体制下国企管理条块分割、权责不明的弊端，2003年，国务院国有资产管理委员会成立，代表国家成为出资人，行使国有资产的产权职能，建立良好的公司治理结构，使得出资人和管理者之间相互约束，从而端正企业行为，提升企业效益。2005年4月，为解决中国股市近2/3的国有法人股不能通过资本市场买卖的问题，证监会选择了三一重工、清华同方等公司作为首批股权分置改革试点。2005年6月，三一重工股改方案获得通过，成为首家成功

---

① 尚福林：《坚持科学发展观，积极推进中国资本市场健康稳定发展》，《求是》，2006年第1期。

股改的上市公司。随后的一年多时间,中国资本市场进入股权分置改革的密集期,绝大多数公司顺利完成了股权分置改革任务。截至2006年底,沪、深两市已完成或者进入股改程序的上市公司共1301家,占应改革上市公司的97%,对应市值占比98%,未进入股改程序的上市公司仅40家,股权分置改革任务基本完成。

第三,券商综合治理有序推进。1995年的"327国债期货事件"是中国证券业发展走向分业经营的分水岭,之后证券公司迅速发展,地方政府接管了由财政和银行出资管理的证券公司,大型国企也通过联合出资的方式成立了数十家证券公司以满足融资需求。由于证券公司大多是国有出资,所以仍延续了国有企业的经营方式,所有者缺位导致管理者存在道德风险。同时,资本市场缺乏"买空卖空"工具,证券公司发展不成熟,缺乏正常的融资渠道,证券公司纷纷陷入困境,成为资本市场健康发展的挑战。从2003年底至2004年上半年,市场已经历了三年的熊市,南方证券、闽发证券、"德隆系"等证券公司的问题充分暴露,证券公司面临行业建立以来的第一次行业危机。大量证券公司存在挪用客户交易结算资金等违规操作、违法经营的问题,证券公司的风险成为制约资本市场健康发展的突出问题。2004年,证监会开始了为期三年的券商综合治理。一方面,通过整改、重组以及关停等方式化解已有危机;另一方面,通过完善制度防范新的风险。虽然过程艰难,但通过整治后,我国资本市场上券商的历史遗留风险基本得到化解。

第四,资本市场开始健康发展。资本市场的历史遗留问题逐渐得到解决,不仅改善了上市公司的治理结构,而且极大地提振了投资者的信心,中国资本市场的发展进入了一个全新的时代。中国工商银行、中国建设银行等国有银行,以及中国建筑等一批大型国有企业成功上市,使得资本市场股票发行数量和筹资额度达到前所未有的高度。同时,中国债券市场规模有所增加、市场交易规则逐步完善,期货市场也开始恢复性增长。随着资本市场的不断发展,资本市场的规则也在不断地调整完善,酝酿数年之久的《中华人民共和国证券法》《中华人民共和国公司法》修改终于落地,并通过修订《中华人民共和国刑法修正案(六)》和《中华人民共和国企业破产法》,加大了对严重市场操纵行为的惩处力度。证监会审查、清理现行证券监管法规,陆续发布了《冻结、查封实施办法》《证券公司董事、监事和高级管理人员任职资格监管办法》《证券结算风险基金管理办法》等一系列规章和规范性文件，基本出现了与两法配套的法律规章体系。此外，中国资本市场也正式迈出了对外开放的步伐。通过制定外资参股证券公司和基金公司的规则、建立合格境外机构投资者（QFII）与合格境内机构投资者（QDII）机制等措施，中国于2006年底履行了加入世界贸易组织时有关资本市场对外开放的全部承诺。

第四阶段（2008年以后），发展成为主旋律，多层次的资本市场建设加快。

由于中国的资本市场产生于行政手段干预，并不具备成熟的产生条件，因此在发展初期，受历史条件的限制，形成了一些特殊问题。虽然这些特殊问题伴随着资本市场的形成与发展被不断纠正，但与发达国家的资本市场相比，中国的资本市场仍然保留着一些独有的特点。例如，中国资本市场在发行制度上实行核准制，在资金回转上实行"T+1"的方式，股票价格设有涨跌停板，市场上A股、B股并存，等等。

第一，核准制向注册制的改革。如前文所述，为了更好地发挥资本市场对国有企业的融资支持作用，政府一直以来对股票的发行有过多的参与，现行的核准制不够市场化、透明化，引发股票过度包装、超额募资频发、一级市场定价畸高以及权力寻租等问题。针对这些问题，中国资本市场开始着手对A股进行注册制改革。党的十八届三中全会《中共中央关于全面深化改革若干重大问题的决定》提出，推进股票发行注册制改革。注册制即把企业发行股票的权利还给市场，证监会要调整审核和监管方式，只审查材料是否齐备，不再负责审核股票是否优质，将更多地转变为事后监管。注册制将推动新三板、创业板迅速扩张，A股估值趋于合理，带来市场定价的规则、退市制度、透明信息的完备披露等，将有助于提升中国资本市场的竞争力和吸引力。2015年12月，十二届全国人大常委会第十八次会议通过了《全国人大常委会关于授权国务院在实施股票发行注册制改革中调整适用〈中华人民共和国证券法〉有关规定的决定》，该决定的实施期限为两年，自2016年3月1日起施行。《中华人民共和国证券法》的一审稿对注册制进行了明确表述，但随着2015年股市的异常波动，注册制改革连续两年未出现在政府工作报告中。《中华人民共和国证券法》二审稿虽暂未修改"证券发行"的相关内容，但却规定，国务院应当按照全国人大常委会的相关授权逐步推进股票发行制度改革。事实上，目前虽然仍实施 IPO 的审核制，但审核已经偏重于调控发行节奏和文件形式的审核，比较接近于注册制。加上近期出台的多项严格打击过度融资、借壳重组套利等投机行为的规定，都表明注册制终将越走越近。

第二，资金回转"T+1"和涨跌停板制度。中国的股票市场最初并没有资金回转和涨跌停板的特殊安排。1988 年深圳开始股票交易市场试点，股票交易并不活跃。但随着股份制试点在全国铺开，深圳的股票交易柜台开始火爆，经常出现人们排队拿号的现象，出现了炒股狂潮。1990 年 5 月，10% 的涨跌停板交易制度推出，而且涨停区间被不断压缩，一度缩紧到 1%。上交所随后成立，延续了严格的 10% 的涨跌停板制度，资金回转制度实行的是"T+4"。之后为了提升市场效率，才逐渐放松限制。1992 年 5 月，上交所大幅度改革交收制度和涨停约束，深交所紧随其后进行改革。但随后股指震荡剧烈，市场出现过度投资行为，股票市场的稳定性受到影响，取消涨跌停板制度和采取"T+0"交易制度被认为是罪魁祸首。为了抑制过度投资，防止股市大起大落，自 1995 年起又开始实施"T+1"交易制度和涨跌停板制度。这种特殊安排在一定时期内起到了稳定资本市场的作用。但随着股指期货、ETF 套利、融资融券等新型交易手段的不断推出，机构投资者可以通过期货市场的"T+0"交易制度来规避风险，但中小投资者却仍受限于"T+1"交易制度，造成了市场的不公平。2014 年沪港通的实行也进一步凸显了"T+1"交易制度成为中国资本市场国际化的重要阻碍，随着市场开放程度的提高和市场规则的完善，交易制度也应逐步与国际接轨。

第三，B 股特殊问题。设立 B 股是为了在中国受到海外封锁的情况下为企业获取外汇，这也是在中国资本市场封闭情况下的特殊安排。20 世纪 90 年代初，以美国为首的西方国家对中国实行经济封锁，发行 B 股既可以为国内企业募集到外汇，解决企业发展急需外汇资金的燃眉之急，又能满足外国投资者进入中国股票市场、投资中国企业的需求。1992 年 2 月，上海真空电子发行人民币特种股票，并于 1992 年 2 月在上海证交所上市流通，之后逐渐形成了 B 股市场。由于 B 股市场受到过多的政策干预，常常因为信息披露不完全等问题而遭受境外投资者的质疑，于是在之后的三四年里,为了募集外汇资金,允许境内公司到境外上市,从而产生了H股、N股、L股和S股,企业的海外融资手段更加丰富。近年来,A股市场随着股权分置改革、融资融券开闸、中小板和创业板推出、上市注册制探索等的不断前进,对外开放的步伐也在不断加大。而对比之下,B股改革进展缓慢,且不对境内机构投资者开放,已然成为历史包袱。

但以上这些已经不再是关乎中国资本市场生死存亡的关键性问题,当前中国资本市场最重要的问题是如何向着更好、更强的方向发展。随着改革开放以来"摸着石头过河"式的发展和调整,我国已经逐步构建起了多层次的资本市场。从市场结构来看,形成了由沪、深交易所两个主板市场、二板市场(中小板和创业板)、新三板市场以及地方股权交易所组成的多层次的市场结构。从市场规模来看,中国资本市场的壮大对于上市企业的发展也形成了强有力的支撑。截至2017年4月初,上市公司总数达到3189家,上市公司股票总数达到3271只,其中A股3171只,占绝大多数,总股本达到56987亿股,平均市盈率为22.18。② 从历年的数据对比来看,中国资本市场对GDP的贡献率也在不断提高。从产品种类来看,债券、期货、金融衍生品市场快速发展,推出了债券远期、利率互换、远期利率协议等利率衍生品,人民币外汇远期、掉期、货币掉期、期权等汇率衍生品,以及商品期货等多种衍生品,资本市场交易品种不断丰富。从对外开放的进展来看,2008年以后,中国资本市场对外开放的步伐不断加大。在资本项目没有完全开放的情况下,RQFII与QFII、QDII一起构成了资金跨境双向对流的渠道,"沪港通"和"深港通"的启动连接了中国内地和香港两个市场,让相

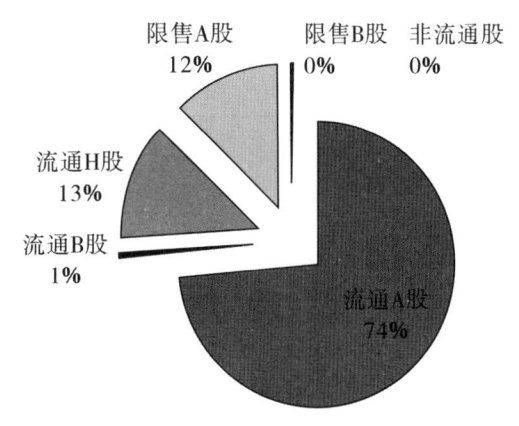

图3-3 当前股票种类构成及占比①

---

① 数据来源:WIND数据库。
② 数据来源:WIND数据库。

对封闭的中国股市走向开放。同时，中国期货交易市场也迈出了国际化的步伐，原油期货成为首个允许境外投资者参与的境内特定品种。

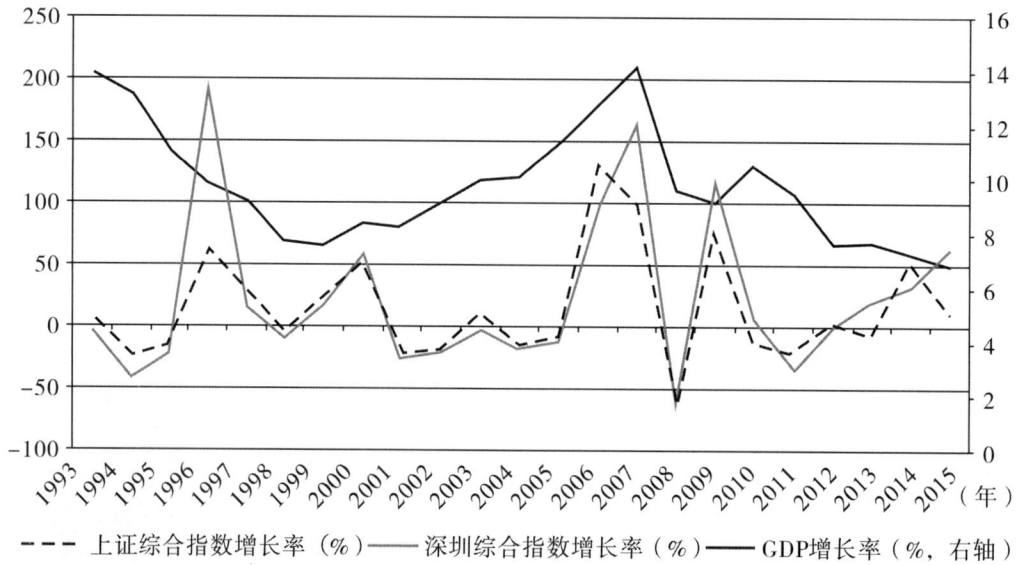

图 3-4　1993—2014 年上证综合指数、深圳综合指数增长率与 GDP 增长率①

虽然中国资本市场的发展势头良好，但其过程是曲折而困难的。2008 年，美国爆发次贷危机，并迅速向全球蔓延。中国资本市场在 2007 年的历史性大牛市之后，遭遇了近 10 年的大熊市，在经历了 2015 年的大牛市行情之后又急速下跌，并伴随着流动性枯竭等问题。当前，国内外经济增长下滑、通胀恶化、宏观经济政策进一步紧缩等多方面因素都对中国资本市场的稳定发展提出了严峻挑战，也凸显了在资本市场中强化金融稳定性的重要性，因此，推动资本市场规范发展将是未来一段时间内的中心任务。同时，2008 年国际金融危机的出现也引发了人们对中国资本市场未来发展方向的讨论与思考。

---

① 数据来源：国家统计局。

专栏四

当前《中华人民共和国证券法》再度修订的主要内容[①]

早在2014年,《中华人民共和国证券法》修订就已被列入立法工作。2015年4月中下旬,十二届全国人大常委会第十四次会议审议了全国人大财政经济委员会提请审议的《中华人民共和国证券法》修订草案,随后,2015年股市异常波动暴露出资本市场的诸多问题,于是,《中华人民共和国证券法》的修订工作也停滞不前。2017年4月11日,十二届全国人大常委会第九十三次委员长会议决定,在4月24~27日召开的十二届全国人大常委会第二十七次会议上审议《中华人民共和国证券法》修订草案。《中华人民共和国证券法》修订草案二次审议稿在充分考虑我国证券市场的实际情况、认真总结2015年股市异常波动经验教训的基础上,包含以下七大市场焦点。

1. 注册制:具体内容暂不规定

全国人大法律委员会副主任委员安建介绍,2015年12月,根据党中央的决策部署,全国人大常委会通过了关于授权国务院在实施股票发行注册制改革中调整适用《中华人民共和国证券法》有关规定的决定。目前注册制改革相关准备工作仍在进行,具体改革举措尚未出台。据此,对现行《中华人民共和国证券法》第二章"证券发行"的规定,暂不作修改,待实施注册制改革授权决定的有关措施出台后,根据实施情况,在下次审议时再对相关内容作统筹考虑。

同时,为了做好修订草案与注册制改革授权决定的衔接,体现改革方向和要求,修订草案二审稿增加规定,国务院应当按照全国人大常委会相关授权逐步推进股票发行制度改革。

2. 监管:执法权限、处罚力度双升级

针对证券市场违法违规行为的新特点,在认真总结2015年股市异常波动的

[①] 摘编自:(1)《〈证券法〉修订哪些内容?》,见财新网,http://finance.caixin.com/2017-04-12/101077185.html。(2)《设专章保护投资者 证券法修订草案二审聚焦七大焦点》,见人民网,http://capital.people.com.cn/n1/2017/0425/c405954-29234213.html。

经验教训的基础上,草案二审稿对相关规定作了进一步修改完善:增加证监会应当依法监测并防范、处置证券市场系统性风险的原则规定;进一步发挥证券交易所的一线自律管理职能;对涉嫌违法人员实施边控等措施;加大对证券违法行为的处罚力度,完善处罚规则,提高罚款数额。

3. 收购:增持资金应说明"来路"

对于近年资本市场上的举牌收购热潮,草案二审稿强化持股达到百分之五的投资者的信息披露义务,进一步规范上市公司收购行为。

草案二审稿要求投资者在持股变动公告中应当公告增持股份的资金来源以及在上市公司中拥有表决权的股份变动的时间及方式;对投资者违规增持的股份,明确在一定期限内不得行使表决权;将在上市公司收购中收购人持有的被收购的上市公司的股票,在收购行为完成后不得转让的期限,由"六个月"延长为"十八个月"。

4. 信息披露:全面升级为专章规定

草案二审稿将现行证券法"证券交易"一章中的"持续信息披露"一节扩充为专章规定,并予以修改完善:扩大信息披露义务人的范围,增加信息披露的内容,明确信息披露的方式;强化公司董事、监事、高级管理人员在信息披露中的责任;明确信息披露的一般原则要求,强调信息披露应当真实、准确、完整、简明清晰、通俗易懂;应当同时披露、平等披露。

5. 证券交易:增加操纵市场等情形

关于证券交易,草案二审稿作出以下完善:扩大应予严格规范的内幕信息知情人的范围,增加操纵市场的情形;增加禁止利用未公开信息进行证券交易的规定;进一步强化证券交易实名制的要求,禁止利用他人账户从事证券交易;增加对程序化交易的规范;规范上市公司停牌、复牌行为,防止上市公司滥用停牌、复牌损害投资者的合法权益。

6. 投资者保护:设专章作规定

投资者是证券市场的重要组成部分,如何更好地保护投资者一直是市场关注的焦点之一。草案二审稿设专章从规范现金分红、投资者适当性管理、先行赔付制度等方面强化投资者保护。

草案二审稿强调证券公司销售证券、提供服务应当与投资者的风险承受能力相匹配;规定征集投票权制度,增加中小股东在上市公司中的话语权;规范现金分红,要求上市公司应当按照公司章程的规定分配现金股利;规定债券持有人会议和债券受托管理人制度,更好地保护债券持有人的合法权益。

草案二审稿还规定先行赔付制度。发行人因欺诈发行、虚假陈述或者其他重大违法行为给投资者造成损失的,发行人的控股股东、实际控制人、相关的证券公司、证券服务机构可以委托国家设立的投资者保护机构,就赔偿事宜与投资者达成协议,予以先行赔付。

7. 多层次资本市场:作出原则规定,明确三层次

草案二审稿按照党的十八届三中全会提出的"健全多层次资本市场体系"的要求,增加了关于多层次资本市场的原则规定:将证券交易场所划分为证券交易所、国务院批准的其他全国性证券交易场所(新三板)和按照国务院规定设立的区域性股权交易市场三个层次;考虑到国务院批准的其他全国性证券交易场所、按照国务院规定设立的区域性股权交易市场目前的发展情况,在证券法中对其只作原则性规定,授权国务院制定具体管理办法。

第三节
中国资本市场的问题和挑战

"新兴+转轨"是我国资本市场的基本特征。改革开放近40年,中国资本市场中一些带有强烈"转轨"特点的安排逐步得到纠正,中国资本市场的主旋律已经从服务经济转向发展完善,资本市场发展规律的内在要求逐步显现。实体经济的不断发展需要有一个多层次、品种齐全、国际化的资本市场作为支撑,但中国的资本市场与这一要求相比还存在不小的差距和种种不足。当前，中国资本市场"新兴"特点日益凸显，中国的资本市场只经历了近40年的发展，相对于西方动辄几百年的漫长历史，中国的资本市场显得格外年轻，在制度建设、市场基础和投资理念等方面与发达国家资本市场相比还有很大差距。

一、当前中国资本市场存在的问题

资本市场的发展需要长期的积累，不可能一蹴而就，且无法超越客观条件的限制，需要在发展中不断解决问题。中国的资本市场在不断的改革尝试中向前发展，如近年来熔断机制、战略新兴板的尝试和讨论都是发展过程中的探索。中国资本市场是伴随着经济体制改革的进程逐步发展起来的，其初期发展思路有着服务于经济体制改革的特殊考虑。例如，成熟的市场经济国家的资本市场属于投资市场的制度安排，但中国资本市场在产生时就背负着帮助国有企业脱困的使命，产生时是一种融资市场的制度安排[①]，这也导致了随后中国资本市场发展的不均衡。虽然随着经济的发展，中国资本市场也在不断地调整与改革，但是，由于其总体发展时间并不长，因此与成熟的资本市场之间仍然存在差距。

第一，债券市场发展相对滞后。在中国资本市场发展的初期，从政府到企业都存在"重股轻债"的思想，政府对企业发行债券管得过多过死，对股权融资又提供政策支持。例如，为了顺利发行国债，政府曾规定企业债利率不得高于同期国债率，造成企业债被大量抛售。从企业角度来看，通过股权融资既可以规避财务风险，又可以利用不成熟的市场机制溢价发行来获得额外资金，因而也更愿意发行股票。虽然随着中国资本市场的发展，这种情况得到了一些缓解，但至今中国的资本市场仍然存在着结构性失衡的问题，债券市场相对于股票市场发展滞后。这主要表现在以下几个方面：一是债券市场整体规模相对偏小，债券融资规模占GDP的比重与新加坡、韩国、美国、日本相比都低不少。二是债券市场产品结构和期限配置不合理。企业债占比相对较小，国债和金融债券占了主要部分。从期限上来看，主

---

① 艾洪德、武志：《中国证券是市场制度供给不连续性的研究》，《改革》，2002年第1期。

要是1年以下的短期债券，其次是1~5年的债券，再次是5~10年的债券，而10年以上的债券占比较少，这也不利于国债收益率曲线的形成。三是市场割裂。不同类型的债券在银行间债券市场、交易所债券市场、商业银行柜台市场发行，且大多数债券在不同市场间限制自由流通。中国债券的主要投资者是银行，银行间市场的债券存量和交易量占据整个债券市场的90%，交易所市场很小，场外交易市场几乎没有，交投比较冷清。发达国家债券市场尽管也分场内和场外，但并不禁止特定发行人和投资者进入。发行市场和流通市场的相互隔离，造成两个市场利率关系的扭曲，企业不能按照市场化的利率水平估算筹资成本，存在严重的投机行为，进而导致市场波动大。同时，债券市场也存在多头监管的问题。

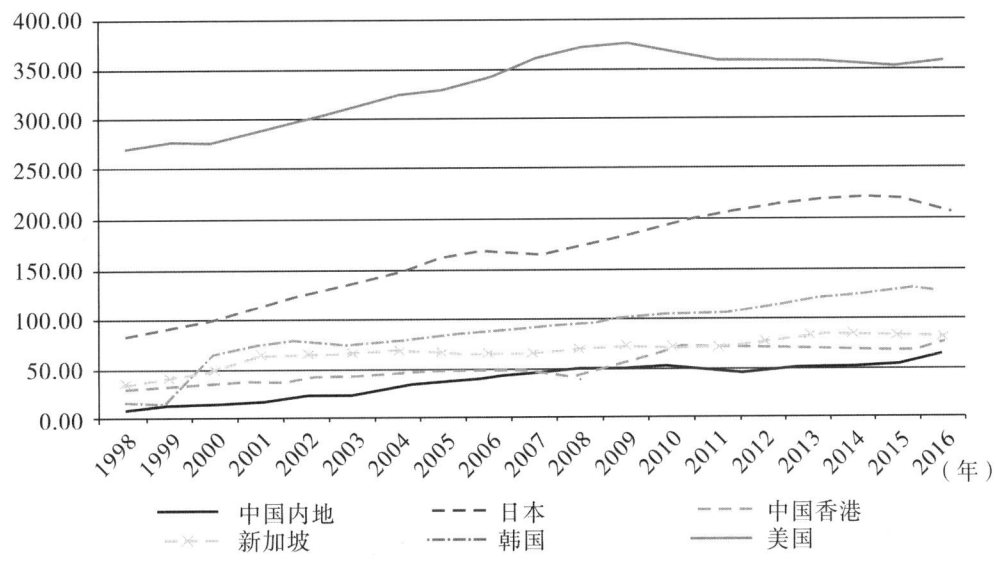

图 3-5　各地区债券市场规模占本国 GDP 的比例①

第二，只能做多，不能做空。由于中国资本市场发展初期市场机制不成熟，为了控制风险，沪、深交易所明确规定禁止融资融券。这种保守行为尽管能在一定程度上降低市场风险，但在客观上助长了市场中的投机现象。在"单边市"的情况下，投资者仅可通过做多盈利，信息不对称、资本的逐利性会导致股价剧烈波动。随着资本市场的不断发展和规则的不断完善，我国开始对证券公司进行融资融券的

---

① 数据来源：WIND 数据库、亚洲开发银行、美联储网站。

试点。2005年修订后的《中华人民共和国证券法》规定证券公司可以为客户提供融资融券服务，与之后出台的试点实施细则、管理办法和监督管理条例等构成了制度框架。2010年3月，中国正式启动融资融券业务，自6家试点证券公司开始，融资融券正式进入市场操作阶段。但融券业务的发展相对于融资业务而言仍处于劣势，只有部分试点证券公司能够参与，可融券种有限、交易费率较高、交易规则也有待调整，做空的机制仍不完善，并没有从根本上改变中国股票市场"单边市"的状态。2010年第一批允许卖空的标的证券仅有90只，经过4次扩容，截至2017年4月初，融资融券股票达到1066只，但仍不到主板市场的一半。融资融券累计余额达到9275.15亿元，融券余额不到0.47%[①]，融资融券发展的不平衡也会在一定程度上影响其在资本市场上发挥功能。

第三，市场中机构投资者缺位。从国外成熟的资本市场的发展现状来看，机构投资者在资本市场中扮演着"稳定市场"和"价格发现"等重要角色。但在中国的资本市场发展中，散户一直占绝大多数，机构投资者数量很少。截至2016年3月，中国资本市场上的散户约为10360.95万户，占比99.71%，机构投资者仅占0.29%。散户大都以获取价差为主要投资目标，由于自身专业知识水平不高、信息获取渠道不畅，易受到情绪影响而盲目跟风，导致市场出现较大波动。当前中国资本市场仍处于"新兴+转轨"的阶段，市场中机构投资者数量较少，且由于发展时间较短，大部分机构投资者在投资行为和理念上尚未成熟，追求基金资产的短期效益，往往以获取价差为主要投资动机，从而造成了机构投资者的频繁交易和投机性突出，市场中机构投资者功能的缺位，破坏了市场的稳定运行。同时，机构投资者具有专业的投资团队和明显的资金优势，企业大股东具有明显的信息优势，二者合谋进行内幕交易的情况屡屡出现，且机构投资者往往能够先于个人投资者进行操作，这种资金博弈行为也加大了市场风险。散户众多和机构投资者散户化的投资行为使得资本市场"炒风严重"，市场中缺乏长期稳定的投资力量，换手率很高，市场波动剧烈。这也说明中国股票市场还不是一个成熟的股票市场，投资者的行为亟

---

① 数据来源：WIND数据库。

待纠正。

第四，市场对外开放程度依旧不高。由于中国目前金融与资本项目受到管制，B股作为离岸金融市场的金融商品，成为一种特殊的安排，RQFII、QFII和QDII制度也一起构成了资金跨境双向对流的渠道。截至2017年4月初，RQFII达到220家，QFII达到312家，QDII达到144家。[①]"沪港通"和"深港通"的实施让中国的资本市场通过香港这一国际化程度高的市场与国外资本市场间接相连。但"沪港通"和"深港通"其实是中国资本市场对外开放的过渡阶段，是实现"全球通"远期目标的第一步。"沪港通"标的大多数是国有企业、蓝筹大盘股；而"深港通"则使得境外资金可以进驻那些有发展潜力的新兴行业上市公司，有助于进一步活跃A股市场。但目前，"沪港通"和"深港通"仍属于封闭式系统，资金用人民币结算并原路"返回"，不会造成资本外流，这也是人民币资本项下不开放造成的特殊安排。从总体来看，中国的资本市场仍然处在一种相对封闭的状态，虽然已经有一些间接的处理手段，但在市场机制和监管规则等方面仍未完全与国际接轨，对外开放程度依旧不高。中国资本市场的国际化程度不够与人民币资本项下不开放密切相关，这也是中国资本市场上股票类型众多的根本原因。

二、国际金融危机后中国资本市场面临的新挑战

2008年的国际金融危机揭示了由金融监管不严导致的系统性金融风险的巨大危害性和破坏力。经过多年的发展，中国资本市场的金融产品不断复杂化，货币市场、信贷市场、资本市场等不同金融市场之间的联动性不断加强，如何加强对不同金融市场风险的系统性监测、有效监管，避免出现监管漏洞，维护整个金融市场的稳定性成为当务之急。中国目前采用的是"混业经营、分业监管"模式，仍属于一种过渡模式。与主要发达国家相比，中国的金融集团结构和形态复杂多样，有许多集团涉及银行、证券、保险、基金等领域的业务，并涉足非金融业务，成为重要的风险隐患。在目前"一行三会"的监管框架下，虽然建立了跨部门的"联系会

---

① 数据来源：WIND数据库。

议"制度，但因为没有长期有效的跨部门监管协调机制，监管的效果还不理想。中国的监管体制事实上仍然处于分业监管的状态，给系统监管带来了难度。未来应加强金融监管方面的立法，推动金融监管体制的调整，减少职能冲突和监管盲区，逐渐实现由分业监管向统一监管、由机构性监管向功能性监管的过渡，实现对跨行业、跨市场的金融业务进行监管。同时，2008年国际金融危机的波及面非常广，不仅美国的金融机构损失惨重，欧洲和亚太地区的金融机构也受到影响，这也对中国增强与世界各国和国际组织的金融监管合作渠道，加强信息沟通，协调行动等方面提出了新的要求。

第四节
中国资本市场的未来走向

一、推进中国资本市场的均衡全面发展

当前中国资本市场的市场化、法制化、国际化程度不高，为了满足实体经济健康发展的需要，进一步优化资源配置，迫切需要深化改革、扩大开放，建立多层次的、品种齐全的资本市场。

第一，不断完善市场规则和机制，推进市场化发展。发挥市场在发行上市、并购重组和退市等过程中的决定性作用，增强监管规则与国际规则的适应性，提升资源配置效率、培育优质金融资产，为中国资本市场的对外开放奠定价值基础。适应注册制的推进要求，根据不同企业类别制定不同的上市标准，规定相应的披露事项。鼓励上市企业准确、及时、持续、主动进行信息披露，提升市场透明度。通过完善证券法、建立民间赔偿机制、加大违规惩处力度等方式，提升企业违规成本，保护中小投资者的权益，鼓励资本市场向着透明、健康、规范的市场化方向发展。

第二,大力发展和规范债券市场,推动利率市场化进程。加快发展企业债券,提高企业债在债券市场中的份额和比例,对企业债的发行条件和流程给予一定的政策支持,促进债券市场结构向更加合理的方向发展。建立严格的强制性市场信息披露制度,提高投资者的投资热情。促进监管部门的明确分工,逐渐改善多头监管的模式。此外,由于债券市场对利率市场化基准利率的形成和调控至关重要,债券市场发展滞后,也会阻碍利率市场化的形成。为此,应进一步提高银行间债券交易市场交易的活跃度和流动性,打破债券市场的人为分割,逐步放开交易主体在不同市场的交易资格,建立面向所有投资者的开放性债券市场。逐步形成债券市场基准利率,取代存贷款利率,为使其成为央行调控的基准利率作准备,进而推动利率市场化进程。

第三,稳步发展衍生品交易市场,丰富风险配置手段。进一步完善衍生品市场体系,满足不同主体的风险管理需求。通过完善多层次市场体系、创新交易工具、拓宽参与主体类型等方式,积极推动衍生品市场扩容,引导银行等金融机构积极有序地参与衍生品市场。建立健全统一的衍生品交易制度框架,加强监管机构的协调合作,积极参与国际监管协调,始终坚持把风险防范贯穿于衍生品市场发展的全过程,统筹处理好创新发展与加强监管之间的关系。

第四,积极调整资本市场投资者结构,促进资本市场"去散户化"。一方面,要严格中小投资者的市场进入门槛,通过各种优惠政策来引导不具备专业投资知识和风险管理理念的中小投资者依附基金、信托、资产管理等专业机构间接参与股市。另一方面,要积极培育市场中的机构投资主体,创造适合机构投资者发展的制度环境,促进市场参与主体的规范运作,强调价值投资理念,推动机构投资者"去散户化"。此外,还要推动上市公司强化分红机制,落实退市机制,从供给侧净化市场,促进市场良性发展。

二、推动中国资本市场开放和人民币国际化协同发展

为与中国庞大的经济总量相适应,中国未来的金融体系必须具备在全球配置资源、分散风险的功能和能力,而这一功能的实现需要以中国资本市场的对外开放作

为前提条件。

第一,资本市场开放本质上是人民币国际化问题。中国经济体量巨大、与世界经济和金融交融日益深入,为了维持可持续的经济增长,必然要求我们开放金融体系。在当前条件下,我国应当不断扩大境外投资者进入中国资本市场投资的规模,充分利用现有渠道,如 QFII、RQFII 等机构渠道,以及"沪港通"和"深港通"等选择性的双向市场通道。但事实上,这些都是中国资本市场对外开放和国际化的过渡性步骤,一旦人民币资本项下完全开放,中国资本市场将双向全面开放,中国资本市场国际化的时代将真正来临。所以,资本市场国际化问题的核心仍然是人民币国际化问题。

第二,以资本市场发展推动人民币国际化。人民币国际化需要资本市场的成熟发展,资本市场的发展也可以为人民币国际化提供动力和制度保障。在人民币的资本项目未开放时,人民币境外合格投资者可以作为探索资本项目可兑换方式、途径及影响的制度安排。未来当资本项目完全开放后,股票市场将为人民币的输出和回流提供重要的交易结算平台。参照美国的经验,我国可以通过向境外投资者开放境内发债来推动人民币输出,通过向境外机构投资者提供国债来促进人民币回流,这也是推动人民币国际化的重要举措。活跃和完善的衍生品交易能够提供避险工具,可以提升境外投资者持有人民币的意愿,刺激人民币的境外需求。同时,随着人民币国际化进程的推进,由于资本项下不开放的条件限制造成的众多上市公司股票类型的问题也能逐步得到解决,如 H 股、B 股等多种类型的股票的统一和规范问题将逐步得到解决。

中国资本市场的改革和发展过程具有中国特色。中国的经济转轨是从计划经济体制解体开始的,原有的计划经济体制是中国市场经济一切制度生长的初始条件,是中国资本市场发展的大背景。[①] 中国的资本市场是在市场经济条件尚未成熟时被催生的,设立时就肩负着为国有企业改革融资服务的使命,产生时就具有许多适用于当时的政治、经济背景的特殊安排。但随着经济的发展,这些特殊安排又引发了

---

① 武志:《中国证券市场发展:新制度经济学的观点》,《国际经济评论》,2001 年第 7~8 期。

许多问题，使得资本市场服务于实体经济的功能不能正常发挥，从而迫使政府对其进行规范和完善。再加上中国资本市场的发展时间较短，尚不成熟，所以虽然经过了将近 40 年的发展，依然存在着明显的"新兴＋转轨"的市场特点和问题。未来，中国的资本市场也应向着多层次和国际化的方向发展，继续解决现存问题，不断完善市场规则和机制，加大对债券市场和衍生品市场的发展支持力度，积极引导投资者的结构调整，更好地支撑人民币国际化的进程，实现为实体经济服务和风险配置的功能。

专　栏　五

证券行业的法律法规与重要文件

- 《中华人民共和国证券法》
- 《中华人民共和国公司法》
- 《中华人民共和国企业破产法》
- 《中华人民共和国证券投资基金法》
- 《中华人民共和国信托法》
- 《中华人民共和国保险法》
- 《期货交易管理条例》
- 《证券公司监督管理条例》
- 《证券公司风险处置条例》
- 《股票发行与交易管理暂行条例》
- 《证券、期货投资咨询管理暂行办法》
- 《证券交易所风险基金管理暂行办法》

第四章
中国保险业的改革与发展

保险是现代经济的重要产业,是市场经济条件下风险管理的基本手段。从中华人民共和国成立后计划经济体制的建立,到改革开放后中国向市场经济体制转轨,不同历史时期的国情和经济体制决定了中国保险业在不同阶段具有不同的特点。中国保险业从计划经济体制下的逐步衰落,到市场经济体制下的快速发展,跌宕起伏,呈现出一幅与中国经济、金融改革历史相互交织的精美画卷。

第一节
经济体制转轨下的中国保险业改革发展逻辑

在经济学理论中,不同于建立在信息完全基础假设上的传统经济理论,保险业的发展理论是建立在不对称信息基础上进行的研究。从微观视角来看,主要包括人身寿险和财产保险的保险产品对个人或企业来说,是一种法律意义上的合同行为。保险的核心是对个人或企业的风险管理,或者是一种风险转移的机制安排,具体来说就是分摊意外事故损失和提供经济保障的一种有效的财务安排方式。特别是在具有一定储蓄和投资特征的人寿保险中,保险作为一种财务安排的特性表现得尤为明显。正是因为保险对微观层面的个人、企业的风险转移和财务安排具有重要意义,因此上升到宏观层面来看,保险对一个国家促进经济发展、维护社会的稳定和人民生活的安定,从而促进社会、经济的协调发展具有重要作用。一方面,保险通过风险集散和经济补偿,为经济发展和改革创新保驾护航。表现在帮助受灾企业及时恢

第四章
中国保险业的改革与发展

复生产,保障社会再生产的连续性和稳定性;为商业贸易活动转移风险,推动商品的消费和流通;为企业减少风险因素造成的生产供给波动,从而促进经济发展。另一方面,保险通过对收取保费积聚起来的巨大保险资金进行科学高效的运用,可以促进居民储蓄向投资的转化,为经济建设提供长期资金的融通渠道,优化金融资源配置。同时,保险资金所具有的长期性、稳定性和规模性的特点,有助于为资本市场培育稳健的机构投资者,改善资本市场的结构,促进资本市场的繁荣稳定,推动金融市场的高效运行,为国民经济的发展提供支持。此外,保险作为国民经济的重要产业,其发展在维护社会稳定和人民生活安定方面发挥了重要作用。保险的基本保障职能决定了保险能够满足人民多样化的保险保障需求,使人民生活的安定和社会的稳定得到保障。而随着中国社会经济的发展,现代社会经济生活的高度关联性和不确定性对保险保障也提出了更高要求,希望其在更高层次、更广层面分担社会管理的职能,维护社会的稳定和人民生活的安定。

毫无疑问,保险兼具经济助推器和社会稳定器的功能,对社会经济协调发展具有重要作用。反之,经济发展和社会进步则是保险业发展的基础。社会经济的协调发展能为保险业的发展奠定物质基础,创造良好的社会环境。如果二者发展不协调,那么,它在阻碍经济进一步发展、影响社会稳定的同时,也会抑制有效的保险需求,影响保险业的正常运营和稳健发展。

保险作为金融体系的重要组成部分,它的发展与一国的经济体制相匹配。在计划经济体制与市场经济体制下,由于经济社会的运行机制不同,对保险的需求不同,进而使得不同经济体制下保险业的发展水平不同。

中华人民共和国成立后,中国建立了高度集中的计划经济体制。在这种体制下,企业并不是真正的企业,而是国家计划指令下的一个生产单位,在企业中工作的个人,其生活、医疗、教育等方面基本上由所在的企业来负责。因此,从这个角度看,计划经济体制下的企业和个人所面临的风险,实质上全部由国家来承担,在这种情况下,企业和个人没有真正的保险需求,保险业在经济社会中的作用没有发挥的空间和余地,这也决定了计划经济体制下保险业不会得到重视和发展。

1949年,中华人民共和国为消除战争创伤,争取让国民经济全面好转,中央政府对旧中国保险业进行了全面的清理、整顿和改造。当年8月,中央政府在上海举行了第一次全国财经会议。会上,中国人民银行建议成立"中国人民保险公司",并在会后立即组织筹备。10月20日,中国人民保险公司正式成立,这是中华人民共和国成立后的第一家国有保险公司。中国人民保险公司成立后,迅速在全国建立分支机构,并以各地人民银行为依托,建立起广泛的保险代理网。

为配合国民经济的恢复和发展,中国人民保险公司重点承办国营企业、县以上供销合作社及国家机关财产和铁路、轮船、飞机旅客的强制保险。在城市,开办了火险、运输险、团体与个人寿险、汽车险、旅客意外险、邮包险、航空运输险、金钞险、船舶险等;在农村,积极试办农业保险,主要是牲畜保险、棉花保险和渔业保险。

但是,在计划经济体制下,由于国家承担了企业经营和个人风险,保险有效需求不足,加上20世纪50年代初中国人民保险公司各地机构在执行政策和具体做法上出现了很多问题,因此,从1953年开始,国家对保险业务作了调整,如停办国家机关财产强制保险和基本建设工地强制保险,继续办理国营企业(包括合作社)的强制保险,其他业务按对生产有无积极作用、群众是否需要和自愿、自己有无条件、是否符合经济核算四项原则,分为巩固、收缩、停办三类进行清理。由于资本主义工商业社会主义改造的推进,城市自愿保险业务明显下降。

1958年10月,在西安召开的全国财贸工作会议上,中央政府提出,人民公社化后,保险的作用已经消失,除国外保险业务必须继续办理外,国内保险业务应立即停办。同年12月,在武汉召开的全国财政会议正式作出"立即停办国内保险业务"的决定。1959年1月,中国人民保险公司召开第七次全国保险工作会议,贯彻落实国内保险业务停办的精神,并部署善后清理工作。从1959年起,全国的国内保险业务除上海、哈尔滨等地继续维持一段时间外,其他地方全部停办。

1964年,随着国民经济的全面好转,中国人民银行国外业务局保险处升为局一级单位,对外仍用中国人民保险公司的名义,并由中国人民银行副行长兼任总经理。1966—1976年"十年动乱"期间,中国国内保险业务彻底停办。

1978年中国改革开放后,在从计划经济体制向市场经济体制转轨的过程中,一个重要的内容是国有企业改革,通过放权、自负盈亏搞活企业经营,让企业成为真正的企业,并将之培育成市场经营主体,同时,通过价格改革,让市场在配置资源中发挥决定性作用。在这种经济体制转轨下,一方面,随着国有企业改革的深入开展,民营企业、外资企业、股份制企业等多种所有制经济成分得以发展,劳动力作为重要的生产要素开始在市场作用下实现流动,以往只有国有企业一种经济成分,且工人的所有后顾之忧均由国家解决的局面不复存在,在市场经济体制的企业经营法则下,企业员工不得不面临企业破产、收入下降等各类风险,开始对自身的医疗、养老等人身保障和风险有了更强的意识,从而配合国有企业改革和多种所有制经济的建立和发展,人身保险需求开始快速增长,由此推动了人身保险业务的发展。另一方面,中国从计划经济体制向市场经济体制转型,企业作为市场经济的主体,国有企业开始成为自主经营、自负盈亏的现代意义上的企业,企业对自身经营过程中的财产损失有了强烈的风险意识。尤其是改革开放之后,越来越多的企业"走出去"开展国际贸易,加上农村家庭联产承包责任制实行后的农业发展等,都催生了企业、农户对财产保险的需求,进而推动了财产保险公司的设立和业务发展。

总之,随着中国经济体制改革的深化以及市场经济体制的逐步建立,企业和个人各方面的风险完全得到释放,由此产生了风险管理需求,最终推动了中国保险业的恢复和发展。中国保险业从中华人民共和国成立后计划经济体制下的蹒跚起步到停滞不前,再到今天市场经济体制下的繁荣发展,是顺应中国改革和发展洪流的一个重要体现。

专 栏 一

财产保险与人身保险的区别

财产保险是指以财产及其相关利益为保险标的的保险,包括财产损失保险、责任保险、信用保险、保证保险、农业保险等,是以有形或无形财产及其相关利益为保险标的的一类补偿性保险。人身保险是以人的寿命和身体为保险标的的保险,当被保险人遭受不幸事故或因疾病、年老以致丧失工作能力、伤残、死亡或年老退休时，根据保险合同的约定，保险人对被保险人或受益人给付保险金或年金，以解决其因病、残、老、死所造成的经济困难。

人身保险与财产保险的区别在于：（1）基本职能不同。财产保险的基本职能是经济补偿；人身保险的基本职能是保险金给付。（2）保险标的和保险金额确定的方式不同。财产保险的保险标的是被保险人的财产及有关利益，其保险标的的价值一般是可以计算的，保险金额的最高限额是保险价值，保险事故发生后，其赔偿金额根据实际损失额和投保方式确定，具有损失补偿的性质；人身保险的保险标的是被保险人的生命或身体。由于人的生命和身体的价值是很难用货币度量的，因而，人身保险的保险价值难以确定，其保险金额在保险合同当事人双方约定的基础上，依照投保人缴纳保险费的能力确定。当保险事故发生时，保险人按保险合同约定的保险金额给付。（3）保险期限不同。除意外伤害保险和短期健康保险外，大多数人身保险险种的保险期限都在1年以上，这就要求在保费计算中要考虑利率因素，不仅包括利率的绝对水平，还要考虑利率未来的波动走势；除工程保险和长期出口信用险外，财产保险的保险期限多为短期（1年及以内），计算保费时一般不考虑利率因素。在长期人寿保险所交纳的纯保费中，大部分被用于提存责任准备金。这部分资金是保险人的一项负债，保险单在一定时间后，具有现金价值，投保人或被保险人享有保单抵押贷款等一系列权利，而这是一般财产保险所不具有的。（4）超额投保与重复投保方面。保险中的补偿原则规定所获的补偿金额不应超出实际损失金额，即不允许通过保险补偿而获利。事实上，此原则仅限于财产保险。因为人身保险的保险标的具有特殊性，保险利益难以用货币衡量，因此保险人只能在签发保单时，根据实际情况对保险金额加以控制。而且投保人可同时在几家保险公司进行投保，一旦发生保险合同规定的事故，投保人可同时在几家保险公司获得保险金的给付。

第二节
市场经济体制逐步建立下中国保险业的发展

改革开放近 40 年，中国保险业伴随着中国市场经济体制的逐步建立、社会经济的发展和改革开放的进程，从艰难起步到快速发展，可谓历经各种波折，虽跌宕起伏，但前景光明。回首改革开放以来的中国保险业的发展，行业发展的关键时间点可以说有四个：一是 1984 年的中国金融改革启动之年，二是 1992 年邓小平南方谈话之后的改革深化之年，三是 1998 年保监会成立的监管体制奠定基础之年，四是 2012 年《中国第二代偿付能力监管制度体系建设规划》（简称《偿二代》）发布的全面实行"风险导向"监管之年。

第一阶段（1978—1983 年），改革开放初期的国内保险业务全面恢复。

1978 年 12 月，中共十一届三中全会确立改革开放政策，决定把工作重点转移到以经济建设为中心的社会主义现代化建设上来。随后，中国开始实施一系列改革，高度集中的计划经济体制被打破，对国有企业开始下放经营权，允许民营经济发展，推广农村家庭联产承包责任制，放开价格管制从而引导资源有效配置，等等。市场化的改革带来了风险的释放，使得国家亟待恢复保险业，以满足从计划经济体制向市场经济体制转型中出现的迫切的风险管理需求。因此，中国人民银行在 1979 年 2 月召开的全国分行行长会议上，提出恢复国内保险业务。1979 年 4 月，国务院批转《中国人民银行全国分行行长会议纪要》，作出"逐步恢复国内保险业务"的重大决策。

改革开放之初，在中国对国有企业进行改革的同时，鼓励发展集体经济、民营经济，以及推广家庭联产承包责任制、发展乡镇企业等的大背景下，迫切的风险管理需求是与这些经济成分发展相关的财产保险。

因此，在 1979 年中国人民银行颁布的《关于恢复国内保险业务和加强保险机构的通知》中，对恢复国内保险业务和设置保险机构作出了具体部署。同年 5~6 月，先后推出企业财产保险、货物运输保险和家庭财产保险三个险种。7~8 月，先后派出几批干部赴广东、福建、浙江、上海、江苏、江西等地，着手恢复保险业务和筹建保险机构。9~11 月，已有部分地区，如上海、重庆和江西率先开始经营国内保险业务。11 月，全国保险工作会议对 1980 年恢复国内保险业务的工作进行了具体部署。会后，国内保险业务的恢复工作迅速在全国铺开。国内保险业务恢复后，过去企业发生意外损失统一由财政解决的做法也作了相应改变。凡是全民所有制和集体所有制企业的财产，包括固定资产和流动资金，都可自愿参加保险。全民所有制单位投保的财产，一旦发生损失，由保险公司按保险合同的规定负责赔偿，国家财政不再核销和拨款。

到 1980 年底，除西藏外，中国人民保险公司在全国各地都已恢复了分支机构，各级机构总数达 810 个，专职保险干部 3423 人，全年共收保费 4.6 亿元。中国人民保险公司分支机构接受总公司和中国人民银行当地分支机构的双重领导。

第二阶段（1984—1991 年），中国金融体制改革下的保险业加快发展。

市场经济体制改革启动后，企业开始自主经营，企业的经营资金来源从计划经济体制下的财政拨款变为从银行贷款获得，企业融资渠道亟待拓展。因此，与国有企业改革相适应的中国金融体制改革成为应有之义。1984 年，以建立健全独立于财政体系、以市场为取向的金融运行体系为目标的中国金融体制改革拉开序幕。1984 年前后，中国工商银行、中国农业银行、中国银行、中国人民建设银行四大国有商业银行相继成立，标志着中央银行与商业银行功能不同的双层银行体系的形成。

对于保险业而言，1983 年 9 月，经国务院批准，中国人民保险公司升格为国务院直属局级经济实体。从 1984 年 1 月 1 日起，中国人民保险公司正式脱离中国人民银行，各省、市、自治区、计划单列市也相应地从中国人民银行分设出中国人民保险公司分支机构。分出后的中国人民保险公司在业务上仍旧由中国人民银行领导、管理、协调、监督和稽核。

国内保险业务恢复后，中国保险市场仍然是中国人民保险公司一统天下。中国人民保险公司对市场的完全垄断，在当时情况下曾起到过积极的作用，促进了中国保险业在短期内迅速恢复和发展。随着社会主义市场经济的发展，与市场经济规律相悖的垄断经营体制的弊端逐步显现。垄断体制导致价值规律在保险业务发展中难以充分发挥作用，弱化了被保险人选择保险人的权利，保险费率居高不下，保险市场萎缩。因此，改变中国人民保险公司一统天下的保险体制成为中国金融体制改革的重要内容。

1986年2月，中国人民银行批准设立"新疆生产建设兵团农牧业保险公司"，专门经营新疆生产建设兵团农场内部的种养两业保险。1992年该公司更名为"新疆兵团保险公司"，并相应扩大了业务范围，从而打破了中国人民保险公司独家垄断中国保险市场的局面。

1987年，中国人民银行批准交通银行及其分支机构设立保险部。1991年，中国人民银行要求保险业与银行业分业经营、分业管理，批准交通银行在其保险部的基础上组建中国太平洋保险公司，中国太平洋保险公司成为继中国人民保险公司之后成立的第二家全国性、综合性保险公司。

改革开放初期，市场经济体制改革下的多种经济成分出现。在险种上，主要表现为对财产险的旺盛需求，在供给侧方面，则表现为重点开展财产保险业务。但是，随着经济体制改革的深入，作为重要生产要素的劳动力市场逐步形成，以往完全依赖于所在企业而生存的员工，在国有企业改革深化、企业经营出现变化后，开始出现人员自身风险，特别是在改革开放之初中国社会保障体系尚未建立健全，而国有企业市场化改革先行一步的情况下，作为承担保障职能的寿险开始出现大量的社会需求。因此，这一阶段的最大变化是，在险种上寿险业务开始发展，寿险公司纷纷成立。

值得一提的是，正是在这种改革开放刚刚迈开步伐和社会保障体制尚不健全的宏观背景下，中国平安公司应运而生。中国平安公司的诞生地为深圳蛇口工业区。1979年，蛇口工业区建立伊始便着手建立社会保障机制，要求在蛇口开办工厂的"资本家们"为每一个"打工人员"缴纳养老、医疗、雇主责任险，缴纳比例为劳务费的20%，费用由蛇口工业区劳动人事处代为收取。随后，为了做好这一块的保障职能工作，蛇口工业区成立了招商局社会保险公司，接管了蛇口工业区劳动人事处的社保相关职能，退休金改为由社保公司统一运作。为了解决社保公司成立后所汇聚的工业区大量统筹资金保值增值，并确保用于将来支付职工退休金的问题，在借鉴香港商业保险公司做法的基础上，经过多方沟通和努力，最终于1988年3月21日，中国人民银行发文批准成立平安保险公司，同时颁发"经营金融业务许可证"。这是我国第一家股份制、地方性的保险企业。1992年9月29日，国务院办公厅正式发文批准平安保险公司更名为中国平安保险公司，并同意中国平安保险公司办理法定保险和国营企业、三资企业的保险业务以及各种外币保险和国际再保险业务，中国平安保险公司成为第三家全国性综合性保险公司。

从中国平安保险公司的成立中可以看出，人寿保险公司的发展与中国的社会保障紧密联系在一起。正是顺应了中国在向市场经济体制转轨进程中社会保障方面的巨大需求，人寿保险公司开始加快成立和发展。从1988年起，中国人民银行批准在四川省、大连市、沈阳市、长沙市和厦门市设立5家股份制人寿保险公司，开始寿险与财产险分业经营的探索。1991年后，中国人民银行又先后批准在珠海、本溪、湘潭、丹东、广州、太原、天津、福州、哈尔滨、南京、昆明等地组建股份制人寿保险公司。新建立的寿险公司除了办理商业保险外，还接受地方政府的委托，代办社会保险业务。中国人民保险公司在这些人寿保险公司中都持有一定的股份。

第三阶段（1992—1997年），**中国深化改革开放下的保险业多元化发展**。

1992年邓小平南方谈话后，中国改革开放进程加快，多种所有制经济快速发展，中国经济社会进入新的发展阶段，中国保险业也迎来了多元化发展时期。

一方面，多种类型的保险公司加快发展。1994年10月，中国人民银行批准在上海成立天安保险股份有限公司。1995年1月，又批准在上海成立大众保险股份有限公司。

1996年，中国人民银行批准设立新华人寿保险股份有限公司、泰康人寿保险股份有限公司、华泰财产保险股份有限公司、永安财产保险股份有限公司、华安财产保险股份有限公司等5家股份制保险公司。

1996年7月，经国务院批准，中国人民保险公司改组为中国人民保险（集团）公司，下设中保财产保险有限公司、中保人寿保险有限公司和中保再保险有限公司,实行财产险与寿险分业经营。根据《中华人民共和国保险法》确立的商业保险与社会保险分开经营的原则,国务院决定将17家地方寿险公司全部并入中保人寿保险有限公司。1998年10月7日,国务院批准《撤销中国人民保险(集团)公司实施方案》,将原中保财产保险有限公司更名为中国人民保险公司,原中保人寿保险有限公司更名为中国人寿保险公司,原中保再保险有限公司更名为中国再保险公司;将中保集团所属的其他海外经营性机构全部划归香港中国保险(集团)有限公司管理。

另一方面,随着中国对外开放力度的加大,外国保险公司也开始进入中国保险市场。1992年,我国开始在上海进行保险市场对外开放的试点。1992年9月,美国友邦保险有限公司经批准在上海设立分公司,经营人寿保险业务和财产保险业务。友邦保险上海分公司引进寿险代理人制度,对中国保险市场的营销体制产生了巨大的冲击,激活了潜力可观的寿险市场。1994年9月,日本东京海上火灾保险公司经批准在上海设立分公司,经营财产保险业务。到1999年,全国共有28家保险公司。按投资主体分,国有独资公司4家,股份制保险公司9家,中外合资保险公司4家,外资保险公司分公司11家;按经营区域分,全国性保险公司8家,区域性保险公司20家;按业务性质分,综合性保险公司3家,财产险公司12家,寿险公司12家,再保险公司1家。保险市场初步形成了以国有商业保险公司为主体、中外保险公司并存、多家保险公司竞争发展的新格局。

第四阶段(1998—2014年),保险业监管体制建立完善下的规范发展。

保险业的快速发展形成了新的市场竞争格局,这决定了国家必须加强对行业的监管,推动行业从过去的自我发展走向规范发展。2004年5月底,中国保险业总资产突破1万亿元。到2014年末,中国保险业总资产达到10万亿元,行业增速达到17.5%,当年保费收入突破2万亿元。

1995年6月,《中华人民共和国保险法》正式颁布实施,这对发展社会主义市场经济、规范保险经营活动、保护保险活动当事人的合法权益、促进保险事业的健康发展,具有十分重要的意义。《中华人民共和国保险法》出台后,中国人民银行相继制定了一些配套的保险业管理规定。

在保险业法律法规不断完善的同时，保险业监管体制也在不断建立和完善。1959—1984 年，中国人民银行既经营保险业务，又负责对保险业进行领导和管理。从 1984 年开始，中国人民银行专门行使中央银行职能，保险监管是其中的一项重要工作。1985 年颁布的《保险企业管理暂行条例》、1995 年颁布的《中华人民共和国中国人民银行法》和《中华人民共和国保险法》，均明确了中国人民银行是保险业的监管机关。

1998 年 11 月，为加强保险监管，落实银行、保险、证券分业经营、分业管理的方针，中国保险监督管理委员会（简称"保监会"）成立。保监会成立后，随即对保险市场的现状和存在的问题进行调查研究，并修改、补充和完善保险法律法规体系，先后颁布了《保险公司管理规定》《向保险公司投资入股暂行规定》《保险公估人管理规定（试行）》等一系列文件，为保险业的规范快速发展奠定了制度基础。保监会的成立，是中国保险发展史上的一个重要里程碑，从此，中国保险业进入一个新的历史发展时期。

第一，各种类型的保险公司纷纷成立。这一阶段，各类保险公司开始如雨后春笋般获批设立。1996 年，华泰财产保险公司、新华人寿保险公司、永安保险公司和华安保险公司 4 家保险公司获批成立；1998 年 10 月，安联大众人寿保险有限公司、太平洋安泰人寿保险有限公司在上海正式成立；1999 年 4 月，金盛人寿保险公司获准成立；2000 年 11 月，民生人寿、东方人寿、生命人寿和恒安人寿 4 家寿险公司成立。

同时，国外保险公司大量进入我国，并且来源区域和投资方式日益丰富。1996 年 11 月，加拿大宏利人寿保险公司与外经贸信托在上海合资设立中宏人寿保险有限公司，这是我国保险市场对外开放以来批准设立的第一家合资寿险公司。同年 12 月，欧洲瑞士丰泰保险集团成立。1997 年 5 月，法国安盛—巴黎联合保险集团获准在上海建立一家合资的人寿保险分公司。1998 年 10 月，英国皇家太阳联合保险公司上海分公司成立。同月，中美合资保险企业——太平洋安泰人寿保险公司在上海开业。1999 年 6 月，中国人寿和澳大利亚康联金融集团的合资公司——中保康联人寿保险有限公司在上海开业。2000 年 6 月，荷兰保险有限公司和意大利忠利保险有限公司获批筹建中外合资人寿保险公司。进入中国保险市场的国外保险公司来源区域从早期的美国、日本，进一步扩大至加拿大、瑞士、英国、法国等国家。

2001年12月11日，我国正式加入WTO，对保险业作出"高水平、宽领域、分阶段开放"的承诺。加入WTO后，中国保险业对外开放将从试点阶段进入全面开放的新时期。一方面，中国保险公司开始了海外上市的步伐。如2003年7月，中国人保控股公司在纽约、香港成功上市；2003年底，中国人寿保险（集团）公司和中国人寿保险股份有限公司在纽约、香港成功上市。中国保险公司在海外的成功上市，为中国保险行业引入了大量的境外资本。另一方面，中国保险业对外开放程度加深。2003年底，中国开始对外国非寿险公司在华设立公司取消限制，同时，除有关法定保险业务外，向外资非寿险公司放开所有业务限制。2004年12月11日，中国保险业入世过渡期完成，保险业进入全面对外开放的新时期，呈现出以我为主、优势互补、合作共赢、和谐发展的对外开放新局面。

2006年6月，国务院正式发布《国务院关于保险业改革发展的若干意见》（又称"国十条"），从国家层面提出要充分认识加快保险业改革发展的重要意义，明确了保险业改革发展的指导思想、总体目标和主要任务，为中国保险业未来的改革发展指明了方向。

专栏二

中国寿险公司的成立与发展历程

中国寿险行业的发展经历了一个从封闭到开放、从单一到多元的演变过程。中华人民共和国成立不久即形成了中国人民保险公司独家经营国内保险业务的局面，但也经历了从1958年开始停办保险业务，到1978年改革开放后又全面恢复保险业务的跌宕起伏。1987年交通银行成立保险部，并于1991年4月组建中国太平洋保险公司，成为中国第二家全国性的保险机构。1988年4月，平安保险公司在深圳蛇口区开业，这是我国第一家股份制保险公司，1992年6月更名为中国平安保险公司。自此形成了中国人民保险公司、中国太平洋保险公司和中国平安保险公司三足鼎立的局面。而彼时随着中国对外开放的逐渐深入，外资保险公司也开始进入中国，1992年美国友邦保险成立上海分公司，这是保险市场恢复后进入我国保险市场的第一家外资寿险企业。随后，内资寿险公司和外资、合资寿险公司在中国寿险市场不断开花结果。1994年10月，天安保险股份有限公司在上海成立。1995年1月，大众保险股份有限公司在上海成立。1996年7月，经国务院批准，中国人民保险公司改组为中国人民保险（集团）公司，下设中保财产保险有限公司、中保人寿保险有限公司和中保再保险有限公司，实行财产险、寿险分业经营。同年，中国人民银行还批准设立新华人寿保险股份有限公司、泰康人寿保险股份有限公司、华泰财产保险股份有限公司、永安财产保险股份有限公司、华安财产保险股份有限公司等5家股份制保险公司。同年11月，加拿大宏利人寿保险公司与外经贸信托在上海合资设立中宏人寿保险有限公司，这是我国保险市场对外开放以来批准设立的第一家合资的寿险公司。1998年10月，原中保财产保险有限公司更名为中国人民保险公司，原中保人寿保险有限公司更名为中国人寿保险公司，原中保再保险有限公司更名为中国再保险公司；将中保集团所属的其他海外经营性机构全部划归香港中国保险（集团）有限公司管理。同月，英国皇家太阳联合保险公司上海分公司成立，中美合资保险企业——太平洋安泰人寿保险公司（即现在的建信人寿）在上海开业。1999年1月，德国安联保险集团与中国中信信托合资组建中德安联人寿保险有限公司；6月，法国安盛集团与中国五矿集团合资组建金盛人寿保险有限公司（即现在的工银安盛）。2000年8月，中国人寿和澳大利亚联邦银行共同组建的合资公司——中保康联人寿保险有限公司在上海开业；11月，民生人寿、东方人寿、生命人寿和恒安人寿四家寿险公司成立。2001年12月，早在1929年就已成立的老牌险企太平人寿在中国内地复业。2002年1月，意大利忠利保险公司联合中国石油天然气集团在北京成立了中意人寿保险有限公司；11月，荷兰保险有限公司与北京首创集团合资在大连组建了中荷人寿保险有限公司。2003年5月，荷兰全球人寿保险集团联合中国海洋石油总公司在上海成立海康人寿保险有限公司（即现在的同方全球）；12月，由英国标准人寿和天津泰达控股合资组建的恒安标准人

> 寿保险有限公司在天津成立。
>
> 按照中国加入WTO承诺的开放市场时间表,从2004年11月起,保险公司的国内保护将被彻底打破,对于人寿保险,我国明确规定外资寿险公司只能以中外合资的形式在中国设立营业性机构。为鼓励国内保险公司的发展,保监会在2004年8月曾向中资保险公司发放了18张新牌照。此后,长城人寿(2005年)、华夏人寿(2006年)、阳光人寿(2007年)、中邮人寿(2009年)、弘康人寿(2012年)等保险业新锐陆续问世。截至2016年末,全国共有76家寿险公司,从最初的中国人民保险公司的一家垄断,到中国太平洋保险公司和中国平安保险公司的成立,到1992年友邦保险进入中国,再到1996年新华、泰康等5家股份制保险公司获批开业,以及后来保险公司牌照的进一步放开,中国寿险业的格局不断出现变化,市场主体趋向多元,竞争渐趋激烈,进一步促进了中国寿险市场的健康发展。

第二,保险业经营体制和经营方式改革取得成效。总的来说,这一阶段的中国保险经营体制、国有保险公司股份制改革、保险公司治理结构和经营方式等都有了很大的发展。

在保险经营体制改革方面,从1995年之前的混业经营全面向分业经营转变,在促进保险专业化经营、防范保险经营风险等诸多方面发挥了重要作用。

在国有保险公司股份制改革方面,紧随国有企业改革的步伐,保监会于2000年6月正式提出了股份制改革的构想,2002年国有保险公司股份制改革进入实质性阶段,2003年中国人保、中国人寿、中国再保分别成功改制。与此同时,中国人民财产保险股份有限公司、中国人寿股份有限公司、中国平安保险(集团)公司相继在中国香港和美国上市。2006年,中华联合保险控股股份公司正式成立,标志着国有独资保险公司退出历史舞台,国有保险公司股份制改革全部完成。国有保险公司股份制改革和上市增强了中国保险业的整体实力。通过吸引外资、民营资本,引进战略投资者,优化了保险公司的股权结构;同时,充实了保险公司的资本金,提高了保险公司的偿付能力。

在保险公司治理结构改革方面，2006年保监会发布了《关于规范保险公司治理结构的指导意见》，对规范保险公司治理结构提出了总体要求，并制定了一系列规范独立董事、保险公司关联交易、内部审计、风险管理等方面的配套制度文件，初步建立起保险公司治理结构制度体系，为各公司完善治理结构提供具有操作性的指导。在2008年全国保险工作会议上，中国保监会再次强调了公司治理和内控监管在现代保险监管中的基础地位，并将重点放在保险公司股权管理和强化高管人员监管两个方面。

在保险公司经营方式改革方面，随着国内保险市场主体的增加，保险公司开始探索不同的经营方式和发展战略。一些新设立的保险公司通过市场细分和目标市场选择，开展针对细分市场的专业化经营。与此同时，国内几家大型的保险公司竞相通过金融控股公司实现综合化经营，以提高自身的竞争能力和抗风险能力。在保险专业化经营的进程中，养老保险、健康保险和农业保险领域成为"排头兵"。自2004年末起，平安养老保险公司、太平养老保险公司、国寿养老、长江养老和泰康养老保险公司先后成立。在国内人身保险市场中，共有人保健康、平安健康、瑞福德健康和昆仑健康4家专业健康保险公司。2004年，经过试点，第一家采取"政府财政补贴推动、商业化运作"模式的专业性农业保险公司——上海安信农业保险股份有限公司开业。此后，安华农业保险股份有限公司、阳光农业相互保险公司分别在吉林、黑龙江垦区开业。

此外，在全球金融一体化以及中国金融市场逐步对外开放的大背景下，国内具有一定实力的保险公司竞相通过建立金融控股公司实现综合化经营，借以提高自身的竞争力和抗风险能力。2004年，平安集团控股的平安银行开业，这标志着平安集团已成为集多元金融业务为一体的综合金融服务集团；2005年，中国人保寿险有限公司开业后，中国人保初步搭建了以非寿险为核心的国际化保险集团框架。截至2007年底，国内保险市场上共有8家保险集团控股公司。

第三，保险资金运用持续放宽。在保险资金运用方面，出现了较大的变迁与发展。承保业务和保险资金运用业务被视为现代保险业发展的"两个轮子"，是保险经营两个最主要的利润来源，也是防范保险业风险的两个关键领域。国内保险市场竞争的日益激烈化，承保业务利润空间的逐渐缩小，使得保险业开始重视通过资金运用来增加利润来源。随着中国资本市场的快速发展，保险业的可运用资金大量增加，国务院逐步放宽保险资金运用渠道，力求实现保险资金运用在安全性、收益性与流动性之间的平衡。保险资金运用水平的逐步提高，对保险业增强偿付能力、转变增长方式发挥着越来越重要的作用。

中国资本市场的发展、保险资金运用渠道限制的放松，以及保险投资技术和风险管理水平的提高，对保险资金运用结构产生了重要影响。在恢复国内保险业的10多年时间里，保险资金基本都以银行存款的形式存在。然而，在市场利率环境不断走低导致协议存款利率下降的情况下，银行存款在保险资金运用中的占比不断下降。

1995年《中华人民共和国保险法》明确了保险资金可以用于购买政府债券和金融债券。此后，保险资金投资于债券范围的逐步放开以及债券品种的日益丰富，为债券投资创造了更大的空间。纵观保险资金运用的整体趋势，银行存款占比持续下降，债券投资占比持续上升。同时，中国资本市场的发展，特别是股票市场的逐步完善给保险资金运用提供了新渠道。保险资金参与股票市场投资，经历了由间接入市到直接入市的过程。

1999年底，证券投资基金市场向保险业开放，保险资金间接入市。随后，保险资金可间接入市的比例持续增长，寿险公司投资连结型保险的基金投资比例逐步放开至100%。这一系列对保险投资开放和鼓励的政策，极大地提高了保险公司将保险资金投资于证券投资基金的积极性。

2004年，国务院明确了"支持保险资金以多种方式直接投资资本市场"，保险资金运用渠道进一步拓宽，除直接投资股票市场外，还可以购买非上市银行的股权、投入固定资产（基础设施）和开展境外投资等。2005年2月，保险资金获准正式进入股票市场。自保险资金直接入市以来，保险公司已逐渐成为股票市场上举足轻重的机构投资者。

2006年，保险资金的股权投资取得了较大进展，基础设施投资试点不断推进。保险公司对中国银行、中国工商银行、中信证券及南方电网等企业进行股权投资，初步实现了保险资金从金融投资到实业投资的突破。在基础设施投资的试点中，保险资金积极参与了铁道部和重点市政建设的投资，在优化保险资金投资结构、实现保险资金与投资资产期限的匹配方面作了有益的尝试。

在金融全球化的背景下，保险资金开始探索在全球进行资产配置，逐步加大境外投资力度。2005 年，保险资金成功参与了中国银行在香港的 H 股发行；随后，中国人寿认购了中国工商银行在香港的 20.85 亿 H 股。2007 年《保险资金境外投资管理暂行办法》正式公布，将境外投资范围从固定收益类拓展到股票、股权等权益类产品，为保险资金全球配置资产创造了更广阔的空间。

保险资金运用重要性的不断提升，推动了保险资金运用模式和管理的改革。保险资金管理模式通常分为三类：保险公司下设投资部或投资管理中心、委托其他管理公司托管、成立专门的保险资产管理公司。2003 年以前，国内保险公司一般通过在公司内部设立投资部门来从事资金运用管理。这种投资部或投资管理中心模式对规模较小的公司而言，具有管理成本低、管控便利等优势。但随着国内保险资金的迅速积累以及外部投资环境的变化，内设投资部门的模式已不能满足保险资产管理向专业化方向发展的需要。2003 年，中国人保、中国人寿的资产管理公司获准成立，拉开了保险资金管理体制改革的序幕。保险业务和投资业务的这一分离，使保险资金管理业务向专业化和集中化运作方向迈进。随后，越来越多的保险公司开始设立资产管理公司。

第五阶段（2015 年至今），《偿二代》实施与中国保险业转型发展。

2012 年初，中国保监会发布了《中国第二代偿付能力监管制度体系建设规划》，提出要用 3～5 年时间，形成一套既与国际接轨，又与我国保险业发展阶段相适应的偿付能力监管制度体系。2015 年 2 月，《偿二代》正式发布并进入过渡期。从 2016 年第一季度开始，《偿二代》监管体系正式实施，这意味着我国保险监管全面实行"风险导向"新制度。

《偿二代》建设的目标是科学准确地计量风险并提高对风险的敏感度，推动保险行业不断提升风险管理能力。《偿二代》的框架为一个三支柱的框架，即分别从定量资本要求、定性监管要求和市场约束机制三个方面对保险公司的偿付能力进行监督和管理。定量资本要求包括一系列可以量化的风险资本要求,包括保险风险、信用风险、市场风险等;对于难以量化的风险,如操作风险、战略风险、声誉风险、流动性风险等,则在定性监管要求方面予以细化;对于难以监管的风险,则采取市场约束机制、市场纪律、信息披露等市场力量进行约束。可以说,以风险为导向的偿付能力监管体系的推出不亚于保险业的一场革命。《偿二代》的正式实施将进一步增强中国保险业抵御风险的能力,促进保险公司转变发展方式,引导行业转型升级,更好地服务实体经济。

以往的中国保险业在规模导向的偿付能力体系下,大量的寿险公司为了实现规模较快增长,会大力发展高现金价值趸交理财类保险,如万能险等。同时,为增加销售,会不断提高对销售员及银保合作的费用率,提高产品成本,从而衍生出投资激进、期限错配等问题。财险公司也存在同样的问题,如大量车险业务为争市场份额打价格战,从而出现全行业接近亏损的情况。以风险导向为核心的《偿二代》通过对不同资产负债的最低资本要求,将逐渐改善这些状况。

由此,《偿二代》将在产品和业务结构、资产配置等方面对保险机构产生影响,倒逼保险公司转型升级,使其由过去的粗放式发展走向精细化发展。在产品和业务结构方面,近两年盛行的高现金价值保险产品,因为资本占用高会降低产品销量占比,而长期期缴保障型保险产品的开发和销售力度会加大,从而让保险公司真正回归保险保障业务的本质。在资产配置方面,在《偿二代》规则下,权益类投资及基金投资的资本消耗将大幅提升,不动产投资的资本金消耗基本不变,保险公司将调整资产配置,固定收益投资占比将提升,权益类投资会有所降低。

毫无疑问,2015年是中国保险业开启重大变革的一年。在中国保险市场发展步伐不断加快的背景下,一个更加成熟和审慎的监管体系登上历史舞台,这对于提升资本和风险管理水平、推进保险业市场化改革、提升中国保险业在国际市场上的竞争力和影响力有着深远的意义。

专栏三

《偿二代》的主要内容

《偿二代》全部主干技术标准共有17项监管规则：第一支柱9项，第二支柱3项，第三支柱3项，偿付能力报告和保险集团各1项。这些规则相互关联、密切配合，形成一套有机联系的监管标准。

第一支柱定量资本要求共有9项监管规则，具体内容包括：1号实际资本规则规范保险公司认可资产、认可负债和实际资本的评估原则，明确资本分级的标准；2号最低资本规则规范保险公司最低资本的构成和计量原则；3号寿险合同负债评估规则规范人身保险公司和再保险公司偿付能力监管目的的寿险合同准备金评估标准；4号保险风险最低资本（非寿险业务）、5号保险风险最低资本（寿险业务）和6号保险风险最低资本（再保险公司）规则分别规范保险公司寿险业务、非寿险业务和再保险公司的最低资本的计量；7号市场风险最低资本规则规范保险公司市场风险最低资本的计量；8号信用风险最低资本规则规范保险公司信用风险最低资本的计量；9号压力测试规则建立了保险公司偿付能力压力测试制度，明确了压力测试的方法和要求。

第二支柱定性监管要求共有3项监管规则，具体内容包括：10号风险综合评级（分类监管）规则通过对保险公司总体的偿付能力风险进行全面评价，建立定量监管与定性监管相结合的监管机制，提高监管的有效性；11号偿付能力风险管理要求与评估规则建立了保险公司偿付能力风险管理能力的监管评估制度，并将风险管理水平与资本要求相挂钩，风险管理能力强的公司，可降低资本要求，反之，则提高资本要求，促使保险公司持续提高风险管理能力；12号流动性风险规则建立了财产保险公司和人身保险公司统一的流动性风险监管要求、流动性风险监管指标和现金流压力测试制度，构建了完整的流动性风险防范网。

第三支柱市场约束机制共有3项监管规则，具体内容包括：13号偿付能力信息公开披露规则建立了偿付能力信息公开披露制度，要求保险公司每季度披露有关偿付能力信息，提升偿付能力信息的透明度，增强市场约束力；14号偿付能力信息交流规则建立健全了监管部门与保险消费者、投资者、信用评级机构、媒体等市场相关方之间的交流机制,以充分发挥市场相关方对保险公司的监督约束作用;15号保险公司信用评级规则规范了保险公司的信用评级制度,以更好地发挥评级机构在风险防范中的作用。

除上述规则外,16号偿付能力报告和17号保险集团监管两项规则,涉及三个支柱的所有内容。16号偿付能力报告规则将现行以年报为核心的报告体系,改为以季报为核心的报告体系,有利于保监会对行业风险早发现、早预警、早处置。17号保险集团监管规则拓展了集团监管的内涵,将保险(控股)集团以及各种类型的隐性或混合保险集团都纳入监管范围,对保险集团的定量监管要求、定性监管要求和市场约束机制进行了规范,迈出了保险集团偿付能力监管的实质性步伐。

第三节
中国保险业发展展望与建议

改革开放以来,中国保险业的恢复、发展、壮大印证了中国社会经济的勃勃生机和丰硕成果。中国政治、经济及社会环境的变革为保险业的发展提供了良好的契机,保险业在中国经济持续高速增长的保障、多层次社会保障体系的完善等方面发挥了极其重要的作用。当前,随着中国经济进入"新常态",人口老龄化问题愈加显现,在政府推动和政策支持保险业发展力度不断加大的情况下,中国保险业正面临着更好的发展机遇。

一、中国保险业发展展望

第一,"新国十条"的颁布为保险业的发展奠定了政策基础。2014年,国务院颁布了《国务院关于加快发展现代保险服务业的若干意见》,即"新国十条"。与

2006年国务院颁布的"旧国十条"相比,"新国十条"为保险业的发展以及目标作出了更多规划性设计,涵盖内容颇为广泛,甚至具体到各险种。"新国十条"在国家政策层面确立了保险业的定位,明确界定了商业保险在社会保障体系中的地位、作用以及发展目标。同时,更加强调商业保险在促进国民经济发展和服务社会大众方面的独特作用、特点,也更加符合保险业的发展规律,更加具有可操作性、可执行性。

"新国十条"提出了现代保险服务业的发展目标:到2020年,努力由保险大国向保险强国转变。保险成为政府、企业、居民风险管理和财富管理的基本手段。保险深度达到5%,保险密度达到3500元/人。2015年以来,为推动"新国十条"落地,各地方政府先后出台了多项措施,紧密结合地方实际,因地制宜、突出重点,使加快发展现代保险业与地方经济社会发展的实际需求有效衔接。各地方政府主动运用保险机制创新社会管理和改善民生的意识不断增强,相关保险业务得到快速发展,行业发展前景更加广阔。在政府的支持和政策的推动下,保险业在经济下行压力加大的形势下实现逆势增长。

展望未来,中国保险业将继续健康发展。寿险与非寿险保费收入将继续大幅增长,保险产品服务的渗透率将继续上升,寿险的增长率应高于经济增长率,保险资金的投资环境不断优化,投资范围进一步放宽,效益水平进一步提升。

第二,多层次社会保障体系的构建为保险业提供了广阔的空间。20世纪90年代中期,以减轻政府财政压力、应对人口老龄化以及加快国有企业改革为目的,中国加快了养老保险社会统筹的进度,推进了社会养老保险改革。

从基本养老保险的角度来看,目前我国基本养老保险的基金规模稳步增长,但政府的财政补贴也逐年递增。一方面,随着人口老龄化日趋严重,人口红利下降,中国经济增长进入中低速增长的"新常态",财政收入增长相应趋缓,长期财政补贴无法持续,个人账户空账运行问题突出。另一方面,我国城镇职工养老保险替代率的平均水平呈现出下降趋势,财政体制制约了统筹层次的提高,社会统筹层次仍不能达到所有的省级统筹层面,地区间的经济发展水平与赡养比例等各项指标相差较大造成的养老保险基金的存量有别。

从企业年金的发展来看,由于税收优惠幅度不够,使得企业建立年金的积极性不高。我国基本养老保险的缴费率偏高挤压了企业建立年金的空间,加上我国中小企业众多且多数生存期短、用工不规范、企业利润低,缺乏为职工建立企业年金的实力,最终使得企业年金还远远不能担负起构建多支柱保障体系的重任。

从构建多层次社会保障体系来看,大力发展商业保险可以弥补当前国家和企业对个人保障方面存在的不足。研究数据显示,2015年全球市场人均保险支出为662美元,发达市场人均保险支出为3666美元。其中,同是保费收入大国的美国、日本、英国和法国2014年的保险密度分别为4017美元/人、4207美元/人、4823美元/人和3902美元/人,而我国保险密度到2015年也才271.77美元/人,与前者相差10多倍。在保险深度方面,全球保险深度为6.2%,美国、日本、英国和法国2014年的保险深度分别为7.3%、10.8%、10.6%和9.1%,而我国的保险深度在2015年仅为3.59%,与前者差距非常明显。这表明我国保险业对国民经济相关领域的覆盖程度较低,保险业务的发展相对滞后。我国保险机构国际竞争力、保险业的国际影响力也还不够强,我国还不是保险强国。正因为此,从商业保险应该在国家构建多层次社会保障体系发挥更大作用的角度来看,中国保险业还有很大的发展空间。

第三,保险公司将在破解依赖利差盈利模式的过程中实现转型发展。保险公司的利润来源有三种:一是死差,即保险条款预期的赔付额与实际的赔付额之间的差额;二是利差,即保险条款预定的利率与保险公司实际投资收益之间的差额;三是费差,即保险条款预定的费用和保险公司实际发生的费用之间的差额。一般而言,保险公司的主要业务收入来源于费差和利差,中国保险公司的收入则主要来自利差,而很少能在费差和死差上盈利,所以中国保险公司的收入与投资收益的大小、资产组合的好坏有很大的关系,这是中国保险公司与国外保险公司的一个重要区别。

近年来,不少保险公司特别是新成立的中小保险公司走上依赖利差盈利模式的道路,重点销售万能险、投连险,而真正的保障类保险产品的销售并没有提升,从而变成了从事类似资产管理业务的基金公司。在资本市场好的时候,这种盈利模式可以实现较好的盈利,但是,一旦资本市场进入熊市,将给保险公司的盈利带来很大的挑战,其盈利模式不具备稳定性和持续性。此外,这种过度依赖利差的盈利模式,会加速消耗保险公司的资本金。

随着保险产品的定价越来越市场化,竞争越来越激烈,保险公司要在死差、费差上赚取更多收益也变得越来越难。当依赖利差盈利的保险公司在资本市场出现大起大落时,其经营风险是显而易见的。解决依赖利差盈利模式的困境,就是加快寿险业战略转型与升级,真正回归保险公司本质,做好保障类保险业务。

专 栏 四

"新国十条"主要内容

"新国十条"明确了今后较长一段时期保险业发展的总体要求、重点任务和政策措施,提出到2020年,基本建成保障全面、功能完善、安全稳健、诚信规范,具有较强服务能力、创新能力和国际竞争力,与我国经济社会发展需求相适应的现代保险服务业,努力由保险大国向保险强国转变。"新国十条"提出了9方面29条政策措施。一是构筑保险民生保障网,完善多层次社会保障体系。把商业保险建成社会保障体系的重要支柱,创新养老保险产品服务,发展多样化健康保险服务。二是发挥保险风险管理功能,完善社会治理体系。运用保险机制创新公共服务提供方式,发挥责任保险化解矛盾纠纷的功能作用。三是完善保险经济补偿机制,提高灾害救助参与度。将保险纳入灾害事故防范救助体系,建立巨灾保险制度。四是大力发展"三农"保险,创新支农惠农方式。积极发展农业保险,拓展"三农"保险的广度和深度。五是拓展保险服务功能,促进经济提质增效升级。充分发挥保险资金长期投资的独特优势,促进保险市场与货币市场、资本市场协调发展,推动保险服务经济结构调整,加大保险业支持企业"走出去"的力度。六是推进保险业改革开放,全面提升行业发展水平。深化保险行业改革,提升保险业对外开放水平,鼓励保险产品服务创新,加快发展再保险市场,充分发挥保险中介市场作用。七是加强和改进保险监管,防范化解风险。推进监管体系和监管能力现代化,加强保险消费者合法权益保护,守住不发生系统性区域性金融风险的底线。八是加强基础建设,优化保险业发展环境。全面推进保险业信用体系建设,加强保险业基础设施建设,提升全社会的保险意识,在全社会形成学保险、懂保险、用保险的氛围。九是完善现代保险服务业发展的支持政策。建立保险监管协调机制,鼓励政府通过多种方式购买保险服务,研究完善促进现代保险服务业加快发展的税收政策,适时开展个人税收递延型商业养老保险试点,加强对养老产业和健康服务业的用地保障,完善对农业保险的财政补贴政策。

二、中国保险业发展建议

总体上看,中国保险业仍处于快速发展阶段,特别是近年来在监管部门"保险姓保"监管理念的推动下,中国保险业正在回归真正的保险本质,将在国民经济和社会发展中发挥更加重要的作用。

第一,保险业应在构建多层次社会保障体系中发挥更重要的作用。随着中国社会经济转型步伐的加快,以及人口老龄化趋势的加速,建立与经济发展水平相适应的社会保障体系已经成为保障人民生活、实现社会经济协调发展的重要战略措施。根据我国国情和经济发展水平,政府只能提供基本的社会保障,满足人民基本的生活需要。要提升我国社会保障水平,构筑强有力的社会保障网,有赖于发挥商业保险的补充作用。大力发展商业性养老、健康保险有利于减轻政府在社会保障体系中的负担,促进消费和经济增长,实现经济和社会的协调发展。保险业由于自身所具有的产品开发、投资管理、客户服务以及精算、销售等方面的优势,有责任也有能力在社会保障体系中发挥更大的作用。

第二,持续深化保险业改革和创新。在保险市场全方位开放的条件下,我国应加快国内保险业的改革,丰富保险市场主体结构,鼓励公平有序竞争,创造有效率的市场环境。将市场领域开放、市场体系建设、保险公司制度创新、保险企业国际化竞争能力增强统一起来,实现跨越式发展。研究借鉴国内外先进经验,探索保险投融资体制创新,充分发挥保险资金融通功能。顺应国家"互联网+"战略,实现营销模式创新,推动保险经营与管理升级。密切关注与社会发展和人民群众生活紧密相关的热点问题，开发具有广泛社会需求的保险产品，满足多层次的保险需求。提高服务意识，创新服务方式，丰富保险服务的内涵，把服务渗透到保险消费的各个环节，增强核心竞争力。

第三，在经济"新常态"下注重保险业风险防范。随着当前中国经济进入下行期，中国保险业正面临着较大的利差损失，加上资产质量存在较大的风险，为保险业的利润增长和稳定发展带来了一定的不确定性。一是稳定是改革与发展的前提。近年来，保险业虽快速发展，但也埋下了不少风险隐患。在推进改革的同时，必须密切防范和化解风险，维护保险体系的安全和稳定，促进保险业长期健康发展。二是兼顾保险市场的效率与稳定。应坚持以偿付能力监管为核心，实现科学监管，维护被保险人的利益，增强投保人的信心。三是建立市场退出机制。畅通市场退出渠道、减轻机构退出带来的社会震荡和处置成本，从整体上维护被保险人的合法权益，从而发挥市场机制资源配置的作用，也防止因个别机构经营失败而引发区域性、系统性的金融风险。

第四，做好政策扶持和外部经营环境优化。目前，保险在社会经济协调发展中的作用的发挥，受到诸多政策和制度瓶颈的制约，如医疗、养老等体制改革尚不到位，商业保险机构与社保经办机构的利益冲突没有消除，保险税收优惠政策不足，法制、信用环境不完善，等等。从国外的经验看，商业保险要在社会保障体系等关系国计民生的社会事业中发挥作用，离不开政策扶持。政府要通过加快养老、医疗、失业等方面的社会保障制度改革，明确商业保险在社会保障体系中的作用和主体资格，拓宽保险资金运用渠道，推进保险市场与资本市场的良性互动，实行适当的税收优惠政策，健全法律法规体系，建立健全社会信用体系等措施，为保险业发展创造良好的外部环境。

专栏五

保险业部分重要法律法规文件

- 《中华人民共和国保险法》(2015 年修订)
- 《农业保险条例》(中华人民共和国国务院令 2012 年第 629 号)
- 《中华人民共和国外资保险公司管理条例》(中华人民共和国国务院令 2011 年第 336 号)
- 《机动车交通事故责任强制保险条例》(2006 年)
- 《保险资金间接投资基础设施项目管理办法》(中国保险监督管理委员会令 2016 年第 2 号)
- 《再保险业务管理规定》(2015 年修订)(中国保险监督管理委员会令 2010 年第 8 号发布)
- 《人身保险公司保险条款和保险费率管理办法》(2015 年修订)(中国保险监督管理委员会令 2011 年第 3 号发布)
- 《保险专业代理机构监管规定》(2015 年修订)(中国保险监督管理委员会令 2009 年第 5 号发布)
- 《保险公司设立境外保险类机构管理办法》(2015 年修订)(中国保险监督管理委员会令 2006 年第 7 号发布)
- 《保险公司管理规定》(2015 年修订)(中国保险监督管理委员会令 2009 年第 1 号发布)
- 《保险资金运用管理暂行办法》(2014 年 5 月 1 日起施行)

第五章
中国农村金融的改革与发展

自 1978 年开始，伴随着中国改革开放和农村经济与社会的发展，我国的农村金融体制也发生了重大变化，走过了一条不同寻常的改革发展道路，为我国发展工业化战略、恢复农业生产、支持农村经济体制改革、发展农村工商业和开展信贷扶贫等作出了重大贡献。与此同时，以微型金融为特征的农村金融也取得了长足发展。尤其是自 2003 年以来，国家相继出台了一系列重大的改革和发展举措，逐渐增强了农村金融为"三农"服务的能力，农村金融也逐渐步入良性发展的轨道，逐渐打破和摒弃了传统计划金融体制下的金融抑制，探索建立起基本符合我国农村经济和社会发展需要的市场金融体系。

第一节
计划经济体制的农村金融安排

我国的农村金融问题并非独有，事实上，所有的发展中国家都有类似的农村金融问题。产生这一问题的最主要原因，是发展中国家的二元经济结构。第二次世界大战后至二十世纪七八十年代，许多战后独立的发展中国家普遍实行了经济赶超的工业化发展战略，以求经济自立和摆脱对发达国家经济的过度依赖。工业化战略的性质决定了金融体系的目标是资本积累最大化，然而，发展中国家面临的约束是极其苛刻的。首先，资金在发展中国家是十分稀缺的要素，难以保证工业化对资金的大规模需求，资金的稀缺还导致利率偏高的趋势。其次，资金在发展中国家不但是稀缺要素，而且还分散地存在于经济体系的各个角落。最后，由于发展中国家的金融市场和体系并不完善，它们动员资金的能力普遍较差，因此，要想在短时间内迅速筹集大规模的资金非常困难。为了保证赶超战略的顺利实现，资金就必须在政府的控制下实现有序流动。在这种背景下，以人为压低利率为特征的"金融抑制"政策，几乎成为所有发展中国家工业化战略的逻辑结果，而政府强有力地控制金融体系正是这种战略的必然要求。

为了最大限度地为工业化战略积累资金，农业和农村部门成为重要的输血基地，政府通过农产品贸易价格转移机制、"强制储蓄"和人为压低利率等压榨农业的政策来实现资金从农业部门向工业部门的转移，加速工业资本的形成。但这也使得经济的发展呈现出强烈的二元特征，原本就处于不利地位的农业产业的发展受到了极大的抑制，农业发展出现停滞。随着城市的发展和工业化步伐的加快，二元结构长期固化，农业部门越来越成为经济发展的瓶颈。

为了支持农村金融的发展，传统的办法是通过政策性的农业发展银行或农村信用社，向农业和农村部门提供补贴性的农业贷款。但这种方法随之带来相应的问题，即使用成本极低的金融资源在供需严重失衡的背景下实际上演绎成了"信贷配给"，而稀缺的金融资源在缺乏制度制约和政府有效监管的情况下，最终成为一种"寻租"资本。大量的证据表明，政府补贴信贷多被农村基层干部、金融机构的亲友、富裕群体以及社会关系广泛等有寻租能力的人士所占据。而占农村金融总需求60%～70%的份额则由高息的、受压抑的民间非正规金融机构所提供，需要资金以发展农业生产和维持生计的低收入阶层、贫困户则被排斥在正规金融服务之外，农村金融的供需出现巨大缺口。

工业化战略不仅使发展中国家在经济上出现二元结构，在金融上也呈现出无效率的二元特征：发达的城市金融部门和落后的农村金融部门，而且，在农村金融部门还出现政府主导的正规金融和民间非正规金融对峙的局面。出现这种局面并非偶然。

发展经济学认为，通过产业关联和"涓滴效应"，优先发展城市部门最终将带动农村和农业部门的发展，然而事与愿违：传统农业是这样的脆弱，工业化步伐又是如此的缓慢，以至于农业等不到工业化的波及效果就已经开始衰退停滞，二十世纪五六十年代的农业生产充分证明了这一点。

不仅农业享受不到工业化的好处，就是工业也不得不承受农业停滞所带来的不良后果，发展经济学家和政策制定者们越来越意识到农业在工业化进程和经济发展中的卓越贡献——食品贡献、原材料贡献、市场贡献、要素贡献和外汇贡献。如果农业发展缓慢或停滞，就会成为整个工业化进程的瓶颈，例如，原本用于进口先进设备的外汇不得不改为购买粮食，而且，粮食价格上升还会引发城市部门工资和成本的上扬，抑制工业利润、再投资和产业发展水平，进而直接影响工业化的积累过程和经济发展。尤其是，发展中国家的大部分人口都生活在农村，农业停滞意味着大多数人的贫困，这种以牺牲大多数人利益为代价的发展政策显然是不可取的。面对这一大背景，如何打破二元结构的刚性、如何促进农村部门的快速发展，成了世界各国面临的难题。

金融深化论认为，信贷配给、利率管制、限制准入的"抑制政策"不仅无法将金融资源渗透到农业部门，而且还在宏观上抑制储蓄向投资的转化，在微观上降低金融机构的中介效率。为此，有人研究并提出了相应的改进措施，即通过放松利率的浮动范围，降低准入标准以吸引民间资本进入，并取消信贷配给，让金融机构按市场原则配给金融资源的金融深化措施，从而带来农村经济增长和金融发展的良性循环局面。正是在这种理论思想的鼓舞下，众多的拉美、东南亚和非洲的发展中国家开始对农业发展银行和信用合作社进行转型和商业化改造。

中华人民共和国成立以后，我国最早的农村金融组织是20世纪50年代建立的农村信用合作社。在计划经济体制中，国家负责一切资源的分配，信贷自然也不例外。政府几乎是所有企业的所有者，企业的一切投资和经营都由国家计划部门做决定，因而不存在真正意义上的市场，金融体系采用的也是高度集权的体制。在农村金融领域，中国人民银行是财政部领导下的金融主管机构，建立了遍布全国城镇的存贷款网点，它也是唯一的经营者。中国人民银行下设农业部，从中央到县城和乡镇都设有分部或分支机构。与此同时，20世纪50年代初建立的专门为农民提供信贷服务的农村信用合作社，与中国人民银行的农业部（中国农业银行的前身）一起构成了我国农村金融的基本体系。

当时，农村信用合作社多达10万家，几乎遍布每一个乡镇。20世纪50年代后期，为了垄断和控制金融资源，中国人民银行接管了农村信用合作社，在20世纪60—70年代的人民公社时期，农村信用合作社是农村地区信贷和储蓄计划的基层执行机构。同时，由于中国人民银行的两家农村金融机构之间毫无竞争，所以它们更像是会计和出纳的关系。这期间，农业银行历经了三度的废立，反映了当时金融体制上的矛盾和混乱。农村信用合作社在短暂下放给人民公社和生产大队管理后，因账务混乱、经营不断亏损、民主管理被废除而陷于停顿。后来，农村信用合作社在"合作运动"中，又被纳入国家银行统一的管理体制之中，也失去了合作金融的性质。

1950—1978年，在计划经济体制下，为了在有限的资金状况下完成工业化战略，国家直接控制了金融资源，使农业能为城市部门和工业提供廉价粮食和原材料。因此，我国的农业体系也不需要商业化运营的金融机构，农村金融机构的任务就是为农业生产提供必需的信贷资金。这个时期中国人民银行是全国唯一的银行机构，农村信用合作社是其在农村的行政窗口，事实上走上了"官办"的道路。

第二节
农村金融体制的改革与发展

真正意义上的农村金融的发展始于改革开放。随着市场取向性经济体制改革的深入，中国非典型的由计划主导的国家工业化模式转向亚洲典型的由市场主导的农村工业化模式，原有计划经济体制的农村金融安排已远远不能满足需要，农村金融的新探索使其出现了阶段性的变化。大致可分为四个阶段：

第一阶段（1978—1984年），农村金融机构的恢复和重建。

自1978年开始的改革开放开启了中国经济转型和市场化改革的序幕。家庭联产承包制等农村经济的改革和发展使农业产出迅速增长，农村经济结构和农业组织形式发生了重大的变化。家庭经济地位的确立、农村工商业的发展，以及在此基础上形成的经济联合体提出了多种金融服务要求。为了适应这一变化，农村金融体制也进行了一系列重大的改革和调整。

在此时期，我国的农村金融改革是沿着两条路径展开的。一条是银行从财政脱离，形成政府支持下的银行系统农业银行，由中国人民银行代管。其主要任务是：统一管理支农资金，集中办理农村信贷，领导农村信用合作社，发展农村金融事业。恢复后的农业银行业务范围有所扩展，不仅办理农村各项存款和贷款，也办理农村工业、农副产品收购和供销合作社系统的业务。中国农业银行集商业性信贷业务、财政拨款管理和合作金融管理于一身，其"官办"性质及在农村金融中的垄断地位逐步确立。

另一条是恢复农村信用合作社这一农村基本金融形态。农村信用合作社是人民公社集体经济组织的金融部门，在业务上受上级农业银行领导。同时，推进信用服务站的建设，按生产队设立，主要办理社员存贷业务，帮助社员解决生产和生活资金需求，并逐步担负其他力所能及的农村金融业务。1977—1984年农村信用合作社体制改革以前，是农村信用社业务开始恢复的时期，国家决定把农村信用社交给国家银行管理，首先交给中国人民银行管理，后又交给中国农业银行管理。1977年，国务院颁发了《国务院关于整顿和加强银行工作的几项规定》，明确农村信用社既是集体金融组织，又是国家银行在农村的基层机构，农村信用社被看作集体所有制组织，再一次与全民所有制的国家银行合二为一。国家银行按银行的管理办法管理农村信用社，使农村信用社逐步失去自主权，合作原则也没有恢复。在这一时期，农村信用社的管理体制还比较僵化，"官办"性质严重，其民间性、合作性没有得到充分体现。农村信用社的管理沿袭了农业银行的管理方法，并不切合农村信用社的实践，导致亏损严重。1981年3月，中国农业银行下达了《关于改革农村信用社体制 搞活信用合作社工作的意见》，在保持基本体制不变的前提下，试行营业所与农村信用社合署办公，所、社联营。同时，根据农村经济发展的需要，扩大农村信用社贷款范围，增设农村信用社网点。截至1982年底，全国共有信用分社和信用站 33 万多个。

在这一时期,经济体制改革、土地承包责任制、农业的商品化和农产品价格的提升,使农业剩余和对金融的需求都极大地提高,因此农村商业金融就具备了诞生的土壤和条件。我国金融体制改革的首要举措就是将农村金融从中国人民银行中分离出来,在农村地区建立起专业化的银行(金融)体系。其中,中国农业银行及其分支机构作为农村地区的唯一国有金融机构负责向农业生产提供信贷,其他专业银行不得在农村地区开展业务,以防与农业银行形成竞争。1979 年,农村信用社的管理权由中国人民银行划归中国农业银行,中国农业银行县级支行负有监管当地农村信用社的职责。为了增强农村信用社的独立性,从 1983 年开始,农村信用社在县级组建联社。但是,由于联社实际上是中国农业银行县级支行的一个部门,其独立性仍然非常有限。在不少地区,农业银行和农村信用社是一套班子、两块牌子,这使得农村金融在商业化过程中仍然缺乏有效的竞争,农村信用社走的仍是"官办"的路子。

综上,经过恢复和发展,形成了由中国农业银行统一管理、农业银行与农村信用社分工协作的农村金融体制。同时,农业保险业务也开始恢复,并在很大程度上促进了农业生产的发展。

第二阶段(1984—1994 年),农村金融体系的初步形成。

1984 年以后,我国经济改革的重心从农村转向城市,城市金融发展异常迅速。在城市经济发展的带动下,农村家庭经济和乡镇企业快速发展,商品程度大幅提升。因此,农村部门对金融的需求也大大增加,客观上要求农村金融不断提升经营规模和服务质量,从而能更好地服务和支持农村地区经济和社会的发展。1993 年《国务院关于金融体制改革的决定》提出,有步骤地组建农村合作银行,为农业和发展地区经济服务。在这一时期,农村金融的改革和发展沿着两条路径展开:其一是在政府支持下发展以专业银行为主的正规机构,其二是以农村信用社和农村基金会为主的农村金融形态自身的发展。

首先,政府推进传统金融机构农村金融业务的发展。从 1984 年开始,中国人民银行根据发展的需要,出台了专业银行业务可以适当交叉的政策措施,鼓励四家国有专业银行之间开展适度竞争。中国工商银行、中国人民建设银行和中国银行等专业银行开始进入农村金融市场,为当时蓬勃发展的乡镇企业提供贷款,中国农业银行在农村金融中的垄断地位逐渐被削弱,进一步完善了农村金融服务体系,促进了农村金融的适度竞争。为了充分利用全国城乡邮政机构的现有设施,弥补银行网点的不足,1986年1月,邮电部与中国人民银行达成协议成立了邮政储汇局,建立邮政储蓄体系,负责全国邮政储汇业务,并发展以个人为主要对象的储蓄存款业务,极大地促进了农村储蓄业务的发展。

为了在农村金融活动中进一步分离政策性业务,并促进商业性业务的竞争和发展,更好地支持农业和农村经济发展,1993年12月,《国务院关于金融体制改革的决定》提出组建中国农业发展银行,使政策性农村金融与商业性农村金融正式分离。中国农业发展银行的主要职责是,筹集农业政策性信贷资金,承担国家规定的农业政策性金融业务,代理财政性支农资金的拨付,并专门负责管理农副产品收购贷款等业务。中国农业发展银行地市以下不设延伸机构,业务由中国农业银行代理,由于代理行农业银行对农业政策性资金变相挤占挪用现象严重存在,农民"卖粮难"问题依然存在。为了从根本上解决问题,从1996年8月开始增设中国农业发展银行分支机构,地县两级的分支机构相继设立。

其次,农村金融自身的发展。1984年,国务院要求把农村信用社办成自主经营、自负盈亏的群众性合作金融组织。此后,在中国农业银行的领导下,县级联社设立,对农村信用社各项业务的发展和内部管理的改进起到了明显的促进作用,农村信用社发展迅速。1993年12月,《国务院关于金融体制改革的决定》提出根据农村商品经济发展的需要,在农村信用社联社的基础上,有步骤地组建农村合作银行,并先将农村信用社联社从中国农业银行中独立出来,办成基层信用社的联合组织,并保持集体合作金融性质。需要看到的是,虽然农村信用社的自主权有所扩大,机构和业务也有了较快发展,但这次改革并没有突破国家银行管理的体制,恢复合作制的改革没有取得实质性成果,民主管理流于形式,为社员服务的办社宗旨也没有得到很好的体现。

同时,随着农村经济的发展,农村合作基金会也快速发展。农村合作基金会是人民公社解体后,在集体资产清理过程中,实行"清财收欠,以欠转贷"的背景下产生的。资金来源以集体资金为主,并吸收农户资金入股,贷款对象主要是村内或乡内的农户。1992年末,全国建立的农村合作基金会在乡镇一级已达1.74万个,村一级达11.25万个。1992年以后,农村合作基金会中的个人股金迅速增长,且个人股金分红比集体股金高。从1994年开始,农村合作基金会以代管金的名义吸收短期存款,并向乡镇企业提供大额贷款,其存款及贷款的利率均比农村信用社高。各地供销社、民政部门、劳动和社会保障部门等机构都纷纷加入了创办基金会、股金会的行列,并参与高利率信贷市场的恶性竞争。这不仅改变了农村合作基金会的性质,也增加了潜在的风险,并导致金融秩序混乱,局部地区甚至出现了小规模的挤兑风波。

在这一阶段,农村金融改革的目标就是要建立起一个能够为农业和农村经济发展提供有效服务的、市场组织多元化的金融体系,形成"合作金融、政策金融和商业金融"分工明确、协调发展的良好局面。

此前,一方面,中国农业银行承担政策性金融功能;另一方面,其商业化的取向也非常明显。政策目标的冲突导致商业性贷款经常挤压政策性贷款,不仅导致呆账、坏账增加,而且对政策性业务的支持明显不足。在国务院作出把国家专业银行办成真正的商业银行,实现政策性金融和商业性金融彻底分离的决定后,农业银行开始走上向商业银行转轨的道路,结束了"一身三任"的历史使命。与此同时,农村信用社与农业银行实现资产划转,实现脱钩,农村信用社开始真正发挥服务农村金融的作用。改革之后,农村信用社由"官办"改为"民办",恢复了信用社的"三性",即组织上的群众性、管理上的民主性、经营上的灵活性,成为群众性的合作金融组织。这样,一是理顺了信用社与国家银行之间的关系,逐步取消了农业银行对信用社的亏损补贴;二是信用社实行独立经营,自负盈亏,利润与其所得挂钩,使其能够专心服务农村金融业务。此后,国家成立农业发展银行,将政策性金融业务从中国农业银行和农村信用合作社业务中剥离出来,中国农业发展银行坚持风险自担、保本经营、不与商业金融机构竞争的原则,其贷款业务主要保证国家农副产品收购、支持农业开发和农业技术进步,以及国家其他惠农政策。

这一时期，经济的快速发展还促进了民间金融的快速发展。由于中国农业银行及农村信用社"商业化"取向明显，因此这些正规金融机构为"三农"服务的功能有所弱化。面对农村资金的短缺，民间融资得到了迅速的发展。民间融资起初在亲朋好友之间进行，是无息的，具有互助的性质。后来发展到面向个体工商户和乡镇企业，具有了商业性质，贷款也由无息到有息，最后发展到高息，民间借贷也逐渐由隐蔽走向半公开或公开，借贷用途从解决农户生活困难的生活性借贷发展到生产性借贷。就借贷的形式而言，除了农村合作基金会外，还有私人钱庄、合会、典当行等多种民间形式。早在1981年5月，在《国务院批转中国农业银行关于农村借贷问题的报告》中，就肯定了民间借贷的作用，认为它是农业银行和信用社的补充，并提出通过银行、信用社的改革和发展来引导和管理民间信用的设想。民间融资在农村的发展，对于弥补正规金融融资的不足、促进农村经济的发展起到了积极作用，但是由于其不规范，也隐藏着不少金融风险。

第三阶段（1994—2003年），**农村金融发展方向的调整与正规化。**

这一阶段的特征主要体现在三个方面：其一，认识到政府主导的国有大金融结构难以适应农村的特点，国有银行开始从农村撤离；其二，农村信用社尽管能符合要求，但本身有问题也需要进一步改革；其三，民间非正规金融如基金会、高利贷等变得混乱，潜伏着很大的风险，需要治理整顿。

首先，国有商业银行农村金融业务的收缩。1997年召开的第一次全国金融工作会议明确了"国有商业银行收缩县（及以下）机构，发展中小金融机构，支持地方经济发展"的基本策略，包括中国农业银行在内的国有商业银行开始收缩县及县以下机构，业务重点面向大城市、大企业、大项目。国有商业银行撤离县以下区域后，农村金融资源日益向农村信用社和邮政储蓄银行集中。

其次，农村信用社的改革和调整。1996年8月颁布了《国务院关于农村金融体制改革的决定》，正式恢复了农村信用社的合作性质，使其成为由农民入股、社员民主管理、主要为入股社员服务的合作金融。1996年底，全国农村信用社基本上完成了与中国农业银行的"脱钩"工作，由县联社和中国人民银行分别承担对其业务进行管理和金融监管的责任。从2000年开始，农村信用社改革进行了三种模式的试点：一是在原有框架内的重组模式，以县为单位统一法人、组建省联社，保持农村信用社的合作金融性质；二是在信用社的基础上改组成立农村商业银行，其股份制模式率先在常熟、张家港、江阴三市试行；三是在农村信用社的基础上改组成立农村合作银行。2003年6月，国务院下发了《深化农村信用社改革试点方案》，将农村信用社的发展方向定位于社区性地方金融机构，要求明晰产权，分类实施股份制、股份合作制和合作制。

最后，治理整顿民间非正规金融。随着农村合作基金会长期以来积累的矛盾逐渐集中呈现，1997年11月，国家开始对农村合作基金会等非正规金融进行全面的治理整顿。1998年，各地普遍出现挤兑，一些地方甚至出现了较大的挤兑风波。1999年1月，国务院正式宣布统一取缔农村合作基金会，同时进行清产核资，将符合条件的并入农村信用社，将资不抵债又不能支付到期债务的予以清盘、关闭。2002年1月，针对农村地区的高利贷现象，《中国人民银行关于取缔地下钱庄及打击高利贷行为的通知》发布，要求各分行、营业管理部依法取缔辖区内的非法金融机构和非法金融业务活动，严格规范民间借贷行为。

在这一阶段，四大国有商业银行逐渐退出农村金融市场，农村金融体系面临新的梳理和重构。一方面，国有商业银行农村业务的收缩，为中小银行尤其是非国有的其他性质的金融机构开辟了发展空间，各地开始组建区域性银行，合作制的农村信用社也尝试不同的组织形式与经营方式，民间自发的微型金融机构开始萌发并有了一定的发展。这些都使中国农村金融呈现出不同于以往的新局面。但另一方面，国有商业银行收缩县级以下机构，重点转向城市。基层营业机构的贷款审批权和财务权上收，业务重点转向大城市、大企业和大项目，对农村金融的需求重视不够，中国农业发展银行由于业务单一，也很难发挥政策性金融的职能。合作性金融的农村信用合作社改革也刚刚起步，其合作性质尚不明显，而农村邮政储蓄机构虽然数量庞大，遍布城乡，但只存不贷。正规金融在农村的供给不足，非正规金融组织尚在发展初期，不仅力量薄弱，而且经验不足，无序和不规范也经常为人诟病。

第四阶段（2003年至今），农村金融的深化改革与发展。

2003年以来的改革，是上一轮改革的发展和深化，政府更加清晰地认识到，传统的大的国有银行无法适应和满足农村经济社会发展的需要。2003年6月，国务院颁布《深化农村信用社改革试点方案》，标志着新一轮农村信用社改革全面展开。2004—2008年，中央连续5年在"一号文件"中提出，要加快推进农村金融改革，加大对农村金融的政策支持，大力推进农村金融产品和服务创新。2007年初，第三次全国金融工作会议明确提出，农村金融改革的总体要求是加快建立健全适应"三农"特点的多层次、广覆盖、可持续的农村金融体系。农村金融进入全面深化改革的历史新阶段，新型小微机构得到快速发展。

首先，调整中国农业发展银行的职能，实施面向"三农"的定位和战略。2004年7月，国务院要求中国农业发展银行在做好粮棉油储备贷款的供应和封闭运行管理的基础上，根据粮食流通体制改革的新情况，审慎调整业务范围。中国农业发展银行开办粮棉油产业龙头企业贷款业务，随后进一步将业务对象扩大到农、林、牧、副、渔范围内从事生产、流通和加工转化的龙头企业，并开办农业科技贷款业务、农村基础设施贷款业务和农业综合开发贷款业务。

2005年，根据农业产业化、工业化、城镇化和城乡一体化发展趋势，中国农业银行成立小企业业务部，加大对县域内小企业的支持力度，明确了"面向三农、整体改制、商业运作、择机上市"的改革原则和定位，充分利用县域内的资金、网络和专业等方面的优势，更好地为"三农"和县域经济服务。2007年，中国农业银行提出了旨在以县域为重点的"蓝海"战略，制订了《中国农业银行服务"三农"总体实施方案》来服务"三农"，主要从组织体系设置、金融产品和服务创新、下放经营管理重心、缩短信贷审批流程和业务发展模式等方面进行试点，探索在商业化运作机制下农业银行面向"三农"的有效途径和模式，初步扭转了多年来涉农贷款萎缩的局面。

其次，农村信用社改革全面展开。自2003年6月以来，农村信用社改革从8省试点向全国全面铺开，在"分类指导、层次演进"的原则下，中东部地区的农村信用社开始向农村股份制和合作制商业银行发展。农村信用社的改革主要包括两方面：一是改革农村信用社管理体制，将农村信用社的管理交由地方省级政府负责；二是以法人为单位改革农村信用社产权制度，明晰产权关系，扩大入股范围，提高入股额度，产权形式可采取股份制、股份合作制和合作制三种形式，组织形式可采取农村股份制商业银行、农村合作银行、以县（市、区）为单位统一法人和两级法人等模式。

将农村信用社管理和风险责任下放，移交到省政府，既便于了解信息，根据实际情况推进改革，又利于满足地方发展金融的积极性，目前已组建成立27个省的联社。在北京、上海、天津等城市经济相对发达的地区成立农村合作银行。同时，推进农村信用社改组，重建农村银行类机构。截至2006年9月，全国共组建银行类金融机构85家，其中农村商业银行12家、农村合作银行73家。"一县一社"式的统一法人机构674家。

在此期间，中央和地方政府都加强了金融扶持，消化信用社的历史包袱，化解金融风险。2003年改革之初，确定农村信用社损失由中央承担1/2，截至2006年9月，共向全国2399个县（市）农村信用社发行专项借款1657亿元，覆盖范围达99%。加之地方政府的支持和农村信用社增资扩股，农村信用社整体风险状况有所改善。

改革后的农村金融机构的经营活力得到进一步激发，支持"三农"服务的功能不断增强。截至2006年9月，农村合作金融机构发放的农业贷款占全部银行类金融机构农业贷款的比重为94%。2007年，农村金融机构税后净利润达到290.7亿元，其中，农村信用社193.4亿元、农村商业银行42.8亿元、农村合作银行54.5亿元，经营状况不断改善。

最后，成立中国邮政储蓄银行，并鼓励新型农村金融机构的发展。在"扩大邮政储蓄资金的自主运用范围，引导邮政储蓄资金返还农村"原则的指导下，2006年6月，银监会批准筹建中国邮政储蓄银行。随后，中国邮政储蓄银行在全国筹建36家一级分行并下设2万余家分支机构，开始经营《中华人民共和国商业银行法》规定的各项业务，成为沟通和连接我国城乡经济社会的最大金融网络。中国邮政储蓄银行的分支机构覆盖全国所有市（县）和主要乡镇，且大部分机构在县及县以下地区，这是完善农村金融服务体系的重要之举。

在这一阶段，国家重新审视并调整了涉农正规金融机构的定位，改革农村信用社的管理体制，鼓励它们因地制宜、调整组织架构、采取适宜的产权形式，并加以分类指导。更为重要的是，面对农村经济和社会发展的新形势，按照新一轮农村金融改革的要求，各地开始积极探索各种新型的农村金融组织和机构。2006年12月，银监会印发了《关于调整放宽农村地区银行业金融机构准入政策 更好支持社会主义新农村建设的若干意见》，稳步推进新型农村金融机构的试点工作，村镇银行、贷款公司、担保公司和农村资金互助社等一大批新型农村金融机构相继成立，农村金融市场结构开始发生革命性的变化。

第三节
中国农村金融改革的成就与挑战

近40年来的农村金融政策实践表明，农村金融制度供给必须与终端市场上微观金融主体的需求相适应。然而，长期计划体制下的城市化、工业化发展战略要求国家将金融资源优先支持城市与工业，从而忽视了农村经济的金融需求。长期以来的农村金融改革并没有有效地解决这种约束，反而形成了正规金融和非正规金融相互对峙的二元农村金融结构。正规部门的国有银行垄断了70%以上的信贷资源，并向城市部门和大企业集中，非国有经济占比不到30%，导致农村部门的信贷连年下降，资金大量流出，农村经济发展出现严重的缺血现象。

因此，政府主导下的外生的强制变迁的农村金融体制难以形成有效供给。农业银行几起几落，历经了专业银行企业化、分设农业发展银行、与农村信用社脱钩和向商业银行转轨的一系列变化。与此同时，农村信用社也历经了合作化、隶属中国人民银行、中国农业银行和机构分设的发展过程。1996年，"政策性、商业性和合作性"农村金融体系设计的初衷在于实现对农村经济的多方位支持，但农村信用社"三性"恢复不到位、农业银行大量撤并农村网点、农村发展银行粮棉油收购银行定位、农村合作基金会的强制退出，导致农村金融服务出现空白。

第五章
中国农村金融的改革与发展

2003年以来,农村信用社按照"明晰产权关系、强化约束机制、增强服务功能、国家适当扶持、地方政府负责"的要求深化改革,基于产权的法人治理结构初步建立,并且根据我国经济、地区发展的特点,呈现出"分类指导、层次演进"的特征。目前,农村信用社的资产质量得以改善,盈利能力显著增强,服务"三农"的力度也在逐年加大。与此同时,农业银行则坚持"面向'三农'、整体改制、商业运作、择机上市"的原则,开展了信贷政策制度改革,建立向"三农"业务倾斜的信贷资源配置机制。农业发展银行加大了对农村基础设施和农业产业化的中长期贷款,而邮政储蓄银行也结束了"只存不贷"的历史,针对农民提供的存单质押贷款、小额贷款等业务也顺利开展。特别是2007年的全国金融工作会议明确提出,把推进农村金融改革和发展作为当前我国金融工作的重点,加快建立和健全适应"三农"特点的多层次、广覆盖、可持续的农村金融体系,不断满足社会主义新农村建设对金融的需求。党的十七届三中全会进一步指出,农村金融是现代农村经济的核心,要建立现代农村金融制度,加快建立商业性金融、合作性金融、政策性金融相结合,资本充足、功能健全、服务完善、运行安全的农村金融体系。

在建立现代农村金融制度的过程中,规范和引导农村民间金融的发展,是当前我国破解农村金融困局和完善农村普惠金融体系的重要举措。在"低门槛、严监管"的原则下,各种小型金融创新及民间金融机构得到认可,并且开展了创立乡镇银行、小额贷款公司、农村资金互助资金社等新型农村金融试点工作,至此,我国多层次的农村金融体系初步形成。2016年,在深化和推进我国农村金融改革和发展的基础上,国务院印发了《推进普惠金融发展规划(2016—2020年)》的纲要。

通过这一系列政策,我国农村金融市场体系和服务能力基本形成,农村金融蓬勃发展。在这个过程中,农业银行和农村信用社在农村地区的网点不断增加,农村金融覆盖的网络也在不断延伸,目前,金融机构基本遍布全国所有乡镇,业务规模也不断扩大。农村金融为"三农"提供了大量金融服务,促进了农业发展、农民增收和农村地区的繁荣。近几十年来,农村金融机构为农民脱贫致富、农村经济发展和城乡一体化的构建作出了大量的贡献。与此同时,农村金融体系也历经了重大变革和发展,成立了农业发展银行和邮政储蓄银行,农村信用社也与农业银行脱离行政隶属关系，农村金融体系的组织结构不断优化。尤其是自 2003 年以来，农村金融改革向纵深推进，农业银行股份制改革、农村信用社改革、邮政储蓄银行设立、新型农村金融机构的准入和建设，以及发展农村保险等重大举措相继出台，农村金融日益呈现出新的面貌，发展活力不断增强，对农村经济发展的支持力度明显加大。

一是农村金融的总体规模急速扩大。例如，1950—1952 年，全国累计发放农业贷款余额仅 16.4 亿元，而截至 2017 年 6 月末，全国银行业金融机构涉农贷款余额达到 29.97 万亿元，其中农户贷款余额 7.69 万亿元。二是农村金融服务的覆盖面显著拓宽。1949 年底，全国农村信用合作社只有 800 多家，到 2016 年末，全国农村地区金融机构网点多达 12.67 万个，每万人拥有的银行网点数量为 1.39 个，县均银行网点 57.75 个，基础金融服务已覆盖 56 万个行政村，覆盖率为 95%。三是农村金融服务的功能显著增强。农村金融服务已经不仅仅限于传统的存贷汇业务，不仅贷款产品丰富多样，而且银行卡、自助银行、网上银行、电话银行、保险、投资理财和期货等现代金融服务也逐步延伸到农村金融市场，农村金融服务的可得性、便捷性、多样性和综合性出现明显改善。四是农村金融的组织体系、基础设施和运行机制也发生了巨大变化。通过多轮改革和发展，如今我国已经形成了政策性金融、商业性金融、合作性金融和其他金融组织分工协作、相互补充、多层次广覆盖的农村金融新格局，市场机制在农村金融资源配置中发挥基础性作用，国家和各级政府对农村金融的扶持力度不断加大，农村支付结算网络和征信体系建设都取得了长足的发展。

经过近 40 年的改革和发展，中国农村金融的基本格局已经形成，商业金融、政策金融、合作金融三足鼎立，使农村金融面貌为之一新，与传统计划经济体制下的农村金融形成鲜明对照。但是，随着改革的深入和农村经济社会的变化，农村金融深层次的本质性问题也开始显现，呼唤农村金融改革的深化。对于农村金融来说，其与传统金融相比，面临着两难处境：金融的本质属性是商业性，它是与陌生人做生意，资产是信用的保障，资产质押因而构成金融活动的前提条件。而农村金融服务的主要对象是农民，农民不仅因为资产少而抵押物不足，并且因为收入水平低且不稳定，还款来源不足，基本没有负债能力，从而使具有商业属性的正规金融活动难以展开，广大低收入农民群体因此不是传统金融机构的服务对象。但是，农民"人穷志不短"，致富的强烈愿望使其具有良好的信用潜力，即"好借好还，再借不难"。问题的核心是如何将这种良好的信用潜力发掘出来，并加以规范运用，使其成为金融操作的基础。

从各国农村地区非正规金融的发展实践来看，农村金融也拥有交易成本基本固定的特点，即交易成本不随交易额的大小发生变化。于是，客户的信息与执行成本成为成本构成中的主要部分。为此，覆盖成本的方法就有两种：一是利用非正规的信用，如血缘、社区和社会团体的约束来防止道德风险，降低违约率；二是利用较高的利率（风险溢价）来覆盖成本。于是，从这样一个新角度来思索农村金融问题，重新设计和实施新的农村金融安排就成了新趋势，其典型特点就是微型金融。在此方面已经有成功的案例，比如尤努斯创建的孟加拉模式。

就中国而言，经过改革开放近40年的发展，农村、农民和农业经济已经发生了重大变化：

第一，随着我国工业化进程的加深，农业经济的商品化和产业化也在不断推进，这就意味着"金融支农"和"补贴信贷"的意义将不断淡化，而促进农村经济进一步商业化和产业化的商业金融的作用愈发重要。

第二，农业土地的经营方式也发生了重大变化，通过流转、承包和租赁，土地开始走向集中化和规模化经营，出现了大量的"种田大户"和"产业合作社"。这种社会化程度较高的经营方式与早期承包到户的分散经营明显不同，也对农村金融的商业化提出了进一步的要求。

第三，从农民本身来看，其行为和角色已经发生了深刻的变化。首先，农业和农村经济的发展和变化已经导致传统意义上的"小农"基本消失，农民不再仅仅依赖于土地和农村。其次，从行为上来看，从事土地种植的农民出现大量兼业，或者成为"种田大户"等各种形式的"小微企业主"，或者干脆将土地流转和租赁，专心于务工。最后，表现在收入结构上，土地和农业收入占比越来越低，有数据表明，农民的兼业和务工收入已经占家庭收入的2/3以上。

正是由于农村、农业和农民的这种深刻变化,从而对农村金融的发展提出了新的要求;也正是为了适应这种变化和需要,在新一轮的改革中,除了对传统的"政策性、合作性和商业性"农村金融体系进行调整之外,大力发展新型小微金融就成为当前农村金融的重要之举。

专　栏　一

小额信贷的兴起与微型金融的发展

20世纪50—70年代,世界各地政府和出资人开始普遍参与农村金融,这一方面源于第二次世界大战战后大量独立国家对农业部门现代化的信心和渴望,另一方面则是由于农业和穷人信贷日益变得糟糕。通常的做法是,政府大量建立国家所有的发展金融机构,或利用农村信用合作社,以低于市场价格的利率向处于边缘化的小农和穷人提供农业信贷,以期提高他们的生产率和收入。然而,这些补贴信贷项目鲜有成功,因为小农和穷人们总是将这种信贷视为政府"赠予",故而偿还率极其低。结果,这些发展金融组织的资本不断地被侵蚀,甚至荡然无存;更为糟糕的是,补贴信贷很难惠及小农和穷人,相反却被地方较为富裕和有影响力的群体所占据,因为他们更能影响资源的分配。

从20世纪70年代开始,农村金融市场制度的缺失为小额信贷的正式登场提供了前提,在许多国家和地区,小额信贷迅速成为农业信贷尤其是穷人信贷的主力军。早期的小额信贷都是通过小组信贷方式展开的,这样小组内的成员便为他人的违约提供了担保。在孟加拉,穆罕默德·尤努斯教授创立了只对妇女贷款的格莱明银行(Grameen Bank);在拉丁美洲,专门成立了扶助穷人的"行动国际"(ACCION International),随后又扩展到美国和非洲;在印度,妇女贸易联合会(Women's Trade Union)成立了妇女自雇联合银行(Self-Employed Women's Association Bank)。这些最早以非政府组织(NGO)面目出现的机构都是小额信贷成功的先例,直到今天,它们仍是世界各地小额信贷借鉴和复制的榜样。

到了20世纪80年代,世界各地的小额信贷开始出现"微妙"的变化,一些小额信贷机构开始抛弃只为穷人贷款的信念,并改进了传统的低利率等信贷技

第五章
中国农村金融的改革与发展

术。这是因为,其一,进展良好的小额信贷项目表明,穷人尤其是妇女,比富人更能遵守信贷偿还纪律;其二,许多信贷实践证明,穷人能够也愿意支付较高的信贷利率。收取较高的信贷利率意味着小额信贷机构能够逐渐补偿自己的运营成本,并能够通过支付较高的利率进行储蓄动员、吸引商业贷款和投资资本,因此能够逐渐将服务范围扩展到更多需要帮助的穷人群体,最终演变成为能够摆脱政府和捐赠者资助的自我持续的商业机构。在印度尼西亚,通过收取较高的信贷利率和吸纳存款,印度尼西亚人民银行(Bank Rakayat Indonesia, BRI)的小额信贷部(Unit-Desa)已成为自我持续的典范,如今,该信贷部已经成功地为超过3000万的低收入储户和贷款者服务。

小额信贷的巨大成功激起了人们广泛的热情。从20世纪90年代开始,小额信贷模式以更快的速度在世界各地传播和移植,政策实践者们也对通过小额信贷反贫困寄予了较高的期望。在这一时期,理论界开始探讨从小额信贷(Microcredit)到微型金融(Microfinance)的发展和演化,因为小农和穷人不仅需要信贷,也需要包括储蓄、保险、资金转移等各种服务在内的金融服务。在这一发展过程中,更为重要的是,作为金融机构本身的微型金融组织的自我持续性成了必然要求,而商业化经营战略成为重中之重,因为追逐利润的金融组织才有可能走向自我持续,才能持久地提供金融服务。

如今,微型金融日益成为农村地区发展和反贫困的重要工具。为了提高微型金融的功效及影响力,世界银行、行动国际等重要组织先后提出了一系列战略,包括促进穷人的发展机会、赋予穷人和妇女发展权益、增加穷人的安全感等。其中,提高穷人金融服务的可获得性是关键因素。理论界认为,因为风险大、交易成本高和担保缺失,正规金融服务总是无力覆盖穷人和农村地区,而微型金融实践则有力地改变了这一局面。越来越多的政策实践表明,向穷人提供信贷等金融服务不仅是可行的,而且还保持着较高的偿还率。

2005年,联合国将其确立为"国际小额信贷年";2006年,诺贝尔和平奖颁发给尤努斯教授。这些重大事件既是对微型金融过去几十年实践的最好总结,同时也将微型金融的发展推进到一个新阶段。国际发展金融机构(DFIs)、捐赠者

> (Donors)、商业银行（Commercial Banks）、投资机构（Financial Investors）、私人投资人开始把目光聚焦到微型金融领域，并把其作为一种新的商业模式开始进行投资。
>
> 随着资本的大量进入，微型金融机构的数量和规模也在急剧扩大。据扶贫咨询集团统计，全世界目前有 10000 多个微型金融组织，信贷资产规模达 170 亿美元（CGAP，2012），数量和规模在过去 5 年中增速达 5~6 倍；微型金融在拉美地区、东南亚地区、北非地区、中东和东欧地区都有长足的发展，在印度和转轨后的东欧国家发展更为迅猛。当然，这种迅猛发展也引发了很多问题和争论。

其一，传统金融和商业化服务对农村的金融支持依然不足。当前，我国国有商业银行在农村的业务基本上呈收缩状态，尤其是县和县以下地区，网络覆盖普遍不足，而农村合作基金会已经清理撤并，中国农业发展银行也只能在有效的领域发挥农村政策性金融的作用，农村信用合作社本来是满足农村金融需求最主要、最基本的机构，但这些年来已经基本上失去了合作金融的性质。有利于农村金融资源留在农村和促进城市金融资源向农村流动和倾斜的机制远没有建立起来。国有商业银行仍然是农村资金外流的主要渠道，在中西部地区的许多地方，农村信用社实际上已经成为向农户和农村中小企业提供金融服务的唯一的正规金融机构，但是，其垄断性经营不利于服务效率的提高和优化。邮政储蓄改革虽然有所突破，但在农村领域的信贷业务仍然相当有限，邮政储蓄仍然是农村资金流失的一个大"虹吸管"。向农户和农村中小企业提供政策性信贷的机制还没有建立起来，从而导致农村地区的金融需求很难通过现有的正规金融机构得到真正的满足，而农村经济的发展在很大程度上是与农村金融市场的发育程度息息相关的。

有数字表明，目前我国县及县以下的地区平均每万人拥有的银行业金融机构只有 1.26 个，还有很多乡镇一家银行网点都没有。其中，西部地区情况尤为严重，共有 2645 个"零金融机构乡镇"，占全国"零金融机构乡镇"数的 80%，并且分布在县以下的银行业机构主要是农村信用社，金融市场基本处于垄断状态，经营能力不强，缺乏金融服务活动。这就要求我们在积极引导大中型商业性、政策性银行机构重返农村的同时，大力发展和培育契合"三农"特点的农村中小金融机构，发挥其经营方式灵活、管理层次少、运营效率高等特点，以有效提升农村金融服务能力，切实改善农村金融服务。

其二，小微金融能更好地适应农村社会和经济发展的需要。由于农村地区中小企业、小微企业以及农户和低收入群体资金需求规模较小，为他们提供金融服务的成本就相对较高，抵押物的匮乏也使贷款的风险相对较大，故而农业银行和农村信用社等金融机构对中小企业和农户提供服务的意愿较低，很难扎根于农村地区，甚至出现将资金抽离农村地区的"非农倾向"，使广大农村相当部分人口享受不到应有的金融服务。因此，放开农村金融市场，允许大量中小金融机构进入是解决"三农"金融需求最有效的金融制度安排。

世界上许多国家的政策实践表明，类似于村镇银行、小额贷款机构等微型金融组织，因其具有地缘、信息和灵活性等一些大型金融机构无可比拟的优势，在解决小微企业、农户以及低收入者和贫困群体的金融需求方面能够发挥重要作用，在许多落后国家和地区，这类机构甚至成为农村地区金融服务的主要提供者。微型金融因其独特的"覆盖广度和深度"，而被赞誉为"普惠金融"。鉴于此，可以进一步放宽准入门槛，引导和鼓励更多有条件的金融机构和非金融机构到农村地区设立微型金融组织，让更多的农村小型客户获得便利的金融服务。与此同时，也要规范和引导非正规金融中的民间借贷活动，例如允许条件较好的农民专业合作社等农村本地组织开展信用合作。通过促进农村金融组织体系建设，充分发挥以新型金融机构为主的各类金融组织的合力，就可以逐步解决农村地区因为金融机构网点少、竞争不充分，从而导致农村金融供给不足、覆盖力度有限等难题。

由此可见，小微金融能更好地适应农村经济的发展和多元化的需求，从而使我国摆脱在过去既有金融体系内打转的局面，发展出真正适合农村社会和经济特点的多种所有制和多种形式的新型农村金融组织。

展望微型金融的发展，农村社会和经济也发生了深刻的变化，尤其是农民的身份发生了明显的变化，已经从过去自然、半自然经济状态下的小农演变为角色各异的中小企业主、小微企业主、兼业者和务工者。为适应这种特点而产生的小微金融能否成功地为包括穷人和低收入者在内的所有群体服务，从而成为具有真正意义的"普惠金融"，就成为当前农村金融深化和发展的重中之重。为此，需要面对三个根本性挑战：

一是成本、可持续性与覆盖度问题。此类金融组织能否在覆盖所有群体的同时实现可持续性？二是政府的作用问题。面对角色各异的新性机构，政府到底起什么作用才能促进此类机构持续地为农村地区提供服务？三是贷款技术与农村信用的演进问题。有别于传统大型银行的抵押贷款，农村金融抵押物的匮乏和较大风险要求新的金融服务创新和贷款技术设计。另外，如何使过去"商业信用"缺失的农民转变成守信用、可以银行化的顾客呢？在下一节中，我们将探讨与此相关的一些重要问题。

专栏二

普惠金融的起源与发展

在许多发展经济学家眼中，一个国家之所以穷，是因为这个国家穷（没有钱）。在这种情况下，需要外部资本来打破这种"邪恶的怪圈"。对于单个穷人来说也是如此，"没有人给穷人第一块钱去赚另一块钱"（Yonus，2002）[①]。把穷人组织起来形成小组就能解决信贷中的信息、风险和成本问题，这促进了小额信贷的兴起和微型金融的发展。然而，下一个更重要的问题是：谁来提供资本？如今，在捐助和赠予的基础上，小额信贷已经走过了40个春秋，全球有上万家微型金融组织覆盖了近2亿的穷人和低收入群体，信贷资产规模达170亿美元。令人震惊的是，微型金融的"显著"成绩和努力与30亿尚未获得金融服务的低收入群体之间仍有一个"荒唐的缺口"。扶贫咨询集团2005年的一份报告显示，这些微型金融的资本主要来源于具有社会使命的资源，例如宗教组织、NGO和富裕的人文主义者；来自商业资本的不足1/4。如果微型金融要为大部分潜在客户服务，必须要撬动更多的商业资本（Morgan Stanley，2013），这使得微型金融的

---

① M. Yonus：*Grameen. Bank II: Designed to Open New Possibilities*，working paper，2002（10）.

商业化成为近些年的主要趋势。

世界银行的扶贫咨询集团、行动国际（ACCION）等重要组织认为，只有将微型金融从传统非政府组织的"社会运动"整合到正规金融体系中，才能提高对穷人金融服务的包含性（Financial inclusion）或"普惠性"。他们认为，穷人贫穷并非个人和社会的故意选择，而是信贷资源配置中"政府失败"和"市场失灵"后非意愿的结果。正如尤努斯所言，微型金融的信贷项目将为穷人无尽的自营活动敞开大门①，通过激发穷人的企业家潜能、平滑穷人消费和提供"赋权活动"等附加服务，微型金融有望成为根除贫穷的"银色子弹"（silver bullet）。然而，基于NGO基础上的金融服务与尚未获得金融服务的30亿穷人之间仍有一个"荒唐的缺口"，因此，通过金融整合，利用私人、商业甚至权益资本，使微型金融变成完全成熟的、自立的管制金融成为必然趋势。按照联合国的观点（UN 2006），就是建立"普惠性的金融体系"（inclusive financial system），这也是2002年国际金融发展政府首脑会议所达成的"蒙特雷共识"（The Monterrey Consensus）。该共识认为，微型金融、微型和中小企业信贷以及国民储蓄计划（national savings schemes），对提高（农村）金融部门的社会和经济效应非常重要；无论是独立的还是合作的发展银行、商业银行和其他金融机构，包括资本市场融资，都是促进穷人获得金融服务的有效工具。

过去的10年，尤其是近5年，见证了微型金融商业化发展的奇迹。许多NGO组织通过"上行战略"（upscaling）开始转变为受管制的非银行金融机构或可吸储的银行，部分商业银行通过"下行战略"（downscaling）建立微型金融网络，从商业银行借款、私人投资以及权益资本的出现极大地拓展了微型金融机构的融资渠道。微型金融的商业发展在极大提高覆盖力（outreach）和自身可持续性（self-sustainability）、营利性（profitability）的同时，正在完成"普惠性"的承诺（The Microfinance Promise）。通过资本来源的多样化和商业化，微型金融开始融入整个金融系统，从而揭开了普惠金融体系发展的新篇章。

---

① M. Yonus: *The Grameen Bank Project in Bangladesh*, 1982.

第四节
发展普惠金融

普惠金融,是指立足机会平等要求和商业可持续原则,以可负担的成本为有金融服务需求的社会各阶层和群体提供适当、有效的金融服务。小微企业、农民、城镇低收入人群、贫困人群和残疾人、老年人等特殊群体是当前我国普惠金融的重点服务对象。大力发展普惠金融,是我国全面建成小康社会的必然要求,有利于促进金融业可持续均衡发展,推动大众创业、万众创新,助推经济发展方式转型升级,增进社会公平和社会和谐。从这个意义上来讲,普惠金融就是人人享受金融服务,重点是穷人的银行。这意味着,微型金融不再是星星点点的活动,而是普遍化、网络化、正规化。从国际经验来看,近些年来,以微型金融为主的普惠金融的迅速发展,有力地提高了低收入者和穷人获得金融服务的能力。在一些国家,微型金融甚至成了为底端市场提供服务的主力军。然而,微型金融的努力与30亿穷人这一潜在的巨大市场之间,仍有一个"荒唐的缺口"。因此,促进微型金融的普遍发展,除组织建设和网络建设外,解决其融资和再融资是关键。

与此同时,国际经验也同样表明,经过几十年的发展,"微型金融革命"(microfinance revolution)出现了可喜的局面。在起始阶段为微型金融组织提供帮助之后,一些机构在为穷人提供服务的同时,也能逐渐覆盖成本甚至获得一定的利润;而客户通过持续地从微型金融这种正规组织获得服务之后,能够平滑消费,拓展商业机会,进而降低贫困的程度。一些微型金融旗舰组织的成功逐渐在其他发展中国家和地区传播,越来越多的机构开始通过"上行战略"(upscaling)转变成受管制的银行或非银行金融机构,同时,仍然为锚定的"小微企业主"和低收入家庭服务。从长期来看,微型金融组织采用银行的形式从技术层面和操作层面都有较大的优势。因此,有必要将一些具备条件的NGO等非正规组织转变成银行,以获得银行的经营执照，这样在可以吸纳储蓄的同时，也可以提供更为广泛的服务。转型之后的机构，也可以接受当局适当的监管。显而易见，储蓄是最"廉价"的资金来源，可以提高组织的"可持续性"，也利于迅速扩张信贷业务。在城市地区，客户不仅可以获得"小额信贷"，还可以获得"小额保险"、储蓄、转移支付等更多的金融服务。与此同时，微型金融的弹性和活力也吸引了一些大型商业银行通过"下行战略"（downscaling）进入微型金融市场。所谓"下行战略"，就是支持现有银行引入"微型金融"技术，为尚未获得服务的"小微企业"或中小企业提供信贷等服务。

近些年来，另一种方式"绿地投资"（greenfield）越来越多地取代了传统的"NGO 转型"战略。所谓"绿地投资"，就是从一开始就建立起完全成熟的商业化微型金融机构。"转型"和"商业化"的微型金融机构，越来越少地依赖捐赠机构、发展银行和道德投资者们的融资和补贴；相反，它们开始从当地吸纳储蓄，从商业银行贷款或是通过发行债券从资本市场融资。不同国家和地区的一些微型银行还联合成网络或组建成微型银行控股集团，以实现信息、技术、知识的共享和提高对流动性和风险的管理能力。进入 21 世纪，发展金融机构、商业资本和私人资本开启了更为专业的微型金融投资渠道，通过债券和权益资本向微型金融机构提供融资。

从中国的情况来看，进入 21 世纪以来，在党中央国务院颁布支持农村金融改革发展的系列政策指引下，针对农村地区低收入者和贫困群体的微型金融服务发展迅速，在一定程度上缓解了小农和穷人在金融需求上处于弱势地位的状态，并呈现出四种基本形式：

第一，国际机构援助的小额信贷模式（NGO 模式）。20 世纪 90 年代初期，我国开始在一些贫困地区探索小额信贷模式的可行性和具体的实施模式，以国际机构的捐赠和软贷款作为资金来源，进行 NGO 模式的小额信贷试验项目。其中，中国社科院"扶贫社"项目和陕西商洛地区政府"扶贫社"项目是实施时间较早、规模较大、规范性较好的示范性项目。随着示范作用的扩大，国内的民间和社团组织也开始独立地实施以小额农贷为核心的微型金融安排，其中最为成功的是中国扶贫基金会创办的中和农信。仅 2016 年一年，它向中国农村 212 个贫困县的 36.6 万农户发放的贷款就达67亿元,且100%是无抵押贷款,户均贷款11887元,91%是妇女客户,其中76%从未向包括农村信用社在内的正规金融机构贷到过款。其贷款回收率长期以来达到99%,机构赢利能力长期维持在1%左右。

第二,农行小额信贷扶贫模式。受益于国际小额信贷的成功,我国政府开始借助小额信贷模式,通过中国农业银行执行政策性小额信贷扶贫项目,农村扶贫由救济式向开发式转变。与无偿的财政救济资金和补贴扶贫模式相比,信贷扶贫的最大好处在于,能够培育低收入者和穷人从事经营和自我发展的能力,同时,良好的模式也利于扶贫的可持续性。中国农业银行承担了信贷扶贫的主要任务,随着农行自主筹集资金占比的增多和政府财政扶贫资金支持的减少,信贷资金支持的重点也逐渐从支持农户和低收入者向农村地区的龙头企业和产业化重点企业转变。

第三,农信社小额信贷模式。目前,这一模式已经成为我国信贷支持"三农"发展和农村信贷的主要方式。从1999年开始,农信社以储蓄和央行再贷款为基本资金来源,在地方政府的支持下,遵循"一次核定,随用随贷,余额控制,周转使用"的原则,对无法满足信贷抵押条件的农户和个体工商者发放小额贷款和联保贷款。并从2002年开始,通过农村信用社在全国全面推行农户小额贷款模式。

第四,商业性小额信贷模式。目前,由私人资本和国际资本投资的商业性小额信贷项目,在我国中西部的一些地区也正尝试性开展。2005年,山西平遥两家完全由私人资本投资的小额信贷公司正式成立,从而揭开了我国商业小额信贷的序幕。2008年国际金融危机后,各大国有商业银行纷纷开始实施"下行战略",通过中外合资等形式组建村镇银行,其中,以中国银行与新加坡富登控股合资成立的中银富登村镇银行最为典型。该银行在县一级设立法人银行,并由各法人银行将其后台业务集中起来,交由统一的中心进行处理,从而实现了网络化和集中管理。截至2016年底,中银富登村镇银行已有法人银行82家、支行78家,覆盖全国27个省82个县,其中中西部县占比为78%,国家贫困县占比为33%。客户超过100万户,贷款总额达185亿元,而不良贷款率仅为1.7%。

尽管以"小额信贷"模式为主的普惠金融在我国有了相当快的发展,但就总体而言,在我国底端市场尤其是在农村市场上,金融的普惠程度仍不高,不仅规模小、可持续性差,而且商业性占比低、体系不完整。为了改善当前我国普惠金融的发展状况,党的十八届三中全会明确提出了发展普惠金融的要求,2015年国家制定了《推进普惠金融发展规划(2016—2020年)》。规划明确了普惠金融的发展原则,即"健全机制,持续发展,机会均等,惠及民生,市场主导,防范风险,推进创新",从而有效地提高了金融服务的覆盖率、可得性和满意度。到2020年,使我国普惠金融的发展居于国际中上游水平。根据《推进普惠金融发展规划(2016—2020年)》提出的原则,可以看到其部署可分为微观、中观、宏观三个层面。

首先在微观层面。提供金融产品和服务的金融机构和组织是发展普惠金融的关键所在。其中两个问题至关重要:其一,底端市场上的弱势群体,包括穷人、农户、个体工商者和小微企业主,他们都需要什么样的金融服务和产品;他们不仅需要生产和经营性资本,还需要更为广泛的金融服务。只有考虑和设计出合适的产品和服务,才能使他们真正获得金融资源。同时,也应该考虑到他们可以承受的成本。其二,底端市场上金融机构的种类和数量,直接决定着金融服务的能力和质量,金融组织的缺失正是约束金融需求的瓶颈。为了完善我国农村普惠金融体系,必须成立村镇银行和小贷公司,增加农村金融的供给;农业银行、农村信用社、邮政储蓄银行要适当增设农村金融营业网点,完善服务功能,扩大农村信贷投放领域;除了政策性金融、商业性金融和合作性金融等传统金融组织形式外,还应建设和完善农村风险投资、担保、农业保险、租赁等创新金融组织形式,并形成不同金融组织相互并存、合理分工、功能互补、定位明确、有序竞争、协调发展的良性格局。

金融创新是提高金融服务质量的重要途径。为此,金融机构要进一步转变工作作风,树立为顾客服务的经营理念,在掌握农村金融需求状况的基础上简化贷款程序,按照农业生产周期和实际需求,合理设计贷款期限和产品,实现服务上的创新。除此之外,还需要充分发挥金融机构的信息优势,为农民增产、增收出谋划策,提供科技、信息、理财等各项咨询服务,当好农民的金融顾问。

其次在中观层面。金融基础设施和相关服务是促进普惠金融发展的基础条件,它们可以降低交易成本、扩展金融的服务边界、提高金融机构的技能,以及增加金融服务的信息交流和透明度。而这一层面正是我国的薄弱环节，需要加强。

建立全国统一的征信系统和信息平台。目前，我国农村信用体系建设不完善，缺乏统一的信用评价体系，政府部门在农村信用体系基础建设和制度保障上的主导作用也未得到良好的发挥。各个金融机构对农户建档评级出现重复现象，应当由政府组织建立统一的信用管理系统，完善的信用管理可以克服信息不对称，降低农村金融的交易成本和风险。

建立统一、高效的支付结算体系。当前，顾客对高效、便捷、安全的支付结算体系的需求日益增加，农村地区的群体显然也需要这样的支付结算体系。中国人民银行应推进农村相关系统的建设和完善工作，并允许村镇银行等基层组织免费接入支付结算系统。

进一步加强农村金融基础设施。普惠金融强调金融服务的可获得性和服务的低成本。故此，在进一步提高和完善农村地区金融服务网点、自动存取款机（自助服务银行）、POS机等的覆盖率的同时，可以借助网络和信息技术来建设和发展网上银行、电话（手机）银行，从而缓解农村地区或边远山村在支付结算、金融中介服务等方面的约束和成本。

加强农村地区金融知识的培训和教育。国家、地方政府和金融机构可以联合起来，推进金融知识在农村地区的普及，逐步培养农民接受金融服务的习惯，转变自身的行为，从而使普惠金融能真正惠及各个地区和各个阶层。

最后在宏观层面。有效的法律和政策框架是建立和发展普惠金融体系重要的支撑。鉴于我国的实际情况，应当着手以下几方面的工作：

建立和完善支持普惠金融发展的法律体系。国际上，许多国家为支持农村和落后地区的经济发展，制定了专项的法律。如美国的《联邦农业贷款法案》、德国的《德国复兴信贷银行法》、印度的《农业中间信贷和开发公司法案》等。这些法律对普惠金融的发展起到了支持和保障作用。我国也应尽快建立、健全微型金融、小贷公司的法律制度，完善新型金融机构如村镇银行和农村资金互助社的相关法律建设，积极引导更多的组织和机构参与到普惠性金融体系中。同时，加强对民间金融的规范和引导，在依法打击和取缔"地下钱庄""高利贷"和非法集资等非法金融活动的同时，通过法律制度对正当的民间金融形态以适当的保护。建立适合普惠金融发展的监管政策也是当务之急。当前的金融监管体系，应该根据微型金融机构和小额放贷公司的特点、发展阶段建立相应的金融监管举措和法律，引导小贷公司和微型金融健康、良性发展。

建立和健全普惠金融的政策扶持体系。普惠金融如果完全采取商业化运作方式，逐利资本自主投入的积极性就会很小，就会影响普惠金融覆盖的深度和广度。为此，很多国家都通过财政为相关金融机构提供贴息、注资、担保、减免税收等政策性的扶持。例如，国家可以通过设置小额信贷贴息基金和风险基金，运用再贷款政策实行比支农再贷款更优惠的利率和更长的贷款期限，合理设置贷款核销机制等，来提高相关金融机构的积极性。合理的激励政策是促进我国普惠性金融发展不可或缺的手段。

进一步完善农村和农业的确权工作。我国当前的农村产权制度和建设明显地阻碍了农村经济的发展，农村产权交易融资平台的滞后也会限制普惠金融的发展。因此，应继续完善农村产权登记和流转制度，加大推进农村确权、评估管理和抵押登记等工作，为农村金融机构创新产品和服务提供基础。

引导和推动普惠金融体系的整合和信贷资源的利用。在普惠金融的发展中，正规性金融机构与农村地区新兴金融机构的合作和整合异常重要。一方面对传统金融机构进行存量改革，促进信贷机制和产品等方面的创新；另一方面实施增量改革，允许条件成熟的地区发展村镇银行、小贷公司、农村社会互助金等新兴金融。正规金融机构通常在资金、管理水平和组织制度上具有优势，但在农村地区则处于信息劣势，呈现出"外生"的特点。历史上，农业银行的扶贫信贷和农村信用社发放的信用贷款，就由于缺乏信息和相应的风险管理机制，大部分贷款发生沉淀，使放贷机构陷入难以为继的困境。而"内嵌于"农村地区的机构，往往具有机制灵活和信息方面的优势，在信贷合同的执行上也有坚实的基础。因此，充分整合不同类型的金融，可以更有效地将金融资源渗透到农村地区。为此，可借鉴国际上的农村金融整合互联体系，探索由金融监管部门牵头、各类型金融机构深度参与和共赢的互联模式，促进正规金融机构和非正规金融机构形成金融合力，实现资金、信息和运行机制方面的合作，发挥各自的优势。故而可以通过"下行战略"，建立大中型商业银行与农村新型金融机构的金融合作制度，保证更多的信贷资金和金融资源流向农村地区的弱势群体。

专 栏 三

《推进普惠金融发展规划（2016—2020年)》

党中央、国务院高度重视发展普惠金融。党的十八届三中全会明确提出发展普惠金融。2015年《政府工作报告》提出，要大力发展普惠金融，让所有市场主体都能分享金融服务，并制定了《推进普惠金融发展规划（2016—2020年)》（以下简称《规划》）。

作为我国发展普惠金融的国家级战略，《规划》确立了推进普惠金融发展的指导思想、基本原则和发展目标，从普惠金融服务机构、产品创新、基础设施、法律法规和教育宣传等方面提出了系列政策措施和保障手段，对推进普惠金融实施、加强领导协调、试点示范工程等方面作出了相应的安排。

《规划》强调，发展普惠金融应坚持借鉴国际经验与体现中国特色相结合、政府引导与市场主导相结合、完善基础金融服务与改进重点领域金融服务相结合的指导思想，按照"健全机制、持续发展，机会平等、惠及民生，市场主导、政府引导，防范风险、推进创新"等原则，有效提高金融服务的覆盖率、可得性和满意度，明显增强人民群众金融服务的可获得性。到2020年，要建立与小康社会相适应的普惠金融服务和保障体系，特别是要让小微企业主、农民、城镇低收入人群、贫困人群和残疾人、老年人等及时获取价格合理、便捷安全的金融服务，使我国普惠金融发展居于国际中上游水平。

《规划》提出，要健全多层次的金融服务供给体系，充分发挥传统金融机构和新型业态的作用，积极引导各类普惠金融服务主体借助互联网等现代信息技术，创新金融产品，降低交易成本。要完善普惠金融服务保障体系，完善普惠金融基础设施建设，健全普惠金融信用信息体系，推进农村支付环境建设。要把防范风险放在十分重要的位置，坚持监管和创新并行，加快建立适应普惠金融发展的法制规范和监管体系，提高金融监管的有效性。要发挥政策的引导和激励作用，促进金融资源向普惠金融倾斜。要加强普惠金融教育与宣传，培育公众的金融风险意识，提高金融消费者维权的意识和能力。

《规划》要求，要加强组织保障和推进实施工作。由银监会、中国人民银行牵头建立推进普惠金融发展工作的协调机制；地方各级人民政府加强组织领导，做好贯彻落实；按照全面推进、突出重点、分步开展、防范风险的工作思路，对拿不准的难点问题，要在小范围先行试点，成熟后再推广；要加强国际交流，提升我国普惠金融的国际化水平；要实施金融知识扫盲、移动金融、扶贫信贷等专项工程，促进实现规划目标；要健全监测评估体系，及时发现问题并提出改进措施。

第六章
中国金融市场的发展与利率市场化

市场经济是竞争性经济，竞争性价格机制是市场经济的基础。利率是资金的价格，竞争性的资金供给是市场经济机制发挥作用的有机组成部分。它在总量上影响着一国消费和储蓄倾向，决定着投资和资本形成；在结构上影响着资源配置效率、产业调整和国民收入再分配。因此，金融机构能否提供竞争性的金融产品，进而形成竞争性的资金价格，在宏观上影响资金配置的效率，在微观上决定着金融机构的盈亏。利率市场化因此成为市场取向性经济体制改革的重点领域和关键环节。

第一节
利率市场化改革的动因及内涵

在计划经济体制下，受其本质属性的支配，如同其他实物价格一样，资金价格由国家制定，利率是管制的。金融机构仅仅是政府安排资金的附属单位，既不能提供竞争性金融产品，也无法形成竞争性价格。此时的利率，仅仅是核算手段，无法起到引导资金配置的作用，同时也不是衡量金融机构经营效果的工具。长此以往，资金配置的失误、资金使用的低效以及伴随而来的"投资饥渴症"，成了计划经济的常态。为改变这种浪费严重、效率低下的经济状态，包括利率市场化在内的价格体制改革就成为经济体制改革的重要组织部分，成为历史的必然。

所谓价格体制改革，包括相辅相成的两个方面：一是"放得开"，二是"形得成"。在计划经济体制下，价格是国家制定的，减少国家干预、放开价格成为价格形成的前提，构成价格改革的必要条件。但是，价格的放开并不必然意味着竞争性市场价格的形成，因为竞争性价格取决于竞争性的微观经济主体的竞争性。只有自主经营、自负盈亏的企业才能提供竞争性产品，竞争性产品所反映的竞争性价格反过来又影响着企业的生死存亡，迫使企业必须加强管理、改善经营、加快技术进步，以应对竞争。自主经营的企业，才有追逐利润的动力，对利润的追逐构成竞争的压力，而竞争的压力又强化了对利润的追逐。这一追逐反映在市场上就是企业竞争性地向市场提供产品和服务，并因这一竞争性供给形成竞争性价格，其背后是优胜劣汰的自由企业制度。

然而，就资金的价格——利率体制政策来说，其问题远比上述情形复杂。除利率政策如同其他价格政策需要"放得开"并"形得成"外，利率还是市场经济条件下宏观调控的重要工具，还需要"调得了"，能够通过对其调控来保持宏观经济的稳定。"放得开""形得成""调得了"三个目标相互依存，构成了利率改革的复杂性。这一复杂性充分体现在：放松金融管制虽然是利率市场化的前提，但区别于其他价格改革，也不能一味地放松金融管制，还需要保持国家对宏观经济的调控能力，亦即在放松金融管制的同时，要转变宏观调控体制，形成以利率为手段的间接宏观调控机制。实现宏观调控机制由直接向间接转变，有赖于市场利率体系的形成与完善，这取决于金融机构的机制转换。由国家行政的附属机构转变为自主经营、自负盈亏的商业化企业，金融机构反过来又要求进一步放松金融管制。与此同时，通过金融机构的改革，使其实现商业化经营是利率形成的基础，但区别于其他价格政策，金融企业也不能无限制竞争，致使利率体系紊乱，经济脱实向虚。为保证金融有序发展，包括金融监管在内的宏观审慎管理又是必要的。上述这一循环，使利率市场化改革必须照应到宏观经济、宏观调控机制的形成情况，以及金融机构及金融市场改革发育的程度，相机决策，配套推进，从而使其进程呈现出典型的渐进式的特点。

从过去近40年利率市场化改革的逻辑顺序来看，随着计划经济向市场经济转轨，对金融市场和金融机构的行政控制必须减少，"放得开"成为利率市场的关键，只有放松利率管制，才能为反映资金供求关系的市场定价创造环境。放松利率管制是利率市场化的先决条件，但并不是利率市场化改革的全部。利率市场化还需要建立健全市场化利率形成机制，使市场主体能相互竞争，即金融机构通过自主定价，竞争性提供多元化金融产品，利率市场化才能够"形得成"。在利率市场化过程中，需进一步完善市场化利率的调控和传导机制，使中央银行可以通过调整资产负债表进而调控整体市场利率水平，真正实现"调得了"。这是总结了以往利率改革的成功经验。《金融业发展和改革"十二五"规划》进一步明确了中国利率市场化改革的总体原则为"放得开、形得成、调得了"。

从过去近40年利率市场化改革的实践顺序来看，利率市场化采取了先放开货币市场利率和债券市场利率，再逐步推进存贷款利率市场化的步骤安排。存贷款利率市场化则按照"先外币、后本币；先贷款、后存款；先长期、大额，后短期、小额"的顺序进行。①

从过去近40年利率市场化改革的进展来看，现阶段就"放得开"而言，以2015年存款保险制度建立为标志，利率已全部放开，"放得开"已基本完成。但就"形得成"和"调得了"而言，还在进行中，其中"调得了"还存在着较大差距。目前，穿透货币市场、信贷市场和资本市场的国债收益率曲线尚不贯通，市场利率尚不成体系，市场基准利率尚未成型，货币政策由数量调控向价格调控的转换尚在进行中。凡此种种表明，利率市场化的改革依然任重而道远。

放松对利率的管制是利率市场化的前提，也是高度集中的中央计划经济体制向市场经济体制转轨的重要标志。但是，区别于其他中央计划经济转轨国家，中国的利率市场化改革进程极具中国特色。它是渐进的，并以"双轨过渡"为其鲜明特征。所谓"双轨过渡"，是指在计划轨外出现市场轨，双轨并存，随着市场轨作用的扩大，双轨向市场轨并轨。在中国利率市场化的进程中，几乎每一步都伴随着双轨制的存在，即银行体系中的管制利率和银行体系外的市场利率并存，即使在银行体系内，因改革操作顺序的安排，不仅不同产品，而且同一产品的不同时期也是双轨并存的。中国利率市场化改革的经验表明，双轨过渡的改革安排尽管存在着不少

---

① 中国人民银行在2003年2月20日发布的《中国货币政策执行报告（2002年）》中公布了我国利率市场化改革的总体思路：先外币、后本币；先贷款、后存款；先长期、大额，后短期、小额。

缺陷，但就总体而言，其推动了利率市场化改革的平稳进行，较好地兼顾了改革、发展和稳定之间的关系。

> **专 栏 一**
>
> **《金融业发展和改革"十二五"规划》**
>
> 2012年9月，国务院批准了由中国人民银行、中国银行业监督管理委员会、中国证券监督管理委员会、中国保险监督管理委员会、国家外汇管理局共同编制的《金融业发展和改革"十二五"规划》（以下简称《规划》）。《规划》分为九章，在回顾"十一五"时期金融业发展和改革取得的主要成就，分析"十二五"时期面临的机遇与挑战的基础上，提出了"十二五"时期金融业发展和改革的指导思想、主要目标和政策措施。从完善金融调控、优化组织体系、建设金融市场、深化金融改革、扩大对外开放、维护金融稳定、加强基础设施等七个方面，明确了"十二五"时期金融业发展和改革的重点任务。

第二节
渐进式放开利率管制之路

回顾中国利率市场化改革的进程，大致可分为以下几个阶段：

1978—1984年是金融机构初步恢复、利率水平调整和档次拉开阶段。

1978年改革开放以前，我国实行的是高度集中统一的计划经济体制，国家以指令性计划替代市场机制对社会资源在全国范围内实行集中配置，国民经济运行主要依靠经济计划和财政预算管理。利率管制是配合生产、流通和分配计划的重要组成部分，利率由国务院制定，中国人民银行统一管理。

我国利率管理体制的形成有其特殊的历史背景。中华人民共和国成立初期，由于严重的通货膨胀、猖獗的投机倒把和高利贷活动，政府采取了一系列严格的管理措施，其中也包括利率管制。物价基本稳定后，中国人民银行总行统一规定各种贷款利率的最高限，但要求利率的制定不可以脱离市场情况；同时，对不同所有制性质的企业实行不同的存贷款利率，以配合所有制的社会主义改造。这段时期，我国的利率管制政策在迅速制止金融物价领域的混乱局面和配合私营工商业的所有制改造等方面，收到了一定的效果。

随着生产资料所有制社会主义改造的基本完成和高度集中的中央计划经济管理体制的建立，管制利率的做法进一步强化。政府通过利率管制有效地动员了低成本储蓄，并通过压低利率，控制重点企业的资金成本，以加强银行体系安全，维护金融稳定。这一时期的利率档次少、水平低、利差小，管理权高度集中，利率的杠杆作用基本无法发挥。

1978年，随着经济体制改革的开启，我国对利率进行了调整，连续提高了人民币存贷款利率，逐步改变了存贷款利率水平长期偏低的状况，增加了储蓄种类和利率档次，扩大了存款计息范围，逐步统一了计息标准。与此同时，我国加强了利率管理。1981年，根据《国务院批转的中国人民银行关于调整银行存款、贷款利率的报告》，中国人民银行下发了《转发〈国务院批转人民银行关于调整银行存款、贷款利率的报告〉的通知》，就利率管理体制做了相关规定：利率由中国人民银行集中统一管理，非金融部门一律不得自定利率。除了国务院批准的拨款改贷款利率以及由中国人民银行授权的以外，各专业银行和其他金融机构一律执行经国务院批准的统一利率，不得自定利率。中国人民银行可以在国务院批准的利率幅度内，确定不同的利率档次。

在这一阶段，利率已不再充当计划经济时期的核算工具，从而不需要长期固定，相反，可根据实际需要进行适度的调整，初显了利率对资源配置的引导作用。但总体而言，这仅是利率的调整，而不是利率的放开，在存贷款产品中，利率仍然受到较为严格的控制。同时，利率调整较为滞后、利率管理过细、商业银行自主权小、利率背离价值现象的问题仍然存在。

1984—1993年是利率双轨并存的阶段。

截至1984年，随着联产承包责任制在中国农村的普遍实行和"队为基础，三级所有"的人民公社体制的全面取消，农民的种田积极性日益高涨，货币收入持续上升。在工业化规律的支配下，农民开始投资工业，主要是轻工业。与此同时，在城市，为解决下乡知识青年返城就业问题，以街道企业为代表的集体企业开始兴起，筹资活动也日益频繁。其结果是，除通过金融机构进行正规融资活动外，还出现了非正规的民间融资，致使在正规利率外有了民间的利率。尤其是在1984年党的十二届三中全会提出"有计划的商品经济"后，民间集资的热情更为高涨，利率的双轨产生和扩大日趋明显。从积极意义上来讲，民间集资活动在推动经济发展的同时，也对正规的金融机构形成了竞争压力，给仍带着浓重计划经济色彩的金融安排带来深刻挑战，首当其冲的是货币规模和价格控制。它促使了正规金融机构行为向商业化方向转变，并构成金融体制进一步市场取向性深化的动力。但是，从消极意义上来讲，利率的双轨，尤其在民间集资的利率远高于正规利率的情况下，极易产生腐败。双轨的价差意味着权力的价格，如果将体制内金融的资金"倒"到体制外，即"绕规模拆借和贷款"，就会造成金融秩序的混乱和宏观经济调控的困难。这些都构成了20世纪80年代末期经济过热、通货膨胀高企以及社会不稳定的重要原因。

1993年至21世纪初是深化改革、调放结合并尝试并轨的阶段。

面对金融秩序的混乱，是收还是放成为一个艰难的抉择。从以往中央计划经济国家改革经验的教训来看，价格改革尤其是利率改革，往往会陷入一种收放循环无出路的往复中：当经济失控时立即加强行政控制，但行政控制的强化窒息了经济活力，不得已又得放松，成为一个"一放就乱，一收就死，一死又放，放了又乱"的陷阱。但是，经过十多年的改革，中国市场经济有了一定的发展，尤其非国有经济的发展，使那种传统中央计划经济国家所谓的行政性分权的收放循环的基础被部分打破，完善市场经济成为改革的唯一取向。1993年党的十四届三中全会作出《中共中央关于建立社会主义市场经济体制若干问题的决定》；同年，国务院作出了《国务院关于金融体制改革的决定》，在该决定中第一次明确提出了利率改革的任务和目标："建立以市场资金供求为基础，以中央银行基准利率为调控核心，由市场资金供求决定各种利率水平的市场利率管理体系。"其重要含义在于：第一，利率是个体系，是由市场资金决定的各种利率水平构成的；第二，这个利率体系是可以被管理的，除由市场供求决定利率形成外，还是宏观调控的工具，应围绕中央银行基准利率运行；第三，要实现上述任务，就要以市场资金供求为基础，放开利率管制是其指向；第四，这种利率管制放开是逐步的，是根据市场经济发展状况来决定步骤和内容的。鉴于当时中国的商业银行在社会融资中占绝对主导地位，为支持国有企业改革，使企业获得较低成本的资金，我国仍保持对商业银行存贷款利率的管控。但与此同时，一方面放开银行间同业拆借利率，另一方面尝试在非信贷金融产品上实施自主定价。调放结合成为利率市场化改革的新举措。

首先，在银行间同业拆借市场利率上，1984年10月8日，中国人民银行发布《关于信贷资金管理试行办法》，规定自1985年1月1日起实行"统一计划，划分资金，实贷实存，相互融通"的信贷资金管理体制。一是将国家专业银行信贷计划纳入国家综合信贷计划中；二是对国家专业银行划分存款和核定自有资金，要求实行独立核算；三是专业银行在中国人民银行开立存款账户，两者之间的资金往来由计划指标分配转变为借贷关系；四是专业银行之间可以相互拆借。

1986年1月7日，国务院颁布《中华人民共和国银行管理暂行条例》，明确规定专业银行资金可以相互拆借，资金拆借期限和利率由借贷双方协商议定。此后，同业拆借业务在全国迅速展开。针对同业拆借市场发展初期市场主体风险意识薄弱等问题，1990年3月中国人民银行发布了《同业拆借管理试行办法》，首次系统地制定了同业拆借市场运行规则，并确定了拆借利率实行上限管理的原则，对规范同业拆借市场发展、防范风险起到了积极作用。1995年11月30日，根据国务院有关金融市场建设的指示精神，中国人民银行撤销了各商业银行组建的融资中心等同业拆借中介机构。从1996年1月1日起，所有同业拆借业务均通过全国统一的同业拆借市场网络办理，生成了中国银行间拆借市场利率（CHIBOR）。至此，银行间拆借利率放开的制度、技术条件基本具备。

1996年6月1日，《中国人民银行关于取消同业拆借利率上限管理的通知》明确指出，银行间同业拆借市场利率由拆借双方根据市场资金供求自主确定。银行间同业拆借利率的正式放开，标志着利率市场化迈出了具有开创意义的一步。

第六章
中国金融市场的发展与利率市场化

其次，在债券市场上，1991年，国债发行开始采用承购包销①这种具有市场因素的发行方式。1996年，财政部通过证券交易所市场平台实现了国债的市场化发行，既提高了国债发行效率，也降低了国债发行成本，全年共市场化发行国债1952亿元。发行采取了利率招标、收益率招标、划款期招标等多种方式；同时，根据市场供求状况和发行数量，采取了单一价格招标或多种价格招标。这是中国债券发行利率市场化的开端，为以后的债券利率市场化改革积累了经验。1997年6月5日，《中国人民银行关于银行间债券回购业务有关问题的通知》下发，决定利用全国统一的同业拆借市场开办银行间债券回购业务。借鉴拆借利率市场化的经验，银行间债券回购利率和现券交易利率同步放开，由交易双方协商确定。1998年，鉴于银行间拆借、债券回购利率和现券交易利率已实现市场化，政策性银行金融债券市场化发行的条件已经成熟。同年9月，国家开发银行首次通过中国人民银行债券发行系统以公开招标的方式发行了金融债券。随后，中国进出口银行也以市场化方式发行了金融债券。1999年，财政部首次在银行间债券市场实现以利率招标的方式发行国债。

银行间债券市场利率的市场化，有力地推动了银行间债券市场的发展，为金融机构产品定价提供了重要的参照标准，是长期利率和市场收益率曲线逐步形成的良好开端，也为货币政策间接调控体系建设奠定了市场基础：一是提高了金融机构调节资产结构的主动性，金融机构债券投资占比逐步提高，超额准备率趋于下降，对中央银行公开市场操作的敏感度增强；二是公开市场操作的工具种类随之不断丰富，操作方式和力度也日趋灵活。这一改革措施提高了金融机构资金使用效率，增强了金融机构主动调整资产、负债结构的积极性；随着银行间市场债券回购、现券交易规模的不断扩大，其短期头寸融资的特性日益明显，短期回购利率成为中央银行判断存款类金融机构头寸状况的重要指标，为中央银行开展公开市场操作奠定了基础；银行间债券回购利率与现券交易利率的放开，增强了市场价格发现能力，为

---

① 承购包销发行方式，是指大宗机构投资者组成承购包销团，按一定条件向财政部承购包销国债，并由其负责在市场上转售，任何未能售出的余额均由承销者包购。承购包销是用经济手段发行国债的标志，并可用招标的方式决定发行条件，是国债发行转向市场化的一种形式。

进一步放开银行间市场国债和政策性金融债的发行利率创造了条件。

最后,在外汇体制及汇率制度上,汇率是货币的价格,利率是本币的价格,汇率和利率存在着平价关系。换言之,汇率均衡与利率均衡密切相关,利率政策与汇率政策相互影响,利率失衡会导致汇率失衡,而汇率失衡也会反映到利率失衡当中。因此,利率改革与汇率改革需做好配合,协同推进。

从时间顺序来看,我国的人民币利率市场化探索较早,但受外汇体制和汇率制度的牵制,进展缓慢。1994年1月,官方汇率和外汇调剂价格并轨,开始实行以市场供求为基础的、单一的、有管理的浮动汇率制度;1994年4月,建立了银行间外汇市场,开始实行银行结售汇,建立全国统一规范的银行间外汇市场。多年以来官方汇率与外汇调剂价格并存的双轨制结束。到1996年,中国的外汇体制已符合国际货币基金组织第八条款的要求,国际收支经常项目已实现可兑换。这意味着在经常项目下汇率形成已由供求关系决定,均衡汇率开始显现。在汇率利率平价关系的作用下,要求利率也应均衡,进而推动着利率也要反映供求关系。它为利率市场化创造了环境,引导着或规定着利率双轨并存向市场轨靠拢。

专　栏　二

利率与汇率的相互影响及作用

在市场经济条件下,利率和汇率高度相关,两者互相制约,尤其是利率对汇率的影响十分明显,并共同对一国货币供应量和内外均衡形成影响。

利率对汇率产生影响主要从两方面展开:经常账户和资本账户。经常账户方面:利率变化通过影响企业成本进而影响出口,引起国际收支变化,最终影响汇率变动。如利率上升时,企业成本增加,使出口商品竞争力下降,出口额减少,引起国际收支转向逆差,带来本币贬值压力或直接导致本币汇率下跌。资本账户方面:利率变化通过影响套利资本流动,引起国际收支变化,最终影响汇率变动。如利率上升,国际资本大量流入,增加对本币的需求,国际收支转向顺差,带来本币升值压力或直接导致本币升值。

> 汇率对利率的影响也会从经常账户、资本账户两方面产生作用。经常账户方面：汇率变动会通过产品相对价格的变动影响到国际收支，最终影响利率。如本币贬值，出口产品价格相对下降，进口产品价格相对上升，导致出口增多、进口减少及贸易顺差，外汇储备增加本币投放增大，最后导致利率下降。资本账户方面：汇率变动会通过投资者对未来汇率变动的预期而影响到国际套利资本的走向，最终影响利率。如本币贬值时，若投资者认为本币将进一步贬值，会导致资本外逃。为使本币不过度贬值，央行在外汇市场进行公开市场业务，使得国内货币减少，利率上升。若投资者认为本币贬值后会出现反弹，会导致国际套利资本流入，为了维持币值稳定，央行将在外汇市场买入外币、卖出本币，可能会导致利率下降。

21世纪初至2015年是中国逐步直至最终全面放开利率管制，结束双轨并存并向市场轨并轨的阶段。

在前一阶段，货币市场和债券市场利率放开，加之外汇体制改革为利率市场化创造了环境，利率改革的重心就转入为在社会融资结构中占绝大部分比重的信贷市场上。按照以往改革积累的成功经验，信贷市场利率管制的放松也依循序渐进的原则进行，即先外币、后本币；先贷款、后存款；先长期、大额，后短期、小额。

首先，率先放开外币存贷款利率。自1996年以来，随着商业银行外币业务的开展，各商业银行普遍建立了外币利率的定价制度，加之境内外币资金供求相对宽松，外币利率市场化的时机日渐成熟。2000年9月21日，经国务院批准，中国人民银行组织实施了境内外币利率管理体制的改革：一是放开外币贷款利率，各项外币贷款利率及计结息方式由金融机构根据国际市场的利率变动情况以及资金成本、风险差异等因素自行确定；二是放开大额外币存款利率，300万（含300万）以上美元或等额其他外币的大额外币存款利率由金融机构与客户协商确定。2002年3月，中国人民银行将境内外资金融机构对境内中国居民的小额外币存款统一纳入境内小额外币存款利率管理范围。2003年7月，境内英镑、瑞士法郎、加拿大元的小额存款利率放开，由各商业银行自行确定并公布。小额外币存款利率由原来国家制定并公布的7种减少到境内美元、欧元、港币和日元4种。2003年11月，小额外币存款利率下限放开，商业银行可根据国际金融市场的利率变化情况，在不超过中国人民银行公布的利率上限的前提下，自主确定小额外币存款利率。赋予商业银行小额外币存款利率的下浮权，是推进存款利率市场化改革的有益探索。2004年11月，中国人民银行在调整境内小额外币存款利率的同时，决定放开1年期以上小额外币存款利率，商业银行拥有了更大的外币利率决定权。

随着境内外币存、贷款利率的逐步放开，中资商业银行均制定了外币存、贷款利率管理办法，建立了外币利率定价机制。各商业银行还根据自身的情况，完善了外币贷款利率的分级授权管理制度，如在国际市场利率的基础上，各商业银行总行规定了其分行的外币贷款利率的最低加点幅度和浮动权限，做到了有章可循、运作规范。商业银行的利率风险意识和利率风险管理能力得到不断加强。

其次，逐步放开人民币贷款利率上限。1987年1月，中国人民银行首次进行了贷款利率市场化的尝试。在《中国人民银行关于下放贷款利率浮动权的通知》中规定，商业银行可根据国家的经济政策，以国家规定的流动资金贷款利率为基准上浮贷款利率，浮动幅度最高不超过20%。1996年5月，为减轻企业的利息支出负担，贷款利率的上浮幅度由20%缩小为10%，下浮10%不变，浮动范围仅限于流动资金贷款。在连续降息的背景下，利率浮动范围的缩小，造成银行对中小企业贷款的积极性降低，影响了中小企业的发展。为体现风险与收益对等的原则，鼓励金融机构支持中小企业发展，经国务院批准，中国人民银行自1998年10月31日起将金融机构（不含农村信用社）对中小企业的贷款利率最高上浮幅度由10%扩大到20%；农村信用社贷款利率最高上浮幅度由40%扩大到50%。为调动商业银行发放贷款和改善金融服务的积极性，从1999年4月1日起，贷款利率浮动幅度再次扩大，县以下金融机构发放贷款的利率最高可上浮30%。自9月1日起，商业银行对中小企业的贷款利率最高上浮幅度扩大为30%，对大型企业的贷款利率最高上浮幅度仍为10%，贷款利率下浮幅度为10%。农村信用社浮动利率政策保持不变。在贷款利率逐步放开的同时，为督促商业银行加强贷款利率浮动管理，中国人民银行于1999年转发了中国建设银行、上海银行的贷款浮动利率管理办法，要求商业银行以此为模板，制定各行的贷款浮动利率管理办法、编制有关模型和测算软件、建立利率定价授权制度等。

从 2003 年开始，人民币贷款利率市场化迈出了重要的步伐。第一步是 2003 年 8 月，中国人民银行在推进农村信用社改革试点时，允许试点地区农村信用社的贷款利率上浮不超过贷款基准利率的 2 倍。第二步是 2004 年 1 月 1 日，中国人民银行决定将商业银行、城市信用社的贷款利率浮动区间上限扩大到贷款基准利率的 1.7 倍，农村信用社贷款利率的浮动区间上限扩大到贷款基准利率的 2 倍，金融机构贷款利率的浮动区间下限保持为贷款基准利率的 0.9 倍不变。同时，明确了贷款利率浮动区间不再根据企业所有制性质、规模大小分别制定。第三步是 2004 年 10 月 29 日，中国人民银行报经国务院批准，决定不再设定金融机构（不含城乡信用社）人民币贷款利率上限。考虑到城乡信用社竞争机制尚不完善，经营管理能力有待提高，容易出现贷款利率"一浮到顶"的情况，因此仍对城乡信用社人民币贷款利率实行上限管理，但其贷款利率浮动上限扩大为基准利率的 2.3 倍。所有金融机构的人民币贷款利率下浮幅度保持不变，下限仍为基准利率的 0.9 倍。

随着农村信用社改革的展开，尤其是自 2004 年开始的国有商业银行的股份制改革，使中国存贷款金融机构的治理结构发生了改变，商业性治理能力显著增强，不仅使自身竞争力提升，也使信贷市场的竞争力大大提高。其结果是，贷款利率上限几乎从未达到，相互通过降低利率以获得客户成为常见的竞争手段。至此，人民币贷款利率已经基本具备上限管制放开，实行下限管制的条件。与此同时，贷款利率浮动报备制度初步建立，各商业银行和城乡信用社通过报备系统，定期向中国人民银行反馈贷款利率的浮动情况。利率浮动情况报备制度的建立，既有利于主管部门及时掌握全国范围内的利率浮动情况，提高决策的科学性和准确性，也有利于金融机构建立集中统一的数据采集、分析系统，完善自身的利率管理体系，将贷款利率管理融入经营管理的大局中。

放开金融机构（不含城乡信用社）贷款利率上限及扩大城乡信用社贷款利率浮动区间的政策效果明显，金融机构按照贷款风险状况确定贷款利率的格局初步形成，金融服务水平进一步提高，较好地贯彻了宏观调控中的"有保有压"政策。

主要体现在:一是有利于金融机构根据贷款风险、成本等因素实行差别定价。金融机构特别是国有独资商业银行和股份制商业银行的贷款定价制度和利率风险管理手段不断完善,主动定价意识进一步增强,金融机构按照贷款风险成本差别定价的格局初步形成。二是有利于金融机构增加对中小企业的金融支持,提高金融服务水平。金融机构能够贯彻贷款利率浮动政策的要求,根据企业的信誉、风险等因素确定合理的贷款利率浮动系数。贷款利率浮动区间的扩大有利于补偿中小企业贷款相对较高的风险和成本,鼓励金融机构加大对中小企业和民营企业的支持力度。三是有利于充分贯彻货币政策意图。在中短期贷款中占比较高的固定利率贷款的利率水平上升,而在长期贷款中占比较高的浮动利率贷款的利率有所下降。同时,在利率下浮区间内,中小型企业贷款的占比增加,大型企业在下浮利率贷款中的占比减少,表明扩大以至放开贷款利率浮动幅度将有利于完善宏观调控政策的传导机制,提高货币政策的传导效率。

最后,稳步推动人民币存款利率下限放开。为探索存款利率市场化途径,兼顾金融机构资产负债管理的需要,1999年10月,中国人民银行批准中资商业银行法人对中资保险公司法人试办5年期以上(不含5年期)、3000万元以上长期大额协议存款业务,利率水平由双方协商确定。这是存款利率市场化的有益尝试。2002年2月和12月,协议存款试点的存款人范围扩大到全国社会保障基金理事会和已完成养老保险个人账户基金改革试点的省级社会保险经办机构。2003年11月,国家邮政局邮政储汇局获准与商业银行和农村信用社开办邮政储蓄协议存款。① 放开长期大额协议存款利率为存款利率市场化改革积累了经验,同时培育了商业银行的存款定价意识,健全了存款利率管理的有关制度。改革实践使"先长期大额,后短期小额""存款利率向下浮动,管住上限"的存款利率市场化的思路更加明确和清晰。

2004年10月29日,人民银行报经国务院批准,决定允许金融机构人民币存款利率下浮,即所有存款类金融机构对其吸收的人民币存款利率可在不超过各档次存款基准利率的范围内浮动,但存款利率不能上浮。至此,人民币存款利率实行下浮

---

① 石中心、蒋赓舜、傅秀莲:《利率市场化背景下商业银行存款定价研究》,《南方金融》,2014年。

制度,实现了"放开下限,管住上限"的既定目标。

放开金融机构人民币存款利率下限是进一步推进利率市场化改革的重要步骤,对中国金融机构管理水平的提高和资本市场的发展具有积极意义。主要体现在:一是促进金融机构加强主动负债管理,巩固资本充足率,防范过速膨胀的风险。商业银行资产增长速度较快,资产过度膨胀容易引发资产质量恶化、资本充足率下降等问题。允许存款利率下浮可以鼓励商业银行主动控制负债规模,实现自我约束。二是使商业银行的资产与负债匹配更为合理。中国商业银行"短存长贷"的资产负债期限错配问题比较突出。从资产方来看,在宏观调控的背景下,投资类中长期贷款价格应该高,同时,短期贷款价格保持在低位,从而维持投资和消费的正常比例,这可以运用贷款利率浮动的方式来解决;从负债方来看,长期存款利率应该高于短期存款利率,促进商业银行长期负债的增长。三是协调直接融资和间接融资的关系。中国企业过多依地靠银行贷款,导致财务杠杆率偏高,银行贷款风险过大。允许存款利率下浮为商业银行提供了一个平衡发展多种金融产品的手段和空间,有利于发展基金等产品,从而优化了直接融资和间接融资的比例结构,促进了资本市场的发展。

截至2012年6月7日,我国仅有人民币贷款利率下限和存款利率上限管理。2012年6月8日,金融机构人民币贷款利率下浮范围由之前的10%扩大到20%,同年7月6日,下浮范围进一步扩大到30%。2013年7月20日,经国务院批准,中国人民银行决定:一是取消金融机构贷款利率0.7倍的下限,由金融机构根据商业原则自主确定贷款利率水平。二是取消票据贴现利率管制,改变贴现利率在再贴现利率的基础上加点确定的方式,由金融机构自主确定。三是对农村信用社贷款利率不再设立上限。四是为继续严格执行差别化的住房信贷政策,促进房地产市场健康发展,个人住房贷款利率浮动区间暂不做调整。[①] 自此,金融机构贷款利率管制全面放开。

2012年6月8日,人民币存款利率浮动区间上限提高到存款基准利率的1.1倍。2014年11月22日,人民币存款利率浮动上限调整至基准利率的1.2倍。2015

---

① 在此轮调整中,住房贷款利率下限并未调整,仍为基准利率的0.7倍。

年 3 月 1 日，人民币存款利率浮动区间上限提高到存款基准利率的 1.3 倍。2015 年 5 月 11 日，人民币存款利率浮动区间上限提高到存款基准利率的 1.5 倍。2015 年 6 月 26 日，中国人民银行决定，放开一年期以上（不含一年期）定期存款的利率浮动上限，活期存款以及一年期以下定期存款的利率浮动上限（1.5 倍）不变。2015 年 5 月 1 日，《存款保险条例》正式实施，标志着利率管制已丧失其存在价值。于是，自 2015 年 10 月 24 日开始，对商业银行和农村合作金融机构等不再设置存款利率浮动上限。自此，金融机构存款利率管制全面放开。

专　栏　三

利率市场化与存款保险制度

党的十八届三中全会提出"加快推进利率市场化""建立存款保险制度"，这对于发挥市场在资源配置中的决定性作用，推动金融机构完善自主经营机制、增强竞争力、提高服务能力具有重要意义，也是提高货币政策有效性的基础性工作。

2015 年 3 月 31 日，由中国人民银行牵头起草的《存款保险条例》（以下简称《条例》）对外公布，于 5 月 1 日起正式实施。《条例》规定的存款保险具有强制性，在我国境内设立的吸收存款的银行业金融机构，包括商业银行、农村合作银行、农村信用合作社等都应当参加。除金融机构同业存款、投保机构的高级管理人员在本机构的存款等外，其他人民币存款和外币存款都属于被保险存款范围。《条例》同时规定，存款保险实行限额偿付，最高偿付限额为人民币 50 万元。

存款保险制度是参加存款保险的银行根据吸收的存款额度及承担的风险大小，向存款保险公司缴纳一定数额的保费，形成一笔数额可观的存款保险基金，一旦银行发生危机或破产，存款保险基金就能够及时支付储户存款的损失，确保储户的利益。目前，国际上实现利率市场化的国家普遍建立了存款保险制度。从这些国家的实践经验来看，存款保险制度既为商业银行平稳有序地退出市场提供了保障，也有利于营造银行业优胜劣汰、公平竞争的环境。建立存款保险制度后，只要银行经营失败无法挽救，就可果断地令其退出市场，通过存款保险基金赔付储户的损失。这会督促银行加强风险管理，提高经营效益，增强市场竞争力。

第三节
建立和完善市场利率形成机制

随着2015年10月24日中国人民银行取消对商业银行和农村合作金融机构的存款利率浮动上限,金融机构存款利率管制全面放开,标志着利率市场化改革取得了实质性进展,"放得开"的任务基本完成。但放开利率管制并不是利率市场化改革的全部,能否在较为完善的市场条件下形成合理均衡的利率才是利率市场化的核心,也就是说,在"放得开"基本完成后,"形得成"成了最关键的问题。所谓"形得成",一是指利率的水平、风险结构和期限结构由资金供求双方在市场上通过竞争来决定;二是指不同市场间利率的有效传导。其中,关键问题在于竞争性发展。一方面,只有形成竞争性金融机构,才能在市场上通过供求平衡机制形成均衡利率;另一方面,还要提供竞争性金融产品,只有金融产品多样化、丰富化,才能形成收益率曲线,实现不同市场、不同期限的利率传导。因此,中国的利率市场化不仅是取消利率管制的过程,更是建立健全市场利率形成机制的过程。

我国的利率体系可以分为中央银行利率、金融市场利率和商业银行存贷款利率三个层次。其中,中央银行利率是中央银行货币政策工具的利率,包括公开市场操作利率、法定准备金利率、超额准备金利率、再贷款利率、再贴现利率、金融机构存贷款基准利率、创新性流动管理工具利率。金融市场利率指金融市场上各种产品的利率,包括货币市场利率和中长期利率,其中,货币市场利率包括银行间拆借市场利率、银行间债券回购利率、短期票据利率、短期融资券利率;中长期利率包括中期票据利率和债券收益率。商业银行存贷款利率是指以商业银行为主体与其他机构或个人发生的存款或贷款利率。经过近40年的改革,我国货币市场、信贷市场以及债券市场的市场利率已经分别形成并机制化。

在货币市场上,同业拆借利率作为拆借市场的资金价格,能够反映货币市场短期资金供求关系。1996年,我国取消拆借利率上限管理,基本实现了拆借利率的市场化。在随后的20年中,货币市场利率体系不断完善,同业拆借市场成交量自实行利率市场化后出现大幅增长。2007年1月4日,中国人民银行推出上海银行间同业拆放利率(简称Shibor),通过信用等级较高、交易规模较大、定价能力较强的一流银行报价计算确定的从隔夜至一年的利率体系形成机制,建立了与国际基准利率体系完全对接的我国货币市场基准利率体系。在中国人民银行和市场利率定价自律机制的指导下,通过各报价行和指定发布人的共同努力,Shibor报价形成机制并逐步优化。

根据中国人民银行《2016年金融市场运行情况》报告披露,2016年,银行间市场成交量同比持续增长。银行间市场信用拆借、回购交易成交总量697.2万亿元,同比增长33.6%。从交易规模来看,银行间质押式回购占大半壁江山。同业拆借累计成交95.9万亿元,同比增长49.4%;质押式回购累计成交568.3万亿元,同比增长31.4%;买断式回购累计成交33万亿元,同比增长30.3%;银行间市场现券累计成交127万亿元,日均成交5063亿元,同比增长44.1%。从期限来看,各类产品以隔夜回购利率和7天回购利率交易量最大。从参与主体来看,商业银行是银行间回购和拆借市场的绝对主力,而交易所回购则以保险、基金、券商和法人为主。银行间回购市场融出资金的主要机构为全国性商行和城商行,融入资金以商业银行、基金、信用社为主。交易所资金融出以自然人和一般法人为主,资金融入机构主要为保险、基金、券商自营。银行间回购利率的形成和发展,扩大了利率市场化的范围,成为金融市场利率的重要组成部分。

专栏四

Shibor的起源及发展

上海银行间同业拆放利率(Shanghai Interbank Offered Rate,简称Shibor)自2007年1月4日正式运行,是根据信用等级较高的银行自主报出的人民币同业拆出利率计算确定的算术平均利率,是单利、无担保、批发性利率。

> 中国人民银行成立 Shibor 工作小组,依据《上海银行间同业拆放利率(Shibor)实施准则》确定和调整报价银行团成员、监督和管理 Shibor 运行、规范报价行与指定发布人行为。Shibor 报价银行团现由 18 家商业银行组成。报价银行是公开市场一级交易商或外汇市场做市商,在中国货币市场上人民币交易相对活跃、信息披露比较充分的银行。全国银行间同业拆借中心授权 Shibor 的报价计算和信息发布。
>
> 为适应深化利率市场化改革的要求,进一步健全市场化利率形成和调控机制,促进 Shibor 更好地反映市场利率情况,进一步夯实 Shibor 的基准利率地位,根据市场利率定价自律机制相关工作安排,从 2014 年 8 月 1 日开始,上海银行间同业拆放利率 Shibor 发布时间由上午 11 时 30 分调整为上午 9 时 30 分。从 2017 年 1 月 3 日起,Shibor 发布时间由上午 9 时 30 分再次调整为上午 11 时。目前,报价期限品种不断简化,各报价行每个交易日仅对隔夜、1 周、2 周、1 个月、3 个月、6 个月、9 个月和 1 年 8 个品种进行报价,不再报送 3 周、2 个月、4 个月、5 个月、7 个月、8 个月、10 个月、11 个月等 8 个选报品种。其余非标准期限品种 Shibor 值是根据相邻两个标准期限的 Shibor 线性插值计算得出的。

在信贷市场上,在利率完全管制时期,其存贷款利率由中央银行制定。随着经济金融体制改革的不断推进,中央银行在"先外币、后本币;先贷款、后存款;先长期、大额,后短期、小额"的整体思路指导下,逐步放开了商业银行存贷款利率的管制,商业银行的存贷款利率可以在中国人民银行公布的金融机构存贷款基准利率的基础上浮动,浮动区间由中国人民银行决定。

在逐步放开存贷款利率的过程中,为了增强商业银行的自主定价能力,中国人民银行引导金融机构加强定价机制建设。目前,商业银行的定价机制包括内部资金转移定价机制和风险定价机制。与此同时,国内银行纷纷加强利率定价管理的组织建设,完善利率定价管理制度,研究开发利率定价模型,建设定价支持系统,健全利率定价管理机制。2013 年 7 月,中国人民银行放开贷款利率管制后,为进一步完善商业银行的定价机制,建立健全了市场利率定价自律机制,并引入了贷款基础利率集中报价和发布机制①。贷款基础利率是商业银行对最优客户执行的贷款利率,其他贷款利率可在此基础上加减点生成,实际上为商业银行贷款定价提供了基准利率。2015年10月存款利率上限放开后,商业银行在存贷款利率决定上的行政限制已基本取消,可以按照市场化的原则自主确定存款价格。

在债券市场上,中国债券发行利率早期需要由中国人民银行审批,之后,随着利率市场化改革的推进,逐步放开了金融债、国债、企业债的利率管制。随着债券利率管制的放开,债券自主定价机制已经形成并日趋完善,且明显地反映在中国银行间债券市场上。中国银行间债券市场实行的是注册制,不再进行任何行政性审批,发行人和投资者在中介机构的帮助下,自主决定发行规模、发行价格和发行方式。经过多年的发展,中国银行间债券市场已经形成包括短融、中票在内的期限不同、品种相对丰富的体系,其规模也位于世界前列。

然而,尽管各个市场都基本实现了利率市场化,但从总体来看,"形得成"仍在进程中。这是因为利率是个体系,其形成机制不仅是各个市场的分别形成,更取决于各个市场之间的有效传导。目前我国的货币市场、信贷市场和资本市场是分割的,其传导尚未机制化,仍不通畅,其问题的核心是尚未形成完善的国债收益率曲线。国债收益率是无风险利率,其贯穿货币市场、信贷市场和资本市场的曲线的移动可以揭示各个期限市场流动性和无风险利率总体水平的变化,而国债收益率曲线斜率的变化则反映市场对长短期资金供求关系的相对变化。

在金融市场中确立无风险收益率曲线对形成完善而且有效率的风险定价机制具有非常重要的意义。在储蓄转为资本投资的过程中,利率是重要的决定因素。利率是资金借入与贷出的价格,合理的定价是促成双方交易成功的关键。现代金融理论研究表明,绝大多数投资者普遍具有风险厌恶的特征,于是,无风险金融产品(以国债为典型代表)的价格便成为风险性金融产品定价的基础。不同风险性金融产品

---

① 市场利率定价自律机制成立于2013年9月24日,是由金融机构组成的市场定价自律和协调机制。市场利率定价自律机制在符合国家有关利率管理规定的前提下,对金融机构自主确定的货币市场、信贷市场等金融市场利率进行自律管理,维护市场正当的竞争秩序,促进市场规范健康发展。

具有不同的风险与收益组合，不同金融产品的风险要素也有不同的组合，一些主要的风险要素包括信用风险、市场或价格风险、流动性风险等。风险性金融产品的定价主要是对风险组合中的不同风险要素分别进行定价，而风险性金融产品的合理高效定价将加快储蓄转化为投资的进程，使金融资源在全社会的配置更有效率。

从国际经验来看，国债收益率曲线就是最典型的无风险收益率曲线。国债回购市场在所有短期期限中均比国债现券市场具有更高的流动性，该流动性指的是涵盖回购市场所有短期（一年或以下）品种的市场流动性。由于国债回购市场的无信用风险、高流动性、短期限等特点，因此国债回购利率已成为短期风险性资产（主要是银行授信产品）的理想定价标杆。其重要性还在于发达国家中央银行因回购市场的交易频度高、回购合约设计灵活等特性而将其确定为进行公开市场操作的主要市场。通过公开市场操作直接影响回购利率的水平，体现中央银行的货币政策意图，因而回购利率也成为市场参与者判断短期利率走势的最主要利率，市场参与者对短期利率走势的预期又间接地作用于对其他短期风险性资产的定价。中央银行通过国债回购操作影响短端的货币市场利率，再通过信贷市场、资本市场各层级金融机构提供的金融产品竞争性价格，不断将货币市场利率向远端传导。

专 栏 五

国债收益率曲线

国债收益率曲线是描述某一时点上一组上市交易的国债收益率和它们所余期限之间相互关系的数学曲线。如果以国债收益率为纵轴，一年期期限为横轴，将每种国债的收益率与它的到期期限所组成的一个点拟合成一条曲线，就会形成一条国债收益率曲线。

1999年，中央国债登记结算有限责任公司在国内率先推出了第一条国债收益率曲线。此后，各类机构出于不同的需要也陆续开始编制。2013年11月5日，为贯彻落实党的十八大关于全面深化改革的战略部署，十八届中央委员会第三次全体会议研究了全面深化改革的若干重大问题，作出《中共中央关于全面深化改

> 革若干重大问题的决定》，其中提到：完善人民币汇率市场化形成机制，加快推进利率市场化，健全反映市场供求关系的国债收益率曲线。推动资本市场双向开放，有序提高跨境资本和金融交易可兑换程度，建立健全宏观审慎管理框架下的外债和资本流动管理体系，加快实现人民币资本项目可兑换。
>
> 2014年11月2日，财政部在网站首次发布中国关键期限国债收益率曲线，此次国债收益率曲线由中央国债登记结算有限责任公司（中债登）编制及提供，但此次选取的国债收益率曲线并非全期限曲线，而是1年、3年、5年、7年、10年关键期限国债及其收益率水平形成的图表。主要是考虑到财政部的发行需要，因为这些关键期限产品滚动发行较多，所以盯住这些期限的国债收益率曲线有利于财政部国债的发行结构。但要形成真正的连贯的无风险收益率曲线，还需要不断完善各期限、特别是短端的国债收益率。
>
> 2016年6月15日，中国人民银行在官方网站发布中国国债及其他债券收益率曲线。此曲线由中央国债登记结算有限责任公司编制，旨在反映在岸人民币债券市场各期限结构的到期收益率，为境内外机构和投资者了解、参与中国债券市场提供便利，提升市场主体对国债收益率曲线的关注和使用程度，夯实国债收益率曲线的基准性，为进一步深入推进利率市场化改革奠定更为坚实的基础。

综上所述，就利率体系形成而言，改革仍需努力。党的十八届三中全会《中共中央关于全面深化改革若干重大问题的决定》明确了这一努力的方向："完善人民币汇率市场化形成机制，加快推进利率市场化，健全反映市场供求关系的国债收益率曲线。"从目前的情况来看：

首先，要打通货币市场、信贷市场和资本市场的定价。同业拆借利率和银行间回购利率是货币市场上的主要利率，目前这两项利率已基本市场化。下一步，应随着存贷款利率定价机制的不断推进，进一步密切存贷款利率与同业拆借利率和银行间回购利率之间的联系，尤其是借助互联网金融的发展，一方面商业银行的业务向货币市场延伸，另一方面互联网在线产品可以向信贷市场延伸，相向而行，使货币市场与信贷市场利率之间的传导通畅化。与此同时，在我国多层次资本市场建设初具雏形的基础上，拓展企业多样化融资渠道，发展以债券为主体的固定收益市场，在这方面已经出现可喜的迹象。2015 年全年，尽管社会融资总量持续下降，但非金融企业境内债券和股票融资总量大幅上升，全年合计融资 3.7 万亿元，较上年增加 8324 亿元，占社会融资规模增量的比重为 24%，较上年提升 6 个百分点。下一步，要重点推进诸如银行资产证券化产品，建立连接信贷市场与资本市场的桥梁。

其次，基准利率体系有待进一步发展完善。市场基准利率，是指在一国的利率体系中起基础作用、作为市场其他产品利率定价参照系的利率体系，通常由短期货币市场基准利率体系和中长期市场资金基准收益率曲线共同组成完整的利率期限结构。市场基准利率是"形得成"目标的核心内容，因为只有以一个公认权威的市场基准利率体系来替代中央银行设定的存贷款基准利率，商业银行才能真正根据市场化利率开展存贷款定价并进行有效的风险管理，中央银行才能淡出对存款利率的实际管制。只有健全完善的市场基准利率体系，才能彻底打通货币市场、信贷市场和资本市场之间的隔离，推动短期利率向中长期利率的顺畅传导。

目前，在基准利率体系建设方面，我国已建立了以 Shibor 为代表的短期基准利率。实践表明，自 Shibor 建立以来，报价行已参与了超过 80% 的货币市场交易，Shibor 的市场代表性得到一致肯定。而且与 Chibor 和 Repo 相比，Shibor 在风险性质和期限完整性方面具有明显优势，有可靠的质量保证和真实的交易支撑，能够基本起到基准利率的作用。但若要充分发挥 Shibor 的作用，使其能真正成为市场广泛认可、广泛使用的基准利率，还需要央行公开市场操作进行相应调整：一是针对 Shibor 利率提前发布的情况，公开市场操作时间相应配合，以使货币政策意图能够纳入 Shibor 报价中。二是及时调节市场流动性。在 Shibor 发布后，当货币市场供求关系发生明显变化，Shibor 报价与市场实际成交利率发生较大偏差时，可能需要央行及时进行公开市场操作，调节市场流动性，以维护 Shibor 的市场信誉。

但是，Shibor 仅是短期基准利率，其自身的局限性也是显而易见的：一是 Shibor 是银行间拆借利率，仅局限于信贷市场间，资本市场对 Shibor 基本不敏感，无法实现有效的跨市场传导；二是 Shibor 是央行作为最后借款人，在银行间市场出现流动性困难时需要使用的利率，不宜常态化，更不宜机制化。因此，国债收益率曲线作为最典型的无风险收益率曲线，更适宜作为基准利率来发挥利率调控和传导的作用。这不仅因为它是中长期收益率曲线，而且因为它包含着丰富的宏观经济信息和市场信息，比如预期长期投资回报率和潜在经济增长率、预期通货膨胀率等，从而成为一个成熟市场的标志。2014年，财政部在网站上首次发布中国关键期限国债收益率曲线，标志着在构建完整的国债收益率曲线、寻找利率市场化之锚方面走出了关键一步。但是，就现状来看，我国的国债收益率曲线尚有不少缺陷：一是期限不够完整，国债发行品种主要集中在中期，一年期以下国债缺失，十年期以上的长期国债数量稀少；二是国债主要为银行等金融机构持有到期，二级市场交易不活跃；三是国债期货交易刚刚起步，国债收益率曲线的价格发现功能尚未充分发挥出来；四是长期限的国债收益率曲线质量仍然较低，失真现象较多，报价偏离度较高。下一步，需要针对上述缺陷进行改革，其中完善财政和央行相互配合的宏观经济调控机制十分重要，以便形成有秩序的国债市场。

第四节
推动中央银行利率调控方式改革

利率是货币资金的价格，是由市场资金供求决定的体系，而且这一体系是可以被管理的，中央银行就是管理者。中央银行可以通过调控工具调节基准利率进而调控整个市场的利率水平。在利率市场化的条件下，所谓"调得了"，是指中央银行的调控方式由数量调控转向价格调控。随着金融的深化和金融市场的发展，尤其是金融的不断创新，对改革和完善中央银行利率调控机制提出了更为迫切的要求，其成为改革的又一个重点领域。

中央银行利率是中央银行货币政策工具的利率，包括公开市场操作利率、法定准备金利率、超额准备金利率、再贷款利率、再贴现利率、金融机构存贷款基准利率、创新性流动管理工具利率等。

公开市场操作利率是中国人民银行货币政策操作最重要的工具之一，具有主动性、灵活性、时效性和市场化的特点。目前，我国公开市场操作利率与货币市场利率同向变动，下限是央行超额准备金利率，上限是再贴现利率。我国公开市场业务债券交易主要包括回购交易、现券交易和发行央票。其中，回购交易分为正回购和逆回购两种。正回购为中国人民银行向一级交易商卖出有价证券，并约定在未来特定日期买回有价证券的交易行为。正回购为央行从市场收回流动性的操作，正回购到期则为央行向市场投放流动性的操作。逆回购为中国人民银行向一级交易商购买有价证券，并约定在未来特定日期将有价证券卖给一级交易商的交易行为。逆回购为央行向市场上投放流动性的操作，逆回购到期则为央行从市场收回流动性的操作。现券交易分为现券买断和现券卖断两种，前者为央行直接从二级市场买入债券，一次性地投放基础货币；后者为央行直接卖出持有债券，一次性地回笼基础货币。中央银行票据（Central Bank Bill）是中央银行为调节商业银行超额准备金而向商业银行发行的短期债务凭证，其实质是中央银行债券，之所以叫"中央银行票据"，是为了突出其短期性特点（从已发行的中央银行票据来看，期限最短的为3个月，最长的也只有3年）。其发行的对象是公开市场业务一级交易商，作用主要是为市场提供基准利率，以及推动货币市场的发展。中央银行票据即中国人民银行发行的短期债券，央行通过发行中央银行票据可以回笼基础货币，中央银行票据到期则体现为投放基础货币。

存款准备金利率是中央银行支付给金融机构缴存的存款准备金所支付的利率。1996年以前，我国法定准备金与超额准备金执行相同的利率水平。1996年8月，中国人民银行对法定准备金和超额准备金实施差别利率。1998年3月，将原先商业银行在中央银行存款的"缴来一般账户"和"备付金存款"统一为"准备金账户"。2003年12月，中国人民银行改革了准备金存款利率制度，对金融机构法定准备金存款和超额准备金存款采取一个账户、两种利率的方式分别计息，超额准备金存款利率在客观上发挥了货币市场利率下限的作用。

再贷款是中央银行向商业银行提供的信用贷款。中央银行通过调整再贷款利率，向全社会和商业银行发出货币政策变动的信号，在一定程度上影响市场预期。

为完善中央银行利率形成机制，逐步提高中央银行引导市场利率的能力，理顺中央银行和借款人之间的资金利率关系，2004年3月，中国人民银行开始实行再贷款浮动计息制度，在再贷款基准利率的基础上，适时确定并公布中央银行对金融机构再贷款利率加点幅度，以增强中央银行根据经济金融形势适时调整再贷款利率的能力。2014年，为进一步改善宏观调控，规范再贷款的功能定位，充分发挥中央银行流动性管理和引导金融机构优化信贷结构的功能，中国人民银行进一步调整再贷款分类，将原流动性再贷款进一步细分为流动性再贷款和信贷政策支持再贷款。前者与常备借款便利工具一起用于向符合宏观审慎要求的金融机构按需提供流动性支持，后者则包括支农再贷款和支小再贷款。

再贴现利率是商业银行将其贴现的未到期票据向中央银行申请再贴现时的折扣利率。在中央银行再贴现业务初期，再贴现利率为同期各档次银行贷款利率下浮5%～10%。从1996年5月起，改为相应档次的再贷款利率下浮5%～10%。1998年3月，中国人民银行改革再贴现利率和贴现利率生成机制，规定再贴现利率作为独立的利率档次，由央行确定，贴现利率在再贴现利率的基础上加点形成。2004年3月，经国务院批准，央行开始实行再贴现浮息制度。

为提高货币调控效果，有效防范银行体系的流动性风险，增强对货币市场利率的调控效力，中国人民银行于2013年创新设立了公开市场短期流动性调节工具（SLO）和常备借款便利（SLF）。前者是公开市场常规操作的必要补充，以7天期内短期回购为主，采用市场化利率招标方式开展操作。后者的主要功能是满足金融机构期限较长的大额流动性需求，最长期限为3个月，利率水平根据货币调控需要等因素确定。2014年9月，中国人民银行创新设立了中期借贷便利（MLF），作为提供中期基础货币的货币政策工具，在提供流动性的同时发挥中期政策利率的作用，引导商业银行降低贷款利率和社会融资成本，支持实体经济发展。同时，中国人民银行还设立了抵押补充贷款工具（PSL），通过商业银行抵押资产从中央银行获得融资的利率来引导中期市场利率。

综合来看，自2015年10月存贷款利率管制放开后，中央银行直接调控存贷款利率的作用进一步减弱，利率调控进入更加依靠市场化的货币政策工具和传导机制的新阶段。对于短期利率，中国人民银行加强运用短期回购利率和常备借款便利（SLF）利率，以培育和引导短期市场利率的形成。对于中长期利率，中国人民银行主要借助再贷款、中期借贷便利（MLF）、抵押补充贷款工具（PSL）等对中长期流动性的调节作用以及中期政策利率的功能，引导和稳定中长期市场利率。

尽管进入 21 世纪以来，尤其是 2015 年以来，中国人民银行在由数量调控向价格调控方面有了重大的转变，并在利率调控机制化建设方面有了重大进展，但是，相对于其最终目标还有相当大的距离。这突出反映在中国人民银行利率调控的基础和手段上。目前，我国央行的利率调控高度依赖外汇占款，而外汇占款高度依赖顺差，受国际贸易收支以及国际汇率影响较大，较不稳定。而且，随着近年来我国理财产品、互联网金融等创新金融产品的不断涌现，各类型金融产品之间的替代性大大提高，交易账户和投资账户之间、广义货币与狭义货币之间的界线日益模糊。一方面，金融市场和金融产品日趋复杂，且金融创新和"主动负债管理"的做法使货币需求的稳定性越来越低；另一方面，金融创新和金融脱媒使大量资金涌出银行，信用货币创造机制日益复杂，也就是说，央行即使能控制基础货币数量，派生后的广义货币也难以控制。在这样的大背景下，长期依赖准备金率等数量型工具的货币政策操作越来越困难，不稳定的货币和流动性需求更容易放大货币数量操作对市场头寸和短期利率的冲击。而且，仅依靠对信贷市场的利率调控，货币政策也难以覆盖表外业务、债券融资以及股票融资。

上述情况表明，中央银行利率调控的基础和手段都要进一步深化改革，其中，最关键的是发挥国债在利率调控中的作用。除了发行长期国债外，还应滚动发行短期国债，形成短端国债市场，也就是说，通过滚动发行，借新还旧，不仅支持财政，而且因滚动发行使各金融机构形成大量的国债资产。金融机构除了通过持有国债来获得收益外，还能通过变现国债来获取流动性，而中央银行通过贴现国债来影响利率，进而将基准利率覆盖所有的金融市场，在达到中央银行利率调控目标的同时，又使国债收益率曲线由短端向远端延伸。

展望未来，在形成国债收益率曲线的基础上，中国人民银行通过吞吐国债，尤其是短期国债来调控利率还具有特别的意义。2016 年 10 月 1 日，人民币正式加入

SDR成为国际货币，同时，境外离岸人民币市场发展迅速，通过打通在岸与离岸人民币债券市场，进而有步骤地实现人民币资本项目开放已势在必行。为此，2016年2月，中国人民银行对境外各类金融机构开放境内银行间债券市场，2017年7月，我国内地和香港开通了人民币"债券通"，首先是"北向通"，以利用香港较为完善的金融基础设施，为境外各类投资者持有人民币资产提供便利。国际金融市场对此积极响应，2017年3月，彭博巴克莱推出"全球综合+中国指数"和"新兴市场本地货币政府债券+中国指数"两项新的全球债券指数，并将境内人民币债券市场纳入其中；2017年7月，"花旗世界国债指数-扩展市场"被纳入中国债券市场；同时，摩根大通"全球新兴市场债券指数"也正在考虑增加中国债券市场。至此，国际市场的两大债券指数已包含有中国债券市场，人民币国债成为各境外机构尤其是境外中央银行外汇储备配置资产的主要品种。中国人民银行通过吞吐人民币国债的操作，将使人民币基准利率覆盖全球人民币市场。这不仅为人民币进一步国际化创造了有利条件，更重要的是这意味着中国人民银行成为全球性的中央银行，为世界经济的稳定发展承担责任。这是大国崛起的重要标志。

专　栏　六

上海金融市场的发展

2013年9月29日，中国（上海）自由贸易试验区［China (Shanghai) Pilot Free Trade Zone］（以下简称"上海自贸区"）成立。上海自贸区是中国政府设立在上海的区域性自由贸易园区，位于浦东，属中国自由贸易区范畴。

金融开放创新，一直是上海自贸区的优势和特色。在坚持宏观审慎、风险可控的前提下，人民银行、银监会、证监会、保监会推出了50多条创新举措，在自由贸易账户体系、投融资汇兑便利、人民币跨境使用、利率市场化、外汇管理改革5个方面形成了"一线放开、二线严格管理的宏观审慎"的金融制度框架和监管模式，为国家金融改革做好"压力测试"。

2013年12月2日，中国人民银行提出《中国人民银行关于金融支持中国

(上海)自由贸易试验区建设的意见》(以下简称《意见》)。《意见》具体内容包括四方面：一是探索投融资汇兑便利化；二是扩大人民币跨境使用；三是稳步推进利率市场化；四是深化外汇管理改革。2015年10月23日，中国人民银行会同国务院形成了《进一步推进中国（上海）自由贸易试验区金融开放创新试点加快上海国际金融中心建设方案》(以下简称《方案》)。《方案》提出要在上海自贸区率先实现人民币资本项目可兑现，研究启动合格境内个人投资者（QDII2）境外投资试点，拓宽境外人民币投资回流渠道以及支持依法设立境外股权投资基金等。国家进一步扩大人民币的跨境使用，通过贸易、实业投资和金融投资三者并重，最终推动人民币和资本"走出去"，不断扩大金融服务业的对内、对外开放，加快建设面向国际的金融市场，使得境外投资者参与境内金融市场的渠道得以拓宽，也推动这些金融市场能够配置好境内与境外两种金融资源等。

第七章
汇率市场化与国际收支资本项目开放

汇率形成机制及其相关的国际收支制度安排是金融体制的重要组成部分,对大国尤其是对发展中的大国而言,其安排的取向及其后果,不仅影响本国的经济社会发展,也影响世界经济的稳定和发展。在当下经济走到是全球化还是去全球化的十字路口,大国汇率形成机制及其相关的国际收支制度安排已经成为全球治理的核心议题之一,备受关注。

第一节
计划经济和市场经济下的汇率形成机制

汇率是本币标识的外币价格。当一国经济对外交往时,必然涉及本外币的计价、结算等相关事宜,汇率因此而产生。不同的汇率形成机制会对国际经济活动产生不同的影响。国际经验表明,汇率形成机制基本上可分为两种:固定汇率制和浮动汇率制。这两种汇率形成机制与一国经济体制息息相关。从经济发展史来看,现代经济活动所依赖的经济体制基本上只有两种:计划经济和市场经济。两种不同的经济体制决定了不同的汇率形成机制。

计划经济(Command Economy),或计划经济体制,又称指令型经济,是对生产、资源分配以及产品消费事先进行计划的经济体制。由于几乎所有计划经济体制都依赖于指令性计划,因此计划经济也被称为指令型经济。在计划经济体制中,国内经济由政府高度控制,由此,进出口贸易也必然是高度计划性的,商品进出口的多寡不能扰乱国内经济秩序。进出口贸易并不以比较优势为基础,而是为了保证国内物资供应平衡，从而保证国内经济按计划平稳运行。政府首先根据整个国民经济的发展情况制订每种商品的生产和消费计划，对于国内生产缺口，则从国外进口。也就是说，本国的进出口规模和结构都是由国家规定的，即由国家决定"进口什么、进口多少"，并决定"出口什么、出口多少"，出口是为了进口，进口则是为了弥补国内供给缺口或国内生产的不足，满足国内的超额需求和国内工业化对进口品（特别是资本品和技术）的需求，从而保证国家计划的完成及加速实现国内的工业化。

与之相适应，高度集中是外贸经营体制的主要特征。对外贸易由国家实行统一经营，外贸经营权由国家垄断专营，具体对外贸易行为按照国家下达的指令性计划进行。到1978年底，中国只有10余家外贸专业总公司，将总公司在各地具备法人资格的分支机构计算在内，外贸公司的总数也仅为100多家。在这种政府完全垄断进出口贸易的体制中，所有的进出口决策都由政府决定，并由政府通过下达计划的方式来执行。只有国营外贸公司才有权对外谈判、签订进出口合约，并同国外进出口商进行交易。生产企业不能直接从事进出口贸易活动，个人不允许从事贸易活动。所有的出口商品都由国营外贸公司按照政府计划，并按政府确定的官方收购价格统一收购。在进口方面，国营外贸公司也必须按国家计划在国际市场上采购进口商品（按国际市场价格采购），并按国内的官方价格在国内市场上出售，国营外贸公司成为对外贸易的唯一渠道。

由于进出口的数量和价格全都由政府决定，因此汇率水平也必然要由政府决定。为了保证国内工业化对进口品的需求，必须保证出口得到的外汇用于支付必需的进口品，而且必须制订严格的外汇收支计划，并使外汇收支计划成为国家计划的一个组成部分。为了核算方便，汇率水平应该长期固定。稀缺的外汇资源由政府按计划通过行政手段统一进行分配和使用。国家既是外汇的需求者，同时又是外汇的供给者。这意味着既不可能产生自由买卖外汇的交易市场，也不可能产生由外汇供求关系决定的市场汇率。换言之，因计划经济体制内在规定性所决定，人为的固定汇率制是该体制运行的自然结果。

在这种人为的固定汇率制下，为了更多地进口机器设备来支持经济发展，一般都会采取高估本币币值的政策,其作用有二:一是通过高估本币来相对降低机器设备等资本品及中间投入品的进口价格,降低国有企业的资本重置和经营成本;二是通过降低必要消费进口品的本币价格,有利于维持国内的物价水平,特别是基本生活品的低物价,在满足人们基本生活水平的基础上,可提高储蓄水平,加快工业化所需要的资本积累,即抑制消费、扩大投资。1952—1973 年,人民币汇率基本上被控制在 1 美元兑换 2.46 元人民币的水平上;而 1973—1978 年,人民币汇率又逐步上调到 1 美元兑换 1.57 元人民币。

这种高估本币并长期固定的汇率制度安排虽在一定时期内有利于加速实现本国工业化,却使汇率完全失去了其合理配置资源及调节经济的功能,导致经济低效率。从我国的情况来看,高估人民币并长期固定汇率的结果造成我国出口换汇成本与人民币官方汇率水平严重倒挂,大多数贸易品的国内价格高于国际市场价格,不仅使我国出口产品竞争力不断下降,而且亏损严重,形成"出口越多,亏损越大"的不合理现象。据统计,我国 1978 年出口产品亏损金额占出口总额的 66%。在这种情况下,国家为了完成出口创汇计划、保证进口的需要,就只有增加财政补贴,以至于造成沉重的财政负担。据统计,为扩大出口,国家财政每年要支出高达 120 亿元人民币的巨额补贴。

与此同时,由于高估本币并长期固定汇率,汇率不能起到调节供求关系的作用,外汇的分配只能依靠行政手段,不仅极易造成外汇资源浪费严重,而且汇率对国内企业的生产经营和进出口决策没有任何实际意义。结果,人民币汇率就变为仅仅是编制进出口或外汇收支计划及进行外贸核算所需要的计价折算系数或会计标准,只是反映进出口贸易账面盈亏的一个被动的记账工具,汇率在资源配置中的合理功能完全丧失。

区别于计划经济体制,市场经济体制的资源配置是依靠"看不见的手",反映在宏观上是通过竞争性的价格机制来引导资源配置,反映在微观上是自由的企业制度,即企业可以自主决定提供何种产品和服务,并自主决定是否进行国际贸易,亦即是否将自己的产品和服务销售到国际市场上。汇率作为一种价格形式,是调节国际收支账户、调节资源配置的重要手段和工具。浮动汇率制成为市场经济的典型特

第七章
汇率市场化与国际收支资本项目开放

征,这与计划经济体制下进出口贸易不能由企业自主开展,必须由国家指定垄断性的国营外贸公司办理进出口业务,并通过对进出口货物的管制来维持高估本币并长期固定的汇率安排形成鲜明对照。从这个意义上来说,由计划经济转向市场经济,必然要放开对进出口贸易的管控,使企业自主决定是否参与到外贸经营中去,使外贸不仅成为调剂余缺和实现物资平衡的工具,而且成为能够充分发挥我国比较优势、促进生产和经济增长的重要渠道。

20 世纪 80 年代以来,我国逐渐放开外贸经营限制。1983 年经贸部开始对部分国有大中型企业赋予自营进出口权的试点工作,在外贸经营权审批权限的管理方面,由经贸部审批逐步下放至省、市级外经贸主管部门审批。1985 年我国开始在广东、福建两省下放审批权限试点工作;1988 年审批权限进一步下放到全国各省级外经贸主管部门及经济特区、经济开发区所在城市的外经贸主管部门。至此,全国外贸企业由 1979 年的 192 家发展到 1988 年的近 6000 家。

20 世纪 90 年代,外贸管理体制逐渐规范。1994 年颁布实施的《中华人民共和国对外贸易法》是中华人民共和国成立以来国家最高立法机关第一次针对对外贸易进行的立法,为我国对外贸易持续稳定健康发展确立了基本的法律原则。《中华人民共和国对外贸易法》确立了外贸经营权许可制度,使外贸经营权管理有了法律层级的规范。1998 年 10 月,经国务院批准,外经贸部开始赋予民营企业和科研院所自营进出口权,这标志着私营企业首次进入外贸领域。到 1999 年底,全国外贸企业总数达到 23749 家。

2001 年,中国加入世界贸易组织(WTO),标志着中国的对外开放进入一个新的阶段。这不仅是中国进一步扩大对外开放、积极参与经济全球化的新起点,也是中国深化外贸体制改革、继续完善社会主义市场经济体制的新起点。按照 3 年内开放外贸经营权的承诺,我国在外贸经营权管理方面逐步由审批制向备案登记制过渡。2001 年,外经贸部颁布了《关于进出口经营资格管理的有关规定》;2002 年 11 月,"进出口经营资格管理系统"网络开始在全国联网运行;2003 年 8 月,商务部印发《商务部关于调整进出口经营资格标准和核准程序的通知》,进一步降低门槛,规范审批程序。上述政策措施降低了企业申请进出口经营权的标准,下放了核准权限,简化了申请程序,释放了企业活力。

2004年7月至今,外贸经营权管理实行备案登记制。为履行入世承诺及适时反映我国外贸发展的新情况,我国于2004年7月对《中华人民共和国对外贸易法》进行了修订。此次修订将外贸经营权管理由审批制改为备案登记制,取消了外贸经营权的门槛限制,并将对外贸易经营者的范围扩大到个人。实行对外贸易经营者无差别、无实质障碍的备案登记,实现了中国外贸经营权管理与国际接轨,使中国外贸环境更为宽松,所有对外贸易经营者能在同一起跑线上、在公正透明的政策环境下公平竞争,充分调动了对外贸易经营者的积极性,很好地促进了中国对外贸易的可持续发展。

与外贸经营权的逐步放开一致,我国汇率制度也逐渐向市场化迈进。在计划经济时代,国家对外汇实行全面管制,相应地,汇率水平很少发生变化。然而,随着外贸管理体制的放开,越来越多的企业和经济主体进入外贸领域,为了鼓励出口,过去计划经济时代以高估本币来减少进口付汇成本的做法已经行不通,人民币汇率需要根据国际国内经济发展动态、经常账户盈余、利率、资本流动以及市场预期等情况进行调整,以充分发挥我国的比较优势。与此同时,由于市场参与主体众多,政府再也无法通过控制几家国营外贸公司来实现对人民币汇率的干预和控制,由市场供求决定人民币汇率就成为历史必然,人民币汇率形成机制也逐渐由固定汇率制向有管理的浮动汇率制过渡。继1994年外汇体制改革后,1996年中国实行了经常项目人民币可兑换,随着市场经济的进一步发展和对外开放的进一步深化,尤其是2001年中国加入WTO后,有管理的浮动汇率制最终成为中国的基本汇率制度。

第二节
人民币汇率市场化改革的历史进程

自中华人民共和国成立以来,根据经济体制和改革开放进程,人民币汇率市场

化改革经历了五个阶段,具体来看:

第一阶段(1949—1977年),中华人民共和国成立初期和计划经济阶段。

1949—1952年的单一浮动汇率制。1944年,在美英的主导下建立了第二次世界大战后的国际货币体系——布雷顿森林体系。其实质是以美元和黄金为基础的金汇兑本位制,基本内容包括美元与黄金挂钩、国际货币基金组织(IMF)成员国货币与美元挂钩,各国实行固定汇率制度。由于历史的原因,我国并未加入国际货币基金组织。1948年12月1日,中国人民银行成立,并开始发行人民币。由于我国的黄金储备并不充裕,也不是国际货币基金组织的成员国,不受其条款的约束,因此,我国发行人民币时宣布与黄金脱钩,人民币汇率以"物价比对法"作为基础来计算。

中华人民共和国成立初期,由于国民党的长期统治以及战争的长期破坏,我国货币严重超发、物价节节上升,由购买力评价方式确定的人民币汇价多次下调。从1949年1月18日的1美元兑换80元人民币(旧币)贬值至1950年3月13日的1美元兑换42000元人民币(旧币)。1950年3月至1952年底,我国物价逐步下跌,朝鲜战争爆发后美国对我国实施"封锁禁运"措施,为了进口急需的物资,我国汇率政策重点由之前的"推动出口"转变为"进出口兼顾",并逐步调高人民币汇率,以降低进口支付成本。到1952年12月,人民币汇率已经调高到1美元兑换26170元人民币(旧币)。这一时期,人民币汇率水平以国内外物价之比为基础,采取"爬行钉住美元"的制度,汇率存在高频率调整以改善我国进出口贸易的情况。此阶段,中国政府颁布了一系列外汇管理条令,指定中国银行为唯一办理外汇业务的专业银行,成功地建立了人民币统一市场。

1953—1977年的固定汇率制。从1953年开始,为了推动工业化发展进程,我国实行计划经济体制,制订指令性计划以合理配置有限资源。首先,作为国家计划的一部分,对外贸易由国家垄断,外贸系统实行进出口统负盈亏、以进口盈利弥补出口亏损的办法。对外贸易计划的制订不以比较优势理论为依据,而是为了调节余缺,保证国内商品供应以及国民经济计划的完成。其次,人民币不能自由兑换,资本不能自由流动,不仅限制国内资本流向国外,还限制国内资本的流动。同时,政府制订严格的外汇收支计划,以保证出口获取的外汇能够用于进口产品的支付。这一时期的人民币汇率不是由市场决定而是完全由政府决定,采取"钉住美元"制度,并保持汇率稳定。汇率对进出口贸易的调节作用减弱,政府的外贸计划取代汇率成为调节进出口的手段。然而,为了降低进口成本并维持国内商品价格的稳定,人民币汇率存在明显高估。

1955年3月1日,中国人民银行发行了第二套人民币,新人民币按照1:10000的折合比率兑换旧人民币,人民币汇率也随之调整至1美元兑换2.4618元新人民币左右,这一比价一直延续到1971年。在20世纪60年代和70年代,中国国内出现了通货膨胀,但由于实行的是高度计划的经济体制,人民币兑美元汇率依然保持稳定,并未出现大的波动。由于进出口由国营外贸公司统一经营,自负盈亏,从1964年开始对一部分进口商品采取了成本加成的定价方法,按进口成本加价103%在国内销售,以进口盈利弥补汇价高估造成的出口亏损。1971年,随着布雷顿森林体系的解体,美元与黄金脱钩,美元大幅贬值,人民币汇率也相应上调为1美元兑换2.2673元人民币。

20世纪70年代初,布雷顿森林体系解体,牙买加体系成为新的国际货币体系,各国纷纷进入浮动汇率制时代。1971年美国总统国家安全事务助理基辛格博士访华,此次访华成为中美关系的破冰之旅,中国如愿恢复了在联合国的合法席位,中美联合公报打开了中国封闭的大门。此时,正值西方第一次石油危机发端时期,石油价格猛涨,美国等发达国家通货膨胀严重,各国货币汇率随物价水平变动频繁。与此相适应,中国制定人民币汇率的方法也作出了调整,选用一篮子货币加权平均的方法经常调整汇率。即选择对外贸易交往中经常使用的几种货币,按重要程度和政策需要确定权重,根据各种货币汇率变动情况加权计算人民币汇率。这一时期,人民币汇率变动较为频繁,并呈逐渐升值之势,从1972年的1美元兑换2.24元人民币升至1977年的1美元兑换1.755元人民币。

第二阶段(1978—1993年),改革开放初期的进口替代与汇率双轨的形成阶段。

1978—1980年初步实行外汇留成制度。1978年,党的十一届三中全会确立了

第七章
汇率市场化与国际收支资本项目开放

"对内改革,对外开放"的基本国策,这意味着我国由计划经济体制向社会主义市场经济体制转变。其中,内部改革最突出的是在农村经济体制和国有企业的改革上,鼓励创新,强调充分利用国内国外两个市场和两种资源;对外开放最重要的是吸引外资,开办经济特区,积极发展对外贸易,与此相关,汇率决定机制也跟随改革。1979年3月,国务院设立了国家外汇管理总局,同年8月,颁布了《出口商品外汇留成试行办法》,决定在外汇由国家集中管理、统一平衡和保证重点使用的同时,实行贸易外汇和非贸易外汇留成办法,从而标志着我国外汇留成制度的出台。[①] 外汇留成制度指进出口企业和其他外贸单位将收入的外汇一律按照统一价格卖给国家,国家按一定比例拨给相应企业留成,作为企业自用的外汇,以解决扩大生产所需的物资进口问题。实际上,外汇留成是一种额度,按照企业留成的外汇额度可以到国家指定的银行按照国家公布的外汇牌价买到外汇。外汇留成制度对国家和企业大有裨益:一方面,激发了企业出口创汇的积极性,出口越多,外汇留成越多;另一方面,有外汇留成的企业可以自行支配和使用这部分额度,虽然其用意是"以进养出",但是也埋下了通过地下市场进行非正规外汇交易以获取差价的种子。这种通过地下市场进行非正规外汇交易的做法虽然冲击了传统的外汇管理体制并带来了某种混乱,但从积极的意义上来看,它是汇率市场化的萌芽,推动着外汇专营制度的改革。为引导地下市场转入地上,政府陆续批准成立了一系列有外汇业务经营权的信托投资公司、财务公司、租赁公司等,1979年前由名义上是中国银行,实际上是中国人民银行国外业务局独家垄断经营外汇的局面逐渐被打破。

为了缩小与发达国家之间的差距,我国以出口换汇、引进先进技术和先进装备为目的,发展对外贸易关系,用进口先进设备替代进口商品,并确立"大力鼓励出口,保持较多外汇储备"的政策目标。然而,由于上一阶段人民币汇率的高估,我国出口创汇成本较高,加之计划经济体制仍占主导地位,企业自主权仍未落实,企业的束缚较多,出口企业的积极性较低,致使出口量不足以全面满足企业对进口设备的需求。

---

① 陈志宏:《外汇留成制度存在的问题》,《广东金融》,1990年第1期。

1981—1993年汇率双轨的形成。长期以来,在计划经济体制下,中国国内物价一直由国家控制,存在严重的比价关系扭曲,国内外价格相差悬殊,外贸企业亏损。为了改变这种状况,发展对外贸易,奖出限入,改善企业经济核算,从1981年到1984年,我国在官方汇率之外实行贸易内部结算汇率,它根据全国出口平均换汇成本加一定幅度的利润计算得出,用于进出口贸易及贸易从属费用的结算,并继续保留官方牌价用作非贸易外汇结算价。其中,贸易内部结算汇率明显低于官方汇率。出口换汇成本指的是以某种商品的出口总成本与出口所得的外汇净收入之比得出换取1美元外汇所需的人民币。如果出口商品换汇成本高于中国银行的外汇牌价即官方汇率,出口即亏损,反之为盈利。

以换汇成本计价的贸易汇率和官方的非贸易汇率并存,说明汇率的双轨开始出现。从贸易汇率角度来观察,因其是出口真实成本加合理利润构成,所以基本上反映了真实的汇率水平;从非贸易汇率角度来观察,因其是在计划经济体制下人为的定价,所以存在着明显的高估。1979年,中国每出口1美元商品的全国平均换汇成本为2.4元人民币,而官方非贸易汇率牌价是1.5元人民币。这意味着如果出口企业外汇收入按官方牌价出售,则出口越多,亏损越大,这不仅不利于出口,也强化了出口企业通过地下市场转让外汇的动机。官方非贸易汇率的牌价需要调整。需要强调的是,官方非贸易汇率的调整并不完全是政府的主动行为,更多的是在汇率双轨并存中真实地反映汇率水平的一轨,即换汇成本构成的贸易汇率边际引导作用所推动的,表现为非贸易汇率追逐贸易汇率。

1981年,根据当时全国平均换汇成本加10%利润的原则,有关方面重新制定了贸易内部结算价,即1美元兑换2.8元人民币。随着外汇留成规模的扩大、地下交易的增多,官方汇率不得不跟随贸易内部结算价的变化,多次大幅下调,两者差距不断缩小。到1984年底,官方汇率已接近贸易内部结算价。1985年1月1日取消内部结算价,重新实行单一汇率,1美元兑换2.8元人民币。

外汇留成制度产生的地下交易表明企业之间有调剂外汇余缺的需要。为了满足企业的需求,并规范交易,1981年国家外汇管理总局和中国银行颁布了《关于外汇额度调剂工作暂行办法》,开始办理外汇调剂业务。这意味着承认地下交易的合法性，促使地下交易地上化、阳光化。在此基础上，1981年和1986年又先后发布了《关于外汇额度调剂工作暂行办法》和《关于办理留成外汇调剂的几项规定》，允许企业之间调剂外汇，真正意义上的外汇交易市场开始奠基。随后，各地普遍设立外汇调剂中心，有外汇收入的单位可以把外汇留成额度按外汇调剂价格卖给调剂中心，用汇单位也可以向调剂中心申请购买，外汇调剂中心作为供需中介，在两者之间调剂外汇余缺，不仅使有限的外汇资金得到充分利用，而且由此产生了外汇调剂市场汇率。随着交易规模的不断扩大，我国也逐渐放开外汇调剂市场汇率，让其由供求状况变动决定；同时，官方汇率调整也由以前大幅度、一次性的调整方式向逐步缓慢的调整方式转变，逐步形成新的汇率双轨局面，即由政府定价的官方汇率和调剂市场供求交易形成的市场汇率并存的局面。汇率的双轨也由此从低层次的贸易与非贸易汇率演进到较高层次的调剂市场汇率和官方政府定价汇率的双轨。其中，最重要的变化发生在调剂市场供求交易的市场定价上，标志着中国汇率市场化迈开实质性的步伐，为今后深化汇率形成机制改革奠定了基础。

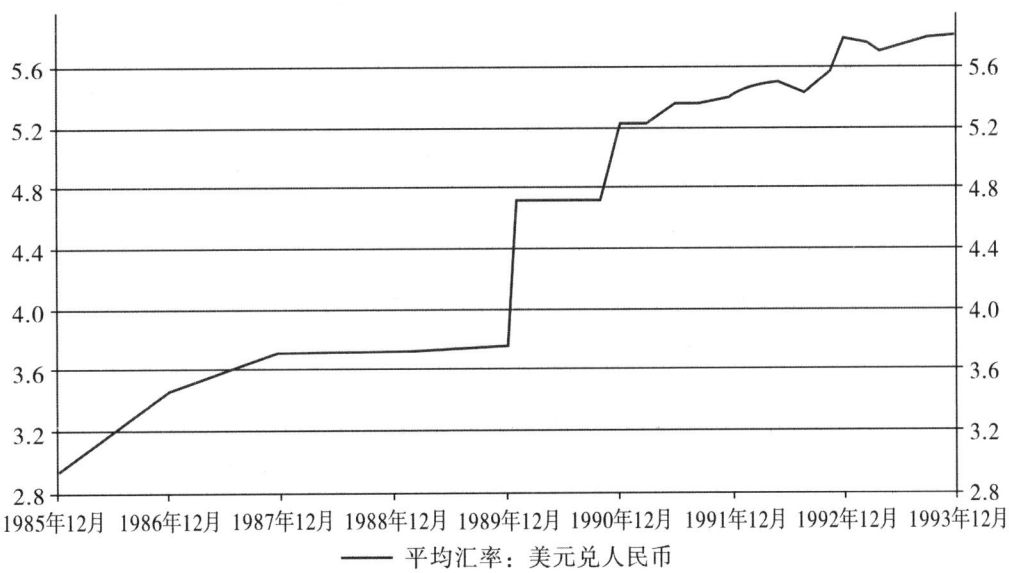

图7-1 1985—1993年我国人民币汇率变动情况

资料来源：WIND

但是，这一时期的汇率双轨制仍拘泥于国际收支经常项目，并集中于货物贸易领域，还是为解决转轨时期经济发展过程中外汇短缺而采用的一种过渡性制度安排。虽然汇率双轨制对改善经常项目收支起到了一定的作用,并有利于激励出口企业积极创汇,但是汇率双轨制增加了汇率的换算成本,增大了投机性套汇的空间,这意味着汇率双轨制难以成为持续而有效的汇率制度。① 这特别明显地反映在现汇,尤其是现钞上。当时,中国仍处于商品尤其是高档耐用消费品短缺的年代,随着居民收入水平的提高,抢购紧俏商品尤其是进口商品的情况经常发生,对外币现钞极度渴求,倒卖外币现钞的现象非常猖獗。不得已,国家曾实行外汇兑换券制度,即非贸易现汇,主要是将现钞按官方牌价兑换成以人民币标价的外汇券,供境外居民在华到指定的商店或消费场所消费。

第三阶段(1994—2000 年),汇率并轨和经常项目可兑换阶段。

随着前一阶段经济的发展、对外开放程度的扩大以及政策的深化,汇率的双轨一直在演化发展中呈现一轨变两轨、两轨变多轨的状态。1994 年以前实际上至少存在着三种以上的汇率价格,即官方牌价、外汇调剂价格和黑市现钞价格。外汇调剂市场是官方管制较少的市场,汇率更多的是由市场的供需关系决定的,近似于市场汇率。当时,各省主要城市都有规模不一的外汇调剂市场,参与交易者有国内企业、外资企业和金融机构。由于信息的不对称,各个外汇调剂市场的价格在空间和时间上都存在差异。官方牌价是由中国人民银行确定的汇率,每日公布,形成官方牌价与外汇调剂价格并存的局面,两者之间的差距是外汇额度的价格。

与此同时,在现汇上,除每日公布的官方牌价外,还存在着倒卖现汇尤其是现钞的黑市,形成黑市现钞价格,尤其是在现钞上官方牌价与黑市价格双轨并存局面。在实行外汇兑换券制度下,甚至出现三轨并存,即官方牌价、黑市现钞价格以及以人民币标价的外汇兑换券价格并存的情况。受黑市价格的影响,在外汇调剂市场上也出现了"手拉手"价格,即供求双方在外汇调剂市场以公开价格成交后,购汇者还需要支付额外的差价,通常是外汇调剂价格加 1 元人民币。据不完全统计,1991—1993 年在深圳市场上,从最低的官方牌价 5.4 元人民币到最高的黑市现钞价格 12 元人民币之间几乎是连续分布着的,最高价格与最低价格相差 2 倍以上。

---

① 朱丰根:《人民币汇率制度演进三阶段特征分析——改革开放以来汇率制度的演进》,《中国证券期货》,2012 年第 12 期。

第七章
汇率市场化与国际收支资本项目开放

无疑,汇率双轨预示着市场力量的壮大,但是也意味着汇率制度安排的混乱。尤其是进入20世纪90年代后,中国经济再次高涨,双轨甚至多轨汇率并存,使外汇投机气氛浓烈,不仅成为经济过热、通货膨胀高企的诱因之一,而且形成金融资产泡沫,阻碍实体经济的健康发展。金融秩序整顿亟待进行,汇率并轨势在必行。

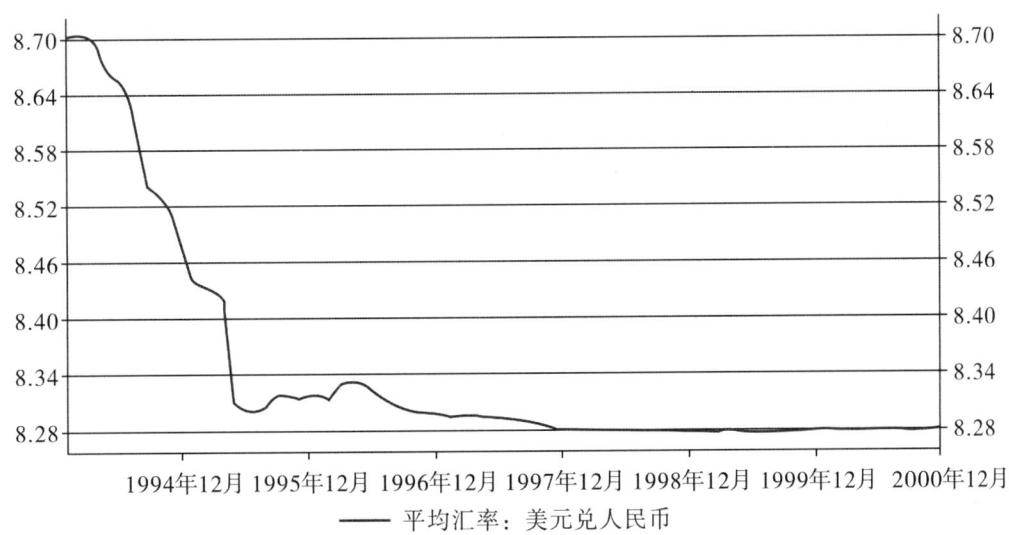

图7-2 1994—2000年我国人民币汇率变动情况

资料来源:WIND

1993年,党的十四届三中全会作出《中共中央关于建立社会主义市场经济体制若干问题的决定》,明确提出"改革外汇体制,建立以市场供求为基础的有管理的浮动汇率制度和统一规范的外汇市场,逐步使人民币成为可兑换货币"的改革战略目标。同年12月25日,国务院作出《关于金融体制改革的决定》,该决定第五条要求改革外汇管理体制,协调外汇政策与货币政策,指出:"外汇管理是中央银行实施货币政策的重要组成部分。我国外汇管理体制改革的长期目标是实现人民币可兑换。"根据我国当时的实际情况,并参照国际上的成功经验,实施的改革措施是:①1994年实现汇率并轨,建立以市场汇率为基础的、单一的、有管理的人民币浮动汇率制度;②取消外汇留成,实行结汇和售汇制;③实现经常项目下人民币有条件可兑换;④严格管理和审批资本项下的外汇流出和流入;⑤建立全国统一的外汇交易市场,外汇指定银行为市场的交易主体,中国人民银行根据宏观经济调控的要求，适时吞吐外汇，平稳汇价；⑥停止发行并逐步回收外汇兑换券，严格禁止外币标价、结算和流通；⑦中国人民银行集中管理国家外汇储备，根据外汇储备安全性、流动性和营利性原则，完善外汇储备经营机制。

1993年12月28日，中国人民银行颁布了《中国人民银行进一步改革外汇管理体制的公告》，人民币官方汇率由1993年12月31日的5.72元人民币兑1美元下浮至1994年1月1日的8.70元人民币兑1美元，人民币兑美元贬值33.33%。1994年1月1日，取消双重汇率制度，人民币官方汇率与市场汇率并轨，实行以外汇市场供求为基础的单一的有管理的浮动汇率制。同时，取消外汇留成、上缴和额度管理制度，对境内机构经常项目下的外汇收入实行银行结汇、售汇制度，禁止外币在境内计价、结算和流通，建立统一的银行间外汇交易市场。1994年4月4日，银行间外汇市场正式运营，各外汇指定银行依照中国人民银行公布的汇率，在规定的上下幅度内决定挂牌汇率，对客户买卖外汇。

为了维持外汇市场汇率的稳定性和流动性，中国人民银行对外汇指定银行实行结售汇周转头寸外汇限额管理，银行用于结售汇业务周转的外汇资金不得超过核定的区间，否则须进入银行间外汇市场进行平补，即外汇指定银行在办理结售汇过程中出现的超买或超卖的外汇，必须在外汇市场上套补。中国人民银行根据货币政策目标，在外汇市场上买卖外汇，调节供求，维持汇率稳定。

汇率并轨较好地发挥了汇率对国民经济和国际收支账户的调节作用，纠正了外汇市场的紊乱现象。央行通过对外汇市场的管理，不仅稳定了社会预期，而且使汇率波动有序化，在缓解经常项目顺差带来的人民币升值压力的同时，稳定的人民币汇率也有益于我国进出口贸易的发展。

正是由于人民币汇率的并轨以及相应的外汇体制改革，外汇及金融市场才得以稳定，为中国进一步扩大开放创造了有利条件。1996年12月1日，中国接受国际货币基金组织第八条款，实现人民币经常项目可兑换，不再限制不以资本转移为目的的经常性国际交易支付和转移，不再实行歧视性货币安排和多重汇率制度。所有正当的、有实际交易需求的经常项目用汇都可以对外支付，境内机构和个人经常项目下的用汇，持规定的有效凭证到外汇指定银行或外汇局进行审核后，可以到银行购买外汇或从其外汇账户中对外支付，这标志着我国外汇资源的分配方式向着市场方式转变。同时，1996年将外商投资企业纳入银行结售汇体系，取消外商投资企业进口用汇和外汇不平衡企业汇出利润的限制，允许它们根据核定的外汇结算账户的限额保留一部分现汇，改善了我国的投资环境。至此，单一的有管理的浮动汇率制度基本成形。正是由于人民币汇率的并轨以及相应的外汇体制改革，使中国成功地抵御了1997年爆发的亚洲金融危机。亚洲金融危机导致周边国家货币大幅贬值，而人民币始终未贬值，仅是浮动区间收窄。这进一步证明了单一的有管理的浮动汇率制度的有效性。

专栏一

1994年人民币汇率改革和经常项目可兑换

1993年12月25日，国务院发布《国务院关于进一步改革外汇管理体制的通知》，决定从1994年1月1日开始，实现官方汇率和市场汇率并轨，实行以市场供求为基础的、单一的、有管理的浮动汇率制度。

通知内容主要包括以下几方面：①实行银行结汇和售汇制，取消外汇留成和上缴；②建立银行间外汇交易市场，改进汇率形成机制，禁止外币在境内计价、结算和流通，市场的主要职能是为各外汇指定银行相互调剂余缺和清算服务，由中国人民银行通过国家外汇管理局监督管理；③改进和完善收、付汇核销管理；④实现经常项目下人民币可兑换；⑤取消境内外币计价结算，禁止外币在境内流通，禁止指定金融机构以外的外汇买卖，停止发行外汇券，已发行流通的外汇券可继续使用，逐步回笼；⑥严格外债管理，建立偿债基金，确保国家对外信誉，对境外资金的借用和偿还，国家继续实行计划管理、金融条件审批和外债登记制度；⑦取消外汇收支指令性计划，国家主要运用经济、法律手段实现对外汇和国际收支的宏观调控。

此次外汇管理体制改革的核心内容是实行单一汇率制。中国人民银行根据前一日银行间外汇交易市场形成的价格，每日公布人民币对美元交易的中间价，并

> 参照国际外汇市场的变化,同时公布人民币对其他主要货币的汇率;各外汇指定银行以此为依据,结合供求变化情况,在中国人民银行规定的浮动幅度范围内自行挂牌,对客户买卖外汇。在稳定境内通货的前提下,通过中国人民银行向外汇交易市场吞吐外汇,保持各银行挂牌汇率的基本一致和相对稳定。在市场出现不公正交易行为时,中国人民银行要通过限制汇率浮动幅度或其他措施进行干预。
>
> 为保证我国外汇管理体制改革的顺利进行,我国率先实现了经常项目下人民币可兑换。根据国际货币基金组织(IMF)的定义,一国如果实现经常项目下的货币自由兑换,该国货币就被列入可兑换货币。关于货币可自由兑换的要求集中出现在 IMF 协定的第八条款中,主要内容有:①对国际经常往来的付款和资金转移不得施加限制;②不施行歧视性货币措施或多种货币汇率;③在另一成员国要求下,随时有义务换回对方在经常往来中所结存的本国货币。我国于 1996 年 12 月宣布接受 IMF 第八条款,表明了人民币经常项目可兑换的实现。

第四阶段(2001—2008 年),出口导向的形成和有管理的浮动汇率制巩固阶段。

经过 10 多年的艰苦谈判,国际社会终于认可了中国市场取向性改革的成就,2001 年中国加入了 WTO。自此,中国经济,尤其是实体经济与世界日益融合,中国的廉价劳动力优势被纳入全球化舞台,中国成为世界工厂,成为国际分工体系的有机组成部分,推动着经济全球化发展。随着经济的全球化发展,由中国独特的竞争优势所决定,中国经济逐渐呈现出"出口导向性",出口贸易和经济增长都保持高速势头。反映在国际收支上,就是我国经常项目和资本项目双顺差持续扩大、人民币升值压力渐现,国际贸易的摩擦不断升温,美国、日本轮番发声希望人民币汇率更加有弹性。而在国内,人民币汇率的低估也的确在客观上保护了落后产业,阻碍了产业升级。在新的形势下,有必要对人民币汇率形成机制做进一步的完善。

2005 年 7 月 21 日,中国启动了新一轮汇率制度改革。中国人民银行宣布我国开始实行以市场供求为基础、参考一篮子货币进行调节、有管理的浮动汇率制度。人民币汇率不再盯住美元,而是根据中国对外经济发展的实际情况,选择若干种主要货币，赋予相应的权重，组成一个货币篮子。中国人民银行以市场供求为基础，参考一篮子货币计算人民币多边汇率指数，对人民币汇率进行管理和调节，维护了人民币汇率在合理均衡水平上的基本稳定，形成了有弹性、有管理的浮动汇率。同时，确立中间价报价机制，中国人民银行于每个工作日闭市后公布当日银行间外汇市场美元等交易货币兑人民币汇率的收盘价，作为下一个工作日该货币对人民币交易的中间价格。银行间外汇市场人民币兑美元买卖价在中间价上下0.3%的幅度内浮动，欧元、日元、港元等非美元货币的浮动幅度为3%。根据对汇率合理均衡水平的测算，人民币对美元即日升值2%，汇改前人民币兑换美元的汇率比价保持在8.2765元人民币兑换1美元的水平，汇改后为8.11元人民币兑换1美元。这一调整幅度主要是根据我国贸易顺差程度和结构调整的需要来确定的，也考虑了国内企业进行结构调整的适应能力。

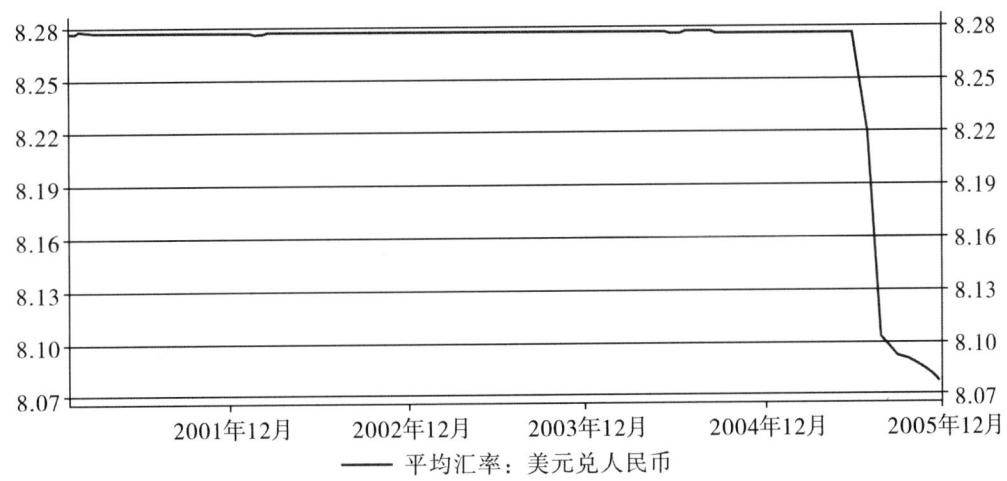

图7-3 2001—2005年我国人民币汇率变动情况

资料来源：WIND

这一改革是人民币汇率市场化汇率形成机制迈出的重要一步，有弹性的浮动汇率制度有利于调节国际收支，有利于促进产业结构转型以及缓和贸易摩擦，也为人民币在资本项目下实现可兑换创造和积累了条件。但在这一时期，尽管浮动汇率制度开始具有弹性，但是弹性还不够，中国人民银行仍然对汇率市场进行常态化干预。它既意味着汇率形成机制有待完善，更意味着中央银行对汇率管理的手段和机制需要改革。有鉴于此,提出了新的改革目标和任务:稳步推进利率市场化改革,完善有管理的浮动汇率制度,逐步实现人民币资本项目可兑换。这成为"十一五"期间加快金融体制改革的重要内容。

按照这一改革思路和部署,2006年1月4日,人民币汇率中间价形成机制开始调整,并建立做市商报价制度。每个做市商于每个工作日闭市后向中国人民银行上报当日外汇市场美元等交易货币兑人民币汇率的收盘价,中国人民银行将各做市商上报的收盘价加权平均,作为下一个工作日该货币兑人民币交易的中间价。这项改革有利于促进人民币汇率中间价报价水平与市场进一步接轨。

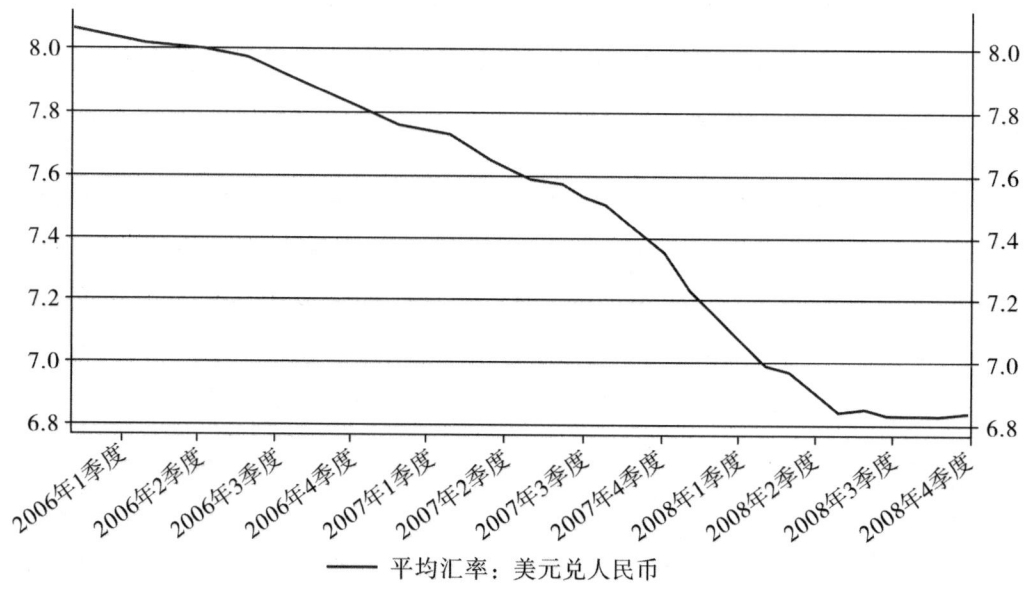

图7-4　2006—2008年我国人民币汇率变动情况

资料来源:WIND

在人民币汇率形成机制进一步完善的基础上,中国人民银行也对汇率的管理手段和体制进行了改革,不再经常性地用行政办法干预汇率,而是转向依靠中间价的间接调控。并在这一基础上,放松了对汇率的控制,允许汇率波幅区间加大。2007年5月21日,银行间市场人民币兑美元汇率的日波幅从±0.3%扩大到±0.5%,这是自1994年以来对人民币兑美元汇价波幅的首次调整。汇率波幅的放宽、弹性的加大,标志着有管理的浮动汇率制的成熟。有管理的浮动汇率制的巩固和成熟在完善宏观调控机制、有助于稳定宏观经济的同时，也促进了实体经济，尤其是出口产业的发展。到2008年，我国已经连续15年出现经常账户顺差，顺差值达到4206亿美元的峰值，占当年GDP的比率超过10%；加上以外商对华投资为主体的资本账户顺差，中国国际收支连续10年呈现出"双顺差"格局。我国外汇储备规模直线飙升，成为全球持有外汇储备最多的国家。外汇供求关系的新局面，促使人民币开始大幅升值。从2005年7月21日人民币启动新一轮汇率改革算起到2008年7月国际金融危机爆发，短短3年间，人民币兑美元的汇率由8元多兑1美元升值到7元以内兑1美元，升值幅度接近20%。中国国际收支双顺差以及随之而来的人民币大幅升值既是汇率形成机制和外汇管理体制改革的成果，同时也预示了进一步改革的方向与内容，构成下一轮改革的现实起点。

第五阶段（2008年至今），人民币跨境使用与资本项目开放阶段。

2008年下半年，美国次贷危机引发了全球金融危机。美元是世界主要的国际货币，美国承担着向全球金融市场补充流动性的义务，而美国爆发次贷危机，使这一义务难以履行，全球出现了"美元荒"，由于缺乏美元作为国际贸易的支付和结算手段，致使国际贸易萎缩，国际投资难以为继，全球经济陷入衰退。在这种形势下，为应对危机、恢复经济，各国急需稳定的货币作为美元的替代或补充。而中国经济的稳定增长所带来的人民币币值的稳定以及中国成为全球最大的贸易体的市场地位，使人民币成为替代或补充美元的首选货币，人民币的国际需求日益迫切。为满足这一国际需求，支持世界经济的恢复和稳定增长，中国政府决定开展跨境贸易人民币结算试验。2009年7月2日，这一试验在长三角、珠三角的5个城市，即上海、广州、深圳、珠海和东莞的365家企业率先开始，面向东盟和港澳，主要涉及货物贸易。随后，跨境贸易结算范围不断扩大。到2011年，全国所有的省份和企业都可以以人民币作为跨境贸易的计价和结算工具，其使用领域由货物贸易扩展到服务贸易，面向的区域也由东盟和港澳扩展到整个世界。2011年后，人民币的跨境使用又进一步从以贸易为主的经常项目扩展到以投资为主的资本项目，外商对华投资可以以人民币进行，中国对外投资也可以以人民币进行；中国居民可以以人民币对外负债，进行跨境人民币贷款及跨境人民币债券发行；中国资本市场以人民币对外开放,"沪港通""深港通""债券通"相继实施。凡此种种,标志着中国国际收支资本项目的逐步开放,只不过它是以人民币开放,而不是本币与外币的可兑换。

随着人民币跨境,尤其是经常项目的跨境使用,境外逐渐形成了离岸人民币市场,相应地,出现了离岸人民币汇率(CNH),而由于资本项目又以人民币对外开放,离岸人民币汇率开始影响在岸人民币汇率(CNY),客观要求人民币在岸市场汇率弹性要足够大。为此,2012年4月16日,中国人民银行进一步扩大了在岸人民币汇率(CNY)的浮动区间,银行间即期外汇实际交易价的浮动区间扩大到1%。2014年3月17日,这一浮动区间再由1%扩大到2%。人民币汇率浮动区间的扩大,既是人民币汇率形成机制市场化的客观必然,也是资本项目开放的必要保障。若汇率缺乏足够的弹性,将难以应对国际资本,尤其是短期资本流动带来的金融风险。换言之,为使国际资本有序流动,有管理的汇率是前提,而常态化的管理就是汇率有足够的弹性。这就意味着,人民币的汇率形成不仅要关注经常项目,也要关注资本项目,而后者又是当前情况下的重心所在。这成为进一步深化人民币汇率形成机制改革的重点领域,而且关键环节是人民币中间价的形成机制。

图7-5 2009—2014年我国人民币汇率变动情况

资料来源:WIND

2015年8月11日，中国人民银行宣布改革人民币汇率中间价形成机制，由原来做市商报价基础上加权决定的不透明定价，转变为做市商在银行间市场开盘前参考上日收盘价，综合考虑外汇的供求情况以及国际主要货币汇率的变化情况形成报价，并不再加权的透明定价。理论上，这一透明化举措会使人民币汇率市场化程度进一步提高。但由于2014年下半年以来，国际经济金融局势出现分化，美国经济因复苏而使美元走强，而中国经济进入新阶段，供给侧结构性改革任务提出去库存、去产能、去杠杆使经济表现呈下行态势，市场上出现了人民币贬值预期。而中国人民银行使中间价形成机制透明化的改革举措被市场误认为中国政府有意放纵人民币贬值，人民币市场汇率尤其是CNH出现短期急剧下挫。为了稳定金融市场，中国人民银行除了暂时恢复中间价加权，对人民币汇率下挫进行控制和干预外，还着手进一步完善人民币汇率中间价形成机制。2015年12月11日，中国外汇交易中心首次发布CFETS人民币汇率指数，指出人民币汇率在参考前一日银行间外汇市场的人民币兑美元收盘汇率的同时，也要参考一篮子货币汇率，以更好地保持人民币对一篮子货币汇率的基本稳定。

由此，人民币汇率中间价形成机制开始公式化，即：人民币汇率当日开盘价＝前日收盘价＋参考一篮子货币汇率。2015年12月21日，中国外汇交易中心又公布一篮子货币，由13种货币构成。随着2016年新增11种货币进入一篮子货币，2017年一篮子货币扩大到24种，基本上覆盖了我国主要贸易伙伴的货币，货币篮子的代表性有所提升。

表7-1 CFETS人民币汇率指数构成

币种	原权重（%）	2017年新权重（%）
美元	0.2640	0.2240
欧元	0.2139	0.1634
日元	0.1468	0.1153
港币	0.0655	0.0428
澳大利亚元	0.0627	0.0440
马来西亚林吉特	0.0467	0.0375

（续表）

币种	原权重（%）	2017年新权重（%）
卢布	0.0436	0.0263
英镑	0.0386	0.0316
新加坡元	0.0382	0.0321
泰铢	0.0333	0.0291
加元	0.0253	0.0215
瑞士法郎	0.0151	0.0171
新西兰元	0.0065	0.0044
南非兰特	—	0.0178
韩元	—	0.1077
阿联酋迪拉姆	—	0.0187
沙特里亚尔	—	0.0199
匈牙利福林	—	0.0031
波兰兹罗提	—	0.0066
丹麦克郎	—	0.0040
瑞典克郎	—	0.0052
挪威克郎	—	0.0027
土耳其里拉	—	0.0083
墨西哥比索	—	0.0169

资料来源：中国外汇交易中心，中国银行国际金融研究所

"收盘汇率+一篮子货币汇率变化"的人民币兑美元中间价形成机制初步形成。做市商在人民币兑美元汇率中间价报价时，需要考虑"收盘汇率"和"一篮子货币汇率变化"两个组成部分。其中，"收盘汇率"主要反映外汇市场的供求情况，"一篮子货币汇率变化"则为保持人民币对一篮子货币汇率基本稳定所要求的人民币兑美元双边汇率的调整幅度。中国外汇交易中心将做市商报价作为计算样本，去掉最高部分和最低部分报价后，经平均得到当日人民币兑美元汇率中间价。无疑，这进一步加大了人民币汇率形成中市场的参与力度。

专栏二

2015年"811"汇改与人民币加入SDR

2015年8月11日,中国人民银行为增强人民币兑美元汇率中间价的市场化程度和基准性,发表了关于完善人民币兑美元汇率中间价报价的声明。在此之前,人民币兑美元汇率中间价的形成方式是:中国外汇交易中心于每日银行间外汇市场开盘前向所有银行间外汇市场做市商询价,并将全部做市商报价作为人民币兑美元汇率中间价的计算样本,去掉最高报价和最低报价后,将剩余做市商报价加权平均,得到当日人民币兑美元汇率中间价,权重由中国外汇交易中心根据报价方在银行间外汇市场的交易量及报价情况等指标综合确定。

声明发表后,从2015年8月11日起,由做市商在每日银行间外汇市场开盘前,参考上日银行间外汇市场收盘汇率,综合考虑外汇供求情况以及国际主要货币汇率变化情况,向中国外汇交易中心提供中间价报价。这相当于给中间价设置了一个参照系,明确做市商报价来源,从而大大压缩了央行调控中间价的空间,把中间价的主导权交给市场。人民币汇率朝着市场化迈出了重要一步。

随着人民币汇率市场化程度的提高,2015年12月1日,IMF正式宣布人民币将于2016年10月1日加入SDR(特别提款权)。自2016年10月1日起,人民币被认定为可自由使用的货币,并作为美元、欧元、日元和英镑之外的第五种货币加入SDR货币篮子,从此跻身国际权威机构认可的国际储备货币。每种货币的权重分别为:美元41.73%、欧元30.93%、人民币10.92%、日元8.33%、英镑8.09%。

申请纳入SDR需要符合两项宽泛的标准:(1)发行该货币的辖区在国际商品和服务贸易中占有较高权重;(2)该货币可"自由使用",即可广泛用于国际交易的支付并在主要汇率市场上被广泛交易。对于人民币申请加入SDR的审查主要审查人民币是否可自由使用。自2010年特别提款权审查以来,人民币在国际支付中的使用已显著增加。在三个主要交易时区中,覆盖两个时区的外汇市场上的人民币交易已大幅增加,能够满足基金组织业务涉及的交易规模的需要。此

> 外,将一种货币纳入特别提款权篮子还涉及操作要求,即基金组织及其成员国和特别提款权的其他使用方目前能够在无重大阻碍的情况下开展人民币操作,在我国当局实施一系列改革措施后,例如向官方储备管理者及其代理全面开放在岸固定收益和外汇市场,也已经基本达到要求。

2017年,面对去经济全球化的逆风,为应对国际金融无序的波动,人民币汇率的管理有必要加强。2017年2月,中国外汇交易中心对人民币兑美元中间价定价机制进行微调,将一篮子货币汇率计算时段从原来的24小时缩减为15小时,即从下午4:30开始计算到次日早上7:30,避免了美元日间变化对次日中间价的重复影响,亦可防止日内投机"中间价模型和收盘价价差"的行为。人民币有管理的浮动更加明显地体现在中间价形成公式的调整上。2017年5月,中国央行宣布在人民币汇率中间价中引入逆周期调节因子。至此,新的中间价形成公式为:当日开盘价=收盘价+一篮子货币汇率+逆周期调节因子。这一新的人民币汇率形成公式表明有管理的浮动汇率制在浮动和管理两个方面形成了新的平衡,进而使汇率如同利率一样成为宏观经济调控的重要手段。

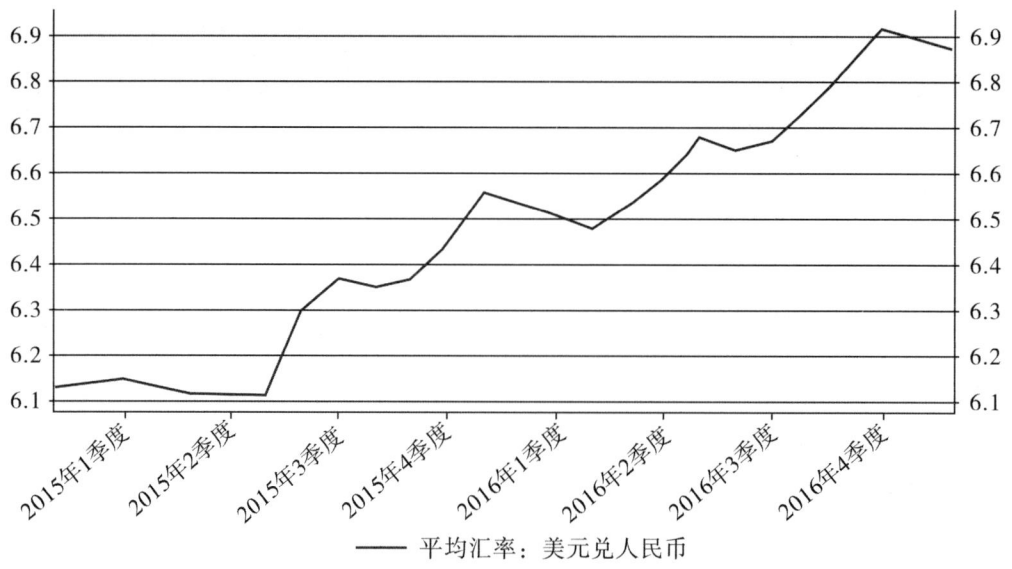

图7-6 2015年以来我国人民币汇率的变动情况

资料来源:WIND

第三节
人民币国际化下资本项目开放的创新经验

从理论上来讲，汇率的市场化是汇率形成机制建立在供求关系上，其前提是包括本币和外币在内的资金自由流动。这需要国际收支无论是经常项目还是资本项目都是开放状态，继1994年汇率并轨后，1996年中国实现了经常项目可兑换，表明中国国际收支经常项目已是开放状态。资本项目开放随之提上改革议程。国际经验表明，资本项目开放意味着资本项目本币和外币可兑换，而本币和外币的可兑换不仅使长期资本，而且也使短期逐利资本可以毫无障碍地流入和流出，进而冲击着该国宏观经济的稳定性。20年前的亚洲金融危机就是因为资本的大幅流出，导致本币对外币的大幅贬值，进而使宏观经济陷入危机。各国资本项目的开放，使国际资本可以在亚洲各国辗转反复，从而使危机极具传染性和迁延性。因此，宏观经济的稳定性与资本项目开放就成为发展中国家经济发展中一对回避不了的矛盾。

于是，亚洲金融危机后，各国货币当局几乎形成一种共识，即包括贸易上"奖出限入"在内的资本管制措施是一种不得不采取的无奈措施。在中国，这个困境同样存在。1994年中国实行了汇率并轨，1996年实现经常项目可兑换，按照这个进度，市场普遍认为人民币可在2000年实现资本项目可兑换，亦即人民币全面可兑换。但随后的亚洲金融危机，使中国充分意识到其实现的难度。中国政府表示，资本项目开放，进而人民币实现全面可兑换没有时间表。与此同时，中国政府十分清楚，传统的苏联式的高度集中的计划经济体制没有出路，一旦采取了市场取向的经济体制改革，生产要素市场化是必然的，其中之一就是迟早要开放资本项目，实现人民币全面可兑换。[①] 实现可兑换是目标，但没有时间表的表述充分反映了在资本

---

① 曹远征、甄峰：《人民币国际化的特殊路径及其意义》，《国际金融》，2012年第11期。

项目开放上抉择的艰难。

在这艰难的抉择面前，2009年开始的跨境人民币使用及其随后的迅猛发展，为中国摆脱资本项目开放困境带来了曙光。根据IMF的标准，资本项目共计41个科目，2009年，中国大部分科目或基本可兑换或部分可兑换。但是尚有三个最为重要的资本行为主体科目实行着严格的管制。分别是：第一，外商直接投资需要审批，中国企业对外投资也需要审批；第二，中国居民对外负债受到限制，对外负债要进入外债规模管理；第三，中国资本市场尤其是二级市场不对外资开放，如果外资要参与，需要特殊的通道安排，如QFII、RQFII等。

国际经验表明，上述三个科目是资本项目的核心科目，不仅决定着资本流入流出的规模，而且影响着资本项目其他科目的开放程度，所以是资本项目开放的关键，并且也是难点。但是，人民币的跨境使用却使这一难点发生了转变，出现了资本项目可以人民币进行的条件，即可率先进行资本项目本币开放，而不必立即实现本币和外币在资本项目中的可兑换。具体体现在：

第一，在跨境直接投资上，可以对本币和外币进行区别对待，使使用人民币和使用外币的条件不一致，鼓励外商对华投资以人民币进行，鼓励中国企业对外投资以人民币进行。如果外商用人民币进行对华直接投资，则在资本管制上不需要逐笔审批、逐笔核销，外商可以将资金以人民币的形式一次性投入项目，从而也就没有协议利用外资与实际利用外资的差额，即没有投注差。[①] 如果中国企业对外直接投资以人民币进行，则不需要受换汇额度限制。凡此种种，使跨境直接投资使用人民币比使用外币条件更快捷、更方便，并可回避汇率风险，从而实现了该科目对外币管制下的本币开放。

第二，放宽中国居民对外以人民币负债的条件。目前，中国居民对外以外币负债仍然严格管制，但是对外以本币负债的条件却大幅度放宽。一方面表现为跨境人民币贷款。在初期，深圳前海、上海自贸区、苏州工业园、天津生态城、江苏昆山等都是人民币跨境贷款的使用地区，目前已扩展到包括广东、福建、陕西在内的各

---

① 投注差是指外商投资企业投资总额与注册资本的差额。

个自贸区。另一方面表现为中国企业可以在境外发行人民币债券。许多中国企业在包括中国香港、英国伦敦在内的境外市场发行诸如点心债等人民币债券。

第三，目前中国资本市场不对外资以外币开放，但是对外资以本币开放。中国资本市场在保持对外币 QFII 的管理下，鼓励外资以人民币 QFII 的形式投资，同时，对外资以人民币的形式全面开放境内债券市场（银行间市场），也开通了机构和个人的双向人民币股票投资和基金投资（沪港通、深港通和内地香港基金互认）。[①]

在对上述三个科目外币保持管制的条件下，实现了人民币在该科目的流动。这给我们带来了新的启示，人民币资本项目可兑换有可能走出一条特殊的路线，即将资本项目开放与本币可兑换分开处理：在资本项目上首先实现本币开放，让本币流动起来，然后再实现资本项目本币对外币的可兑换，从而降低资本项目开放的操作难度，做到可规划、可安排，使人民币走向全面可兑换有了分阶段实施的路线图。这一路线既是经常项目与资本项目的递进关系，也是境内境外的并行关系。首先，经常项目的可兑换对资本项目提出了开放的要求，而资本项目以人民币开放，实现了人民币在境外的全面可兑换，进而又对人民币资本项目境内可兑换产生推动作用。在人民币跨境使用的条件下，可以维持对外币的管制，不实行本外币资本项目可兑换，却可以实现资本项目的本币开放，创造了国际收支管理上的新鲜的中国经验。它表明，资本项目开放、本币全面可兑换和本币国际化是三个相互联系但又有区别的概念。逻辑上，资本项目的开放并不必然要求本币立即全面可兑换，本币全面可兑换并不必然导致本币国际化。但是，现实中只有本币国际化才能为以上提供充分条件，这使得人民币走向全面可兑换的路线有别于传统路线。与此同时，这一特殊的路线图可实现资本项目先以本币开放进而走向可兑换的分阶段安排，化解了资本项目开放即是资本项目可兑换的难点，从而为人民币的进一步国际使用开辟了前景，两者相辅相成，构成人民币国际化的新格局。这充分体现在：人民币尚未实现全面可兑换，但被纳入 SDR，成为全球五种主要的国际货币之一。

---

① 曹远征、郝志运：《人民币国际化、资本项目开放与金融市场建设》，《金融论坛》，2016 年第 6 期。

人民币的国际化是主权货币的国际化。国际经验表明，本币的全面可兑换是主权货币国际化的基本条件之一。尽管在中国，国际收支资本项目实现了本币的开放，使人民币流动起来，并因此被广泛地用于国际支付，但由于资本项目尚未实现可兑换，因而妨碍了人民币在国际社会中的自由使用程度。事实上，IMF评估将人民币纳入SDR，在对人民币的国际广泛使用程度没有疑义的同时，对人民币的可自由使用程度保留了看法。

事实也是如此。近年来，在人民币资本项目开放的条件下，随着人民币国际化步伐的加快，人民币不同科目、不同结算方式日益增多，流出规模也不断加大。2016年，银行涉外收付款项下人民币净流出3094.5亿美元，超过了所有币种合计的净流出规模，表明人民币已经成为跨境资本流动的重要形式，是热钱的重要组成部分。人民币在套汇套利的诱导下来回流动给中国的国际收支管理带来巨大挑战，并成为2016年底加强人民币资本项目跨境管制的原因。

从长远的角度来观察，对资本项目本币流动进行管制是有效的，但不可持久。未来人民币在资本项目上仍需进一步提高其可兑换程度，以缩小进而消除汇率利率的双轨，使人民币汇率形成真正放在无障碍市场供求关系的基础之上，以浮动的价格调节国际资本的流向及流动频率。在这个背景下，出现了上海自贸区的金融改革安排。

通过实现人民币资本项目可兑换，进而全面可兑换，对人民币成为真正的国际货币意义重大，而且因人民币资本项目的不可兑换，给中国宏观经济稳定带来了新的挑战：

第一，人民币目前在境外是可兑换货币，而在境内是资本项目不可兑换货币，使境内和境外人民币汇率形成机制产生差异。境外因人民币可自由买卖，汇率完全是由市场供求关系决定的，而境内是央行一对多的汇率形成机制，中间价有干预之嫌。两者形成机制的差异有可能造成汇率水平的不同，进而引发套汇。

第二，境外和境内人民币汇率形成机制不同，出现了汇率的双轨（CNH和CNY），同时也预示境外人民币与境内人民币市场的利率不同，有可能出现套汇套利双重投机。

第三，上述双重投机会导致人民币汇率波动超预期，致使人民币过度贬值或过度升值，从而损害有管理的浮动汇率制。

表7-2 人民币的兑换性

	境内	境外
经常项目	+（可兑换）	+（可兑换）
资本项目	-（不可兑换）	+（可兑换）

表7-3 人民币的开放性

	境内	境外
经常项目	+（可流动）	+（可流动）
资本项目	+（可流动）	+（可流动）

专栏四

2009年人民币跨境贸易结算试点与离岸人民币市场的发展

2009年4月，国务院召开常务会议，决定在广州、深圳、珠海和东莞4个城市开展跨境贸易人民币结算试点。所谓跨境贸易人民币结算，是指经国家允许指定的、有条件的企业在自愿的基础上以人民币进行跨境贸易的结算，商业银行在中国人民银行规定的政策范围内，可直接为企业提供跨境贸易人民币相关结算服务。跨境贸易人民币试点的推出标志着人民币对外政策的一次重大调整，即我国正在从传统的"人民币非国际化政策"转向积极将人民币推向世界舞台的"人民币国际化政策"。

早期的"人民币非国际化政策"开始于我国成立初期，1993年政府出台了《中华人民共和国禁止国家货币出入境管理办法》，全面禁止人民币在境外使用和流通。此后，这一政策的内容根据实际需要进行了多次调整，包括对居民与非居民出入境可携带的人民币额度的增加等。而出于贸易和资本流动的需求，人民币的跨境使用最初是从非法性和自发性的人民币周边化开始的，此后我国政府采

> 取了将既成事实合法化的调整政策,如1993年的边贸人民币结算合法化和2004年的香港人民币存款合法化。
>
> 转折点出现在我国人民币跨境贸易结算试点的推出上。2009年7月1日,《跨境贸易人民币结算试点管理办法》公布实施,国家允许指定的、有条件的企业在自愿的基础上以人民币进行跨境贸易的结算,支持商业银行为企业提供跨境贸易人民币结算服务。商业银行开展跨境贸易人民币结算业务有两种操作模式,即代理模式和清算模式。所谓代理模式,主要是指中资行委托外资行作为其海外的代理行,境外企业在中资企业的委托行开设人民币账户的模式;而清算模式主要是指在中资行境内总行和境外分行之间进行的业务,即境外企业在中资行境外分行开设人民币账户。
>
> 跨境贸易人民币结算是在资本项下人民币没有完全可兑换的情况下开展的。通过贸易流到境外的人民币不能够进入国内的资本市场,这时候就需要发展离岸人民币市场,使流入境外的人民币资金能够在境外的离岸人民币市场上融通、交易和获得收益。2010年,中国人民银行允许符合条件的境外金融机构用人民币投资中国银行间债券市场,就此,香港成为第一个也是当时最重要的人民币离岸市场。而后,受经济全球化的影响,人民币跨境结算业务增长迅速,人民币离岸中心在全球多地陆续建立起来,包括亚洲、欧洲、美洲、澳大利亚等17个地区和国家,主要的人民币离岸市场分布在中国香港、新加坡、中国台湾、英国伦敦、卢森堡等地。

设立上海自贸区的初衷之一就是建立以上海为中心的人民币在岸市场与境外人民币离岸市场连接的桥梁,创造人民币资本项目可兑换的条件。上海自贸区金融试点政策主要包括四大方面:利率市场化、人民币跨境使用、外汇管理政策改革和人民币资本项目可兑换。其中,最重要的是人民币资本项目可兑换,集中体现在上海自贸区账户体系安排上。

在上海自贸区的企业,无论是外资还是内资,都可以自动获得两个账户,一个是全国通用的一般账户,另一个是区内独有的自由贸易账户(FTA账户)。自由贸易账户既跨境外又跨境内。目前,这两个账户的功能是一样的,外币和人民币都可以通过这两个账户流出流入,但不交叉,即不可兑换。但随着试验的展开,在自由贸易账户开始了本币逐科目的交叉,即逐科目的可兑换。所谓逐科目的可兑换,是在目前尚未放开的三个资本管制科目逐一实现:目前外商投资,人民币使用条件优于外币使用条件,如果将外币使用条件与人民币使用条件一致化,就意味着直接投资科目的可兑换。目前,中国居民可以对外以人民币负债,如果将中国居民对外以外币负债的条件与以人民币负债的条件一致化,就意味着外债科目的可兑换。同样,如果非居民用外币来投资中国资本市场和用人民币来投资中国资本市场的条件一致,就意味着资本市场科目的可兑换。在自由贸易账户率先逐一科目实行可兑换的基础上,可将其经验移植到一般账户上,这样,全国通用的一般账户就逐一实现了可兑换,即人民币实现了资本项目全面可兑换。而自由贸易账户向一般账户过渡就是上海自贸区试验的真谛——可复制、可推广。

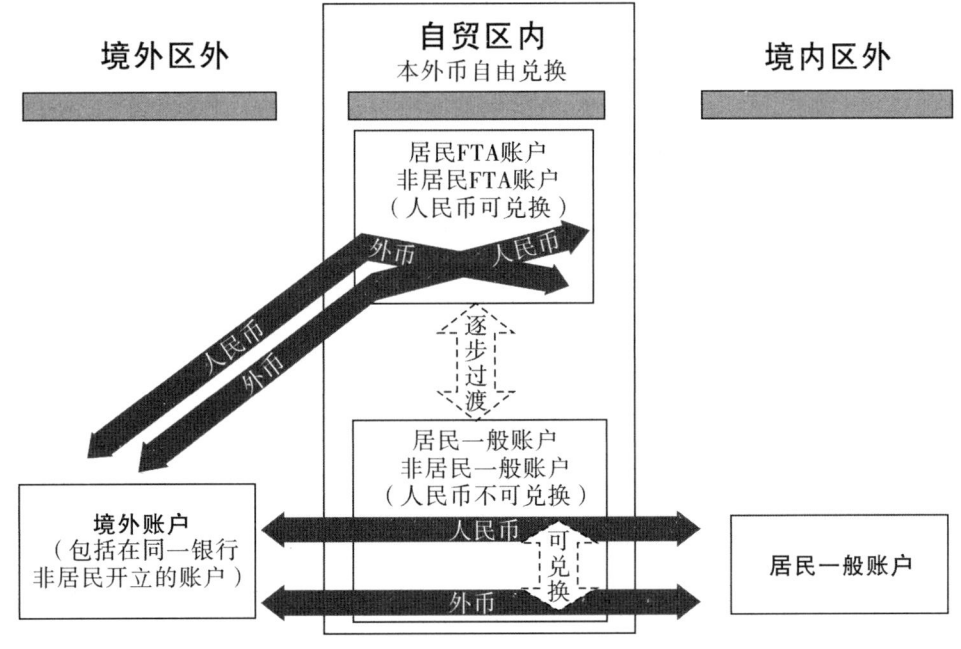

图 7-7 自由贸易账户体系示意图

从更广阔的角度来看,上海是人民币的本币中心。上海自贸区试验与上海国际金融中心建设紧密相连。通过自贸区使上海人民币在岸市场与境外离岸市场相连接，人民币可兑换逐科目由自由贸易账户向一般账户过渡，在岸市场和离岸市场的区别就会逐渐消失，上海就变成了国际金融中心。这与纽约国际金融中心的功能类似，纽约是美元的本币中心，因为美元是国际货币，因此纽约金融机构处理美元业务就是处理国际业务，美国的金融机构自然就是国际金融机构。同样，上海市场是人民币的本币中心，如果人民币国际化了，上海的本币市场就是国际市场，上海就是国际金融中心，而处理人民币业务的中国金融机构就是国际金融机构。可以预见，随着上海自贸区试验的深化，上海将成为有深度的金融市场，不仅可以为中国经济可持续发展提供条件，而且也可以促进人民币国际化和上海国际金融中心建设，为世界经济的稳定增长增添保障。

第四节
建立人民币利率和汇率的平价关系

2017年7月14~15日，第五次全国金融工作会议在北京召开，会议对金融对外开放提出了新要求，作出了新部署。习近平总书记指出："要扩大金融对外开放。要深化人民币汇率形成机制改革，稳步推进人民币国际化，稳步实现资本项目可兑换。要积极稳妥推动金融业对外开放，合理安排开放顺序，加快建立完善有利于保护金融消费者权益、有利于增强金融有序竞争、有利于防范金融风险的机制。要推进'一带一路'建设金融创新，搞好相关制度设计。"通过上海自贸区试验，打通人民币在岸市场与离岸市场之间的联系，实现人民币资本项目可兑换，因此会加速起步。从上海自贸区试验的实质来讲，核心是建立全球统一的人民币金融市场，形成人民币利率和汇率的平价关系。

在当下世界经济处于全球化还是去全球化的十字路口，加快建立人民币利率和汇率的平价关系比任何时候都更显必要。自2015年以来，美国经济形势呈现出实质性的复苏，在宏观层面，经济增长率、失业率等宏观经济指标都出现了显著改

第七章
汇率市场化与国际收支资本项目开放

善;在微观层面,企业部门与居民部门的去杠杆也告一段落,企业融资的需求以及居民的负债意愿都有所提高。美国实施多年的量化宽松货币政策也开始酝酿退出。继 2014 年 10 月美联储宣布结束第三轮 QE 后,2015 年末美联储完成了金融危机后的首次加息,市场看好美国经济,美元指数开始走高。特别是 2016 年 11 月 8 日,特朗普当选为美国新一届总统后,受市场避险情绪影响,资金回流美国,美元指数陡升,在短短 1 个月内,由不到 100 点上升到 103 点,各国货币相对于美元都出现了大幅贬值。相形之下,人民币贬值幅度还是比较小的。从另一个角度来观察,这意味着相对于其他货币,美元和人民币都在升值,而人民币的升值速度没有美元快,从而呈现出人民币对其他货币升值,而对美元贬值的局面。这从一个侧面反映出人民币内在价值相对稳定,而由于美元走强,使相对价格发生向下波动的情况。从这个意义上来讲,今后一段时期,人民币兑美元汇率不仅取决于人民币自身,还主要取决于美元的走势。由于美国经济开始向好,再加上美国新政府"美国至上"政策的推波助澜,市场预计美元会进入持续加息状态。在这种情况下,人民币兑美元汇率仍有进一步向下波动的压力。而人民币对美元汇率的波动会导致市场恐慌情绪的上升,资金出现外流,外汇储备大幅下降,进而对宏观经济稳定形成威胁。

尽管人民币对美元汇率的波动主要是由美元因素造成的,但也反映出人民币有管理的浮动汇率制仍有完善的余地,人民币汇率形成机制仍有深化改革的必要,并集中体现在中间价的设计上。如前所述,2015 年人民币中间价由两个部分组成,即"当日市场美元的收盘价 + 24 小时一篮子货币稳定"。第一部分(当日收盘价)体现的是包括预期在内的市场外汇,主要是美元的供求情况;第二部分(一篮子货币)反映的是人民币内在价值的外在表现。如果第一部分受预期的影响而波动,第二部分的作用则类似于"压舱石"对冲这一波动。两相综合的结果,使人民币汇率尽管有波动,但仍可维持在均衡区间之内。

这一设计思路较好地反映了人民币内在价值相对稳定而对美元相对价格波动的基本格局,并且在实践中也收到了较好的效果。但随着时间的推移和情况的变化,这一设计的局限性也开始显现,表现为以下三点:

第一,中间价的作用范围主要集中在境内在岸市场汇率(CNY),对境外离岸市场汇率（CNH）的作用相对有限，更多的是起到预期引导的作用。但是，自2009年7月2日人民币开始跨境货物结算以来，其国际化发展迅速，不仅使用于货物贸易，而且逐渐覆盖到服务贸易；不仅涉及经常项目，而且延伸到资本项目；不仅是投融资工具，而且是储备货币，开始广泛地进入非居民的资产负债表。在这种情况下，人民币离岸市场异军突起，有人民币清算行安排的所谓正规离岸市场已达21个，遍布世界主要金融中心。此外，离岸市场也有长足的发展，除人民币基础金融产品外，人民币衍生工具也不断丰富。与此同时，除香港仍是人民币主要离岸市场外，伦敦离岸市场快速成长，甚至有超越香港之势。人民币离岸市场日趋多元化且发展迅速，自然就出现了离岸市场汇率（CNH）。需要强调的是，CNH的形成机制是纯粹市场化的，人民币在境外实际上是自由可兑换货币，可以自由买卖。这一行为与境内结汇条件下的外汇买卖行为完全不同，由此决定了在结汇条件下的中间价无法直接影响其行为，只是通过影响预期而间接影响其行为。而2015年8月11日以来的情况表明，离岸市场的规模令人不可小觑，其离岸市场汇率（CNH）已可以引导在岸市场汇率（CNY）的变化。在这个意义上，中间价因不能覆盖离岸市场，常常处于被动应对的状态，难以超前引导，进而造成具有本币优势的在岸市场汇率（CNY）常常难以发挥引领作用，反而被不具有本币优势的离岸市场汇率（CNH）所引领。也正是因为这一原因，2017年5月，中国人民银行宣布在人民币汇率中间价中引入逆周期调节因子。

第二，中间价中一篮子汇率的货币组成较少，一篮子货币在中间价形成机制中的权重较低，"压舱石"的分量不够，不足以对冲人民币对美元波动的风险。中国人民银行2016年第一季度货币政策执行报告所描述的人民币中间价定价公式为：当日中间价＝前一日中间价＋[（前一日收盘价－前一日中间价）＋（24小时货币篮子稳定的中间价－前一日中间价）]÷2。这一定价公式相对透明，目的在于引导市场预期。但是，由于中间价定价中的第一部分"市场美元供求波动"和第二部分"一篮子货币稳定的权重"几乎是平均分配的，使其难以充分应对第一部分的波动，尤其是向下的波动。自2015年下半年以来，因美元指数走高，市场对美元看好的预期加大，美元出现单边升值态势，使中间价中第一部分人民币向下波动的频率加大。从理论上来说,若想稳定人民币汇率,需加大第二部分的权重,但实际上因权重太小,"压舱石"的功能难以发挥,因而呈现出2016年人民币兑美元汇率易贬难升的局面。例如,2016年2~4月,当参考一篮子汇率,人民币应该升值的时候,在该定价机制下,人民币升值幅度较小。而2016年10月以后,当美元走强时,在该定价机制下,若参考一篮子汇率,人民币不应有对美元的大幅度贬值。尤其需要说明的是,由于"压舱石"偏轻,现有中间价定价机制的第一部分具有自我强化的功能,亦即在一篮子汇率相对稳定的情况下,当前一日收盘价走低,而前一日中间价难以作出反应时,当日开盘的中间价是走低的,形成前一日中间价跌,当日中间价跌,同时也预示着明日中间价还会跌的正反馈效应,进而在2016年下半年逐渐形成了美元强、人民币必然弱的预期,而不顾其他货币兑美元的汇率变化。与此同时,这一定价机制所带来的人民币易贬难升的结果,使市场可能将此理解为政策制定者的有意为之,从而进一步强化了人民币的贬值预期。因为这一原因,2017年中国人民银行将一篮子货币从13种增加到24种,使美元的有效权重下降了2.45%。

第三,目前,参与人民币汇率形成的因素是多样的,不仅仅是人民币与美元的即期供求变化,还包括美元、人民币甚至港币等各种货币的即期和远期利率变化因素,使得单靠中间价难以抵挡引起波动的多方面成因。由于人民币国际化带来的离岸市场发展,人民币利率尤其是离岸市场短期拆借利率已深深地参与到人民币汇率的形成之中。在国际金融市场上,外汇市场操作通常借助于杠杆,人民币离岸市场也不例外。当预期美元走强、人民币走弱时,标准操作是借入人民币购入美元,当美元升值幅度超过人民币融资成本时,即获得套汇收入。当市场上的多数人都有此预期时,同向操作,就会出现过多的人民币追求过少的美元的现象,预期自我实现下人民币汇率下行。反之,当预期人民币利率走高时,标准操作是借入外币投资人民币资产,当人民币利率升高幅度大于外币融资成本时,即获得套利收入。当市场上的多数人都有此预期时,同向操作,就会出现过多的外币追逐过少的人民币的现象,预期自我实现下人民币汇率上升。这表明,在人民币国际化的条件下,至少在离岸市场上,利率与汇率的平价关系开始显现,利率即是汇率,汇率即是利率。单靠控制汇率，其效果是"按下葫芦浮起瓢"，难以全面奏效，所以有意识地利用利率杠杆来影响汇率水平不仅变得必要，而且在人民币国际化的条件下也变得可行。事实上，进入2017年后，随着中国宏观经济表现趋于稳定，我们不再需要宽松的货币政策，尤其是短端利率开始上扬，加之国家通过"债券通"等安排，开放境内银行间人民币债券市场，以高于美元的利率吸引国际资本回流，稳定人民币汇率，即"扩流入，稳汇率"，人民币兑美元的汇率重拾上升态势。

"扩流入，稳汇率"的实践表明，在人民币国际化的背景下，汇率问题演变成了利率问题。如果央行可以利用利率来影响汇率，就意味着利率和汇率的平价关系，即泰勒规则在中国成立。根据变形后的泰勒规则公式，即 $i = r^* + \pi^* + e^* + 1.5(\pi - \pi^*) + 0.5y + 0.25(e - e^*)$ 计算出来的利率水平，可以看作中长期的基准利率。该基准利率虽然无法即时满足调节汇率失衡的需要，但能够确保在中长期实现汇率均衡。如果我国能够构建出较为有效的利率走廊，形成高效的短期利率传导机制和短期收益率曲线，在市场力量的自发调节下，短期市场利率将围绕中长期基准利率上下波动，短期利率的走高或走低将驱使国内流动性跨境流动，最终实现内外部平衡。举例来说，当出现汇率贬值、资本外流时，由于国内流动性减少，SHIBOR隔夜拆借利率或其他期限短期利率将走高，这会减缓资本外流的程度，吸引资本回流，利率的自动调节机制将最终实现汇率稳定。

这一机制有几点好处：一是央行短期内的干预减少，主要是市场供求力量发挥作用。央行更多的是负责中长期基准利率的制定，将注意力放在产出波动、物价稳定上，而不是汇率维稳上。二是此机制规避了经济下行周期可能出现的内外部冲突问题。在经济下行阶段，央行可以通过变形后的泰勒规则制定相对低的中长期政策利率，这一政策利率将通过固定收益市场传导至实体经济，压低实体经济的中长期融资成本；在人民币汇率贬值预期下，跨境资本会随之外流，国内流动性也会相应减少，在市场供求力量的影响下，国内短端利率会相应走高，这会遏制资本外流的规模，市场力量将促使多空力量达到均衡，最终实现汇率稳定。

2017年上半年人民币汇率的变化表明，泰勒规则即利率与汇率的平价关系已经在短端发挥作用，人民币的即期汇率稳定并上扬。若想使泰勒规则发挥更大的作

第七章
汇率市场化与国际收支资本项目开放

用,有必要将其机制化,重点在于形成利率与汇率长端的平价关系。这就需要进一步打通人民币在岸市场与离岸市场的联系,使人民币利率覆盖全球所有的人民币市场。以此为目标,积极稳妥地推动金融业对外开放、合理安排开放顺序、扩大金融对外开放就成为深化改革的重要安排。其中,加快人民币利率市场化进程,构建以国债收益率曲线为核心的品种丰富、期限结构合理的固定收益市场及衍生品市场又是题中应有之义。

展望未来,在人民币国际化已经形成在岸、离岸两个市场,资本项目已基本实现本币开放的基础上,进一步打通两国市场人民币资产的连接已具备条件。从此,境外资金以人民币投资境内金融市场,境内资金以人民币投资海外金融市场,人民币汇率最终会与人民币利率合一,从而使中国人民银行的货币政策可覆盖全球的人民币市场。这既是"一带一路"金融机制的创新,也是中国金融对世界经济稳定增长的贡献。

专栏五

我国外汇管理领域的法律法规与重要文件

1979年,国务院发布《关于大力发展对外贸易增加外汇收入若干问题的规定》,决定实行外汇留成制度,进出口企业和其他外贸单位将收入的外汇一律按照统一的价格卖给国家,国家按一定比例拨给相应的外汇留成。

1993年12月25日,国务院发布《国务院关于进一步改革外汇管理体制的通知》,决定从1994年1月1日开始,实现汇率并轨,实行以市场供求为基础的、单一的、有管理的浮动汇率制度,取消对外汇收支的指令性计划,取消外汇留成和上缴制度,实行银行结售汇制度,取消对中资企业贸易及与贸易有关的服务性用汇对外支付的限制。

1995年3月23日,中国人民银行发布《关于人民币外汇价管理问题的通知》,由中国人民银行每日公布中国外汇交易中心交易货币的市场中间价,作为外汇指定银行之间以及外汇指定银行与客户之间进行外汇与人民币买卖的交易基准汇价。

1996年7月1日，我国将外商投资企业外汇买卖纳入银行结售汇体系，开始实行新的《结汇、售汇及付汇管理规定》，境内居民因私换汇限制放宽。1996年11月，我国正式作出了履行国际货币基金组织协定第八条义务的承诺，意味着我国经常项目下人民币可兑换的实现。

1998年10月25日，中国人民银行、国家外汇管理局发布《关于停办外汇调剂业务的通知》，在全国范围内取消外商投资企业外汇调剂业务，取消外汇调剂中心，外商投资企业的外汇买卖均纳入银行结售汇体系。

2005年7月21日，中国人民银行发布《中国人民银行关于完善人民币汇率形成机制改革的公告》，宣布我国开始实行以市场供求为基础、参考一篮子货币进行调节、有管理的浮动汇率制度。人民币汇率不再盯住单一美元，形成更富弹性的人民币汇率机制。

2006年1月4日，中国人民银行发布《中国人民银行关于进一步完善银行间即期外汇市场的公告》，在银行间外汇市场引入做市商制度，由中国外汇交易中心每日向所有银行间外汇市场做市商询价，以确定人民币兑美元汇率中间价。

2009年7月1日，《跨境贸易人民币结算试点管理办法》公布实施，经国家允许指定的、有条件的企业在自愿的基础上以人民币进行跨境贸易的结算，商业银行在中国人民银行规定的政策范围内，可直接为企业提供跨境贸易人民币相关结算服务。

2015年8月11日，中国人民银行发布《中国人民银行关于完善人民币兑美元汇率中间价报价的声明》，由做市商参考前一日银行间外汇市场收盘汇率，向中国外汇交易中心提供中间价报价。

第八章
中国金融监管体制的改革与重塑

金融监管是一国金融稳定和经济增长的重要保障。不同的经济体制存在不同的金融安排，不同的金融安排和经营模式需要不同的监管体制与之相匹配。而在不同的金融监管体制安排下，其监管方式也不尽相同。金融作为现代经济的核心，不仅需要加快发展，更需要规范发展。金融监管作为防范金融风险的重要保障和引导金融业规范发展的重要手段，需要根据金融业发展的现实情况，不断地进行改革调整、深化升级，以切实推动金融创新并守住不发生区域性、系统性风险的底线。

党的十八届五中全会提出："改革并完善适应现代金融市场发展的金融监管框架，健全符合我国国情和国际标准的监管规则，实现金融风险监管全覆盖。"这是在党的十八届三中全会提出"完善监管协调机制"的基础上，进一步明确金融监管框架的改革方向。2017年7月召开的第五次全国金融工作会议更详细地部署了金融监管体制改革安排，目标是建立符合中国国情的金融监管体制，在宏观审慎管理框架下，实现"一行三会"的无缝衔接，以功能监管、行为监管为抓手，达到对金融风险监管的全覆盖。党的十九大提出："健全货币政策和宏观审慎政策双支柱调控框架，深化利率和汇率市场化改革。健全金融监管体系，守住不发生系统性金融风险的底线。"这是中央文件中第一次提出双支柱的监管框架。通过进行宏观审慎管理，减缓因金融体系顺周期波动和跨市场风险传染所导致的系统性金融风险，维护金融稳定，防范系统性风险。中国金融监管体制由此得到重塑，中国监管理念由此与国际接轨，中国金融监管由此进入新阶段。

第一节
金融监管及金融监管体制改革

金融监管是金融监督和金融管理的总称。狭义的金融监管是指政府通过特定的机构（如中央银行或其他当局），对金融交易行为主体及其活动进行某种限制或规定，并监督其执行。广义的金融监管除包括上述监管当局依法授权进行的监管外，还包括金融行业组织、社会中介机构以及金融机构内控部门在内的自律性活动。

区别于其他工商业机构及活动，金融机构及其活动之所以需要监管，在于它的特殊性：第一，金融具有明显的信息不对称性。金融产品的价值与物理形态基本没有直接联系，并受众多因素影响，从而又与预期相关。在这种信息不对称的情况下，保护金融消费者，使其信息对称化至关重要。第二，金融具有较高的自然垄断性。由于规模经济同样存在于金融业，从而形成对自由竞争的约束的自然垄断。这不仅会影响服务质量的提高，而且会导致金融资源配置的扭曲及金融产品价格泡沫。对整个经济来讲，增加了交易费用，降低了资源配置效率。第三，金融具有较高的负外部性。金融活动的基本特点是"受人之托，代人理财"，其本身资本相对较小，却有大量负债，比商业机构拥有更高的负债率，金融机构是以杠杆经营为主要经营手段的，其负债成本相对确定，而其资产收益相对不确定，经营难度大，一旦出现经营困难，资不抵债的风险就会相当显著，并因此伤害委托人的利益。第四，金融具有较高的脆弱性。金融资产收益的相对不确定，意味着金融有经营风险，而单个机构的风险累积极易造成系统性金融风险，严重时，会导致金融危机。第五，金融危机具有极大的破坏性。传统的经济危机是生产过剩危机，它一般是局部的、短期的。区别于这种传统的经济危机，金融危机具有全面性，会伤害整个国民经济，甚至引发社会不稳定。与此同时，在当代经济全球化的背景下，它具有极强的传染性，并会反复感染，迁延不愈。金融机构及其活动的特殊性，是构成监管

第八章
中国金融监管体制的改革与重塑

尤其是外部监管的原因。

改革开放前,中国采取的是高度集中的计划经济体制。在这种体制下,经济决策权高度集中于政府,政府取代了自由竞争和资源的市场配置,直接掌握着资源的占有、支配、收益和调拨权,整个国家形同一个纵向一体化的大工厂,而企业和基层单位则是大工厂的直接生产车间,严格按上级的指令性计划行事。这样一种经济制度结构体现在金融领域就是"大一统"的集中计划。从 1953 年开始,从属于财政的集中统一的综合信贷计划就成了计划经济的重要组成部分,并因此使中央银行与商业银行合一,形成以中国人民银行为主体的"大一统"局面。中国人民银行实行全国垂直领导,垄断全部金融业务,金融资产单一且其配置数量、结构和价格均严格按照国家计划执行。银行系统自身上下级的关系是"存款上交、贷款上要",贷款规模和投向以及利率水平高低均服从计划。

在这种体制下,虽然有某种程度的金融或类金融活动也需要监管,但其监管是依靠计划进行的,是行政指令监管,这与现代市场经济体制下的金融监管迥然不同:

第一,计划经济条件的金融监管是由作为计划者的政府通过指令性计划和行政命令的方式实现的,其决策过程紧紧依附于国家银行的集权制度结构和计划经济运行方式,而且往往形成经营、调控与监管合一并由同一主体承担的格局,无法形成与其他主体相制衡的独立监管主体,因而也无法形成独立的专业性监管目标、制度和机制。

第二,计划经济体制下的金融监管与高度集中的权益结构相适应。这主要体现为"大一统"国家银行体系内部自上而下的垂直传递和管理过程。其监管的目标和过程更多地体现了政府主体的意图及利益,基层单位和微观主体的利益和要求难以得到承认,从而与保护消费者与投资者的利益等一般通行的监管原则相悖。

第三,计划经济体制下的金融监管主要倚重行政手段,无论是监管的目标、规模、内容和时机,还是奖惩规则,均有较大的主观性和随机性,难以形成统一的、规范化的金融监管方式。

国际经验和中国实践都表明,这种高度集中的计划经济体制不灵活,资源配置效率低下且失误不断，投资浩大且浪费严重，并因此威胁到其自身的可持续性。以市场经济体制取代计划经济体制成为历史的必然，而一旦发动市场取向性经济体制改革，金融活动因其本质规定性就会脱离计划轨道，开始顽强地表现自己，典型市场经济意义上的金融监管要求就会随之产生，金融监管体制改革和再造就会随之展开。

第二节
中国金融监管体制的演进过程

中国金融监管体制的变迁是与经济发展和金融体制改革紧密联系在一起的，从其发展历程来看，大致可以分为以下几个阶段：

第一阶段（1984—1992年），综合监管的出现。

中国真正意义上的金融监管体制的形成，始于1984年。1978年，中国开始了市场取向性的经济体制改革。随着联产承包责任制的广泛推广、非国有企业的初步发展以及国有企业自主权的扩大，它们的融资活动推动着典型意义金融的发展。继中国人民银行脱离财政后，中国工商银行、中国农业银行、中国银行、中国人民建设银行四大国有银行又陆续从中国人民银行的业务中分离出来。1984年1月，以中国工商银行成立为标志，中国开始形成了"中央银行—专业银行"的双层银行体系。这意味着中国人民银行作为银行的银行需要承担相应的监管责任。特别是1984年"拨改贷"的改革使国有企业的资金来源不再依靠财政拨款，而寻求银行贷款时，金融有了快速的发展，除中信实业银行、招商银行等企业办的银行外，以交通银行、深圳发展银行为代表的股份制银行也相继成立。同时，保险公司、信托投资公司等其他非银行金融机构也不断涌现。这些从未隶属过计划系统、股权多元、业务形态各异的金融机构的出现与发展，使对金融机构的经营活动进行外部监管显得十分必要。而中国人民银行基于金融稳定的责任也成为当时外部监管的最佳选择。1985 年 5 月，中国人民银行成立了专司监管之职的部门。1986 年 1 月，国务院颁布了《中华人民共和国银行管理暂行条例》，明确了中国人民银行作为监管者的法律地位，从而建立起以中国人民银行为唯一监管者的综合金融监管体制。

所谓综合金融监管是指中国人民银行既承担对资产负债类的银行的监管之责，也承担对非资产负债类的非银行金融机构的监管之责。但是，这种综合监管又不是典型市场经济意义上的综合监管，其监管仍依赖行政权力而非专业能力。监管内容由此也仅局限于机构的准入、业务审批、经营范围与规模控制上，而监管手段是审批。监管既不能深入到流程上的功能监管，也缺乏法律依据实施。

第二阶段（1993—2003 年），从综合走向分业监管阶段。

进入 20 世纪 90 年代，尤其在邓小平同志南方谈话后，中国再次掀起了经济建设的高潮。为满足经济建设的资金需要，1990 年和 1991 年，上海证券交易所和深圳证券交易所经中国人民银行总行批准先后成立，集中交易的规范资本市场开始形成，并使中国金融体系格局开始发生重大转变。然而，尽管有了集中交易，但规范程度欠缺。当时的新股发行上市，投资者需要先获得认股权证，再凭证中签投资入股。一时间，黑市猖獗，深圳甚至为此引发了"8·10"骚乱，这使得对资本市场的监管变得迫切起来。1992 年，国家成立了专门的证券业监管机构——国务院证券委员会和中国证券监督管理委员会，这既是中国证券市场统一监管体制的起步，也标志着中国金融监管体制开始由综合走向分业。

1993 年 12 月 25 日，国务院颁布《国务院关于金融体制改革的决定》，明确提出："确立强有力的中央银行宏观调控体系。深化金融体制改革，首要的任务是把中国人民银行办成真正的中央银行。"并指出："正确引导非银行金融机构稳健发展……对保险业、证券业、信托业和银行业实行分业经营。"为此，要"健全金融法规，强化金融监督管理""抓紧拟订《中华人民共和国银行法》《中国人民银行法》《票据法》《保险法》等法律草案，提交全国人大审议"。由此，金融监管职责逐步开始从中国人民银行分离，与分业经营相适应的独立监管当局相继成立，并依法授权进行专业监管。

1995 年，中国相继颁布了《中华人民共和国中国人民银行法》《中华人民共和国商业银行法》《中华人民共和国保险法》《中华人民共和国信托法》《中华人民共和国票据法》等一系列金融法律法规,开启了中国依法监管金融的进程。出台的这些金融法律法规进一步明确了各金融机构的经营范围、交易规则及相关责任,同时也以立法的形式确立了中国分业经营的金融运行模式,为分业监管体制奠定了基础。

1997年亚洲金融危机之后,金融业的风险控制与监管受到了高度重视,加快了中国金融监管体制改革的步伐。1998年,中国将原国务院证券委员会和中国证券监督管理委员会合并组成国务院直属正部级事业单位,即中国证券监督管理委员会,并通过了《中华人民共和国证券法》,同年还成立了中国保险监督管理委员会,对保险业进行监管。为摆脱地方政府的干预,增强中国人民银行及各大国有商业银行的独立性,各大商业银行实行一级法人制,全行统一核算,分行之间不允许有市场交易行为,分行、支行没有投资权,在人、财、物等方面要与保险业、信托业和证券业脱钩。与此同时,1999年,中国人民银行取消了省级分行,跨省区设立了9大区行和21个督管办。2001年8月,国家制定并颁布了《商业银行境外机构监管指引》,同年12月,又颁布了《外资金融机构管理条例》。2003年,成立了中国银行业监督管理委员会,将银行业的监管职能从中国人民银行中分离出来;同年12月,公布了《中华人民共和国银行业监督管理法》,并于2004年2月实施。至此,中国金融业在分业经营的基础上形成了"一行三会"的分业监管格局。

第三阶段（2004年至今），分业监管体制的巩固和完善。

分业监管提升了各监管机构的专业监管能力,使乱集资、乱拆借等金融乱象得到了有效治理,金融机构依法合规的意识增强,金融市场的规范程度提高,从而不仅保持了金融稳定,抵御了亚洲金融危机的冲击,而且有力地服务了实体经济,并为经济体制改革尤其是国有企业改革提供"保驾护航"式的支持,中国经济再次进入高速增长阶段。

随着经济再次转入高速增长,金融创新活动再次活跃,其中,金融的混业经营化倾向成为一个重要表现。这不仅反映在已有金融机构的产品交叉经营上,也反映在新建金融机构的交叉持股上,金融控股公司便是代表。21世纪初,除已有金融机构通过注册子公司，尤其是境外子公司可获得其他类金融牌照外，工商企业也通过收购兼并金融机构组成类金融的投资控股公司。如果说前者还在监管视野中，而后者，尤其是其母公司则已脱离监管的视野。这不仅暴露了分业监管的局限性，而且也构成了金融不稳定的新漏洞。德隆公司倒闭所引发的金融风险便是生动的一例。为此，一个改进的方向就是加强各监管机构的协调和合作，而避免监管信息交流不畅及监管中出现"真空"或重复监管就成为协调的主要内容。2003年6月，银监会、证监会、保监会正式签署了《在金融监管方面分工合作备忘录》，并于9月18日召开了第一次监管联席会议，确立了对金融控股公司的主监管制度。在2007年1月召开的全国金融工作会议上，时任国务院总理温家宝再次强调了"完善金融分业监管体制机制，加强监管协调配合"的重要性。2008年1月，银监会和保监会正式签署了《中国银监会与中国保监会关于加强银保深层次合作和跨业监管合作谅解备忘录》，为健全监管协调机制、规范银行业与保险业之间的深层次合作、提高跨业监管的有效性，迈出了坚实的一步。2008年7月，国务院办公厅转发了国家发展和改革委员会《关于2008年深化经济体制改革工作的意见》。该意见提出，要由中国人民银行、财政部、银监会、证监会、保监会共同负责，建立健全金融监管协调机制，建立完善金融控股公司和交叉性金融业务的监管制度。同年8月，国务院公布了《中国人民银行主要职责、内设机构和人员编制规定》，明确了在国务院领导下，中国人民银行会同银监会、证监会、保监会建立金融监管协调机制，以部际联席会议制度的形式，加强货币政策与监管政策之间以及监管政策与法规之间的协调，建立金融信息共享制度，防范、化解金融风险，维护国家金融安全。分业监管协调机制的建立及完善，是在金融分业经营基础上分业监管体制的改革与完善，巩固了现有监管体制。

在此基础上，中国金融的专业监管能力不断提升，其中最为瞩目的当属Basel Ⅲ在中国的实施。2011年，在借鉴国际Basel Ⅲ和分析我国银行业现状的基础上，我国银监会开始了被我国金融界业内人士称为"中国版Basel Ⅲ"的监管框架体系的构建，先后颁布了《中国银监会关于中国银行业实施新监管标准的指导意见》《商业银行杠杆率管理办法》《商业银行资本管理办法》和《商业银行流动性风险管理办法》等一系列文件，构成了"中国版 Basel Ⅲ"的监管框架体系。鉴于中国金融体系发育水平低、衍生品市场成熟度低和实体经济对银行资金依赖程度高的客观国情，"中国版 Basel Ⅲ"在资本监管和达标时间等方面的要求甚至高于国际准则。这对中国银行业提升经营管理、开拓业务创新和战略转型起到积极的推动作用。与此同时，中国各金融监管当局加强了与国际金融监管机构的合作，尤其是中国五家最大的银行和四家最大的保险公司被列入全球系统重要性金融机构后，中外监管当局密切配合，强化监管，相应地降低了系统性金融机构风险，改善了经济发展的质量和宏观调控效果。

第三节
全球金融监管新趋向与中国金融监管体制改革新指向

纵观世界金融监管发展的历史，一国的金融监管体制、监管方式及监管内容和手段无不与经济发展和金融外部环境变化相关。每一次经济危机、金融动荡都会暴露出原有金融监管理念和制度的漏洞，并由此带来金融监管体制的变革。换言之，经济的发展、金融的创新推动着监管的创新，而危机和动荡又是监管创新的契机。

在 20 世纪 20 年代以前，金融行业如同其他工商业一样是没有监管的，人们相信自由竞争的市场经济会自动达到均衡。反映在金融市场上，风险喜好者与风险厌恶者会自动对冲，金融机构会平滑地自由进出入，市场会自动出清。但是，1929—1933 年的世界经济大危机表明，这仅是一种理论幻觉。在现实世界中，市场至少难以平滑出清，如果出清，那也是以危机为代价，而金融市场更突出地显示了这一点。1929—1933 年的世界经济大危机首先在美国资本市场爆发，由于杠杆融资，股价的下跌引起杠杆的快速衰退，股灾演变成银行危机，而银行危机使金融崩溃，不仅重创了美国实体经济，也将世界各国拖入灾难之中。为应对这种"系统性金融风险"，对金融的监管应运而生。1933 年美国出台了证券法，即《格拉斯—斯蒂格尔法案》，引入了储蓄存款保险制度，开始实行商业银行与投资银行的分业经营，形成信贷市场和资本市场的分立，并为切断其间的联通性而采用分业监管的体制。这是世界金融史上第一次将金融监管职责从中央银行中分离出来，开创了以合规为标准的第三方独立金融监管的先河。在大危机的背景下，各国纷纷效仿美国，根据自身国情建立了金融监管体制。到2008年金融危机前，全球建立的金融监管体制大致分为三种模式：在分业经营基础上的多监管并行的分业监管模式，以美国为典型；在混业经营基础上的一般中央银行牵头的综合监管模式，以德国为典型；介乎两者之间的部分统一的监管模式，以英国和澳大利亚为典型。

自美国金融监管体制模式问世起，就开始了欧美各种模式孰优孰劣的争论。反对者称市场机制具有自动调节的功能，金融市场亦有风险配置的功能。美国模式人为地割裂了金融市场，限制了混业经营，不仅降低了规模效益，更重要的是妨碍了市场机制的运转，损失了市场效率，不利于经济活力的发挥。赞成者称金融危机的根源是市场失灵，是因市场失灵造成的金融风险的系统性累积。而纠正市场失灵从而避免金融危机的手段只能是政府的外部干预，如果金融监管当局不能像"上帝"那样无所不知，即不能及时准确地识别风险，那么最好的办法就是切断各个市场之间的联系，从而切断风险在不同市场之间的传递。从这个意义上来讲，分业经营分业监管虽然因会削弱规模效益、损失效率而不是最优的选择，但却是面对现实不得不为之的无奈之举。

几十年来，关于分业还是混业以及与之相适应的监管模式的讨论一直不绝于耳，形成的文献汗牛充栋。但仔细观察，万变不离其宗，争论的焦点仍集中于金融机构能否识别风险并能有效控制上，即金融市场是否是有效的。特别是在当代条件下，随着现代信息技术，尤其是互联网技术的广泛应用，实时的风险监控可以实现，从而有力地克服了风险识别的困难。而金融工程技术的日臻完善，又使风险控制水平大幅度提高。放松监管、鼓励金融创新的呼声日益高涨，理由是在金融机构自身风险管理能力大大提高，亦即市场有效性提高的条件下，已没有必要强调政府的外部干预。放松监管成为新的潮流。

正是在这一潮流的推动下，美国于1999年出台了《金融服务现代化法案》，即

《格雷姆—里奇—比利雷法》，放宽了对混业经营的管制；于 2000 年出台了《商品期货现代化法案》，场外衍生品交易不需要监管。于是，美国各大金融机构纷纷开始业务合并重组，金融控股公司陆续出现，并且跨越国界，成为全能、全方位、全球的金融巨无霸，成为 2008 年金融危机的始作俑者。2008 年全球性金融危机的爆发使人们警醒，开始反思以往金融监管的经验和教训。痛定思痛，改革金融监管体制又成为全球的新潮流，这一次其指向是建立宏观审慎管理框架下的金融监管新体制。

专栏一

宏观审慎监管

"宏观审慎"最早可以追溯到 1979 年巴塞尔委员会的前身，即 Cooke Committee 的一次会议。但是，这一概念真正得到重视还是在 2008 年金融危机之后。在此之前，占据主导地位的是微观审慎监管，即针对单个金融机构稳健性进行的监管。但 2008 年金融危机使人们意识到微观审慎监管无法解决金融系统面临的系统性风险，甚至在某些情况下还可能加剧金融系统的系统性风险，于是宏观审慎监管开始重新进入人们的视野，并得到业界和学界的一致关注。而如今实行宏观审慎的金融监管，已成为全球金融监管界对本次金融危机反思后达成的共识。

美国哈佛大学及芝加哥大学的学者 Hanson、Kashyap、Stein 将宏观审慎监管定义为控制过度资产负债表收缩导致的社会成本的监管努力。这一定义将宏观审慎监管的重心放在了资产负债表的监管上。中国人民银行行长周小川则提出可以将宏观审慎理解为以资本缓冲、动态拨备、杠杆率等政策工具为代表的，以逆周期政策为核心的，能够应对羊群效应等市场失灵现象，使整个金融体系更加稳定、金融市场参与者更加谨慎的总体治理框架，并认为宏观审慎应是全球化进程中需要严格制定且广泛实施的国际标准。

与微观审慎监管相比，宏观审慎监管更多地着眼于整个金融系统的稳定性，而不是单个金融机构的稳健性。从监管措施来看，两者共享许多监管工具，宏观审慎监管和微观审慎监管都强调对银行资本充足率的监管，但是，宏观审慎监管

第八章
中国金融监管体制的改革与重塑

> 还有着保证金监管、利率管制、差别资本充足率监管、债务期限结构监管等其他监管措施,其监管工具更多样化。从监管范围来看,传统的微观审慎监管过多地强调对于银行的监管,而宏观审慎监管则不仅强调对于银行的监管,还强调对于影子银行的监管。

从中国金融监管的发展历程来看,自改革开放以来,金融监管的职责逐步从行政权力中分离出来,不仅形成了具有专业监管能力的独立监管当局,而且随着改革的深化、经济金融的发展,以 2003 年银监会从人民银行分设为标志,最终奠定了以"一行三会"为代表的有协调合作的分业监管格局。这一格局适应了当时中国金融分业经营发展的形势,较好地满足了经济社会发展的需要。但是,经济在发展、金融在创新,新变化要求监管有新理念、监管体制有新调整。自中国加入 WTO,尤其是自 2005 年我国结束加入 WTO 金融服务业三年过渡期后,中央汇金公司成立及国有银行依次上市,中小银行改制及其表外理财业务的快速发展,保险业的异军突起及其向多元方向的伸展,证券业以融资融券业务为标志的杠杆经营,以及互联网金融无所不在的渗透,金融业综合经营、交叉经营蔚然成风,呈现一派金融繁荣的局面。这种局面既是经济发展的结果,同时也对分业监管体制带来了重大冲击,分业监管体制对跨行业风险责任不清,对跨期风险后知后觉,系统性风险滋生累积。主要表现在:

第一,监管目标分散。在"一行三会"体制下各监管机构目标各异,部门法律法规分散,信息沟通协调不畅,缺乏达成一致行动的决策和执行机制,不利于建立宏观审慎管理与微观审慎监管相统一、审慎监管与行为监管相结合的政策框架,难以防范系统性金融风险。当前,金融控股公司以交叉持牌或交叉持股等不同形式介入多种业务领域,跨市场金融产品以传统形式或互联网金融形式迅速发展,地方性资产交易平台和各类非法集资行为层出不穷。在 2015 年"股灾"的资本市场波动中,杠杆交易直接助推了前期股市快速上涨和后期指数暴跌。场外配资的来源复杂,包含银、证、保和信托的结构化产品,P2P、众筹等互联网金融渠道,监管机构各管一段,均无法了解场外配资的全过程,无法对规模、杠杆率等核心指标进行准确核算。

第二，监管目标存在冲突。现代市场经济体制下的金融监管部门的监管目标应集中于防范系统性风险、规范金融机构行为、保护金融消费者合法权益，最终促进金融有效服务实体经济。在分业监管体制下，监管部门合规及风险监管目标与行业发展目标之间存在内在冲突。银、证、保监管部门各管一摊，表面上似乎以行业的改革发展为目标，实际上充当行业的保护者，倾向于做大行业机构和市场规模，做高市场指数，直接推升社会融资规模和资产价格泡沫。各监管部门事前鼓励机构高风险运作，事后缺乏协调处置能力，在风险管理上对本行业严防死守，对其他市场的问题较少涉猎，这是以机构监管为核心的分业监管所必然具有的行为特征。

第三，部门信息沟通不畅。金融市场基础设施是金融市场运行的核心支撑，统一共享的金融业综合统计体系，以及中央金融监管大数据平台，是宏观调控和金融监管有效实施的基础。分业监管体制下割裂分散的金融基础设施及无法有效整合的金融统计制度，在各类机构业务日趋融合的背景下必然严重影响监管信息的可得性、完整性。在金融市场、影子银行、互联网金融和融资担保等各类金融组织监管实践中，各监管部门各自独立发展登记结算等金融市场基础设施，相互封锁信息，不能基于统一共享的金融基础设施与金融统计系统获得必要的监管数据，是监管反应迟钝的重要原因。

第四，监管责任分割不清。货币政策与审慎监管分离，金融稳定职责为各监管部门分割，金融监管和救助过程中存在严重的道德风险隐患。一方面，救助资金一般由中央银行通过最后贷款人提供，监管机构存在"花别人的钱不心疼"的问题。金融监管与市场救助中的软预算约束特征显露无遗，央行无限救助必将酿成通货膨胀和资产泡沫。另一方面，基于央行的无限救助又会鼓励监管部门放宽监管标准，最终形成"严准入—松监管—无限救助"的负反馈机制，使金融机构和市场陷入忽视风险管理的赌徒心态和赌场效应之中。

第五，执法问责处罚不力。长期以来，金融监管者集规则制定与推动执行于一身，重发展轻处置，对破坏市场规则犯罪行为的调查和处罚不力，特别是对于影子银行的监管套利行为没有开展有效的监管。以资本市场为例，一级市场 PE 野蛮生长的背后是 IPO 规则制定与审批合一滋生的权力寻租；二级市场上内幕交易和市场操纵的背后是行为监管的严重缺失及对不法行为的纵容。金融消费者的权益无法得到保护，资本市场融资功能丧失，投机盛行。

上述分业监管的缺陷表明，现行金融监管体制已不能适应经济金融发展的需要，新一轮金融监管体制的改革成为历史的必然。而其指向同样是建立符合国际标准的宏观审慎管理框架下的以功能监管和行为监管为重心的综合金融监管新体制。

专 栏 二

影子银行监管

根据金融稳定理事会的定义，影子银行为："常规银行体系之外的由金融实体和金融活动构成的信用中介，特别的，其期限转换、流动性转换、信用转换、杠杆率等性质以及监管套利问题是引起系统性风险的重要来源。"在中国，影子银行业务在本质上与传统银行信贷无异，主要是实现融资功能，但其融资方式主要通过银行表外业务、非银行金融机构贷款业务以及民间融资三种方式进行。

影子银行监管主要应考虑和关注以下问题和风险：

一是中国影子银行业务实质上是传统商业银行绕道其他机构和市场实现的表外信贷业务，在中国尚未健全商业银行破产制度以及广泛存在的以国家信用为隐形担保的背景下，投资者误把风险溢价收益率当成无风险收益率，造成无风险利率错误定价；二是表外信贷实为贷款，却绕开了表内贷款面临的监管要求，导致信用违约风险更大，进而引发流动性风险；三是影子银行并未实现资金的有效配置，更多资金绕道后以更隐蔽、更高成本送至已经积累了较高风险的地方政府平台、房地产及"两高一剩"行业，使得我国经济结构的转型面临更多挑战。

第四节
建立宏观审慎管理框架下金融监管新体制

经济学假定人是理性的。人在追求自身幸福的过程中，会理性地看待机会与风险,会合理地计算成本与收益,并因此会对自身的行为作出恰当的安排,呈现出自律。以此为出发点,传统的金融监管理念是将信息对称化,让投资者尤其是金融消费者在充分知情的情况下了解风险,从而作出符合自身利益的选择,即所谓监管的信息披露原则。与此同时,由于金融具有较大的负外部性,其经营失败会对投资者,尤其是金融消费者乃至整个经济社会带来重大损失。因此,传统金融监管理念是将重心放在金融机构的杠杆率上,监管的核心是资本充足率,即所谓监管的资产负债比原则。其监管的手段是通过现场或非现场的检查,查处金融机构是否合格经营,而其监管权力的基础是依法授权。因而,在世界上的大多数国家中,监管当局不是政府组成的部门,没有行政权力,而是法定机构根据专业能力作出判断,依法合规进行监管。这既保持了其对政府的独立性,又不会因政府更迭导致监管的不连续,持续专业监管是其特色。在中国,金融监管体制也是依此设计的,银监会、证监会和保监会都是准政府的事业机构,而不是国务院组成的部门。

但是,在当代经济条件下,这种针对单个金融机构进行的微观审慎监管遇到了极大的挑战,并充分体现在微观主体的理性选择并不必然导致宏观的理性这一矛盾上,微观主体一致性理性选择反映在宏观上是顺周期的。在经济上行阶段,金融机构风险偏好变大,促使经济进一步高涨,并催生经济泡沫;在经济下行阶段,金融机构开始厌恶风险,促使经济进一步下行,并可能引发更大的系统性金融风险。由此,加大了经济波动,使宏观经济更难以稳定,甚至陷入恶性循环。

微观主体的理性和宏观经济的非理性,导致金融监管理念的转变,由微观审慎监管转变到包括微观审慎在内的基于宏观审慎管理原则监管体系的建立上。其核心是针对金融机构的顺周期行为进行逆周期监管,运用资本缓冲、动态拨备、差额资本充足率、债务期限结构等一系列工具,对金融机构的行为进行引导;利用投资者教育、市场信息沟通乃至暂时管制等一系列软性硬性手段,对金融市场投资者和消费者动物精神所导致的羊群效应进行前瞻性指引。总而言之,宏观审慎管理期望通过上述一系列措施以应对微观审慎监管无法解决的系统性金融风险问题,其中,政府行政权力的介入成为必然。中央银行再次因最后贷款人所负的金融稳定职责而承担起宏观审慎管理的责任。

国际经验表明，宏观审慎管理框架下的金融监管，其架构、内容和重心都发生了与传统微观审慎监管不同的变化。中央银行因承担货币政策和金融稳定的职责，通常成为宏观审慎管理框架的引领者，牵头其他专业监管机构进行无缝衔接的全面监管，而其他专业监管机构则主要对金融机构进行合规性的行为监管，并在此基础上将监管延伸到金融产品上，实现穿透式的全程监管，即关注金融结构变化主要因素的功能监管。透明化、穿透式、监管到产品成为宏观审慎管理框架下微观监管的鲜明特征，从而有别于传统的依赖于微观主体的理性自律的机构监管。显然，这种微观监管特征反映到宏观层次就是不区分金融行业的综合监管。

综上所述，宏观审慎管理下的金融监管实际上是金融监管体制的再造，不仅需要坚强的改革决心，而且需要切实有力的组织过程。根据IMF的研究，这是因为：

首先，抑制系统性风险的累积、防范金融危机的发生，可为整个社会经济带来长期收益，但这种收益并不是显而易见的。金融危机的损失只是一种尾部风险，而因管理风险以及采取相应政策行动所导致的成本，却可以马上为社会大众感受到。因此，如果没有一个真正担负起系统性金融风险监管职责的决策者，那么，当系统性金融风险不断累积时，相关的决策者就可能会踯躅不前，尤其是在所需的政策调整面临巨大政治压力的情况下，决策者甚至可能采取坐视放任的态度。事实上，宏观审慎监管政策的实施比起其他公共政策，遇到的政治压力会更大。要激励决策者对系统性风险时时保持警觉，确立谁是责任主体至关重要。只有职责明确的责任人，才会有强烈的意愿抑制系统性风险，防止其扩展蔓延。其次，设计合理的宏观审慎监管组织体制是有效实施宏观审慎监管的基础。宏观审慎监管实质上就是在确立的宏观审慎监管框架和组织制度下，由监管主体设计、运用和实施一系列的宏观审慎政策工具。由于宏观审慎政策存在明显的分配效应，宏观审慎监管的主体不可避免地会受到相关利益者的游说和干扰。因此，如果设计的宏观审慎监管组织制度不能对此类干扰进行一定程度的隔离，监管主体就可能会屈从于强大的利益集团，有效的宏观审慎监管自然也就无从谈起。由于宏观审慎监管是一种全新的政策活动，对于决策者而言，缺乏相关的经验和成熟的理论支持，世界各国的决策者都需要在实践中探索。因此，如何建立相应的指标体系以评估系统性风险程度、如何开发合理的理论模型以科学预测系统性风险变化、如何建立顺畅的信息搜集机制以便动态跟踪宏观审慎监管的运行以及如何评估推行的宏观审慎政策工具的有效性，都是需要探索的问题。这同样需要一个强有力的宏观审慎监管主体，并建立相应的组织体制。有了行之有效的监管机制，才能确保调动各种监管资源，达成宏观审慎监管目标。①

由于宏观审慎管理下的金融监管是体制再造，不仅牵涉面广、复杂程度高，而且更重要的是涉及利益调整、权力分配，从而阻力大。许多国家对此议论多年，实际进展却很缓慢。但是，在中国，情况就大为不同。中国是社会主义国家，其基本制度决定了可以集中力量办大事，一旦经过周密思考和论证，决策明确，行动便迅速开展。比如，2008年国际金融危机刚一爆发，国务院就成立了金融危机应对小组，这是中国建立宏观审慎管理决策机制的最早尝试。该小组由国务院负责金融事务的副总理主持，成员来自中国人民银行、国家外汇管理局、国家发展改革委员会、财政部、银监会、证监会和保监会。金融危机应对小组定期讨论相关议题，如有需要也会临时组织安排讨论。讨论的主题围绕金融稳定展开，涉及金融体系发展趋势、潜在的重大风险，以及协调和解决金融监管机构之间的问题。金融危机应对小组曾经专门讨论过建立部际联席会议制度、影子银行监管以及建立存款保险制度等问题。②

除此之外，在宏观审慎管理下金融监管的执行层面，则建立金融监管协调部际联席会议制度。2013年8月，国务院批复建立由中国人民银行牵头，银监会、证监会、保监会和外汇局参加的金融监管协调部际联席会议制度，必要时可邀请发改委、财政部等有关部门参加。从国务院赋予联席会议的职责和任务来看，部际联席会议实际上是为满足宏观审慎决策及监管的需要，在货币当局以及金融监管机构之间构建的协调组织。其主要职责是协调，包括做好货币政策和金融监管政策的协调和维护金融稳定及防范化解区域性、系统性金融风险的协调等。部际联席会议办公室设在中国人民银行，通过季度例会或临时性会议等方式履行工作职责。除上述机

---

① IMF: *Key Aspects of Macroprudential Policy*, June 2013.
② FSB: *Peer Review of China*, *Review Report*, 2015.

制外，有关金融稳定和宏观审慎监管政策的讨论，还有其他途径和渠道。例如，国务院总理可能临时主持召开高级别会议，就某些重要的金融问题进行讨论和决策；国务院常务会议也会就金融安全、金融稳定问题进行决策。此外，中国人民银行设立了货币政策委员会，成员包括财政部、发改委以及银行、证券和保险等监管机构。系统性金融风险、宏观审慎监管政策走向也会成为例会的议题。而中国人民银行则在这一过程中逐渐形成了符合中国实际的宏观审慎管理办法，并于2017年付诸实施。

经过9年的探索和实践，宏观审慎管理框架下的金融监管在决策层面和执行层面已经形成了宝贵的经验，建立稳固体制的条件已经成熟。2017年7月14～15日召开的第五次全国金融工作会议，正式宣布设立国务院金融稳定发展委员会，强化中国人民银行宏观审慎管理和系统性风险防范职责。习近平总书记在这次会议上同时对中国宏观审慎管理框架下的金融监管内容和重心提出了要求，指出："要加强金融监管协调、补齐监管短板……地方政府要在坚持金融管理主要是中央事权的前提下，按照中央统一规则，强化属地风险处置责任。金融管理部门要努力培育恪尽职守、敢于监管、精于监管、严格问责的监管精神，形成有风险没有及时发现就是失职、发现风险没有及时提示和处置就是渎职的严肃监管氛围。健全风险监测预警和早期干预机制，加强金融基础设施的统筹监管和互联互通，推进金融业综合统计和监管信息共享。"2017年10月18～24日，中国共产党第十九次全国代表大会举行，大会提出："健全货币政策和宏观审慎政策双支柱调控框架，深化利率和汇率市场化改革。健全金融监管体系，守住不发生系统性金融风险的底线。"通过执行宏观审慎政策，能够直接并集中作用于金融体系，通过差别化准备率、宏观审慎评估体系（MPA）、跨境资本流动逆周期管理、房地产差别化信贷政策等工具，与货币政策相互补充强化，减缓因金融体系顺周期波动和跨市场风险传染所导致的系统性金融风险，维护金融稳定。

按照第五次全国金融工作会议的要求，设立国务院金融稳定发展委员会，作为国务院统筹协调金融稳定和改革发展重大问题的议事协调机构，强化中国人民银行宏观审慎管理和系统性风险防范职责，切实落实部门监管职责。国务院副总理马凯担任国务院金融稳定发展委员会主任,国务院金融稳定发展委员会办公室设在中国人民银行。国务院金融稳定发展委员会的主要职能是:落实党中央、国务院关于金融工作的决策部署;审议金融业改革发展重大规划;统筹金融改革发展与监管,协调货币政策与金融监管相关事项,统筹协调金融监管重大事项,协调金融政策与相关财政政策、产业政策等;分析研判国际国内金融形势,做好国际金融风险应对,研究系统性金融风险防范处置和维护金融稳定重大政策;指导地方金融改革发展与监管,对金融管理部门和地方政府进行业务监督和履职问责等。可以预计,中国人民银行将贯彻执行"货币政策+宏观审慎管理"双支柱政策框架,有效地在货币层面保持合理流动性,进而使实体经济得到必要的货币信贷支持,使去杠杆这项供给侧结构性改革的重要任务能够得到贯彻落实。在宏观审慎管理中,特别要注重完善系统重要性金融机构的监管和风险防控,防范跨行业、跨市场的风险传递。

具体来说,由中国人民银行牵头的宏观审慎管理框架下的金融监管将体现在以下七个方面:一是坚定执行稳健的货币政策,处理好稳增长、调结构、控总量的关系;二是健全风险监测预警和早期干预机制,把主动防范化解系统性金融风险放在更加重要的位置,科学防范,早识别、早预警、早发现、早处置,完善金融风险处置预案,防止单体局部风险演变为系统性全局风险;三是补齐监管短板,加强系统重要性金融机构和金融控股公司等的监管制度建设,统一同类金融业务的监管规则,规范综合经营和产融结合,推进功能监管和行为监管,落实监管问责;四是坚持协同防范,统筹协调,加强金融基础设施的统筹监管和互联互通,推进金融业综合统计和监管信息共享,形成合力;五是全面执行宏观审慎评估体系(MPA),从资本和杠杆、资产负债、流动性、定价行为、资产质量、跨境融资风险、信贷政策执行情况等七大方面对金融机构的行为进行多维度引导,抑制杠杆过度扩张和顺周期行为;六是促进金融机构完善公司治理,优化股权结构,建立正向激励约束机制,强化风险内控机制建设,加强外部市场约束;七是贯彻新发展理念,坚持标本兼治,运用市场化、法治化手段,深化金融改革,积极稳妥推动金融业对外开放,推进"一带一路"建设金融创新,做好相关制度设计,提高金融服务实体经济的水平。

展望未来，以第五次全国金融工作会议和党的十九大为新的起点，用"一盘棋"的思维谋划金融大局，以建设双支柱管理框架下的金融管理新体制为抓手，将会有力应对和化解国内外可能产生的金融风险，为中国经济转型发展的顺利进行提供坚强保障。

专栏三

中央银行的透明化政策

宏观经济在波动中增长、在增长中波动，为了维护宏观经济的稳定性，需要货币政策进行逆周期调节，达到"防通胀"和"保增长"的目标。近年来，我国央行一直强调前瞻性的货币政策，试图通过影响通胀预期达到预期效果，通胀预期管理成为新形势下货币政策的重要内容。一方面，由于通胀预期难以观测，其形成机制难以描述，所以，解决预期的衡量是管理好通胀预期的必要前提；另一方面，央行对于货币政策具有隐秘性操作的传统，且相对于其他市场主体而言具有经济运行方面的信息优势。如果央行采用透明化政策，主动对其掌握的公共信息与政策偏好进行披露，协调市场上不同主体的预期，就可以提高货币政策的可信性和有效性。因此，在通胀预期管理的背景下，研究中央银行的透明化政策，促进宏观经济稳定的机制十分迫切且必要。

中央银行透明化政策的兴起源自对央行隐秘性操作的批判。Goodfriend（1986）对美联储货币政策隐秘操作的理由进行反驳，成为研究央行透明化政策的开山之作。实际上，各国央行也在向更加透明化的方向努力。Fry（2000）对全球94家央行进行问卷调查时发现，绝大多数央行认可透明化政策的重要性。Geraats（2007）认为各国央行政策透明度在过去的15年内显著增强，央行透明化政策蔚然成风。

第九章
积极参与完善国际经济金融治理

国际金融治理体系是由国际储备货币体系、国际金融组织以及全球监管标准等要素组成的框架体系。"二战"结束后，国际金融不断深化发展，日渐左右着全球的资源配置，影响着利益格局，国际金融治理由此成为全球治理的重要课题。随着以中国为代表的新兴经济体的崛起，中国的金融活动正在并日益深刻地影响着世界，客观要求其不仅参加国际金融治理，而且要承担起推动和完善国际金融治理体系的责任。这不仅是中国的诉求，也是世界的期待。尤其是随着人民币国际化的不断深入发展，中国将逐步承担起国际金融体系中的大国义务，为国际金融治理贡献更具"包容性"的中国方案。

第一节
现行国际治理体系与中国的融入、参与和建设

现行国际治理体系是在"二战"以后建立起来的。此前，国际秩序是建立在实力竞争基础上的威斯特伐利亚体系。各民族国家为捍卫自身利益并获得额外利益而彼此竞争、钩心斗角、以邻为壑、合纵连横，协约同盟连续上演，其结果就是战争。第一次世界大战后仅隔20年，更加惨烈的第二次世界大战就接着爆发。人们渴望和平和发展，为此必须建立超越国家利益又共同认可的国际规则，形成国际治理原则，即按国际规则进行活动就是国际秩序，维持这一秩序就是国际治理。在第二次世界大战期间的1942年，美、英、中、苏等26个反法西斯国家签署了《联合

第九章
积极参与完善国际经济金融治理

国家共同宣言》，为联合国的成立奠定了基础。1943年，美、英、中、苏4国在莫斯科发表了《普遍安全宣言》，正式提出建立一个普遍性的国际组织。1944年，美、英、苏、中4国根据《普遍安全宣言》的精神，草拟了建立新的国际组织的章程，并通过了《关于建立普遍性国际组织的建议案》。1945年，雅尔塔会议公报宣布，为了维护世界和平与安全，反法西斯同盟国家将尽快建立一个普遍性的国际组织。1945年，由美、英、中、苏、法5国发起的"旧金山制宪会议"通过了《联合国宪章》。《联合国宪章》规定，联合国的宗旨是"维护国际和平与安全""发展国际间以尊重人民平等权利及自决原则为基础的友好关系""进行国际合作"等。联合国所有成员国都享有平等的表决权，各成员国应以和平方式解决国际争端。联合国的常设核心机构是安全理事会，它有权根据《联合国宪章》采取必要的措施与行动，美、英、中、苏、法为安理会的常任理事国。安理会在决定重大问题时，采取5个常任理事国一致的原则，即5个常任理事国都享有否决权。按照大会商定的程序，中国代表团是第一个在宪章上签字的国家。

联合国作为国际多边政治治理的制度安排，在开始酝酿的同时，将国际经济金融治理也提上议程。1944年7月1日，44国在美国新罕布什尔州布雷顿森林举行联合国国际货币金融会议，商讨战后的世界经济秩序。经过3周的讨论，会议确认了以外汇自由化、资本自由化和贸易自由化为主要内容的战后经济金融秩序原则。同时，会议建议成立国际货币基金组织（IMF）、国际复兴开发银行［通称世界银行①（WB）］和国际贸易组织［WTO，成立前由关税与贸易总协定（GATT）"临时适用"］，共同作为支撑全球"货币—金融—贸易"的三大经济支柱，构成国际经济治理的框架。

---

① 世界银行（World Bank）是"世界银行集团"的简称，是"国际复兴开发银行"的通称；是联合国经营国际金融业务的专门机构，同时也是联合国的一个下属机构；由国际复兴开发银行、国际开发协会、国际金融公司、多边投资担保机构和国际投资争端解决中心5个成员机构组成。

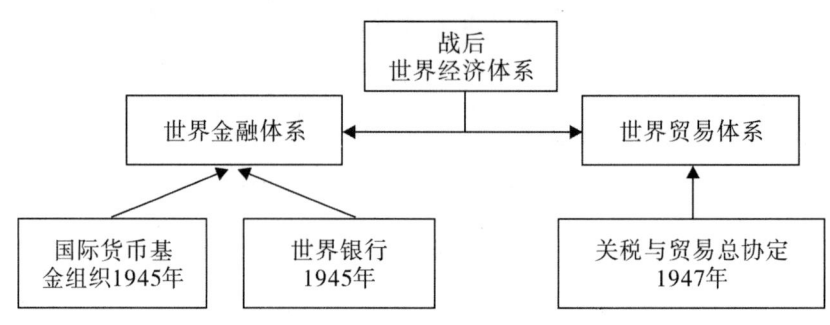

图9-1 "二战"后国际经济治理框架图

在这一框架下,建立了以美元为中心的国际货币新秩序。它是人类历史上第一次通过签订条约的形式共同认同并执行的国际货币体系。在这一体系中,美元取得了等同于黄金的地位,即美元作为唯一的法定货币与黄金挂钩,其他成员国的货币与美元挂钩,进而间接地与黄金挂钩。由此,其他成员国货币与美元保持可调整的固定汇率关系。

在这一框架下,国际货币基金组织作为一个永久性的国际金融机构,负责向成员国提供短期国际流动性便利,以保障国际货币体系的稳定。世界银行负责提供中长期信贷资金以促进成员国经济复苏,战后初期主要是针对西欧国家,为其修复战争创伤、恢复经济提供资助,后来重心转向发展中国家,为其经济社会发展提供中长期贷款和投资。而《关税与贸易总协定》是战后拟成立国际贸易组织的"临时适用协议",通过制定一系列多边贸易规则,成为各缔约国所普遍接受的共同准则,推动了国际贸易体系化、制度化的发展,以保证国际贸易的相对自由、透明和稳定。

战后,在国际社会的共同努力下,国际治理日益完善,国际社会几乎在所有领域都建立了专业治理机构,制定了专业化的治理规划,形成了完备的治理机制,并且有效运转,形成了按规则进行政治经济活动的新秩序,从而鲜明地区别于战前秩序。

专栏一

布雷顿森林体系与牙买加体系

布雷顿森林体系和牙买加体系是"二战"结束后形成的以美元为中心的国际货币体系。

布雷顿森林体系是在美国经济、军事、政治独霸天下的历史条件下建立的一种国际货币新秩序。在布雷顿森林体系下,美元取得了等同于黄金的地位,即美元作为唯一的法定货币与黄金挂钩,其他成员国的货币与美元保持可调整的固定汇率关系。尽管获得了近乎世界货币的地位,但美元终究是美国发行的信用货币,输出的美元是美国的对外负债,迟早会回流到美国的金融体系之内。但由此产生的问题是,美元特权为美国创造出宽松的信用条件,鼓励了美国政府和居民的过度支出,对外输出更多美元。当世界各国不再容忍美国滥用货币特权时,美元、黄金大量外流,美元信用发生动摇,美元的这种国际收支模式就难以持续。1971年,美国政府宣布中止美元兑换黄金,由此宣告了布雷顿森林体系的结束。总体来说,布雷顿森林体系的建立,结束了战前国际货币金融秩序的动荡状态,对战后受灾国家的经济复兴及世界经济的繁荣发展起到了积极的作用。

布雷顿森林体系瓦解后,国际货币体系改革步入漫漫征途。1976年IMF通过的《牙买加协议》确认了布雷顿森林体系崩溃后主要国家实行浮动汇率制的合法性,继续维持全球多边自由支付原则。在牙买加体系下,美国不再承担兑换黄金的义务,国际货币体系由此进入一种纯粹的信用本位制。其主要特点在于:一是美元成为未制度化的主要本位货币,欧元、日元等逐渐成为国际货币的重要补充;二是全球汇率调节更多地依赖市场机制的自发作用;三是大国之间缺乏制度化的货币合作。这种既无本位货币及其适度增长约束,也无国际收支协调机制的体系,通常被称为"无体系的体系"。这一时期的国际金融体系运转主要依靠两个主要支柱:一是国际货币基金组织和世界银行等国际金融机构,行使全球金融治理职能;二是美元作为主要的国际货币,是顺差国主要的储备资产,是多数

> 发展中国家和新兴市场的盯住货币。随着经济全球化的发展，更多的国家被控制在美元之下，由于很多国家都以美元作为外汇储备，更是美国的债权国，因此美国经济和美元汇率成了每个国家关注的焦点，为了捍卫本国利益，各国都必须为美国的经济稳定作出贡献。从这个意义上来讲，《牙买加协议》使美元的地位进一步提升，不但弥补了布雷顿森林体系的缺陷，而且使美元可以继续享受国际货币的优待地位，还可以不再担负维护国际货币体系稳定的责任。

"二战"期间，中国与苏、美、英、法等国一起倡议建立了旨在维护世界和平的国际组织——联合国。作为联合国的创始国和安理会五个常任理事国之一，中国是现行国际治理体系最早的缔约国和参与者，为战后秩序和国际治理体系的重构作出了巨大贡献。在经济金融领域，中国是国际货币基金组织、世界银行、关税与贸易总协定的创始成员国。

中华人民共和国成立后，"中华人民共和国中央人民政府是代表全体中国人民的唯一合法政府"①，按照国际惯例和公认的国际法准则，理所应当地享有中国在联合国的席位。但是，以美国为首的西方国家借口防止共产主义扩张，对中华人民共和国进行孤立和封锁，而朝鲜战争、越南战争的爆发使美国更加敌视中华人民共和国，以种种借口对联合国施加压力，企图长期把中华人民共和国拒之于联合国大门之外。与此同时，美国拒不承认中华人民共和国并以武力阻挠中国人民解放军解放台湾，又以"台湾未在中华人民共和国政府实际控制下"为借口操纵联合国表决机器，导致中华人民共和国在联合国的合法席位一直被台湾当局长期非法占据。

中国政府为恢复在联合国的合法席位进行了20多年不屈不挠的努力。1971年，第26届联合国大会通过决议，恢复中华人民共和国在联合国的合法席位并驱逐台湾国民党集团代表，中华人民共和国在联合国的合法权利终于被承认。中国在联合

---

① 1949年11月15日，外交部部长周恩来分别致电联合国秘书长赖伊和第4届联大主席罗慕洛时的声明。

第九章
积极参与完善国际经济金融治理

国的合法席位得到恢复,为中国恢复在联合国序列下各专门机构的席位创造了条件,为中国融入国际社会创造了条件。而中国重新回归国际社会,开始作为正常的成员国参与国际治理,致力于促进世界"和平与发展"主题的实现,致力于促进新的国际政治经济新秩序的建立。

1974年,时任副总理邓小平率中国代表团出席了联合国大会第六届特别会议,并在会上发言详述了"三个世界"的理论,全面申述了关于建立国际经济新秩序的六项主张,即:国家之间的政治和经济关系都应当建立在互相尊重主权和领土完整、互不侵犯、互不干涉内政、平等互利、和平共处五项原则的基础上;国际经济事务应当由世界各国共同来管,而不应由少数国家垄断;发展中国家人民有权自行选择和决定他们自己的社会、经济制度;国际贸易应当建立在平等互利、互通有无的原则基础上;对发展中国家的经济援助,应当严格尊重受援国的主权,不附带任何政治、军事条件;对发展中国家的技术转让必须实用、有效、廉价、方便。邓小平的发言得到了广大发展中国家的普遍赞同。这六项主张全部被大会采纳,写进了大会最后通过的《建立国际经济新秩序宣言》中,成为该文件的主体内容。这是中国首次为建立国际经济新秩序作出的贡献。

重返联合国,为中国参与国际经济分工创造了条件。当1978年中国终于结束十年浩劫的"文化大革命",再次睁开眼睛面对世界时,发现我们与世界的差距是如此之大。"落后不仅要挨打""落后还会被'开除球籍'"。对内改革、对外开放成为一致的共识。1979年,为"杀开一条血路",中国在毗邻香港的深圳开始创办经济特区,随后扩展到珠海、汕头和厦门,经济特区成为中国融入世界经济的桥头堡和试验田。"引进先进技术,引进管理经验,与国际接轨,按国际规则办事"成为经济特区的准则,而当时深圳蛇口工业区又引领风气之先。在金融方面,除引进外资开办分支机构外,还按国际规则创办了金融机构,招商银行和平安保险均诞生于此地,深圳又是中国第一家证券公司和最早的证券交易所创办地。

随着经济特区的成功实践,1984年,中国将沿海14个城市全部对外开放。其中,中国最大的城市以及人民币本币中心——上海,加入这一开放进程。按现代金融制度管理金融，建设现代化金融机构与金融市场成为中国金融不二的选择，中国金融在接受国际标准的同时开始融入世界。也正是从这时起，中国开始了恢复在关税与贸易总协定（GATT）合法地位的艰苦谈判。这一谈判一直延续了16年，在此期间，关税与贸易总协定已经演变成了国际贸易组织（WTO）。最终，以中国于2001年加入WTO而宣告谈判结束。这一谈判过程可以总结为开放推动了改革，改革促进了开放，"两个轮子"相互促进，使国际规则逐步落地中国。据不完全统计，仅为准备加入WTO一事，中国就废除或修订了超过2000项经济金融规定。从这个意义上来讲，中国参与国际经济金融治理的起步是从学习开始的，是从身体力行的实践开始的。中国通过学习并认真加以实践，持之以恒，最终赢得了国际社会的认可和尊重。

随着中国经济逐步融入世界，在中国了解世界的同时，世界也在了解中国、接纳中国。反映在金融方面，就是国际经济金融组织或恢复了中国的合法地位，或接纳了中国成为成员国。到目前为止，中国几乎参加了包括官方和行业在内的所有的国际金融组织和协会，作为一个成员国承担着义务、履行着职责、执行其标准和规范、接受其检查监督。最为突出的案例就是1996年中国宣布接受《国际货币基金组织协定》第八条第2款、第3款、第4款的义务，实行人民币经常项目下的可兑换；2011年颁布《中国银监会关于中国银行业实施新监管标准的指导意见》，拉开了《巴塞尔协议Ⅲ》率先在中国实施的大幕。

随着中国经济的发展和中国金融机构的成长，中国对国际经济金融的治理逐渐由学习者、融入者转变为参与者、维护者，而转折点是1997年爆发的亚洲金融危机。

表9-1 中国加入部分国际金融组织的时间表

机构名称	成立时间	中国加入时间	备注
国际货币基金组织（IMF）	1945年	1945年	1980年国际货币基金组织正式恢复中国的代表权

(续表)

机构名称	成立时间	中国加入时间	备注
国际复兴开发银行（IBRD）	1945 年	1945 年	中国是世界银行的创始国之一，1980 年中国在世界银行和所属国际开发协会及国际金融公司的合法席位得到恢复
国际金融公司（IFC）	1956 年	1980 年	
国际开发协会（IDA）	1960 年	1980 年	
多边投资担保机构（MIGA）	1988 年	1988 年	
国际投资争端解决中心（ICSID）	1966 年	1993 年	
联合国贸易和发展会议（UNCTAD）	1964 年	1972 年	—
世界贸易组织（WTO）	1995 年	2001 年	—
国际清算银行（BIS）	1930 年	1996 年	—
联合国亚洲及太平洋经济社会委员会（ESCAP）	1947 年	1947 年	前身是亚太和远东经济委员会（亚远经委会），1974 年改称现名
亚洲开发银行（AsDB）	1966 年	1986 年	—
亚太经合组织（APEC）	1989 年	1991 年	—
上海合作组织（SCO）	2001 年	2001 年	起源于 1989 年，前身是 1996 年创建的"上海五国"会晤机制
金砖国家开发银行（BRICS）	2015 年	2015 年	后更名为"新开发银行"（NDB）
亚洲基础设施投资银行（AIIB）	2015 年	2015 年	由中国于 2013 年提出筹建倡议

(续表)

机构名称	成立时间	中国加入时间	备注
反洗钱金融行动特别工作组（FATF）	1989 年	2007 年	—
欧洲复兴开发银行（EBRD）	1991 年	2016 年	—
非洲开发银行（ADB）	1964 年	1985 年	—
泛美开发银行集团（IDBG）	1959 年	2008 年	—
加勒比开发银行（CDB）	1970 年	1998 年	—

20世纪80年代后期至90年代初期，亚洲一些国家在"金融自由化"进程中先后全面开放了本国的货币金融市场，全面开放了资本项目，实行了对美元的钉住汇率制。由于外国大量短期资本纷纷涌入亚洲寻求获利机会，造成和扩大了亚洲各国的经济泡沫，部分亚洲国家的金融活动逐步失控。1997年，当泰国宣布放弃固定汇率制转而实行浮动汇率制时，泰铢兑换美元的汇率应声下跌17%，金融市场一片混乱。在泰铢波动的影响下，菲律宾比索、印度尼西亚盾、马来西亚林吉特、新加坡元竞相贬值，东南亚金融风暴爆发。随后，国际炒家又对中国香港、韩国、日本相继发起攻击，东南亚金融风暴演变为亚洲金融危机。

在亚洲金融危机期间，当许多亚洲国家纷纷实行竞争性货币贬值时，中国政府激流勇进，向世界承诺保持人民币不贬值，维持了人民币汇率的稳定，避免了危机的进一步扩大，稳定了东亚地区金融秩序。并且，按照国际货币基金组织业务预算的安排，中国增加了对危机国家和其他经济困难国家的资金支持，支持和响应国际组织对东南亚的援助，尤其是开放中国市场，支持东南亚国家对华出口。中国上述一系列安排承受了巨大的压力，当时中国经济正处在艰难的转轨时期，企业尤其是国有企业普遍效益不好。人民币不贬值，不仅使出口萎缩，而且进口增加，使企业的困难雪上加霜，陷入全面亏损状态，倒闭破产、下岗分流成为无奈之举。据不完全统计，在那个时期，下岗工人累计超过2000万人，相当于一个中等国家的人口。

第九章
积极参与完善国际经济金融治理

正是以自身的牺牲承担维护了亚洲地区的经济金融稳定，中国开始以"负责任的大国"的形象出现在亚洲，由国际经济金融治理的参与者向建设者转变，并获得亚洲国家，尤其是东南亚联盟国家的认同。东南亚联盟的前身是1964年成立的东南亚反共条约组织。2001年中国与东盟签署协议，建立中国东盟自由贸易区。历经10年的发展，中国东盟自由贸易区的自贸协定在老东盟六国率先实现，以2015年新东盟四国与中国的自贸协定实现为标志，中国东盟自由贸易区完全实现，这是涉及19亿人口的全球最大的自由贸易区。

在中国的参与和倡导下，亚洲太平洋区域经济一体化进程加快发展，开始形成区域性的经济金融治理机制，成为国际经济金融治理的重要补充。这体现在广度和深度两个方面：在广度上，双边或多边的自贸协定不断签署，投资贸易自由化的范围不断扩大。中国已和新西兰、韩国签署了自贸协定，与其他亚太国家，尤其是与日本的谈判仍在进行中。如若成功，有望在东北亚地区形成新的多边自贸区安排。在深度上，特别突出地反映在中、日、韩、加东盟十国2000年签署的清迈倡议上。这是继亚太地区投资贸易自由化进程之后，货币金融合作的又一创举，标志着亚太地区货币在救助规模、决策机制、机构建设等方面得到了极大改善，并于2009年成立清迈倡议下的东盟与中日韩宏观经济研究办公室（AMRO），总部设在新加坡，开始发挥类似亚洲IMF的作用。目前，AMRO的主任是中国财政部的官员常军红女士。

回顾"二战"后70余年国际经济金融体系的发展历程，占世界人口1/5的中国走过了不平凡的道路，从创始国被排斥，到融入国努力学习，再由参与者到维护者。目前，面对经济去全球化的逆风，中国义无反顾地承担着负责任大国的责任和义务，为全球经济金融治理贡献着中国智慧，提供中国方案，并与2030年联合国发展规划相衔接。中国正在成为全球经济金融治理改革的引领者，成为全球经济金融治理体系的建设者。

专栏二

清迈机制与亚洲金融合作

1997年的亚洲金融危机使亚洲多国的经济金融遭受了巨大影响和破坏。从危机的深层次原因来看,期限错配、结构错配、货币错配凸显出亚洲地区缺少以本币计价和支付的区域金融市场,并进一步导致亚洲地区国家货币具有内在的脆弱性。只有通过区域货币金融合作开启本币化进程并形成统一的金融市场,才是唯一的解决途径。

正是基于这样的认识,东盟十国与中、日、韩三国(10+3)于2000年建立了"双边货币互换机制",也称"清迈机制",共同约定在亚洲地区短期资本急剧流动时相互提供干预资金,交换经济和外汇方面的信息,建立预防货币危机的监督机构,建立备用贷款基金等。"清迈机制"标志着亚洲金融合作进入了全新的、实质性的发展阶段。

2003年,中国提出"清迈协议多边化",倡议以克服双边货币互换协议松散、不易形成合力的缺陷。2007年,"清迈协议多边化"因成立采取自我管理的区域外汇储备库安排(SRPA)而获得实质性进展。2009年,区域外汇储备库的规模及份额分配、出资结构、贷款额度、决策机制、经济监测机制、运行时间等主要要素得以确定,"清迈协议多边化"取得里程碑式的实质性进展,并于2010年正式生效。

区域外汇储备库的建立将原先松散的双边援助网络提升为较为紧密的多边资金救助机制,使亚洲区域财金合作水平上了一个新台阶,增强了本区域抵御金融风险的能力,在推进亚洲地区货币金融合作走向深化的同时丰富了该地区的融资渠道,也是改革和完善国际金融体系的有益探索。区域外汇储备库可以更好地利用亚洲国家充裕的外汇储备,实现国际货币调节功能和履行流动性补充义务,弥补现有国际多边救援资金的不足,维护本地区的经济金融稳定。

第二节
现行国际金融治理的缺陷与改革方向

2008年爆发了国际金融危机,充分暴露了现行国际经济金融治理体系和机制的缺陷。尤其是国际货币基金组织对金融危机应对无力乃至无能,令人深感失望。改革现行国际经济金融治理体系和机制的呼声日渐高涨,而国际货币基金组织的改革又首当其冲。

国际货币基金组织始于1944年的布雷顿森林会议。基于投资贸易自由化是战后经济金融秩序重建的方向,各国与会者竞相提出国际货币制度的安排方案,其中最为著名的是以超主权货币为核心的凯恩斯方案和以美元为中心的怀特方案。鉴于美国的经济实力及其在世界的主导地位,会议最终接受了时任美国财政部部长怀特的方案,相应地成立了以美元为中心的国际货币基金组织(IMF)。

不同于国内货币,在投资贸易自由化下,国际货币通常履行三种职责或具有三种功能:第一,国际贸易的计价和结算;第二,由于国际贸易的结算会有头寸产生,该头寸需要在金融上进行安排,从而使该货币具有了投融资功能;第三,由于具有投融资功能,使该货币具有了价值承担者的意义,具有了贮藏价值,从而成为储备货币。虽然投资贸易自由化可以使各国充分发挥其比较竞争优势,但毕竟会有国际收支差额出现,这就需要一个相应的国际组织按规则来调节成员国之间的差额,以维持投资贸易自由化的正常运转及其秩序。IMF就是承担这一职能的国际组织。其作用机制是:当一国出现国际收支逆差,从而难以进行国际支付,并影响本国经济稳定和发展时,即该国出现国际流动性困难时,IMF就会利用其基金并组织顺差国对其提供贷款或援助,在缓解其国际流动性困难的同时,提供政策咨询和改进方案,以帮助该国培养改善国际收支的长远能力。

然而，当一国主权货币充当国际货币时，各国国际收支的顺逆差就表现为对该主权货币收入的顺逆差，并由此产生一系列特殊的问题：第一，该主权货币是有信用而被国际社会充分接受的，这不仅取决于该主权货币国的国际经济地位，也取决于其信用的提供方式；第二，因是国际货币，该主权货币国承担着国际流动性补充义务，这意味着该国必须持续保持国际收支的逆差状态，虽然不必全面逆差，但至少在国际收支某个项下，或资本项下、或经常项下应呈逆差状态；第三，相应地，国际收支的顺逆差调节责任由收受该货币但又有逆差的国家承担，即国际流动性收受逆差国须通过一系列改革国内经济的措施来改善其国际收支状况；第四，在上述条件下，相应的国际货币组织才能以短期补充国际流动性为主要手段发挥调节作用。

以美元为中心的国际货币体系是以下述办法来解决上述问题的。第一，美元通过与黄金挂钩来提供美元的国际信用。美国利用"二战"结束时拥有全球黄金储备的3/4以上的有利地位，实行了35美元兑换1盎司黄金的固定比率。同时，美国利用其全球政治经济实力第一的优势，要求其他国家货币与美元挂钩，并通过美元与黄金间接挂钩，实现固定汇率制。从这个意义上来讲，以美元为中心的国际货币体系实际上是变形的金汇兑本位制。第二，在双挂钩的固定汇率制下，尽管美国承担着国际流动性补充的义务，但这一义务首先由其他美元顺差国承担。这些顺差国的货币通常都是国际社会可接受的"硬通货"，如英镑、马克、法郎、日元等，当它们的国际收支发生顺差而需要调节时，顺差国家的货币汇率会升值，而由于有义务维持本币与美元的固定汇率，该国必须抛售本币以平准汇率，即以这些"硬通货"的流动性率先缓解对美元流动性的渴求，减轻美元补充流动性的压力和责任。第三，如果是逆差国，则必须独立承担调节责任，或通过紧缩财政、压缩消费方式、扩大出口，实现经常项目顺差平衡，如亚洲国家；或通过举债达到暂时的资本项目顺差来缓解，如拉美国家。在固定汇率制下，这都意味着高估美元的倾向，而本币的贬值也应是一次性的大幅贬值。第四，在上述条件下，IMF通过补充短期流动性以使逆差国赢得喘息的机会，首先是应对本币大幅贬值所可能引发的经济混乱。

从这个意义上来讲，IMF 真正承担的是全球中央银行的责任。但由于国际货币是美元，最终国际流动性的补充只能通过美元来进行，IMF 美元流动性来源只能依靠美联储，从而需要与美联储的货币政策绑在一起。反过来，美联储只有通过控制 IMF，才能控制国际流动性补充的节奏和规模，IMF 规定，重大事项必须有超过 85% 的投票权支持，而美国的投票份额始终高于 17%，因而一直拥有"一票否决权"。

综上所述，布雷顿森林体系尽管是以黄金为基准表示各国货币的相对价格，但由于只有美元可以与黄金实行兑换，实际上是将美元视为黄金，美元因之成了各国的主要外汇储备货币。美元凌驾于其他货币之上的事实表明，布雷顿森林体系实质上是美元本位制。

美元本位制的特征突出表现在以下两个方面：首先，美国货币当局是世界的最后贷款人，负责整个国家货币体系的正常运转。其中，向世界提供美元、保持国际货币体系的正常流动性是其义务。在这种体系下，美国的货币政策就是世界的货币政策，美联储就是世界的中央银行，各国中央银行仅是美国货币政策的被动执行者。其次，美国货币当局是世界金融市场的监管者。由于各国货币与美元挂钩，汇率是固定的，从而国际金融市场也不会有过大的波动，即使有波动，由于各国中央银行有义务维持其货币与美元的比例而不得不以吞吐本币进行干预。在这种体制下，相应地，各国长期利率也基本是稳定的。由于汇率固定、利率稳定、风险可以预期，以金融衍生品为代表的风险管理工具基本无用武之地，因而金融市场不活跃，也无须创新发展，从而监管的必要性大大降低。如果需要监管，也仅是政策方面的微调。由此，美国金融监管当局实际上是监管标准的制定者，各国监管当局实际上成了美国金融市场监管政策的被动执行者。

布雷顿森林国际货币体系因提供了利率与汇率的稳定机制，在促进世界经济尤其是国际贸易发展的同时，根植在内部的"特里芬难题"也开始完全表现自己。所谓"特里芬难题"，是指作为国际货币的主权货币国家的国际收支需要保持持续的逆差，以履行国际流动性补充义务，但如果该主权货币国家的国际收支保持持续的逆差，则意味着该货币具有贬值倾向。而币值不稳定的货币是难以承担国际货币职能的,"二战"后的国际货币体系演进史就是"特里芬难题"内在矛盾的展开史。战后初期,美国的国际收支是"双顺差",全球出现"美元荒"。为履行国际流动性补充义务,美国通过诸如"马歇尔计划"等资本输出的安排,使其国际收支资本项目呈现逆差。随后,由于美国经济竞争力下降等原因,又使美国国际收支经常项目也开始呈现逆差。这虽然满足了美元成为国际货币的条件,但美元在海外的过度供应,使美元难以维持其与黄金兑换的比率关系。自20世纪60年代开始,美元兑换黄金的美元危机便屡次爆发。为平息美元危机,国际货币体系在两个方面采取了措施:一是动用固定汇率制下各国货币当局维持与美元平价的机制,抛出本币购买美元;二是美国颁布Q条例,即通过阻止美元回流美国来切断海外私人机构兑换黄金的渠道。然而,在美国国际收支长年保持逆差并持续增大的情况下,上述措施日益成为杯水车薪,美元危机仍然频繁爆发。

作为补救,在20世纪60年代期间,为了维持外汇市场和黄金价格的稳定,保持美元的可兑换性和固定汇率制,美国要求其他国家在国际货币基金组织的框架内与其合作,与欧洲部分国家和日本等14国签订了《互惠信贷协议》(1962年3月),并在国际货币基金组织内建立了"借款总安排"(1961年11月)和"黄金总库"(1961年10月)。《互惠信贷协议》是一种货币互换协议,根据协议,签约国彼此间在规定的期限和金额内利用对方货币来干预外汇市场,以稳定汇率。"借款总安排"是为了从美国以外的9个国家借入资金以支持美元,而美国是最大的借款者。"黄金总库"是8国中央银行共同用黄金出资建立的基金,其中美国的份额最大,为50%,总库由英国中央银行代为管理。其运作方法是当金价上涨时,就在伦敦市场抛出黄金;当金价下跌时,就买进黄金,以此来调节市场的黄金供求,稳定金价。

然而,随着美国卷入越南战争程度的不断加深,其财政状况发生明显变化,国际收支逆差持续加大,用美元兑换黄金的"美元危机"频频不断,而相形之下,上述各种稳定美元与黄金比价关系的安排机制宛如杯水车薪,力不从心。受形势所迫,1968年3月,美国宣布实行"黄金双价制",即官方市场仍按1盎司黄金兑换

35 美元，而私人银行则按对黄金的供求来决定与美元的比价。

黄金双价制的实行已预示了"黄金—美元"本位制的崩溃，也彻底打消了用黄金作为国际货币的幻觉。黄金储备不足不仅制约着世界经济的发展，也无法满足调节各国国际收支顺逆差的需要。作为幻觉破灭的产物，并为了克服国际收支困难，1969 年国际货币基金组织创设了"特别提款权"（SDR）。这是一种既可替代美元，又可替代黄金的虚拟货币，俗称"纸黄金"。它可以执行黄金作为国际储备资产的功能，国际货币基金组织成员国也可以用此取代美元来清算国际收支差额，其对黄金的比价也如同美元，1 盎司黄金等于 35 个特别提款权。

20 世纪 70 年代，在布雷顿森林体系中，随着"特里芬难题"内在矛盾的进一步展开，美国的黄金储备已无法支撑日益沉重的对外负债。1971 年，美国尼克松政府单方面宣布终止美元与黄金的兑换，意味着美国放弃了"双挂钩—固定"的责任，国际货币秩序陷入动荡之中。5 年之后的 1976 年 1 月，国际货币基金组织的国际货币制度临时委员会在牙买加首都金斯顿召开会议。经过激烈的争论，各国签订了《牙买加协议》，国际货币体系就此进入一个新时期——牙买加体系时期。

牙买加体系在继承布雷顿森林体系遗产的同时，也对布雷顿森林体系进行了改革，主要有：第一，各国货币比价的确定以浮动汇率为基础。承认固定汇率制和浮动汇率制并存，并给予各成员国自由选择汇率制度的权利，从而正式确认了浮动汇率制的合法性。第二，货币多元化。各国货币的兑换比率以及由此决定的国际使用程度以各国国际经济地位和政治经济实力为依托，减小因中心国家实力减弱而招致的国际货币体系的系统性风险。第三，推行黄金非货币化。决定废除黄金的国际货币作用，删除国际货币体系章程中的黄金条款，取消黄金官价。各成员国可以按照黄金的市场价格自由贸易，黄金不再充当国际贸易清算货币，只作为贵金属投资品。第四，大量加强特别提款权的地位和作用，扩大使用范围，提高份额。第五，扩大对发展中国家的资金融通。国际货币基金组织以出售黄金的收入建立信托基金，用于改善发展中国家的贷款条件，并且提高贷款限额，加大对出口波动补偿贷款的力度。

综上所述，牙买加体系没有规定本位货币，没有统一的汇率制度，也没有统一的国际收支协调机制，整个国际货币秩序处于自由放任状态，从而令整个货币体系呈现随国际经济格局变化而变动的动态状态。因此，牙买加体系又是一种"无体系的体系"。

近40年来，这种"无体系的体系"自我演进，逐渐呈现出以下特征：

第一，以美元为主导的多元国际货币格局。牙买加体系实现了黄金非货币化，国际货币本位与实物价值彻底脱钩。黄金在国际储备中的地位下降，同时，特别提款权作为新型国际储备也有一定程度上的应用。但是，担任世界货币角色的则是经济发达的强势国家的信用货币。除美元外，随着西欧和日本经济的重新崛起，英镑、联邦德国马克和日元都进入了各国的外汇储备中，尤其是2000年欧元创立后，对美元的核心地位的冲击更为突出，各国外汇储备结构多元化更加明显。在这一体系中，尽管美元的地位有所下降，但仍占据主要地位。在国际金融危机爆发的2008年，各国外汇储备构成中的64%为美元，全球贸易中50%以上的结算工具是美元，世界上大多数国家在汇率制度安排中都程度不同地以美元为基准货币，当今的国际货币体系仍是一种事实上的"美元本位制"。

第二，"中心—外围式"的多样化汇率制度。牙买加体系未限制成员国的汇率安排，各国可根据自身的情况在完全意义上的固定汇率制和完全意义上的浮动汇率制之间任意选择，从而使国际汇率制度安排呈现出多样化的趋势。根据国际货币基金组织的分类方法，按自主程度浮动区间大小划分，当前世界各国的汇率制度可分为七个类别：①无单独法定货币的汇率，如欧元；②货币局制度，如港币；③汇率波动不大于1%的传统钉住汇率；④汇率波动区间大于1%的水平区间内的钉住汇率；⑤对汇率进行可预期指标进行调整的衍生钉住汇率；⑥事先不公布汇率目标的有管理的浮动汇率；⑦独立浮动汇率。如果再结合对应的货币政策安排，国际货币基金组织则细分为20多种汇率制度。根据上述标准，国际货币基金组织研究发现，独立浮动汇率、有管理的浮动汇率、传统钉住汇率以及无单独法定货币汇率这四类汇率制度被采用的国家和地区最多，分别占总数的13%、27%、28%和22%。从分布上来看，其货币成为国际货币的国家都是经济发达的国家，并且为数较少，是货币中心国家。它们采取的是浮动汇率制，并按照自身利益独立或联合浮动。广大发展中国家由于不是货币中心国家，则处于外围状态，因种种原因所致，它们大都采用钉住主要货币（篮子）的汇率制度。由此，全球的汇率制度也呈现出"中心—外围"的样式。

第三，全球性与区域性并存的国际协调机制。由于少数经济发达国家的信用货币担任国际货币，并因此导致汇率制度安排的"中心—外围"格局，从而使国际协调机制不再是铁板一块式的统一，而呈现出全球性和区域性协调并存的多样化样式。既有从布雷顿森林体系继续下来的全球性协调，如国际货币基金组织，又有区域范围的多协调机制，如欧元区、加勒比货币联盟、西非经济货币联盟以及目前引人注目的以清迈协定为代表的东亚货币合作。同时，还有广泛的双边协调机制，如中国与36个国家和地区签署的双边本币互换协议。

第四，手段多种但体系仍不健全的国际收支调节体系。在布雷顿森林体系下，国际收支失衡的调节手段主要依赖于国际货币基金组织的贷款，这一般只在国际收支严重失衡时才可动用，基本上属于事后救援手段，而在此时汇兑平价一般都发生了改变，即出现本币的大幅贬值，外汇危机已经爆发。国际货币基金组织调节机制僵硬、时效性差，往往成为"马后炮"，因而一直为人所诟病。相对于布雷顿森林体系下只能采用统一组织的援助贷款以及不得不改变汇兑平价而言，在牙买加体系下，可选用的手段更加丰富。例如，可选用汇率机制、利率机制、多边或双边的国际合作与政策协调、国际金融市场融资等，使国际收支失衡的调节更加灵活。但是，在调节手段灵活化的同时却缺乏系统性的整体安排，国际收支调节更多地依赖于失衡国自身的意愿和努力，而调节的手段又倚重于汇率的变动。经验证明，单纯依赖失衡国汇率变动来调整国家收支需要马歇尔—勒纳条件，即一国的进出口需求弹性大于1，否则汇率变动不但调整效果有限，而且会进一步招致国际游资冲击，强化国际收支的不确定性。而国际金融市场的融资安排这时至多只能起到缓解作用，不能根本解决问题。亚洲金融危机教训之深，令人胆寒。牙买加体系这种"无体系的体系",为其他主权货币的国际化打开了方便之门。除美元外,一些老牌主权货币,如英镑、法郎等重新上阵,并试图构建英镑区、法郎区。更引人注目的是,联邦德国马克和日元也加入了主权货币国际化的行列,其崛起速度令人瞠目,国际货币多元化的新局面由此形成。

从本质上来看,牙买加体系的核心是黄金非货币化,并由此成为"无体系的体系"。所谓无体系,意味着没有黄金这一核心,使其不能围绕该核心形成体系,这突出表现在全球没有统一的汇率制度安排,各国尤其是货币中心国自行其是,汇率制度五花八门,汇率不断波动,协调困难。所谓体系,意味着由此开启了以信用货币为基础的国际货币秩序。国际货币体系的正常运行及可持续发展全部依赖于信用货币的稳定状态,而这取决于充当国际货币的主权货币国的宏观经济政策的稳定性,主要是货币政策的稳定性。

如前所述,现行的国际货币格局是以美元为主导的多元格局,美元仍是各国货币汇率的驻锚目标,美元事实上仍是锚货币。在布雷顿森林体系下,由于美元与黄金的固定比价,锚是稳定的;但在牙买加体系下,锚的稳定就取决于美国的宏观经济政策,尤其是货币政策。这就要求失去黄金约束的美国货币当局要比以往更加谨慎地进行宏观经济管理,不仅要对美国宏观经济的稳定负责,而且要对世界宏观经济的稳定负责。然而,令人遗憾的是,这仅仅是大家的一厢情愿。

由于美元机制与黄金、美元的固定关系,美国的货币政策没有任何强制性约束,美联储也没有义务维持美元与黄金,从而维持美元与其他货币的汇价水平。特别是 2001 年"9·11"事件后,美国高科技泡沫破灭,美国经济放缓,为刺激经济增长,美联储实行了低利率的廉价货币政策,货币供应量大增,美元发行几乎没有任何约束,这种低利率的货币政策使大量美元通过经常项目赤字流向整个世界。在国际金融危机爆发的 2008 年,美国经常项目逆差竟高达 6733 亿美元,占其 GDP 的 4.7%。美元发行的持续扩大虽然刺激了美国经济的增长,但也带来了全球性的流动性过剩和通货膨胀。2008 年以美国次贷危机为导火索的国际金融危机和当时以大宗原材料商品上涨为代表的通货膨胀,在很大程度上就是美国不负责任的单边宏观经济政策的产物。它凸显了美联储应是全球的中央银行但又不为全球经济负责，仅是美国本国的中央银行之间的角色冲突。

如前所述，现行的国际汇率制度呈现出"中心—外围式"的多样化安排。失去黄金强制约束的美元，使美国没有义务维持美元与黄金，从而维持美元与其他货币的比价关系，而完全根据自身的利益采取自由浮动汇率。美元汇率水平及其背后的利率水平不断波动，增加了国际经济活动的风险。为了方便国际经济活动并控制风险，各种金融衍生工具层出不穷。本来金融衍生工具是风险管理工具，如果将其与风险百分之百地反向复制，其对冲的结果是风险为零。但是，如果不是百分之百地反向复制，衍生工具就会有杠杆出现，从而成为投资工具。在经济全球化且利率、汇率不断波动的背景下，作为投资工具的金融衍生品呈现出泛滥倾向，名目繁多的各种对冲基金纷纷出笼，令人眼花缭乱的金融衍生产品不断粉墨登场。一时间，金融创新成为潮流，不仅资本市场的宠儿——投资银行业务领风气之先，而且传统的商业银行业务也开始对冲基金化，"发起—批发"模式为商业银行竞相效仿。更有甚者，工商企业也不甘寂寞，辛辛苦苦的产业成本核算不如资本运作划算，教授金融工具的 MBA 课程也成为企业财务总监趋之若鹜的新时尚。凡此种种，使经济中的杠杆程度不断提高，金融发展远远脱离实体经济的需要，国际金融危机爆发成为必然。它凸显了美国货币当局应是全球金融市场监管责任的主要承担者，但又不能承担这一责任之间的矛盾。

现行的国际货币体系是黄金非货币的体系，但又是以美元为中心的体系。国际经济秩序依然高度依赖于美元，但没有黄金约束的美元又可以不负责任，从而形成了这样一种局面：美元的发行权属于美国，其他国家不能干涉，美国可以长期执行宽松的货币政策，造成全球的流动性过剩；美国可以通过发行美元为其贸易融资融券，使其高消费、低储蓄、高国际收支赤字的经济模式可以长期维持。而处在外围的发展中国家，因美元是国际货币，又不得不实行钉住美元的汇率制度，美元利率和汇率的变动往往会引起国际资金流向的变动，游资大进大出给这些国家的经济金融安全带来了重大威胁，20世纪90年代的亚洲金融危机就是明显的例证。为防范这类风险并以备不时之需，这些国家又不得不处心积虑地扩大出口、巩固顺差，形成以美元为代表的外汇储备的大规模累积。而外汇储备为了保值增值又投资美国资本市场，这又相应地压低了美元的利率。在进一步鼓励美国居民寅吃卯粮式的负债消费的同时，也使发展中国家投资美元的收益率更加低下，更为严重的是，美国资本市场的风吹草动还会使这些美元资产遭受损失。

现行的国际货币体系的权益与责任严重失衡，缺乏系统性的调整各国国际收支的有效机制，不但无法应对经济全球化的挑战，而且加剧了世界经济的不平衡。这些矛盾最后又集中体现在 IMF 对危机救助能力的脆弱性上，作为全球最后贷款人的 IMF 倚重于美元作为补偿国际流动性的手段。不幸的是，2008 年的金融危机首先爆发于美国，美元的流动性即使在国内也严重短缺，更遑论其对国际流动性的补充义务。IMF 因此陷入流动性枯竭状态，对肆意蔓延的国际金融危机无法应对、无力救助，令整个机制陷入失灵的状态。

自布雷顿森林体系诞生以来，就不断存在着改革的呼声。在这一呼声下，国际经济金融治理体系和机制也的确做了改进，例如，关税与贸易总协定（GATT）发展成为世界贸易组织（WTO），尤其是在牙买加体系下，因汇率的浮动，开始建立了国际金融协调监管标准与机制。但总的来讲，改革进展不大，并未触及深层次问题。2008 年国际金融危机的爆发彻底暴露了现行经济金融治理体系的缺陷，凸显了改革和完善国际经济金融治理体系、提升治理能力的重要性和紧迫性。而现行国际经济金融治理体系的缺陷和弊端也使其改革指向十分明确：现行的国际经济金融治理体系是建立在南北差距这一基础之上的，并因发展中国家的发展指向是发达国家，从而其治理原则是以发达国家为基准的，并呈现出单向性。而随着战后七十年的发展，就 GDP 而言，当今发达国家与发展中国家已相差无几，几乎各占世界的一半。治理基础的变化导致现行治理能力的下降，改革的指向就成为重视发展中国家的利益关系，尊重发展中国家自身的发展道路，增强发展中国家在现行的国际经济金融治理中的代表性和话语权，在治理规则中反映发展中国家的诉求，在治理行为中提升发展中国家的地位。换言之，包容性应成为新的准则。

> **专栏三**
>
> **G20关于国际金融治理的最新动向**
>
> 历届二十国集团峰会均积极推动国际货币基金组织、世界银行等国际机构改革,部分改革已经到位,有的仍在进行中。伦敦峰会和洛斯卡沃斯峰会两次就国际货币基金组织增资达成共识,稳定了市场信心。金融稳定论坛改组为金融稳定理事会,制定出一系列金融监管新标准。
>
> 2016年,二十国集团峰会提出要建立更高效的全球金融治理体系。一是完善国际金融架构,推动建立更加稳健的国际金融体系,健全宏观审慎管理,促进跨境资本有序流动,完善全球金融安全网,推动主权债务有序重组。具体包括推进布雷顿森林机构改革,落实国际货币基金组织份额和治理改革方案,扩大国际货币基金组织特别提款权货币篮子的作用,继续推动世界银行投票权审议工作等。二是推进金融部门改革,总结宏观审慎管理经验,改善金融监管协调框架。持续关注全球金融体系的新风险和脆弱性,及时采取措施予以应对,推动完善全球金融基础设施建设,增强全球金融基础设施宏观审慎监管,加强全球金融监管合作。三是发展绿色金融,推动全球经济向绿色转型,研究提高全球金融机构的绿色化程度和资本市场向绿色产业配置资源的能力,支持环境友好型的经济发展。

第三节
推进发展中国家经济金融的务实合作

综上所述,第二次世界大战后以布雷顿森林体系为基础的国际经济金融治理体系是建立在南北差距这一基础上的。理论上,如果发展中国家经济发展,南北差距缩小,这一体系的治理能力和效果就要大打折扣。相应地,要提升国际经济金融的治理能力，就要充分尊重发展中国家的利益诉求，增加他们在国际经济金融治理体系的代表性和表决权，并相应地改革现有的国际经济金融治理机构。事实上，"二战"结束后国际经济金融治理体系的演变也充分证明了这一点。早在20世纪70年代，随着发展中国家经济的初步发展，争取公正、公平的国际经济秩序的呼声就开始响起，资源出口国纷纷组织起来，以限产保价等为手段，要求改变不公平的贸易条件，区域性经济组织开始兴起。在发展中国家经济务实合作的基础上，相应地弥补着布雷顿森林体系不能反映发展中国家利益诉求的弱点，并推动着其改革，其中最具代表性的事件是GATT转变成为WTO。在国际贸易的治理机制和能力有所改善的同时，矛盾的重心转向金融等更深层次的国际治理问题，并日显紧迫。

中国是发展中大国，对发展中国家的利益诉求感同身受。随着中国经济融入世界，中国对国际经济金融治理应承担的责任和义务也日显必要，并首先发生在亚洲地区。这一地区不仅是世界经济增长最快的地区，而且也是与中国经贸关系最密切的地区，推动这一地区经济金融的务实合作，既能解决本地区的急迫问题，又可为全球经济金融治理改革创造条件。而1997年亚洲金融危机所暴露的亚洲地区经济金融治理的缺失，推动了中国作为负责任大国使命的开启。

1997年爆发的亚洲金融危机不仅沉重地打击了亚洲新兴经济体，而且由于其相互传染、迁延不愈、反复感染，使人们深刻认识到本地区存在着金融治理的缺陷，并集中体现在"货币金融原罪"上。所谓"货币金融原罪"，表现为三个错配：

第一，货币错配。亚洲国家的工业化无一例外地具有出口导向性，并借助于出口加快了经济结构的转变和产业的升级，实现了经济的快速增长。但亚洲国家的国际贸易，区外甚至区内之间的相互贸易都要依赖区外的第三方货币，主要是美元。美元的稳定以及充沛的流动性供应构成了亚洲国家能否正常开展国际贸易的重要条件，并因此呈现为货币错配。

第二，期限错配。亚洲是全球经济发展最快的地区之一，因而也需要资本，从而也是全球资本流入最多的地区之一。但是，除直接投资外，流入的资本多是短期资本，不仅难以支持长期项目的建设，也会因汇率、利率的变动而频繁地流出流入，导致宏观经济不稳定。由此，建设项目的长期性和资金的短期性形成期限错配。

第三，结构错配。亚洲地区因其文化传统等多种因素所致，是全球储蓄率最高的地区。但是亚洲地区缺少金融基础设施，金融机构和金融市场不发达，致使这一储蓄源泉不能在本地区全部转化为投资，而流向国外。在亚洲国家，不仅家庭和个人拥有外汇，而且在某些地区和国家，外币甚至是支付工具和流通手段。储蓄为区外所动员，再由区外通过 FDI 等反投到亚洲国家，成为司空见惯的现象。本地储蓄不能就地转化为投资，而是依赖外资的流入，形成储蓄和投资的结构错配。

在上述三个错配下，各种矛盾的焦点集中于能否持续地获得外汇。外汇不仅是投资的源泉，是国际贸易的结算和支付手段，还是经济金融得以正常运转的流动性来源，因而扩大出口、鼓励外资流入就成为亚洲国家金融稳定的基本措施。一旦外汇的获得受阻，经济金融的困难便随之显现，1997 年的亚洲金融危机就是因外汇的流动性枯竭所致。

由上可知，在亚洲地区存在"货币金融原罪"的条件下，为了避免亚洲金融危机的悲剧重演，除其他改进措施外，关键的一点在于建立在外汇获得受阻情况下的流动性补充机制。为此，2000 年 5 月 6 日在泰国清迈召开的亚洲开发银行年会上，东盟 + 中日韩的（10 + 3）特别财长会议就加强亚洲地区的金融合作达成共识，并提出倡议，即"清迈倡议（CMI）"。该倡议制定了监测资本流动、监测区域经济、建立双边货币互换网络和人员培训等四个方面的合作，其中以双边货币互换网络的构成为最重要的组成部分。期望通过外汇互换的安排，援助遭遇短期外汇流动性短缺的成员国，以阻断危机的发生或传递。它是老东盟在 1977 年建立的货币互换安排机制（ASA）的升级版，不仅将成员国扩展到东盟新四国，而且扩展到东盟以外的中国、日本、韩国。

在"清迈倡议"的框架下，中国人民银行先后与老东盟六国中央银行签署了货币互换协议，承诺一旦发生外汇流动性短缺或出现国际收支问题，中国将提供应急外汇资金，以稳定金融市场。

随着亚洲经济的发展，特别是2008年国际金融危机的爆发，双边货币互换机制的局限性明显暴露。双边货币互换是建立在双方意愿基础上的，一事一议，规则性不强，无力应对全面性的国际金融危机。尤其是在危机中IMF等传统多边机制失效的情况下，亚洲地区建立多边机制的紧迫性不言而喻。2009年2月22日，在中国的倡议下，东盟和中日韩（10+3）特别财长会议在泰国普吉召开，面对全球性的国际金融危机，会议制定了《亚洲经济金融稳定行动计划》，决定当年建成拟议中的亚洲外汇储备库，规模为1200亿美元，由东盟和中日韩共同出资，其中中日韩出资份额为80%。与原先的双边货币互换机制不同，外汇储备库的资金援助是建立在共同商定的规则基础上的，效率高、争议少、速度快。与此同时，为保证外汇储备库能依规则进行有效的使用和管理，建立独立的区域经济监控实体实为必要。2010年，在中国的积极参与和推动下，各国决定将"清迈倡议（CMI）"升级为"多边协议（CMIM）"，并成立了东盟和中日韩宏观经济研究办公室（AMRO）作为协调机构，其功能与亚洲的IMF类似。至此，"清迈倡议"正式成为亚洲地区的多边金融协调机制。

以2008年国际金融危机为契机，以"清迈倡议"多边化为代表，亚洲地区的经济金融治理体系开始成形，治理手段开始增多，治理功能也有所提高。表现在：

第一，亚洲外汇储备库再次扩大，并强化分类安排。2012年，各国决定将外汇储备库的规模扩大到2400亿美元。出资份额基本不变，中日韩占80%。贷款比例则根据不同国家的情况设置不同的标准，其中新东盟四国因其金融的脆弱性而程度更高，贷款比例也最高，为其出资份额的5倍，老东盟六国和中国香港为2.5倍，韩国为1倍，中国内地和日本为0.5倍。其贷款条件比照IMF，但在IMF贷款尚未申请下来之前，亚洲外汇储备库可率先贷款30%，以解燃眉之急，从而极大地降低了因短期外汇流动性枯竭而导致金融危机的风险。

第二，设立亚洲债券基金，以基金发展亚洲债券市场。早在亚洲金融危机爆发后的2002年，为缓解亚洲地区长期存在着资金期限错配的压力，东亚及太平洋地区中央银行行长会议（EMEAP）决定设立亚洲债券基金（ABF），以推动和引导亚洲债券市场的发展，并于2003年和2005年分别发行了两期亚洲债券基金。与此同时，在2003年举办的亚洲合作对话（ACD）第二次非正式外长会议上又通过了旨在发展亚洲债券市场的《清迈宣言》。而中国香港则于2002年9月提出亚洲证券化和信用担保市场的倡议，并组织由中国、泰国、墨西哥3国专家组进行实地调研，提交2004年亚太经济合作组织（APEC）的财长会审议。综合上述倡议，2003年8月在马尼拉召开的东盟+中日韩（10+3）第六次财长会议上提出了《促进亚洲债券市场发展倡议》（ABMI），并分设6个工作组进行相关的工作。其中信用担保和投资机制小组由中国和韩国牵头。

在上述一系列安排的推动下，尤其在2008年国际金融危机后，亚洲债券市场的发展有力地缓解了期限错配问题，而中国又发挥了积极作用。就中国而言，早在2005年就开创了熊猫债，2009年以后在境外相继开创了以人民币计价的点心债、宝岛债和狮城债，2016年向外资全面放开境内银行间人民币债券市场，2017年又开通了"债券通"，方便境内外居民和投资者投资对方市场。

第三，构建多层次金融安全网。2008年国际金融危机爆发，面对因资本非正常大幅流动所造成的混乱，金融安全网的概念被提了出来。按IMF的定义，全球金融安全网包括"自我保险（储备资产），双边机制（如央行货币互换），区域机制（区域融资安排），IMF多边融资机制在内的一系列危机防范和应对措施"。在亚洲，中国积极提倡金融安全网的构建并承担义务。2010年，中国成立针对东盟规模达到100亿元的中国东盟投资合作基金，以稳定东盟的投资。随后，2014年在东亚领导人系列会议上，中国又宣布在2015年实现中国东盟自贸区的升级版，由黄金十年走向钻石十年。除全面加强经济合作外，中国将设立针对东盟的专项贷款，并构建亚洲金融安全网，其中最重要的组织机构——亚洲金融协会于2017年5月在中国成立，总部设在北京。

亚洲金融合作的多边化、深度化安排，有力地弥补了传统国际经济金融治理在本地区的缺陷，尤其是在2008年国际金融危机中，以IMF为代表的传统国际治理机制的失能、失效使危机不断蔓延，而亚洲地区虽受危机的影响，但尚未出现类似1997年亚洲金融危机那种悲惨的景象。它反映了这种多边机制的有效性。但是，从长远看，要杜绝亚洲金融危机的重演，就必须根除亚洲"货币金融原罪"，本币化就是必然的。只有以本币为操作工具，才能使本地区治理机制充分有效，才能成为国际治理机制的重要补充。由于亚洲地区尚不具备类似欧元的亚元的基本条件，该地区的本币化进程只能由本地区的主要货币充当，人民币因此被国际化了。

如前所述，2008年的国际金融危机为人民币在亚洲地区的使用创造了契机。由于此次危机发生在国际流动性义务补充国的美国，全球出现了"美元荒"，因美元短缺，造成支付结算困难，使亚洲国家即便是相互间贸易也难以维持。而中国是亚洲国家最大的贸易伙伴，以人民币计价和结算便成为替代选择，也正是为了满足亚洲国家，尤其是东盟国家国际贸易的需要，2009年7月1日，人民币首先用于跨境货物贸易计价和结算，并针对东盟和港澳地区。自此，人民币不仅用于跨境货物贸易，而且用于服务贸易计价和结算；不仅用于国际贸易，而且也成为投融资工具。更为重要的是，自2016年10月1日人民币正式纳入SDR后，人民币也成为储备货币，具有全功能国际货币的轮廓。人民币国际化为亚洲地区国际经济金融治理的改善带来了新的可能。如果亚洲国家都拥有人民币的储备，那么意味着将来外汇流动性短缺也会发生在人民币身上，从而要求亚洲外汇储备库至少部分人民币化；与此相适应，如果人民币作为投融资工具，亚洲金融期限错配也会发生在人民币身上，从而要求亚洲债券市场至少部分人民币化。事实上，我们目前看到的人民币债券市场的对外开放步伐在加大，除中国银行间债券市场对外国投资开放以外，又有了"债券通"的安排，这使各国尤其中央银行方便配置人民币资产作为外汇储备，减低对美元资产的依赖，分散储备风险。尽管这一选择相对于亚元或超主权货币安排来讲，并不是最优的货币区，但却是减轻美元独大风险的现实选择。

伴随着中国东盟自贸区的成立以及"清迈机制"的有效运作，越来越多的国家意识到改善本区域治理能力的重要性，只有本地区治理机制完善，才能相应地完善全球治理机制。尤其对发展中的新兴市场经济国家来讲，传统的布雷顿森林体系的

第九章
积极参与完善国际经济金融治理

治理基础就是建立在南北差距上，发展中国家在全球治理中处于被动地位，发言权不够，代表性不强。而唯有建立和完善本地区或发展中新兴市场经济自身的治理机制，才能增加谈判能力，才能相应地改革传统的以布雷顿森林为基础的国际治理体系，才能提升全球治理的有效性。正是在这样的背景下，新兴的多边治理架构开始出现，而中国也在其中扮演了重要角色，其中最为典型的是上海合作组织和金砖国家合作机制。

上海合作组织曾是中国和中亚国家以及俄罗斯共同成立的旨在反对三股势力[①]的政治组织。2008年国际金融危机后，鉴于本地区经济发展以及应对金融风险的需要，在2012年北京会议上，成员国一致同意加强上海合作组织的经济金融协调能力，并且其参加国的范围也相应地扩大，目前分为成员国和观察员国。自上海合作组织经济功能加强后，该地区各国经济和金融的合作水平随之提升。例如，中国和哈萨克斯坦光明大道的产能合作，中国和蒙古国的草原之路合作，以及拟议中的上海合作组织银行联合体的建设都在积极推进中，人民币也正在成为其贸易投资的主要结算工具及支持手段。正是这种务实合作的成果，成为中国"丝绸之路经济带"倡议的坚实基础。

金砖国家曾是著名投资银行高盛公司分析全球经济时使用的一个名词。2006年，高盛公司发现巴西、俄罗斯、印度以及中国这几个大国，不仅幅员辽阔、人口众多，而且经济增长速度快，遂将这几个国家列为一组，用其英文首字母命名BRIC，其含义同英文中的"砖"，并因其经济表现亮丽，再以黄金冠于名前，成为"金砖"。金砖国家于2007年成立相应的机制性安排，2008年国际金融危机爆发后，这些过去联系并不紧密的金砖国家因其同为新兴经济大国，具有应对金融危机的共同任务，特别是随着2010年南非的加入，金砖国家合作进一步紧密化、完善化，实现了从一个经济学概念到多边合作机制的跨越，并在地域上具有了更广泛的代表性。建立金砖国家合作机制的目的是基于共同的利益，提升发展中新兴经济体的地位，反映他们的诉求，提高他们的话语权，增加其在国际治理平台上的分量，

[①] 三股势力是指暴力恐怖势力、民族分裂势力和宗教极端势力。

以建立更加公正、公平的世界经济新秩序。金砖国家合作机制自建立以来，不仅在国际治理平台上用一个声音讲话，而且在经济金融建设上也取得了实效，其中一个典型事例就是五国在上海成立了"金砖银行"。

金砖国家合作机制鼓舞了发展中国家，其成效也日益受到广大发展中国家的重视，为此，2017年9月在厦门举行的金砖国家峰会发布了《金砖国家领导人厦门宣言》。金砖国家合作机制将扩展到其他国家，形成"金砖+"机制，为此，金砖银行也相应改名为金砖国家新开发银行，并建立了总规模为1000亿美元的应急储备安排。在此次会议上，核准了《金砖国家投资便利化合作纲要》以及《金砖国家服务贸易合作路线图》，这不但表明其一体化程度在提高，也为其他发展中的新兴经济体作出表率。

正是发展中国家经济金融务实合作，使发展中国家现行国际经济金融治理的努力不容忽视，而2008年国际金融危机的爆发又暴露了传统国际经济金融治理的缺陷，国际社会需要一个发达国家和发展中国家共同磋商以应对和遏制国际金融危机蔓延的机制。改革国际经济金融治理体系、提高治理能力因此成为紧迫性的任务。一个重要的举措就是将原先仅有发达国家参与的"俱乐部"——大国集团改造扩建由众多发展中国家共同参与的20国协调组织——G20。换言之，就是建立新的治理平台作为现行国际经济金融治理的补充，G20治理平台的出现标志着发展中国家参与全球经济金融治理的新时代已来临。

自2008年G20首次领导人峰会召开以来，G20已就国际货币体系改革、国际金融体制变革、宏观经济政策等议题进行了沟通与协调，并取得了一系列重要成果，在应对金融危机和改善全球金融治理中发挥着至关重要的作用。

在推动国际货币体系改革方面，鉴于现行国际货币体系过分依赖美元并构成系统性风险因素，分散风险就成为必然的选择。G20首尔峰会和戛纳峰会提出要改善现行的以美元为中心的国际货币储备体系，建立由特别提款权（Special Drawing Right, SDR）、美元、欧元和人民币等多种货币组成的国际货币体系。在G20的持续推动下，2015年国际货币基金组织宣布将人民币纳入SDR货币篮子，形成以美元、欧元、人民币、日元和英镑等 5 种货币综合成的一个"一篮子"计价单位,国际货币体系从"美元独霸"向"一超多强"的多元制衡方向发展。

专　栏　四

国际货币基金组织（IMF）与特别提款权（SDR）

国际货币基金组织（IMF）是根据《国际货币基金协定》于 1945 年在华盛顿成立的世界两大金融机构之一。其宗旨是通过一个常设机构来促进国际货币合作,为国际货币问题的磋商和协作提供方法;通过国际贸易的扩大和平衡发展,把促进和保持成员国的就业、生产资源的发展、实际收入的高低水平,作为经济政策的首要目标;稳定国际汇率,在成员国之间保持有秩序的汇价安排,避免竞争性的汇价贬值;协助成员国建立经常性交易的多边支付制度,消除妨碍世界贸易的外汇管制;在有适当保证的条件下,基金组织向成员国临时提供普通资金,使其有信心利用此机会纠正国际收支的失调,而不采取危害本国或国际繁荣的措施;按照以上目的,缩短成员国国际收支不平衡的时间,减轻不平衡的程度等。

特别提款权（SDR）是国际货币基金组织创设的一种储备资产和记账单位,是国际货币基金组织原有普通提款权以外的一种补充。它是国际货币基金组织分配给会员国的一种使用资金的权利,会员国在发生国际收支逆差时,可用它向基金组织指定的其他会员国换取外汇,以偿付国际收支逆差或偿还国际货币基金组织的贷款,还可与黄金、自由兑换货币一样充当国际储备。但由于其只是一种记账单位,不是真正的货币,因此使用时必须先换成其他货币,而不能直接用于贸易或非贸易的支付。2015 年,国际货币基金组织执董会批准人民币加入特别提款权货币篮子,与美元、欧元、日元和英镑一道构成 SDR 货币篮子。其中,美元占 41.73%、欧元占 30.93%、人民币占 10.92%、日元占 8.33%、英镑占 8.09%。

在促进国际金融机构改革方面,G20 作为发达国家与新兴国家的核心协调平台,在增加新兴国家在 IMF 和世界银行的投票权份额、提高新兴国家的代表性和发

言权等方面发挥了积极作用,而这是国际金融组织改革的一个实质性进展。其中标志性的事件就是中国籍的林毅夫担任世界银行首席经济学家和中国籍的朱民担任IMF副总裁。

在推进国际金融监管机制改革方面,G20伦敦峰会的《领导人声明》指出,各国应当在确保本国金融监管体系强化的基础上,进一步开展国际监管的跨国合作,建立全球普遍认可的国际金融监管框架。根据G20伦敦峰会的决定,重组国际金融监管机构,将金融论坛改造成为金融稳定理事会,成员包括G20及部分其他国家的央行行长和财政部部长,世界银行、IMF、国际清算银行等国际或区域组织以及巴塞尔委员会、国际会计准则委员会等国际标准制定机构。金融稳定理事会(Financial Stability Board,FSB)的宗旨是制定和协调各种金融规章制度,自组建以来,在完善国际金融监管规则、协调各国利益、维护全球金融稳定等方面发挥了十分关键的作用。FSB促进了《巴塞尔协议Ⅲ》、全球系统重要性银行(G-SIBs)监管框架等全球金融监管制度和标准的制定与完善,强化了各国监管当局的行动意愿和行动能力,提高了监管的有效性。

专栏五

亚投行与丝路基金的成立

亚投行(AIIB)是"亚洲基础设施投资银行"的简称,是一个政府间性质的亚洲区域多边开发机构,由中国于2013年倡议筹建,并于2015年正式成立。主要宗旨是通过在基础设施及其他生产性领域的投资,促进亚洲经济可持续发展、创造财富并改善基础设施互联互通;与其他多边和双边开发机构紧密合作,推进区域合作和伙伴关系,应对发展挑战。目前,亚投行有77个正式成员国,成为仅次于世界银行的全球第二大多边开发机构。

丝路基金是由外汇储备、中国投资有限责任公司、国家开发银行、中国进出口银行共同出资,按照市场化、国际化、专业化原则设立的中长期开发投资基金,于2014年在北京注册成立。其宗旨目标是秉承"开放包容、互利共赢"的

> 理念，重点致力于为"一带一路"框架内的经贸合作和双边多边互联互通提供投融资支持，与境内外企业、金融机构一道，促进中国与"一带一路"沿线国家和地区实现共同发展、共同繁荣。丝路基金的资金规模为400亿美元，首期资本金为100亿美元。其中，外汇储备通过其投资平台出资65亿美元，中国投资有限责任公司、国家开发银行、中国进出口银行分别出资15亿美元、5亿美元和15亿美元。

第四节
打造人类命运共同体

当今世界是经济全球化的世界。自"二战"，尤其是冷战结束以来，两个对立阵营的消亡，使市场经济体制成为现代经济中唯一可行的体制安排。体制的一致性，使交易成本得到了极大的降低，全球的可贸易性极大提高，反映在全球的经济现实就是全球的GDP增长速度加快，而国际贸易的发展速度快于GDP的增长，国际金融的发展速度又快于国际贸易的增长，经济全球化因此体现为国际金融一体化。从这个角度观察，"二战"之后建立在贸易自由化基础上的国际经济金融治理原则是有意义的，它是人类文明进步的产物。但是，冷战结束后的经济全球化与此前的世界经济又有重大的不同。交易成本的降低、全球可贸易性的提高不仅仅是货物贸易，而是更深刻地反映在生产要素的全球流动上，产业沿着生产要素成本最低的方向进行全球配置，表现为投资贸易的自由化。换言之，生产力配置不再仅仅拘泥于国内，而是在各国之间跨国跨全球配置，因此出现了制造业由发达国家向发展中国家迁移，进而形成全球的供应链以及全球的供应链金融。世界经济从未像今天你中有我、我中有你般水乳交融在一起，成为一个整体。从这个角度来观察，"二战"之后建立的国际经济金融治理体系已难以适应当前的新格局。

世界经济成为一个整体，反映在金融上就是形成以下三个相互依存又各不相同的板块资金联结上。首先，以中国为代表的亚洲新兴经济体板块。它将自己的廉价劳动力优势纳入经济全球化之中，成为"世界的工厂"，在为全球尤其是欧美发达经济体提供物美价廉制成品的同时，也分享了经济全球化的红利，积累了巨额的外汇储备。其次，以巴西、俄罗斯、中东和非洲为代表的资源出口经济体板块。它们将自身的自然资源禀赋优势纳入经济全球化，在向亚洲等新兴经济输出资源的同时，也分享了经济全球化的红利，资源价格不断上升，使其积累了巨额的外汇储备。最后，以美国为代表的发达经济体板块。它们的制造业虽不具有竞争优势，并不断地转移到发展中国家，尤其是亚洲新兴经济体，但它们的服务业却占据着制高点，不仅在科学研究、高新技术方面具有绝对的竞争优势，而且在金融服务业上制定标准、引领世界。它们将这一优势纳入经济全球化，在支持世界经济的同时，也分享了全球化的红利。一个明显的例证就是其他两个板块以各种渠道形成的外汇储备都回流到欧美金融市场，降低了欧美的资金成本，不仅支持了本国居民的负债消费，而且也可以反投到其他两个板块以赚取额外的资本利得。

发达国家的消费支持着发展中国家的出口，形成发展中国家经常项目顺差，而发展中国家的经常项目顺差又回流到发达国家，支持着发达国家的金融市场，发达国家的金融市场又提供融资安排，支持发展中国家的资金需求，国际金融如此维系在一起，全球由此形成一个镜像世界。从某种意义上讲，这一镜像是一种失衡，不可能长久持续，再平衡必然出现。但从更深层次看，这种镜像表明世界经济已进入一种新的状态，即使需要再平衡，也不是简单的静态平衡，不是对以往的简单重复，而是在新的基础上进行的动态平衡。平衡的结果是递进新层次、跃上新台阶、进入新境界。

事实也正是如此，2008年国际金融危机正是上述失衡的产物。随着时间的推移，人们发现，即使发展中国家对发达国家的经常项目顺差减少了，也并不能实现人们预期中的再平衡。以中国为例，2009年中国的经常项目顺差曾高达GDP的10%以上，被认为是极度的不平衡。2010年，G20首尔峰会确定了一国经常项目顺差不得超过GDP的4%，中国身体力行地加以贯彻。目前，中国经常项目顺差也不过是GDP的2%，但世界经济状况并未因这个全球第一大贸易体经常项目平衡的进展而有明显的改善。人们开始认识到，失衡进而再平衡仅是表象，世界经济强劲、可持续的增长才是实质。

2016年，在中国杭州召开的G20峰会上，二十国集团领导人决心构建创新、活力、联动、包容的世界经济，并结合联合国《2030年可持续发展议程》《亚的斯亚贝巴行动议程》和《巴黎协定》来开创全球经济增长和可持续发展的新时代。为此，作为国际经济合作的主要论坛，二十国集团同意把握以下原则，就推动世界经济强劲、可持续、平衡和包容的一揽子政策和措施，形成"杭州共识"，即："放眼长远。我们将完善二十国集团增长议程，发挥增长新动力，开辟新增长点，以创新和可持续的方式推动经济转型，更好地维护当代和子孙后代共同利益。综合施策。我们将创新经济增长理念和政策，财政、货币和结构性改革政策相互配合，经济、劳动、就业和社会政策保持一致，需求管理和供给侧改革并重，短期政策和中长期政策结合，经济社会发展与环境保护共进。扩大开放。我们将继续努力建设开放型世界经济，反对保护主义，促进全球贸易和投资，加强多边贸易体制，确保全球化背景下的经济增长提供惠及更多人的机遇，得到公众普遍支持。包容发展。我们将确保经济增长的成果普惠共享，满足各国和全体人民尤其是妇女、青年和弱势群体的需要，创造更多高质量就业，消除贫困，解决经济发展中的不平等现象，不让任何国家、任何人掉队。"

在金融方面，二十国集团承诺建立更高效的全球经济金融治理，"实现抗风险的增长，必须建设有效的全球经济金融治理架构，我们将继续在此方面作出努力。我们核准了《二十国集团迈向更稳定、更有韧性的国际金融架构的议程》。我们支持进一步加强以强劲的、以份额为基础的、资源充足的国际货币基金组织为核心的全球金融安全网，提高国际货币基金组织贷款工具的有效性，并在尊重各自职责的基础上进一步加强国际货币基金组织与区域金融安全网之间的有效合作。为此，我们欢迎国际货币基金组织与清迈倡议多边化将要进行的联合演练。本着保持国际货币基金组织现有贷款能力的目标,我们支持延续成员国与国际货币基金组织的双边和多边借款协议,并呼吁国际货币基金组织成员国广泛参与,包括通过签订新的协议。我们欢迎国际货币基金组织2010年份额和治理改革的落实,并致力于在2017年年会前完成第15次份额总检查,包括形成新的份额公式。我们重申,份额调整应提高有活力经济体的份额占比,以反映其在世界经济中的相对地位,因此可能的结果是新兴市场和发展中国家的份额占比整体提高。我们承诺保护最贫困国家的发言权及代表性。我们支持世界银行按照达成一致的路线图、时间表及原则实施股份审议,目标是逐渐实现平等投票权。我们强调促进有效且可持续的融资实践的重要性,并将继续改善债务重组进程"。与此同时,"我们继续承诺完成监管框架中剩余的核心工作,以及及时、全面和一致地落实已议定的金融部门改革议程,包括《巴塞尔协议Ⅲ》和总损失吸收能力标准,以及有效的跨境处置机制""我们鼓励成员消除在实施《金融市场基础设施原则》方面的差距,欢迎支付与市场基础设施委员会、国际证监会组织和金融稳定理事会关于加强中央对于抗风险能力、恢复计划和可处置性的报告。鉴于有效的宏观审慎政策在限制系统性风险方面发挥着重要作用,我们欢迎国际货币基金组织、金融稳定理事会和国际清算银行联合进行的总结宏观审慎框架和工具国际经验的工作,以帮助促进实施有效的宏观审慎政策"。

以G20杭州峰会为标志,经济发展回到国际经济金融治理的中心位置,从而鲜明有别于传统的以平衡为中心的国际经济金融治理理念。更为重要的是,这一经济发展也不再是唯一的发展模式,而是尊重各国的选择的包容性发展。这是与传承的两千余年的"丝绸之路"精神息息相关、丝丝相扣的。

从历史上看,"丝绸之路"自"张骞出使西域"或更早就是联络欧亚的贸易通道,与其他国际著名的贸易通道齐名。但是与之不同的是,其他贸易通道因战乱或其他原因中断或不复存在,而丝绸之路虽然民族众多、文化各异、习俗不同,政治与经济制度安排差别很大,也有利益冲突和战端,但却绵延两千年不绝。究其原因,是在这条通道上秉承的理念是"和为贵",通商为上,有事好商量,总能在尊重彼此利益关系的同时找到解决的办法。其结果是共商、共建、共享,达到共赢,

第九章
积极参与完善国际经济金融治理

这就是"包容性"。它与现行国际经济金融治理中"非黑即白,非此即彼"的理念和原则形成了鲜明的对照。

正是秉承丝绸之路"和为贵"这一理念,2013年中国提出了"一带一路"倡议。"一带一路"是个地理概念,是"丝绸之路经济带"和"21世纪海上丝绸之路"的简称。它作为世界上跨度最大的经济大走廊,贯通中亚、东南亚、南亚、西亚及欧洲大部分区域,沿线涉及65个国家,占世界人口的60%、GDP的1/3,是全球经济发展最快的地区,是全球外资流入最多的地区,也是全球贸易,尤其是相互间贸易增长最快的地区。显然,这一地区的经济持续增长对全球意义重大。但是,"一带一路"又不仅仅是个地理概念,它是在全球现行国际经济金融治理反思基础上提出的新理念。它充分依靠沿线各国既有的双边多边机制,借助既有的、行之有效的区域合作平台,积极主动地发展沿线国家经济合作伙伴关系,更为重要的是,它是对世界经济开放、包容、合作、共赢前景的新倡议。由于在国际经济金融治理原则上更突出"包容性",从而有意愿的国家和经济体均可参与进来,使经济合作更有灵活性、现实性和可行性,并在此基础上共同打造政治互信、经济融合、文化包容的利益共同体、命运共同体和责任共同体,这显然超越了以往任何的国际治理,是人类对未来的新憧憬、新追求。也正是由于将这一观念纳入G20这一新的国际治理平台,G20杭州峰会才有信心开创全球经济增长和可持续发展的新时代。

当前,世界经济正处于前所未有的深刻调整之中。调整有阵痛,一些国家尤其是发达国家出现了一股去全球化的逆风。但是,调整更孕育着希望,中国提出的"一带一路"倡议已得到广泛的响应。全球200多个国家共同参与,40多个国家和国际组织与中国签署合作协议,安理会、联合国亚太经社理事会、亚太经合组织、亚欧会议、大湄公河次区域合作等有关决议和文件都纳入或体现了"一带一路"的建设内容。2017年在北京召开的"一带一路"峰会更是盛况空前,会议决定成立相关的协调机制,并将于2019年再次召开峰会。

"一带一路"倡议来自中国,成果正在惠及世界。2017年9月11日,联合国第71届大会通过了《联合国全球经济治理》的决议,要求各方本着"共商、共建、共享"的原则改善全球经济治理,加强联合国作用,同时重申"联合国应本着合作共赢精神,继续发挥核心作用,寻求应对全球性挑战的共同之策,构建人类命运共同体"。这是联合国首次将中国倡导的"一带一路"合作的指导原则纳入联合国文件,并且使之与此前纳入联合国文件的"人类命运共同体"同文出现,表明中国倡导的以合作共赢为核心的新型国际关系得到了国际社会的广泛支持。

中国正以打造"人类命运共同体"的新理念引领着国际经济金融治理机制的改革,为创新、活力、联动、包容的世界经济作出新贡献。

后 记

屈指算来,中国金融体制改革即将进入第 40 个年头,2017 年 10 月 18 日又是中国共产党第十九次代表大会胜利召开的日子,党的十九大吹响了又一次长征的集结号。在即将出发的时刻,回首往事、整理行装、总结经验、以利前行,十分必要。于是就有了这本不揣冒昧的册子。

这本书是我和我的博士生集体劳动的成果。我们或在中国金融的第一线工作,或在教学和科研岗位从事金融研究。长期的实践,使我们深为中国体制金融改革的成就所感佩,同时也为改革遇到的困难所焦虑。沉下心来,梳理一下我们"从哪里来到哪里去",是大家共同的心愿。所幸的是,我本人在清华大学经济管理学院讲授中国金融已有 12 载,以我的讲义稿为讨论基础,深化细化一年,形成终稿。

在讨论和写作的过程中,恰是世界经济发生深刻变化的时刻。自 2016 年开始,以英国脱欧、美国大选以及欧洲政局动荡为标志,原本习以为常的经济全球化受到了去全球化的挑战。一般认为,市场经济是一种自我扩展的秩序。由于其无限扩展性,经济全球化是顺理成章的自然结果。在经济全球化的时代,它带来的一些问题虽然也受到种种批评与指责,但那还仅仅是一种思潮。但是,现在贸易保护主义盛行,民粹主义抬头的种种迹象表明,去全球化已走向一种建制化的安排。那么,去全球化究竟是一个时代的潮流,还是一股逆风?这牵涉到世界的未来,影响着中国的经济体制和金融安排,从而需要在更宏大的历史尺度上加以思考。

经过认真的讨论和研究,我们认为,追求经济发展和社会进步是人类发展的必然,它推动了经济社会体制的演进。从人类以往的体制安排来看,市场经济体制虽然不是唯一的理论解,但却是经济实践中的最优解。市场经济体制虽然还存在着众多弊端,但利弊相权,利大于弊,这决定了以往各种经济体制向市场经济体制的过渡或转轨,决定了经济全球化的必然。

市场经济是金融赖以生存和发展的土壤。市场经济的发展水平决定了金融的发展状况,反过来,金融的发育完善程度代表着市场经济的成熟程度。邓小平同志曾经深刻地指出,"金融很重要,是现代经济的核心"。由此可以引申,金融体系的发达程度可以区别现代经济与其他经济,成为发达与不发达的衡量标准之一。

中国是全球最大的发展中国家。100多年来,为争取包括金融在内的经济社会的现代化,数代人前赴后继,不屈不挠,作出了极大的牺牲。改革开放使中国金融终于迎来了历史性的机遇,经过近40年的改革与发展,中国已成长为有国际影响的金融大国。其中,绿色金融、普惠金融的实践已在引领世界,成为标准的制定者。而互联网金融在中国的发展更是令人瞩目,它不仅深刻地改变着金融的运行方式,而且更为重要的是改变着人们对金融的认知。金融活动由此将如同布帛菽粟一般成为人们日常生活的一部分。

回顾这40年中国金融的改革与发展经验,可以看到,它是立足于中国的国情、尊重金融发展的内在规律、配合整个经济体制的改革渐进推进的。如同其他领域的改革,它是一个"双轨过渡"模式。通过放松行政管制,在高度集中的计划经济旁边留出市场发展的余地,形成双轨并存,进而利用市场经济的边际作用,在逐渐壮大市场轨的同时,消融消化计划轨,最终形成统一的市场经济体制。

目前,中国金融体制的转轨还在进行中,但大半已经完成,留下的任务是以国债收益率曲线形成和健全为代表的利率市场化,以人民币国际化为代表的资本项目开放和可兑换,以宏观审慎管理为代表的金融风险全面管理体系。随着上述政策目标的达成,中国金融将为经济全球化作出新的贡献。我们认为,中国以改革行动捍卫经济全球化,不仅是中国的利益所在,也是世界的利益所在,因为市场经济体制是人类迄今为止最成功的经济实践。

本书是由集体完成的。各个章节的执笔人分别是:李响、高玉伟、郑悦、鹿朋、陈军、刘茜、王有鑫、郝志运、韩雨晴,李响和林晖负责了全书的整理与统稿。由于中国金融体制改革仍在进行中,加之我们认识水平有限,本书难免有疏忽和遗漏,论述也有不当之处,敬请批评指正。感谢中国(海南)改革发展研究院的组织和协调。中国(海南)改革发展研究院始终屹立于中国改革的潮头,为改革鼓掌欢呼,精神可嘉,令人感佩。感谢广东经济出版社,在新一次长征开启之时编辑出版这套书,让历史告诉未来。

是为后记。

2017年12月

参考文献

（一）参考书目

[1] 吴敬琏等. 中国经济50人看三十年——回顾与分析. 北京：中国经济出版社，2008.

[2] 吴敬琏，马国川. 重启改革议程：中国经济改革二十讲. 北京：生活·读书·新知三联书店，2013.

[3] 吴敬琏. 直面大转型时代：吴敬琏谈全面深化改革. 北京：生活·读书·新知三联书店，2014.

[4] 吴敬琏. 当代中国经济改革教程. 上海：上海远东出版社，2010.

[5] 周小川. 国际金融危机：观察、分析与应对. 北京：中国金融出版社，2012.

[6] 易纲. 中国的货币化进程. 北京：商务印书馆，2003.

[7] 易纲. 中国金融改革思考录. 北京：商务印书馆，2010.

[8] 姜建清. 银行足迹——亲历金融改革的思考. 北京：中国金融出版社，2016.

[9] 杨凯生. 金融笔记. 北京：人民出版社，2016.

[10] 吴晓灵. 中国金融改革开放大事记. 北京：中国金融出版社，2008.

[11] 吴晓灵. 中国金融体制改革30年回顾与展望. 北京：人民出版社，2008.

[12] 潘功胜. 大行蝶变. 北京：中国金融出版社，2012.

[13] 李扬，王国刚. 中国金融法治报告（2009）. 北京：社会科学文献出版社，2009.

[14] 李扬. 中国金融改革30年. 北京：社会科学文献出版社，2008.

[15] 张维迎. 中国改革30年. 上海：上海人民出版社，2008.

[16] 迟福林. 十字路口的抉择——迟福林谈二次改革. 北京：中国友谊出版公司，2010.

[17] 迟福林. 改革大考：经济转型与结构性改革. 北京：群言出版社，2016.

[18] 曹远征，等. 人民币国际化战略. 北京：学习出版社，2013.

[19] 陈军，曹远征. 农村金融深化与发展评析. 北京：中国人民大学出版社，2008.

[20] 余永定. 见证失衡——双顺差、人民币汇率与美元陷阱. 北京：生活·读书·新知三联书店，2010.

[21] 余永定. 最后的屏障——资本项目自由化和人民币国际化之辩. 北京：东方出版社，2016.

[22] 吴晓求，等. 中国资本市场研究报告（2016）. 北京：中国人民大学出版社，2016.

[23] 中国证券监督管理委员会. 中国资本市场二十年. 北京：中信出版社，2012.

[24] 中国证券监督管理委员会. 中国资本市场发展报告. 北京：中国金融出版社，2008.

[25] 吴晓波. 激荡三十年. 北京：中信出版社，2008.

[26] 道格拉斯·诺斯，罗伯斯·托马斯. 西方世界的兴起. 北京：华夏出版社，2009.

[27] 麦金农，陈昕，卢骢. 经济发展中的货币与资本. 上海：上海人民出版社，1997.

[28] 张杰. 中国金融制度的结构与变迁. 太原：山西经济出版社，1998.

[29] 陈恳. 迷失的盛宴——中国保险产业 1919–2009. 杭州：浙江大学出版社，2009.

[30] 赵守兵. 仰望百年——中国保险先驱四十人. 北京：中国金融出版社，2014.

[31] 孙祁祥，郑伟，等. 中国保险业发展报告（2016）. 北京：北京大学出版社，2016.

[32] Santiago Carbó, Edward P. M. Gardener and Philip Molyneux, Financial exclusion, Antony Rowe Ltd.

[33] 博源基金会. 国际金融监管: 问题、改革. 北京: 社会科学文献出版社, 2010.

[34] 霍华德·戴维斯, 大卫·格林. 全球金融监管. 北京: 中国金融出版社, 2009.

[35] 周建东. 资本监管与中国商业银行的信用风险定价. 北京: 中国金融出版社, 2006.

[36] 冯宗宪. 郭建伟, 银行利率定价原理和方法. 北京: 中国金融出版社, 2008

[37] 中国人民银行. 中国人民银行2016年报, 2017.

[38] 中国银行业监督管理委员会. 中国银行业监督管理委员会2016年报. 北京: 中国金融出版社, 2017.

[39] 中国证券监督管理委员会. 中国证券监督管理委员会年报(2016). 北京: 中国财政经济出版社, 2017.

[40] 中国保险监督管理委员会. 2016中国保险市场年报. 北京: 中国金融出版社, 2016.

[41] 中国人民银行金融稳定分析小组. 中国金融稳定报告(2017). 北京: 中国金融出版社, 2017.

[42] 周小川. 守住不发生系统性金融风险的底线. 党的十九大报告辅导读本, 北京: 人民出版社, 2017.

(二) 参考期刊

[1] 周小川. 金融改革发展及其内在逻辑. 中国金融, 2015 (19).

[2] 周小川. 大型商业银行改革的回顾与展望. 中国金融, 2012 (6).

[3] 李扬. 中国经济发展新阶段的金融改革. 经济学动态, 2013 (6).

[4] 易纲. 中国改革开放三十年的利率市场化进程. 金融研究, 2009 (1).

[5] 林毅夫, 李志赟. 中国的国有企业与金融体制改革. 经济学季刊, 2005 (3).

[6] COASE R H. The Nature of the Firm. *Economica*, 1937, 4: 386 – 405.

[7] COASE R H. The Problem of Social Cost. Journal of Law and Economics, 1960 – 10 – 03.

[8] ARMEM A. Alchina, Harold Demsetz, Production, Information Costs, and Economic Organization. The American Economic Review, 1972, 62: 777 – 795.

[9] 刘鸿儒. 证监会诞生的台前幕后. 中国经济周刊, 2009 (38, 39).

[10] 尚福林. 坚持科学发展观, 积极推进中国资本市场健康稳定发展. 求是, 2006 (1).

[11] 吴晓灵. 国际收支双顺差下的中国货币政策. 中国金融, 2007.

[12] 陈雨露, 郑艳文. 金融发展、经济增长与国有商业银行改革. 中国金融, 2006 (20).

[13] 张晓慧. 宏观审慎政策在中国的探索. 中国金融, 2017 (11).

[14] 曹远征, 郝志运. 人民币国际化、资本项目开放与金融市场建设. 金融论坛, 2016 (06).

[15] 曹远征. 人民币国际化的源起与发展. 新金融, 2016 (06).

[16] 曹远征. 推进人民币国际化与上海国际金融中心建设. 中国贸易报, 2013 – 08 – 29.

[17] 曹远征, 甄峰. 人民币国际化的特殊路径及其意义. 国际金融, 2012 (11).

[18] 曹远征. 中国农村金融改革路径及能力分析. 工作论文, 2004.

[19] 曹远征. 关于对《深化农村信用社改革实施方案》的若干思考. 工作论文, 2003.

[20] 曹远征. 国际货币体系改革与人民币国际化. 中国市场, 2013 (3).

[21] 曹远征. 人民币国际化与"一带一路". 经济导刊, 2016 (3).

[22] 曹远征. 动态演进的中国改革开放. 财经, 2017 (24).

[23] 余永定. 亚洲金融危机和资本项目自由化. 新金融, 2016.

[24] 余永定. 国际收支结构变动的理论和实践及其对中国的政策含义. 科学发展, 2014.

[25] 徐忠. 去杠杆的标本兼治之策. 财经, 2017 (10).

[26] 徐忠. 市场出清与供给侧结构性改革. 财新周刊, 2017 (21).

[27] 吴晓求. 大国金融中的中国资本市场. 金融论坛, 2015 (5).

[28] 吴晓求. 股权分置改革的若干理论问题——兼论全流通条件下中国资本市场的若干新变化. 财贸经济, 2006（2）.

[29] 张红力. 国际金融的全球治理与中国贡献. 中国科学院院刊, 2016.

[30] 廖岷, 林学冠, 寇宏. 中国宏观审慎监管工具和政策协调的有效性研究. 金融监管研究, 2014（12）.

[31] 丁志杰. 全球金融治理改革的中国主张. G20与全球发展, 2016.

[32] 巴曙松, 严敏, 王月香. 我国利率市场化对商业银行的影响分析. 华中师范大学学报（人文社会科学版）, 2013（4）.

[33] 刘辉, 巴曙松. 人民币国际化条件分析：历史机遇与现实选择. 北京航空航天大学学报, 2014.

[34] 艾洪德, 武志. 中国证券是市场制度供给不连续性的研究. 改革, 2002（1）.

[35] 国家发展改革委体管所课题组. 国企改革历程回顾与当前改革重点. 中国经贸导刊, 2015（3）.

[36] 李迅敏. 我国股票发行审核制度改革的机制设计. 改革, 2008（10）.

[37] 蒙飞. 靠资本市场解难——中国资本市场与国企改革. 国际贸易, 1997（12）.

[38] 田利辉, 张伟, 王冠英. 新股发行渐进式市场化改革是否可行. 南开管理评论, 2013-02-16.

[39] 王永泉. 我国股权分置问题原因探究. 生产力研究, 2008（15）.

[40] 武志. 我国经济转轨中的证券市场发展取向. 新金融, 2008（236）.

[41] 武志. 中国证券市场发展：新制度经济学的观点. 国际经济评论, 2001（7, 8）.

[42] 杨其静. 国企改革：在摸索与争论中前进. 世界经济文汇, 2008（1）.

[43] 杨树旺, 刘荣. 中国经济转轨中的金融发展特征研究. 金融研究, 2003（12）.

[44] 张志伟. 试析中国证券市场T+1交易制度改革. 经济与管理研究, 2015（12）.

[45] 钟玉文,王玉海. 国企改革与资本市场发展的矛盾纠葛. 经济问题探索, 2008 (10).

[46] 周中明. 从国际比较看我国多层次资本市场的建设与完善. 经济研究导刊, 2016 (11).

[47] 陈文辉. 中国偿二代的制度框架和实施路径. 中国金融, 2015 (5).

[48] 朱大旗,危浪平. 关于金融司法监管的整体思考——以司法推进金融法治为视角. 甘肃社会科学, 2012 (5).

[49] 全先银. 我国金融法律体系的特征及其改革. 金融博览, 2015 (6).

[50] 陈杨. 浅析金融法律体系完备程度对我国金融发展的影响. 财政论坛, 2016 (11).

[51] IMF. Key Aspects of Macroprudential Policy, June 2013.

[52] FSB. Peer Review of China. Review Report, 2015.

[53] CGAP. Building inclusive financial system, 2006.

[54] United Nation. Building inclusive financial sectors. the blue book, 2006.

[55] Unite Nation. Building inclusive financial sectors for development – executive summary, 2006.

[56] YUNUS, M, GRAMEEN. Bank II: Designed to Open New Possibilities. working paper, 2002(10).

[57] YONUS M. The Grameen Bank Project in Bangladesh, 1982.

[58] 曹新. 加快转变经济发展方式——学习《中共中央关于制定国民经济和社会发展第十二个五年规划的建议》. 经济研究参考, 2010 (12).

[59] 陈志宏. 外汇留成制度存在的问题. 广东金融, 1990 (1).

[60] 崔绍忠. 论中国经济外交. 思想战线, 2012 (1).

[61] 段赵清. 人民币汇率制度与中国货币政策独立性. 中国市场, 2012 (2).

[62] 范莉丽,杨升. "8·11"汇改对人民币汇率中间价、在岸汇率和离岸汇率联动性影响的实证研究. 金融理论与实践 2017 (1).

[63] 谷秀军. 外汇体制变迁三十年. 中国金融家, 2008.

[64] 管涛. "8·11" 汇改周年记：改革仍需深化. 中国外汇, 2016 (8).

[65] 郭宇环. 浅谈我国外汇管理体制的发展. 技术与教育, 2008 (3).

[66] 韩博印, 张尚学. 人民币汇率改革与我国经济发展战略. 生态经济, 2006 (5).

[67] 黄先军. 产业结构调整的汇率驱动效应及中国实践的耦合性解释. 商业时代, 2011 (3).

[68] 黄震, 周葛子. 改革开放三十年银行业法制建设的历程. 湖南社会科学, 2008.

[69] 李岚. 中国经济滑出"下限"风险减小. 金融时报, 2013-09-27.

[70] 连平, 刘健, 鄂永健. 资本外流和人民币贬值的强化机制及其风险防范. 世界经济研究, 2017 (1).

[71] 刘程. 人民币汇率调整的外部性与全球金融治理. 南开学报（哲学社会科学版）, 2012 (1).

[72] 刘冬雨. 中国外汇储备规模影响因素分析. 中共中央党校学报, 2011 (8).

[73] 刘红. 上海自贸区：制度创新的"试验田". 金融时报, 2013-09-03.

[74] 路虹. 离岸人民币收紧为哪般. 国际商报, 2016-09-21.

[75] 秦唏, 张健. 上海自贸区金融改革与创新. 技术与市场, 2013 (12).

[76] 人民币汇改大事记. 国际商务财会, 2010 (11).

[77] 陶卫华, 庄双博, 曹远征. 人民币贬值是个伪命题. 中国民商, 2016 (2).

[78] 童文军, 杨彦旭. 自由企业经济下的人力资源管理创新模式探究——基于人力资源营销理论的视角. 科技管理研究, 2010.

[79] 吴复民, 罗新宇. 打造金融上海. 瞭望新闻周刊, 2004 (2).

[80] 赵继志, 孟繁菁. 人民币汇率制度的变迁：1994—2006. 沧桑, 2007.

[81] 仲成春, 臧广宇, 李蕾. 美国量化宽松加剧汇率纷争 未雨绸缪应对人民币升值压力. 天津经济, 2010 (12).

[82] 周先平. 跨境贸易人民币计价结算对货币政策的影响及对策研究. 宏观经济研究, 2012 (5).

[83] 周轩千. 双轨制导致人民币在岸市场慢于离岸市场发展. 上海金融报, 2016-01-26.

[84] 宗闻. 央行完善汇率形成机制人民币汇率不再盯住单一美元. 今日中国论坛, 2005 (8).

[85] 朱丰根. 人民币汇率制度演进三阶段特征分析——改革开放以来汇率制度的演进. 中国证券期货, 2012 (12).

[86] 王志成, 徐权, 赵文发. 对中国金融监管体制改革的几点思考. 国际金融研究, 2016 (7).

[87] 丁志杰. 金融监管体制的主要问题及改革方向. 甘肃金融, 2016 (2).

[88] 胡再勇. 国际金融监管体系改革的成就及最新进展. 银行家, 2014 (11).

[89] 白一鹏. 资本充足率下的商业银行改革和业务转型. 金融经济, 2007 (2).

[90] 曹廷求. 现阶段商业银行改革面临的问题及改革思路. 经济研究参考, 2008 (42).

[91] 樊志刚, 钱金叶, 杨飞. 透视银行盈利高增长. 中国金融, 2012 (6).

[92] 凤麟, 王敏. 探讨我国商业银行的发展改革历程. 时代金融, 2015 (6).

[93] 郭武平, 唐炜, 原玲后危机时代银行业的发展. 中国金融, 2012 (6).

[94] 靳泽慧. 论我国国有商业银行改革的现状、阻力与对策. 金融经济, 2007 (16).

[95] 李赟鹏. 金融功能视角下的商业银行直接融资. 金融时报, 2015-02-09.

[96] 李元朋. 我国商业银行改革面临的主要问题及应对策略研究. 中外企业家, 2016 (4).

[97] 刘华. 中国商业银行改革回顾与发展. 中国城市经济, 2004 (10).

[98] 刘鹏. 商业银行变革转型历程. 中国金融, 2015 (3).

[99] 刘元, 王亮亮. 商业银行改革问题与对策. 中国金融家, 2012 (4).

[100] 聂伟柱. 背水一战：中国银行业十年"蝶变"路. 第一财经日报, 2012-10-31.

[101] 邱家洪. 中国国有商业银行改革历程与发展趋势. 商业研究, 2005 (21).

[102] 邵平. 商业银行智慧经营时代已经来临. 财经, 2015-10-20.

[103] 万建华, 陈建. 2000—2001：商业银行改革发展的回顾与展望. 金融研究, 2001（3）.

[104] 张宏. 国有商业银行改革后的后续问题. 中国市场, 2011（1）.

[105] 张延军, 柯大钢. 股份制商业银行未来发展的五个趋势. 金融研究, 2003（8）.

[106] 石中心, 赓舜, 傅秀莲. 利率市场化背景下商业银行存款定价研究. 南方金融, 2014（3）.

[107] 邱峰. 我国国债收益率曲线研究. 金融纵横, 2014（6）.

[108] 王道平, 杨骏. 利率市场化, 存款保险制度与银行风险. 南开学报（哲学社会科学版）, 2014（6）.

[109] 李菁, 蔡彤娟. 利率市场化改革问题研究综述. 经济问题探索, 2014（8）.

[110] 黄隽. 人民币国际化、国际收支的变化与中国经济结构的调整. 教学与研究, 2012（7）.

[111] 姜波克, 张青龙. 国际货币的两难及人民币国际化的思考. 学习与探索, 2005（4）.

[112] 宋国友. 美国与中国参与国际金融组织. 复旦学报, 2008.

[113] 卢静. 中国参与全球治理的角色责任与任务. 前线, 2015.

[114] 刘贞晔. 中国参与全球治理的历程与国家利益分析. 学习与探索, 2015.

[115] 张毅来. 国际金融体系的构造缺陷与亚洲金融危机的内在联系. 经济经纬, 2007.

[116] 陈玲芳. G20主导下的全球金融治理变革与中国的战略应对. 福建农林大学学报, 2016.

（三）参考网站

[1] 中华人民共和国中央人民政府. http://www.gov.cn/.

[2] 中国人民银行. http://www.pbc.gov.cn/.

[3] 中国银行业监督管理委员会. http://www.cbrc.gov.cn/.

[4] 中国证券监督管理委员会. http://www.csrc.gov.cn/.

[5] 中国保险监督管理委员会. http://www.circ.gov.cn/.

[6] 设专章保护投资者. 证券法修订草案二审聚焦七大焦点. 人民网. http://capital.people.com.cn/n1/2017/0425/c405954-29234213.html.

[7] 刘彩萍, 朱亮韬.《证券法》修订哪些内容?. 财新网. http://finance.caixin.com/2017-04-12/101077185.html.

[8] 孙国峰. 供给侧结构性改革中的金融供给. http://www.cf40.org.cn/plus/view.php?aid=11851.

[9] 金融业发展和改革"十二五"规划. 中华人民共和国中央政府门户网. http://www.gov.cn/gzdt/2012-09/17/content_2226795.htm.

[10] 市场利率定价自律机制简介. 上海银行间同业拆放利率网. http://www.shibor.org/shibor/web/SelfDiscipline.jsp.

[11] 钱文荣. 纪念联合国成立70周年:中国为创建联合国作出重要贡献. 新华网. http://news.xinhuanet.com/world/2015-09/16/c_128234317.htm.

[12] 国际收支和国际投资头寸手册. 6版. 国际货币基金组织. http://www.imfbookstore.org.